暨南大学成人教育会计本科系列教材

Tax Accounting

税务会计

王丹舟　主编

暨南大学出版社
JINAN UNIVERSITY PRESS

中国·广州

图书在版编目（CIP）数据

税务会计/王丹舟主编．—广州：暨南大学出版社，2011.5（2023.8 重印）
（暨南大学成人教育会计本科系列教材）
ISBN 978－7－81135－763－9

Ⅰ.①税…　Ⅱ.①王…　Ⅲ.①税收会计—成人高等教育—教材　Ⅳ.①F810.42

中国版本图书馆 CIP 数据核字（2011）第 030687 号

税务会计
SHUIWU KUAIJI
主　编：王丹舟

出 版 人：张晋升
责任编辑：暨南风　吴彩珍
责任校对：周明恩
责任印制：周一丹　郑玉婷

出版发行：暨南大学出版社（511443）
电　　话：总编室（8620）37332601
营销部（8620）37332680　37332681　37332682　37332683
传　　真：（8620）37332660（办公室）　37332684（营销部）
网　　址：http://www.jnupress.com
排　　版：广州市新晨文化发展有限公司
印　　刷：佛山市浩文彩色印刷有限公司
开　　本：787mm×1092mm　1/16
印　　张：18.375
字　　数：413 千
版　　次：2011 年 5 月第 1 版
印　　次：2023 年 8 月第 4 次
印　　数：8001—8800 册
定　　价：38.00 元

总　序

会计作为经济信息系统的重要组成部分和一种国际商业语言，将会计主体的财务信息真实、完整、及时地传递给外部财务信息使用者和内部财务信息使用者，并满足这些财务信息使用者决策的需要。其对政府、投资者、债权人、管理者来说是非常重要的。近年来，随着我国资本市场的诞生、规范和发展，彻底改变了我国企业传统的财务管理理念与方法，企业的投融资管理面临新的环境、方式和方法。财务与会计执业者所面临的各种外部环境（包括经济、政治、法律、文化环境等）发生了深刻变化，在经济全球化和管理信息复杂化的时代，会计人才不仅应具有较系统、完备的有关我国会计与公司理财等方面的知识和技能，而且还必须具备国际视野，全面掌握国际会计准则，懂得国外主要经济体的相关会计法规、国际资本市场运行规律和其他相关知识与技能。在这种背景下，为了满足会计人员不断学习、及时更新知识的需要，暨南大学会计学系、暨南大学教育学院、暨南大学出版社共同筹划了《暨南大学成人教育会计本科系列教材》，邀请暨南大学会计学系在各个学科具有丰富教学经验、有影响力的专家组成教材编写委员会，组织编写该系列教材，力求推出一套“理论与实务并重，本土化与国际化相融合，能够反映当前学科发展前沿水平，符合成人教育会计学本科特点的精品系列教材”。

“理论与实务并重”就是要针对会计学是实务性很强的经济管理科学这一特点，研究各成教会计教材所涉及的相关理论、方法及其应用，分析每一本教材的特点、难易程度和导读规律，既要讲清楚理论概念，又要设计必要的实例，通过案例教学，培养学生的实操能力。

“本土化与国际化相融合”就是要针对会计准则国际趋同化与财务管理国际市场化等趋势，在教材中充分借鉴国际标准、国外知名企业的先进管理理念和方法，并充分体现中国会计的特色和经验，力争做到本土化与国际化的有机结合。

“能够反映当前学科发展前沿水平”是指本系列教材应该在继承现有教材的优点和特色的基础上，吸收当前相关理论和实务操作的最新研究成果和发展动态，补充和修改相关教材体系与内容，其目的是使教材能够更好地适应新的环境变化、满足学生获取更多知识、增强其专业技能的要求。

成人教育会计本科系列教材建设是一项长期且十分艰巨的任务，多年来我们为此做了不懈努力。我国经济发展与改革日新月异，环境变化多样且复杂，相关理论和实务操作的研究成果不断涌现，由于我们的水平有限，本系列教材不周之处在所难免，恳请读者批评指正。

暨南大学成人教育会计本科系列教材编审委员会

2011 年 3 月

目　录

第一章 导 论

【学习要点】

- 税务会计学习的必要性
- 税务会计的概念
- 税务会计的产生和发展
- 税务会计与财务会计的关系
- 税务会计的模式
- 税务会计的内容

第一节 什么是税务会计

众所周知，经济越发展，会计越重要。作为实现调控宏观和微观经济工具的税务会计，伴随税收的出现而产生，随着税收制度、会计制度的完善而得以发展。但关于“税务会计”这类概念的定义在不同的教科书中虽具有一定的共性，内涵却不尽相同。

一、税务会计的定义

西方的税务会计学者认为：税务会计是一门以法令为准绳，以会计技术为工具，平时负责汇集企业各项交易活动之合法凭证，并加以整理、记录、分类、汇总，进而在年度终了加以结算、编表、申报、完纳有关税收的社会人文科学。

由于历史背景和社会经济环境不同，西方形成了不同的税务会计模式。目前主要有：

1．英、美税务会计模式

其主要特点是：以股东、投资人为导向，税法对纳税人的财务会计所反映的收入、成本、费用和收益的确定不发生直接影响，各个会计要素的确认、计量、记录等都遵循财务会计准则，期末将会计利润（亏损）依照税法的规定调整为纳税利润（亏损）。

2．法、德税务会计模式

其主要特点是：以税收为导向，税法对纳税人的财务会计所反映的收入、成本、费用和收益的确定发生直接影响，会计准则与税法（还有商法、公司法等）一致，对会计事项的财务会计处理严格按照税法的规定进行。由于计算的会计收益与应税收益一致，无须税务会计调整计算。这种模式强调财务会计报告必须符合税法的要求，税务会计当然也就无须从财务会计中分离出来。

日本的税务会计学者认为：税务会计是根据会计的核算方法来掌握并计算出被确定的上税标准，从而起到转达和测定财务信息的租税目的与作用的会计。由此形成了日本税务会计模式。既以企业为导向，但又具其特色。日本会计深受本国《商法》、《证券交易法》和《公司所得税法》的影响，如日本《公司所得税法》要求为纳税而申报的公司收益额必须经过股东大会通过，并经有关方面核准，依据《证券交易法》编报的损益表与依据《商法》编报的损益表应该一致，在这点上，它接近“法、德模式”；但日本税法又规定，在计税时，对财务会计中的收益额可以进行调整，但哪些项目要调整、哪些项目可以灵活处理、哪些项目不允许调整，要遵守税法的规定，从这个角度看，它又具“英、美模式”的特点。因此，日本模式有更强的实用性，亦称混合模式。与日本情况相似的荷兰，税法对财务会计没有影响。因此，荷兰的税务会计与财务会计是截然分开的。荷兰自1970年颁布《年度报表法》后，成为当时唯一明确每年对财务报表进行法定审计的国家。

我国税务会计方面的学者则认为：税务会计是以税收法规为准绳，以货币为计量单位，运用会计学的理论和核算方法，连续地、系统地、全面地对税务资金的确认、计量、记录及报告进行反映和监督的一种信息系统和管理活动。税务会计是近代在会计领域中兴起的一门边缘学科，是将企业会计中的税务问题和企业税务活动中的会计问题相互交织在一起，融税收法规、会计法规和会计核算原理于一体的特种专业会计。

税务会计的概念可以从以下几个方面来理解：

（1）税务会计的目标：税务会计的目标包括两个方面：一是从国家角度出发，其目标是保证国家及时足额地收取税金，从而保证国家财政收入稳定地增长；二是从企业角度出发，其目标是使企业在不违反国家税法的前提下，经济、合理地缴纳税金，提高企业的经济效益。

（2）税务会计处理的依据：税务会计不像其他专业会计那样以国家规范的统一会计准则或会计制度为唯一依据，而是以税收法规为主，兼以所涉各种专业会计准则或会计制度为辅的会计处理，这种二元依据是税务会计的典型特点。

（3）税务会计的理论依据与核算方法：作为会计学科的一个分支，税务会计与其他专业会计一样，以会计的基本原理作为本分支的理论依据与核算方法。所以，税务会计的核算方法也包括设置账户、复式记账、填制和审核凭证、登记账簿、编制报表等方法。

（4）税务会计的核算内容：税务会计以企业的税务资金运动为其主要核算内容。换言之，税务会计就是对企业的税务资金运动进行连续、系统、全面地核算与监督的一门专业会计。

（5）税务会计的性质：它属于一种信息系统，利用该系统的信息指标可以对企业的税务资金运动进行有效的管理，所以它又是一种管理活动。一方面，从宏观经济管理角度看，它是国家及时、足额地组织和取得税金的手段，加强税务管理应该包括科学地使用税务会计这一重要工具；另一方面，从微观经济管理角度看，它又是企业经济纳税、合理纳税的重要手段，如何准确地核算应纳税额对提高企业经济效益至关重要。所以，税务会计是核算和监督企业税务资金运动，加强税务管理的一项重要管理活动。

二、税务会计的产生

税收属于一个历史范畴，也属于一个分配范畴。它随着社会经济的发展和国家权力的形成而产生，是社会历史和生产关系发展到一定阶段的产物。

国家为了实现其职能，需要消费物质资料，而国家常设机构和公职人员并不直接创造财富。因此只能凭借政治权力，运用法律手段向社会成员强制地、无偿地取得以增加国家收入。要征税则需要借助簿籍，以考核赋税的形成和缴纳，完成这一使命的特定工具就是税务会计。

从历史发展角度来看，在古代，我国“官厅会计”的应用早于“民间会计”上千年。“官厅会计”是反映和监督国家财政收支实现的重要工具。由于当时的国家财政主要是赋税收入，而“官厅会计”则主要是反映和监督国家赋税收支的活动，从这个角度而言，我国古代的“官厅会计”就是早期的税务会计。

在西方，自18世纪下半叶，英国在对拿破仑的战争中，为筹措战争经费，于1799年正式颁布《所得税法》。以后，西方各国相继都建立了所得税制，并使其发展成为主要税种。人们在推行所得税制的同时，很快就发现：要建立比较健全和严格的税制，以保证政府的税收，就要促使纳税人既注意税法，又重视会计，将两者紧密结合并加以合理运用，这样才能实现合理纳税的愿望。1914年美国会计界在《会计工作》杂志（*Journal of Accountancy*）两次辟专栏“所得税园地”（Income Tax Department）、“研究者园地”（Student's Department），专门讨论所得税及其会计处理问题，正式把所得税会计概念提到议事日程上来，标志着西方税务会计研究的开始。

三、税务会计的发展

随着税收制度的不断演变，税务会计也经历了一条曲折漫长的不断发展与不断完善的道路。

我国古代隋唐时期，由于统治者采取了一系列有利于经济恢复与发展的措施，特别是唐太宗励精图治，鼓励农桑，社会经济空前繁荣，为赋税收入扩大了税源。工商业的发展使新的税种、税目不断增加，这一时期税务会计也相应得到一定发展。

进入宋代，由于该时期是中式会计发展的高峰时期，税务会计也得到较快的发展，在这个时期“官厅会计”（税务会计）的方法体系基本形成。当时宋代“官厅会计”账簿分为两种，一种是赋税征收及财务保管出纳；一种是军政费用开支。而赋税征收部门的账簿又分为户籍记账和钱粮账簿两种。户籍记账是赋税征收的依据，钱粮账簿是收、调核算及报账的依据。二者融为一体，说明当时的会计核算与征税核算是紧密联系在一起的，为税务会计的完善奠定了基础。

新中国成立以来，税收的性质发生了根本的变化，但由于理论与实践发展的种种客观原因，人们对社会主义国家职能中税收的地位和作用的正确认识经历过一段曲折的过程。尽管新中国的税制历史经历了几次重大的改革和反复，但是还是在经济体制改革以来才逐渐引起足够重视。十一届三中全会以后，我国开始进入有计划商品经济全面改革。为实现利改税的目标，财政部和国家税务总局陆续颁布了税务会计的有关制度：如 1984 年 9 月 29 日，财政部颁布了《国营工商企业第二步利改税财务处理暂行规定》，对利润和应纳税所得额的计算及其加减项目、税后利润的分配、调节税等有关税务会计的重要内容作了具体规定，增设和调整了有关税务会计中的“税金”等科目核算的内容与方法。

进入 20 世纪 90 年代，我国进入了全面的社会主义市场经济建设时期，全面的会计改革和税制改革为完善税务会计奠定了坚实的基础。1994 年全面展开税制改革，我国税务会计的模式由原来的融于财务会计中逐渐实现了模式的转换，财务会计已不再融众多学科于一身。为了规范企业的会计核算，企业会计被要求根据会计法和会计准则、制度等法规，真实、完整地提供会计信息。财政部陆续出台了《关于增值税会计处理的规定》、《关于营业税会计处理的规定》、《关于消费税会计处理的规定》、《所得税会计处理的暂行规定》。这一系列改革都说明，我国税务会计改革有了质的飞跃，标志着税务会计在我国的建设已日趋成熟。今天，随着我国会计和税收制度改革的不断深化，我国税收法规与企业会计准则之间的差距越来越大，加大新形势下完善税务会计的建设的力度，显得十分重要。

反观西方国家，税务会计也同样有着迅猛的发展。第二次世界大战以后，以市场经济发达的美国为首的国家，非常重视公司所得税的征收。由于大部分的西方发达国家都是实行以所得税为主体税种的单一税种体系，所以，所得税成为税务会计研究的核心问题。甚至不少国家如美国、日本把所得税会计视为税务会计。美国会计程序委员会于 1944 年 12 月出台了《会计研究公报》第 23 号《所得税会计》（ARS NO. 23，*Accounting for Income Taxes*），这是第一份系统完整地规范所得税会计的公认会计准则（GAAP）文告。该文告的颁布结束了美国会计师们在所得税会计处理方面的“自由创造”时代。随后在 20 世纪 50 年代至 80 年代，国际会计准则委员会、美国会计学会、美国注册会计师协会都陆续颁布并修改了所得税会计方面的文告。直到 1992 年 2 月，美国财务会计准则委员会（FASB）发布了修改后的 FAS NO. 109“所得税会计”，使西方所得税会计理论和方法得到了空前的发展。正如美国著名会计学家 Hendriksen，Eldon S. 在《会计理论的历史发展》一书中写道：“很多小的企业，会计的目的只是为了编制所得税申报表，甚至不少企业若不是为了纳税根本不会记账。即使对大公司来说，纳税也是会计师的一个主要问题。”

第二节　税务会计与财务会计的关系

税务会计作为适应社会主义经济发展而兴起的一门会计学科，与企业财务会计有着十分密切的关系。我们知道，企业的生产经营活动离不开业务、财务、会计、税务、人事等诸多方面，就像人们的家庭生活离不开柴、米、油、盐、酱、醋、茶一样。其中，会计是将企业个体的经济活动加以收集、整理、记录、分类、汇总、编表、分析及解释，进而提出有关企业的财务状况与经营成果的资料，以利于股东、债权人、分析人员及潜在投资者了解，作为其决策和判断的依据。而站在政府管理部门的角度，则基于国家的课税需要进一步对企业所提出的会计资料根据税法的规定与限制加以调整，作为课税基础，核算课税所得与应纳税额，这是税务会计的根源。

税务会计作为一项实质性的工作并不是独立存在的，而是企业财务会计的一个特殊领域，对传统的财务会计方法具有质的继承性。它并不要求在财务会计的凭证、账簿、报表之外再设一套会计报表；从企业的会计机构的设置看，也可以不专门设置税务会计机构或专职人员。因为现代会计也要求具有多重功能，诸如财务功能、税务功能、管理功能、成本分析功能、经济效益分析功能等，这些功能形成不同的衡量尺度。企业只需设置一套系统，凭证、账簿、报表体系完整，平时只按会计准则和制度规定的程序和方法进行会计处理，需要时，再以财务会计核算资料为基础，按现行税法的规定作出相应的调整。世界各国的税法条款都不断吸收会计的概念和方法；计算税金的程序也大多要模拟会计方法，计算依据必须以会计记录为基础。由此可见，税款的征收必须借助于会计技术才能得以实施和完善。另外，税法对会计也产生重要影响。税法使会计实务的处理更加规范化，它直接影响会计对某些会计方法的选择，促使会计重心由损益的计量转向资产的盘存，由重视利润表转向重视资产负债表。同时也使会计人员的业务范围不断扩大。税务与会计相互联系、相互影响、相互制约、相互促进，决定了财务会计与税务会计之间密不可分的内在关系。但是，税务会计又与财务会计保持着距离。美国会计学教授 Raymond J. Krasniewski 撰写的 *The Relationship and Difference between Financial Accounting and Tax Accounting* 给予我们极大的启发（参见附件）。具体来说，财务会计和税务会计的主要区别如下：

1. 目的不同

众所周知，财务会计是以传统会计为主要内容，通过一定的程序和方法，将企业生产经营活动中大量的、日常的业务数据，经过记录、分类和汇总编成会计报表，向企业外部与企业有利害关系的集团和个人提供反映企业经营成果和财务状况及其变动情况的会计报表。也就是说，财务会计的主要目的是向管理部门、股东、贷款人和其他有关方面提供有用的信息，使企业外部的会计信息使用者能够及时、准确地了解企业的生产经营情况，使其能够对企业经营情况作出正确的判断，以保证其自身的经济利益。而税务会计则是以货币为计量单位，以税务法规为准绳，运用会计学的理论，连续、系统、全面地对企业的税务资金运动的形成、计算、缴纳进行核算与监督的信息管理活动。其主要目的有二：一是要保证国家及时足额地取得税金，从而保证国家财政收入稳定地增长；二是正确引导纳税人在不违反国家税法的前提下，经济、合理地缴纳税金，以真正提高企业的经济效益。

2. 对会计要素确认要求不同

作为对企业财务会计工作的规范指导，财务会计强调企业在反映和监督经济业务时，要严格遵循权责发生制进行会计确认。因为它作为会计确认的基础，被认为清楚地反映了企业的损益。然而税务会计则不同。由于税务会计和财务会计的目的不同，税务会计可能忽略基本会计准则。其中最典型的例子就是，允许采用收付实现制进行会计处理。尽管这种做法不能对收入与费用较为合理地配比，但这种做法从征税的角度是可以接受的。因为从管理的角度而言，收付实现制简便、客观，能确保纳税人在有现金时支付税款。

3. 在会计计量方面的要求不同

财务会计对会计计量基本采用历史成本计量属性，但同时允许在市场价值波动的情况下，局部或全面地采用公允价值或可变现净值进行价值变动的会计计量。在进行企业理财时，则充分考虑货币的时间价值，采用现值进行会计计量。而作为税务会计，考虑到税收特有的属性，一般不允许考虑货币时间价值及币值变动的影响，它坚持按纳税人实际取得或购建时发生的实际成本进行核算，较客观、及时地反映税务资金的运动。

4. 对损益确认的程序不同

税务会计与财务会计对损益计算的处理依据的不同，导致会计所得和应税所得差异的存在，会计所得必须依据税法的要求进行适当的调整，才能成为符合规定的应税所得，这是税务会计的主要内容。

财务会计与税务会计的差异是客观存在的，两者的差异不可能消失。我们应该辩证地理解和分析，应该各自遵循本身内在规律，在理论和实践上不断发展完善。

总之，为了适应纳税人的需要，或者纳税人为了适应纳税的需要，税务会计如同企业纳税，越来越凸显出其特有的重要性；税务会计也如同国家的税法、税制一样，越来越完善，越来越健全，越来越复杂。现在税务会计、财务会计与管理会计已经构成会计学科的三大分支，税务会计知识已经成为财务会计领域的所有专业人士所必须通晓的专业知识。

第三节　税务会计的内容

一、税务会计的对象

科学研究的区分，在于矛盾的特殊性；某一学科的研究对象，是由被定义为对象的研究所产生的知识系统所构成的。税务会计的主要研究对象应是税务会计反映和监督的内容，也即税务会计的客体。具体表述是：在企业生产经营活动中，纳税人因纳税活动引起的应纳税款的计算和缴纳，纳税申报以及纳税结果的会计处理等资金运动。一句话，税务会计的对象就是纳税人在其生产经营过程中可用货币表示的税务资金运动。

众所周知，企业的生产经营活动按照供应过程、生产过程、销售过程的循环而周转，货币资金形态从投入货币资金开始，依次表现为储备资金、生产资金、成品资金，又回到增值的货币资金形态。在每一货币资金运动形态中都包含着相应的税务资金运动。企业为了取得经济效益，在生产经营中消耗各种资金，构成企业的生产经营成本、费用。这些耗费既是生产经营的前提，又是企业资金的补偿尺度。

首先，企业的收入是企业生产经营活动中所产生的收益，是企业销售商品、提供劳务及提供他人使用本企业的资产所发生的或即将发生的现金或其他等价物的流入，或债务的清偿，它是企业持续经营下去的依据。由于我国是实行流转税和所得税并重的双主体国家，企业收入不仅是流转税的计税依据，也是计算所得税的重要依据。企业主体的收入越多，上缴的税款也就越多，所以，正确地核算和监督企业主体的经营收入是税务会计的重要内容。

其次，企业的费用是在企业的生产经营过程中发生的各种耗费。企业要进行生产经营活动，必然要相应地产生一定的费用，如工业企业在生产过程中要耗费原材料、燃料和动力；要产生机器设备的折旧费用和修理费用；要支付职工的工资和其他各项生产费用。费用中能予以对象化的部分就是成本，即制造成本；不能予以对象化的部分就是期间费用。费用作为计税的影响因素，既要负担生产耗费的税款支出，也是经营成果的扣除要素，收入扣除相应费用后形成一定期间的利润。

再次，经营利润是企业在一定期间内生产经营活动的最终财务成果，是收入与费用配比、相抵后的差额。它是反映经营成果的最终要素，正确地核算企业经营利润，关系到所得税额的数量。因此，当税务核算与企业会计核算不一致时，需要以税法为依据作适当调整。只有这样，才能保证国家收入的稳定增长。所以，经营利润是税务资金运动的重要内容，也是税务会计的主要内容。

税务资金运动经历经营收入、经营费用、经营利润等过程，分别形成了各种税，反映了税务资金进入企业并在企业的经营过程中进行循环和周转的过程。而作为税款的计缴结果，纳税人还必须依法申报与解缴，以便及时、足额地上缴国库，形成国家财政收入。税款的申报和解缴属于税务资金退出企业，构成税务会计核算的内容。另外，国家根据市场经济发展的需要，对某些纳税人或征税对象给予减免税收的鼓励和照顾措施也属于税务会计的内容。因为减税是指从应征税额中减征部分税款，免税是免征全部税款，减免税从税务资金运动角度考察属于税务资金总额的减少，表示税务资金退出企业。

上述企业税务资金的运动见图 1－1。

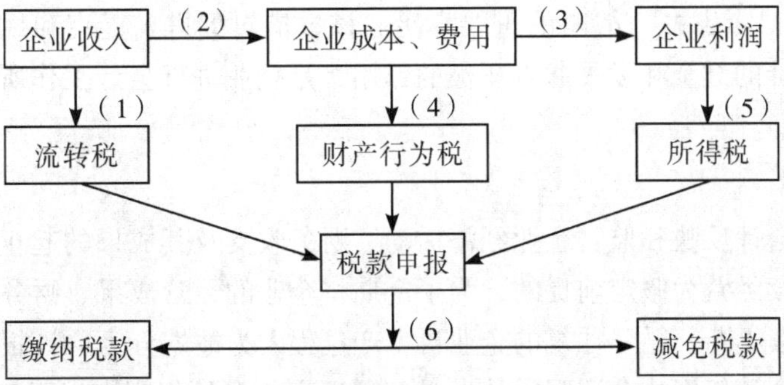

图 1－1

注：(1)(4)(5) 代表税务资金进入企业；(2)(3) 代表各种应纳税款的核算，也即税务资金的循环与周转；(6) 表示税务资金退出企业。

二、税务会计的职能

税务会计的职能是指税务会计在税务管理中所具有的最基本的功能。税务会计的性质决定了税务会计的职能，马克思关于“簿记是对生产过程的控制和观念的总结”的论述同样适用于税务会计。所以，税务会计的基本职能是对企业税务资金运动的反映和监督。

1. 反映税务资金活动职能

反映是税务会计最基本的职能。税务会计的反映职能是指按照税收法规和会计核算程序的要求，对应纳税额的形成、计算和申报等过程提供详细资料。

2. 监督税务资金活动职能

监督职能是指控制企业税款的形成、计算和申报等全过程，并使之符合税收法规和各专业会计的要求。税务会计的这种监督职能是国家税收法令得以贯彻实施的重要保证。

三、税务会计的会计基础

税务会计的会计基础，是指企业单位在会计期间内对发生的税务资金运动按一定的标准作为确定会计账务处理的基础。

1. 会计准则

为了适应我国改革开放和发展社会主义市场经济的需要，财政部适时地对我国会计制度进行了重大改革。1992 年 11 月 28 日颁布了《企业会计基本准则》，并于 1993 年 7 月 1 日起在全国范围内所有企业执行。随后，中国加入了 WTO，为了更好地实现与国际会计惯例接轨，截至 2001 年 11 月，财政部又陆续出台了 16 个具体准则。而为了进一步规范企业会计确认、计量和报告行为，保证会计信息质量，2006 年 2 月财政部又推出了我国会计准则的新体系，共计 39 项，并且要求自 2007 年 1 月 1 日起，在我国上市公司正式实施，并逐步推行至其他企业。实施会计准则体系，是实现我国会计准则国际趋同、有效提高会计信息质量、进一步提升我国会计整体水平所迈出的重要步伐，是推进企业改革、促进资本市场发展、提高对外开放水平的一项基础性工程，是完善我国市场经济体制、推动企业实施“请进来”、“走出去”战略的重要举措。该举措对促进、提高和规范会计管理、会计核算，推动会计的健全和发展起着积极的作用，是企业进行会计工作所必须遵循的基本规范准则。

2. 会计年度

会计年度是会计反映和监督企业经济活动、财务收支及其成果的起止日期。对企业来说，企业是以持续经营为假定前提的，为了定期将企业的经营成果、财务状况反映给有关各方，必须将连续不断、循环往复的企业再生产过程人为地划分为会计报告期，简称会计年度。如何界定会计年度才合适呢？从世界范围而言，会计年度有以下三种划分：以每 5 年为 1 年度，以每 2 年为 1 年度，以每 12 个月为 1 年度。年度的起讫日期亦有不同，通常有四种：每年 1 月 1 日起至 12 月 31 日止，称为历年制，又称一月制；自开始年的 4 月 1 日始至第二年的 3 月 31 日止，称为四月制；自开始年的 7 月 1 日起至第二年的 6 月 30 日止，称为七月制；自开始年的 10 月 1 日起至第二年的 9 月 30 日止，称为十月制。由此可见，会计年度起止日期与时间长短并无一定标准，各国根据自己的情况而定。关于我国会计年度的界定，在我国会计法规中明确规定：会计年度采用公历日期，即我国是以历年制为会计年度，从每年的 1 月 1 日起至 12 月 31 日止。税务会计中的纳税年度与会计法规的上述规定基本保持一致。我国税法规定：企业的纳税年度，自公历 1 月 1 日起至 12 月 31 日止。企业在一个纳税年度中间开业，或者终止经营活动，使该纳税年度的实际经营期不足 12 个月的，应当以其实际经营期为一个纳税年度。企业依法清算时，应当以清算期间作为一个纳税年度。

3. 会计基础

会计基础，又称记账基础，是会计确认经济业务是否成立并计算企业损益数额的依据。它通常分为三种：

(1) 权责发生制（应计基础）。对一切收入和费用，不管其是否已经实际收到或已经实际付出，都以经济权益和经济责任的发生作为确定本期收入和费用的标准。也就是说，凡是当期已经实现的收入和当期已经发生与应负担的费用，不论款项是否收付，都应作为当期的收入和费用处理；凡是不属于当期的收入和费用，即使款项已在当期收付，都不应作为当期的收入和费用。权责发生制的计算和核算手续较烦琐，但它公平合理，由于其贯穿于整个企业会计准则体系的全过程，属于财务会计的基本问题，层次较高，统驭作用强，在工商企业中被广泛应用。

(2) 收付实现制（现金基础）。对一切收入和费用支出，以是否实际收到货币资金或实际付出的货币资金作为确定收入与费用是否发生的标准。也就是说，本期实际收到的货款不论其属于哪一个会计报告期，均作为本期的收入入账；本期实际付出的货款不论该项费用应归属哪个时期，均作为本期的费用入账。收付实现制计算手续简便，但欠公平合理。目前在行政、事业单位的会计及一般税务监缴机关会计多采用收付实现制。

(3) 联合基础。在税务会计处理中，许多企业采用另一种会计记账基础——联合基础。即平时会计记录以现金收付基础记录；年度终了结算时，再以权责发生制加以调整。联合基础实际上是权责发生制和收付实现制的联合运用。其优点是可以减少平时记账工作量，年度终了，又收到权责发生制的效果。我国税法中显示的税务会计基础实际上是采用联合基础。例如，企业所得税法规定：缴纳企业所得税，按年计算，分月或者分季预缴。企业应当自月份或者季度终了之日起 15 日内，向税务机关报送预缴企业所得税纳税申报表，预缴税款。企业应当自年度终了之日起 5 个月内，向税务机关报送年度企业所得税纳税申报表，并汇算清缴，结清应缴应退税款。

4. 税务会计凭证、账簿和报表

作为反映经营业务书面证明的会计凭证、账簿在税务会计中同样重要。依照税法规定：除非国家另有规定，否则企业应设置能够正确计算应纳税款的会计凭证、会计账簿等；企业的发票和收款凭证，须经当地税务机关批准，方可印制、使用。另外，税法中又规定：企业所得申报表和纳税凭证，由国家统一印制。作为税务会计核算的综合反映，纳税申报表是对企业一定期间税务活动综合情况的反映。通过纳税申报表可以考核企业税务活动的状况和税收缴纳的完成情况。因此，纳税申报表必须严格按照税务部门规定的项目在有关表式内填列齐全，并附上文字说明，按期向税务部门报送。逾期不报者，税务机关按税法的规定给予经济处罚。

5. 计量单位和使用文字

我国财税制度规定会计核算以人民币为记账本位币。有外币收支业务的企业，也可以采用外币作为记账本位币，但在汇总编制报表时，必须折算为人民币反映。对使用的文字，税法规定：企业的会计凭证、账簿和报表应当使用中国文字填写，也可使用中外两种文字填写。

第四节　税务会计的原则

税务会计是一门具有法律效应的特种专业会计。因此，在处理因税务活动引起的资金运动问题时，要遵循以下原则。

1. 法律原则

税务会计在处理税务资金运动的有关会计事项时，必须遵守税收法律的规定。这是税务会计的首要原则。

2. 客观原则

税务会计必须如实反映企业税务活动的本来面貌，即必须反映税务活动中会计事项的真实性和可靠性。这是税务会计必须遵循的带有普遍意义的原则。

3. 收入原则

企业实现的经营收入是计税的基础，是增加国家财政收入的重要支柱。因此，税务会计必须注重收入原则，正确计算纳税收入及以此为基础计算有关项目，以增加税收收入，保证国家财政来源。

4. 公平原则

税务会计是调整国家、企业、个人三者利益关系的工具，因此，税务会计必须认真地核算企业的成本与收益，坚持合理、公平负担税收的原则。

第五节　税制概述

一、税法与税收的概念

税法是国家法律的重要组成部分，它以宪法为依据，是调整国家与社会成员在征、纳税上的权利与义务关系、维护社会经济秩序、保障国家利益和纳税人合法权益的法律规范的总称，是国家税务机关及一切纳税单位和个人依法征税、依法纳税的行为规则。

税收是国家为实现其职能，凭借其政治权力，按照税法的规定参与社会产品和国民收入分配，以取得财政收入的形式。税收具有三个特征：一是强制性，二是无偿性，三是固定性。

税法是税收的法律表现形式和所确定的具体内容。

从法律角度来讲，一个国家在一定时期内、一定体制下以法定形式规定的各种税收法律、法规的总和，称为税法体系。但从税收工作的角度来讲，所谓税法往往被称为税收制度，即一个国家的税收制度是指在既定的管理体制下设置的税种以及与这些税种的征收、管理有关的，具有法律效力的各级成文法律、行政法规、部门规章等的总和。换句话说，税法体系就是通常所说的税收制度（简称税制）。

二、税制要素

各国的税法一般都比较复杂，但都由若干要素构成。了解这些要素，有助于全面掌握和执行税法规定。税法的构成要素包括：总则、纳税义务人、征税对象、税目、税率、纳税期限、减税免税、纳税环节、纳税地点、罚则、附则等项目。具体说明如下：

1. 总则

总则主要包括税法的立法意图、立法依据、适用原则等。

2. 纳税义务人

纳税义务人又称权利主体。我国税收法律关系的主体，一方是代表国家行使税收征收管理权的各级税务机关；另一方是履行纳税义务的自然人、法人及其他组织。根据各具体税收法律关系不同，各具体税法的调整对象不同，其纳税主体也有所不同。

3. 征税对象

征税对象是税收法律关系中征纳双方权利义务所指向的物或行为，即税法要对什么进行征税。

4. 税目

税目是各个税种所规定的具体征税项目。

5. 税率

税率是税额与计税金额之间的比例，是计算税额的尺度。税率的高低，直接关系到国家的财政收入和纳税人的负担。我国现行的税率形式主要有：

（1）比例税率，是对同一征税对象或同一税目不分大小，都按规定的同一比例征税。

（2）超额累进税率，是把计税金额按数额多少分成若干级距，对每个级距分别规定相应的差别税率，应税所得额每超过一个规定的级距，对超过的部分就按高一级的税率计算征收。

（3）超率累进税率，是以征税对象数额的相对率划分若干级距，分别规定相应的差别税率，相对率每超过一个级距的，对超过的部分就按高一级的税率计算征税。

（4）定额税率，是按征税对象的计算单位，直接规定一个固定的税额。

6. 纳税期限

纳税期限是指纳税人按照税法规定缴纳税款的期限。

7. 减税免税

减税免税是指国家为了体现鼓励或扶持政策，对某些纳税人和征税对象采取减少征税或免予征税的特殊规定。

8. 纳税环节

纳税环节是指税法规定的征税对象在从生产到消费的流转过程中应当缴纳税款的环节。

9. 纳税地点

纳税地点是指根据各个税种纳税对象的纳税环节和有利于对税款的源泉进行控制而规定的纳税人（包括代征、代扣、代缴义务人）的具体纳税地点。

10. 罚则

罚则又称法律责任，是对违反税法的行为采取的处罚措施。

11. 附则

附则主要规定某项税法的解释权和生效时间。

三、税法的分类

税法体系中按各税法的立法目的、征税对象、权限划分、适用范围、职能作用的不同，可分为不同类型的税法。

1. 按照税法的基本内容和效力分

按照税法的基本内容和效力的不同，可分为税收基本法和税收普通法。

税收基本法是税法体系的主体的核心，在税法体系中起着母法的作用。其基本内容一般包括：税收制度的性质、税务管理机构、税收立法与管理权限、纳税人的基本权利与义务、税收征收范围等。税收普通法是根据税收基本法的原则，对税收基本法规定的事项分别立法并实施。

2. 按照税法的功能作用分

按照税法的功能作用不同，可分为税收实体法和税收程序法。

税收实体法主要是指确定税种立法，具体规定各税种的征税对象、征收范围、税目、税率、纳税地点等。税收程序法是指税务管理方面的法律，主要包括税收管理法、纳税程序法、发票管理法、税务机关组织法、税务争议处理法等。

3. 按照税法征收对象分

按照税法征收对象的不同，可分为以下种类：

（1）对流转额课税的税法。主要包括增值税、营业税、消费税等方面的税法。

（2）对所得额课税的税法。主要包括企业所得税、个人所得税等方面的税法。

（3）对财产、行为课税的税法。主要是对财产的价值或某种行为课税，包括房产税、印花税等方面的税法。

（4）对自然资源课税的税法。主要包括资源税、土地使用税等方面的税法。

4. 按照税收收入归属和征管权限分

按照税收收入归属和征管权限的不同，可分为中央税法和地方税法。

中央税一般由中央统一征收管理。地方税一般由各级地方政府负责征收管理。现行税种划分为中央税、地方税、中央地方共享税三类。其中，消费税为中央税，增值税、所得税为中央地方共享税，其他一般为地方税。

5. 按照主权国家行使税收管辖权分

按照主权国家行使税收管辖权的不同，可分为国内税法、国际税法、外国税法等。

国内税法一般是按照属人或属地原则，规定一个国家的内部税收制度。国际税法是指国家间形成的税收制度，主要包括双边或多边国家间的税收协定、条约和惯例等。外国税法是指各个外国国家的税收制度。

【案例分析】

A 企业于 201 × 年 5 月 2 日以托收承付方式向 B 企业销售一批商品，成本为 40 000 元，增值税专用发票上注明：售价 60 000 元，增值税 10 200 元。A 企业在销售时已知 B 企业资金周转发生暂时困难，但 A 企业考虑到为了促销以免存货积压，同时 B 企业的资金周转困难只是暂时性的，未来仍有可能收回货款，因此，仍将商品销售给了 B 企业。由于此项收入目前收回的可能性不大，A 企业在销售该商品时不能确认收入。应将已发出商品成本转入“发出商品”科目。假设 A 企业就销售该批商品的纳税义务已经发生（办妥托收手续），A 企业的会计处理如下：

根据收入准则，A 企业作出会计分录：

借：发出商品	40 000	
贷：库存商品		40 000

根据增值税暂行条例，将增值税专用发票上注明的增值税额转入应收账款：

借：应收账款——B 企业（应收销项税额）	10 200	
贷：应交税费——应交增值税（销项税额）		10 200

注：如果销售该商品的纳税义务尚未发生，则不作该笔分录，待纳税义务发生时再作应交增值税的分录。

假如 201 × 年 12 月 4 日 A 企业得知 B 企业经营情况逐渐好转，B 企业承诺近期付款，A 企业可以确认收入：

借：应收账款——B 企业	60 000	
贷：主营业务收入		60 000

同时，结转成本：

借：主营业务成本	40 000	
贷：发出商品		40 000

12 月 4 日收到款项时：

借：银行存款	70 200	
贷：应收账款——B 企业		60 000
应收账款——B 企业（应收销项税额）		10 200

（正常情况下的分录）

借：应收账款——B 企业　　70 200
　贷：主营业务收入　　60 000
　　　应交税费——应交增值税（销项税额）　　10 200

请对上述状况进行分析。

无论纳税的会计处理还是纳税的审查处理，我们都经常面临以下的问题：在交易活动中是否发生了纳税行为、纳税行为在会计处理中如何反映才是正确的、纳税检查中重点应检查纳税行为的什么内容，审查后在会计确认、计量、记录和报告中应如何纠正，等等。这些问题是所有从事税务活动的征纳双方都必须回答的核心问题，无论是国企还是私企，无论是内资还是外资企业，这些问题都不容忽视，对这些问题的主要解答过程就是税务会计的反映和监督管理过程。

【本章小结】

税务会计是以税收法规为准绳，以货币为计量单位，运用会计学的理论和核算方法，连续地、系统地、全面地对税务资金的确认、计量、记录及报告进行反映和监督的一种信息系统和管理活动。

税务与会计相互联系、相互影响、相互制约、相互促进，决定了财务会计与税务会计之间密不可分的内在关系。但是，税务会计又与财务会计保持着距离。

税务会计的对象就是纳税人在其生产经营过程中可用货币表示的税务资金运动。

税务会计基础是联合基础。

现代税务会计、财务会计与管理会计是构成会计学科的三大分支，税务会计知识已经成为财务会计领域的所有专业人士所必须通晓的专业知识。

【关键术语和概念】

税务会计　税务会计对象　税务会计职能　税务会计基础

【附件】《财务会计与税务会计的联系与区别》（英文原文）

The Relationship and Difference between Financial Accounting and Tax Accounting

By Raymond J. Krasniewski, Ph. D, CPA

As China continues its remarkable growth and its movement toward a socialistic market economy, an issue that will certainly arise is the ability of Chinese governmental units to raise revenue from the many newly created business enterprises. By drawing on the experiences of the United States, this paper focuses on one important aspect of this issue accounting methods that taxpayers are permitted to use. Since a taxing authority has goals that almost always differ significantly from those of the financial accounting and reporting community, it should come as no surprise that tax accounting and financial accounting may not closely resemble each other.

Please note that since this paper focuses on the U. S. tax rules regarding accounting methods, it is intended primarily as a "discussion piece" rather than a set of recommendations for the Chinese accounting and taxation authorities.

The Taxation Environment in The United States

In the U. S., as elsewhere, there is an adversarial relationship between taxpayers and the government. No one has any patriotic duty to pay one cent more of taxes than he or she legally owes. Accordingly, taxpayers seek all sorts of ways [both legal (tax avoidance) and illegal (tax evasion)] to maximize their after-tax wealth.

For its part, the government attempts to collect taxes as efficiently and equitably as possible. When the government believes that a particular accounting method (even one that has achieved general acceptance for financial reporting) is interfering with its efforts, it takes whatever measures that are considered necessary to mitigate the accounting method's undesirable effects.

Tax Accounting Methods

The rules that determine when a particular item is reported for income tax purposes are generally referred to as accounting methods. The U. S. Internal Revenue Code [Section 446 (c)] identifies four permissible methods of accounting:

1. The cash receipts and disbursements method.
2. The accrual method.
3. Any other method permitted by the code (e. g., a method for a specific situation such as the percentage of completion method for a long-term construction contract or the use of LIFO to value inventories).
4. Any combination of the three methods above permitted by the Income Tax Regulations.

The term "accounting method" is not limited to the overall method of accounting used by the taxpayer (e. g., the cash or accrual method). It generally includes the treatment of any particular item if such treatment affects when the item will be reported. For example, the use of LIFO to value inventories would be considered an accounting method since the use of this method determines when the cost of a product will become part of cost of goods sold.

The taxpayer is not required to adopt one overall method of accounting. For example, a taxpayer having inventories must use the accrual method to account for inventories and the related amounts of sales revenue and cost of goods sold. However, the same taxpayer could use the cash method to report interest income or other items (e. g., salaries of salespersons). This approach (referred to as the hybrid method) is completely acceptable as long as the taxpayer applies the same methods consistently.

Taxpayers are generally all owed to select the methods of accounting that they wish to use. In all cases, however, the IRS has the right to determine if the method used clearly reflects income, and if not, to make the necessary adjustments [Internal Revenue Code Section 446 (b)]. For example, assume that each year a tax-payer changes the way that it computes the amount of overhead that it capitalizes as part of inventory (e. g., on the basis of direct labor hours one year, machine hours the next). In such case, the IRS might require the taxpayer to use one method consistently so that income would not be distorted from year to year but would be clearly reflected.

Comparison of Financial and Tax Accounting Methods

At first glance, many people—particularly accountants—would no doubt conclude that a method of accounting that conforms with GAAP would be regarded as clearly reflecting income. Although this is ordinarily true, it is not always the case. Conflicts sometimes exist because the objectives of the income tax system differ from those of financial accounting. The primary goal of financial accounting is to provide useful information to management, shareholders, creditors, and other interested parties. In contrast, the goal of the income tax system is to ensure that revenues are fairly collected. Due to these different goals, the tax law may disregard fundamental accounting principles. Perhaps the most obvious example can be found in the tax laws allowance of the cash method of accounting. Despite its failure to properly match revenues and expenses, the cash method is normally tolerated because from an administrative view it is simple and objective. Such administrative concerns often dictate a different approach for tax purposes. For example, as illustrated in the previous example, an accrual basis taxpayer is often required to report income received in advance (sometimes referred to as prepaid income) when received rather than when earned. Although this practice violates the matching principle, it ensures that the tax is imposed when the taxpayer has the cash to pay it.

The operation of differing objectives can also be seen in the use of estimates. One of the major responsibilities of financial accountants is to ensure that financial statement users are not misled. This demand normally encourages accountants to be conservative, which in turn may cause them to understate rather than overstate income. Although the government does not want taxpayers to overstate income, it certainly does not want to endorse principles that would tend toward understatement. Thus, the tax law generally does not allow taxpayers to estimate future expenses such as bad debts, warranty costs and deduct them currently, as is the case with financial accounting. Instead, the deduction is allowed only. When there is objective evidence that a cost has been incurred. The government frowns on estimates of expenses, presumably because taxpayers would tend to overstate them.

Reporting of income received in advance and the treatment of estimated expenses are just two examples of where financial accounting principles deviate from tax accounting. The key point to recognize is that a particular item may be treated one way for financial accounting purposes and another way for tax purposes. As a practical matter, this may mean that two sets of books are maintained, or what is perhaps more likely, one set based on financial accounting principles to which adjustments must be made to arrived taxable income. Many corporations report financial accounting income that is substantially different from the amounts reported for tax purposes. The corporate requires a reconciliation of taxable income and financial accounting income.

The primary goal of financial accounting is to provide useful information to management, shareholders, creditors, and others properly interested; the major responsibility of the accountant is to protect these parties from being misled. The primary goal of the income tax system, in contrast, is the equitable collection of revenue consistently with its goals and responsibilities, financial accounting has at its foundation the principle of conservatism, with its corollary that possible errors in measurement should be in the direction of understatement rather than overstatement of net income and net assets. In view of the Treasury's markedly different goals and responsibilities understatement of income is not destined to be the guiding light.

. . . Financial accounting, in short, is hospitable to estimates, probabilities, and reasonable certainties; the tax law, with its mandate to preserve the revenue, can give no quarter to uncertainty.

While this compelling "oppose-estimation, give-no-quarter-to-uncertainty" argument is often the basis for the differences between financial accounting and tax accounting, the government tends to ignore it when the use of estimation works in its favor. One example of this involves accounting for the income from long-term contracts. Until recently, taxpayers could choose between two methods, percentage of completion or completed contract, to report such income for tax purposes.

The percentage of completion method requires the taxpayer to recognize a portion of the profit on the contract based on the estimated percentage of the contract completed during the taxable year. On the other hand, the completed contract method allows the taxpayer to defer income recognition until the contract is complete and acceptance by the customer has occurred. Taxpayers usually opted to use the completed contract method in order to postpone recognition of income. In some extreme cases, taxpayers were able to postpone reporting income for many years by claiming that the contract was not complete. And, given the Thor Power Tool decision, they could argue that they were using a preferred method of accounting. After all, unlike percentage of completion, completed contract requires no estimations and gives no quarter to uncertainty!

Concerned about the opportunities for deferral as well as the potential for abuse, Congress took various steps, slowly but surely limiting the use of the completed contract method. Finally in 1989, the method was virtually repealed. Thus, long-term contracts currently entered into normally must be accounted for using the percentage of completion method. However, there are two situations where the completed contract method can still be used:

1. Home construction contracts in which 80 percent of the costs related to buildings containing four or fewer dwelling units.

2. Contracts of small businesses-construction contracts that are completed with two years commencement and are performed by a contractor whose average annual gross receipts for the three preceding years do not exceed $10 million.

In some instances, the tax law specifically permits rapid write offs (e. g. , limited expensing of the cost of business tangible personal property in the year that it is placed in service) and deferrals of income that are not available in financial accounting. In some of these cases, however, the tax law has a backup provision in the form of the alternative minimum tax to prevent abuse of the use of the tax benefits derived from exclusions, deductions, and credits.

Cash Method of Accounting

Virtually all individuals—as well as many corporations, partnerships, trusts, and estates—use the cash method of accounting. Its prevalence is no doubt attributable to the fact that it is easy to use. Under the cash method, taxpayers simply report items of income and deduction in the year in which they are received or paid [Income Tax Regulation Section 1. 446 – 1 (c)(i)]. In effect, the cash method allows taxpayers merely to refer to their checkbooks to determine taxable income.

In using the cash method, items of income need not be in the form of cash but need only be capable of valuation in terms of money. Under this rule, sometimes termed the cash equivalent doctrine, the taxpayer reports income when the equivalent of cash is received [Income Tax Regulation Section 1. 446 – 1 (a)(3)]. Thus, where property or services are received, the fair market value of these items serves as the measure of income.

Due to the cash equivalent doctrine, reporting of income arising from the receipt of notes and accounts receivable differs. A note received by a cash basis taxpayer is usually considered property and hence constitutes income equal to the value of the note. When a promise to pay is not evidenced by a note (e. g. , an account receivable arising from a credit sale), no income is recognized by a cash basis taxpayer until payment is received. This treatment results because unsupported promises to pay normally are not considered as having a fair market value.

Constructive Receipt Doctrine. Taxpayers using the cash method of accounting have substantial control over income recognition since they may control the timing of the actual receipt of cash. If the requirement calling for actual receipt were strictly adhered to, the cash basis taxpayer could easily frustrate the purpose of progressive taxation. For example, taxpayers could select the year with the lowest tax rate and simply cash their salary or dividend checks or redeem their interest coupons in that year. To curtail this practice, the doctrine of constructive receipt was developed. Under this principle, a taxpayer is deemed to have received income even though such income has not actually been received. Note that there is no corresponding doctrine for deductions (i. e. , there is no constructive payment doctrine).

The constructive receipt doctrine is expressed in Regulation Section 1. 451 – 2 (a) as follows:

Income, although not actually reduced to the taxpayer's possession, is constructively received by him in the taxable year in which it is credited to his account, set apart for him or otherwise made available so that he could have drawn upon it during the taxable year if notice of intention to withdraw had been given. However, income is not constructively received if the taxpayer's control of its receipt is subject to substantial limitations or restrictions.

As the Regulation suggests, the taxpayer is treated as having received income when the following three conditions are satisfied:

1. The taxpayer has control over the amount without substantial limitations and restrictions.
2. The amount has been set aside or credited to the taxpayer's account.
3. The funds are available for payment by the payer (i. g. , payer's ability to make payment must be considered).

The tax treatment of many deferred compensation arrangements between employers and employees is tied to the constructive receipt doctrine. IRS has ruled that where the taxpayer has entered into a deferral arrangement before the services are performed, such income is not considered received (Revenue Ruling 60 – 31). This is true even though the taxpayer has control over whether the payments are to be made currently or are to be deferred. The Service's conclusion rests on the principle that once the employee has made the agreement, he or she does not have the right to receive currently the deferred amounts. This presumes, however, that the taxpayer has not received cash equivalents such as notes and that the payments are not secured in any fashion. Similarly, the taxpayer cannot be protected through some type of escrow or trust account since such amounts maybe treated as having been set aside for withdrawal by the taxpayer.

Limitations on the Use of the Cash Method. As a method of accounting, the cash method's principal advantage lies in its simplicity, on other counts, the cash method scores poorly, ranking a distant second to the accrual method. From an accounting perspective, the cash method is entirely inappropriate since income and expense are recognized without regard to the taxable year in which the economic events responsible for the income or expense actually occur. Similarly, when the individuals involved in a transaction use different methods of accounting, there may be a mismatching of income and deductions. For example, an accrual basis corporation could accrue expenses payable to a cash basis individual. In such case, the corporation could obtain deductions without ever having to make a cash disbursement and, moreover, without the individual taxpayer recognizing any offsetting income.

While the above are clearly shortcomings, the major flaw found in the cash method is that it is easily abused. Taxpayers have often secured benefits by merely timing their transactions appropriately: recognizing income in one year, deductions in the next, or what is more likely, deductions in years in which the taxpayer is in a high tax bracket and income in years in which the taxpayer is in a low tax bracket.

To attack these problems, Congress has limited the use of the cash method of accounting. By Internal Revenue Code Section 448 (a). The following entities are normally prohibited from using the cash method:

1. Regular C corporations.

2. Partnerships having regular C corporations as partners (other than certain personal service corporations described below).

3. Tax shelters, generally defined as any enterprise (other than a regular C corporation) in which interests have been offered for sale in any offering required to be registered under Federal or State security agencies.

Despite these general restrictions, Congress believes that the simplicity of the cash method justifies its continued use in certain instances. For example, congress feels that it would be costly for small businesses to switch to the accrual method. Similarly, it recognizes that the accrual method would create undue complexity for farming businesses if such a method were required to account for growing crops and livestock. In addition, Congress believes that personal service corporations, which have traditionally used the cash method, should be allowed to continue using it. Accordingly, Internal Revenue Code Section 448 (b) allows the following entities to use the cash method:

1. Any corporation or partnership whose annual gross receipts for all preceding years do not exceed $5 million. This test is satisfied any prior year only if the average annual gross receipts for the three-year period ending with such year does not exceed $ 5 million. Once this average exceeds $5 million, the taxpayer cannot use the cash method in the following year.

2. Certain farming businesses.

3. Qualified personal service corporations. A regular C corporation is qualified if substantially all of the activities consist of performing services in the fields of health, law, engineering, architecture, accounting, actuarial science, performing arts, or consulting, and at least 95 percent of its stock is held by the employees who are providing the services. The latter test is considered satisfied if the stock is owned by a retired employee or by the estate or heirs of a deceased employee.

Note that the above exceptions do not apply to tax shelters. Any enterprise considered a tax shelter must use the accrual method.

Accrual Method of Accounting

Taxpayers using the accrual method of accounting report income in the year in which it is considered earned under the so-called all-events test. Under this test, income is earned when: a. all the events have occurred that fix the right to receive such income; b. the amount can be determined with reasonable accuracy [Income Tax Regulation Section 1.451 - 1 (a)]. As all events test indicates, income generally accrues only if the taxpayer has an un-conditional right to receive the income. This right normally arises when the title to the property sold passes to the buyer. With sales of inventory, however, taxpayers may accrued income when the goods are shipped, when the product is delivered or accepted, or when title passes, as long as the method is consistently used. Recall that the accrual method must be used in accounting for sales, purchases, and inventories if inventories are an income-producing factor. However, the taxpayer who must use the accrual method in this instance may still account for other items of income and deduction using the cash method.

There are several special tax rules relating to the accrual method of accounting that cause variations in the normal pattern of income recognition, for example, dividends would normally accrued under the all events test on the date of record. An exception exists [Regulation Section 1.451 -2 (b)], however, so that dividends are reported when received.

For an accrual basis taxpayer to deduct an expense, all the events test must be satisfied and economic performance must have occurred. For deductions, the two requirements for all the events test are: a. all events establishing the existence of a liability must have occurred (i. e., the liability is fixed); b. the amount of the liability can be determined with reasonable accuracy.

All the events test often operates to deny deductions for certain expenditures properly accruable for financial accounting purposes. For example, the estimated cost of product guarantees, warranties, and contingent liabilities normally may not be deducted presumably because the liability for such items has not been fixed or no reasonable estimate of the amount can be made. However, the courts have authorized deductions for estimates where the obligation was certain and there was a reasonable basis (e. g., industry experience) for determining the amount of the liability.

The condition requiring economic performance was introduced in 1984 due to Congressional fear that all the events test did not prohibit so-called premature accruals. Prior to 1984, the courts with increasing frequency, had permitted taxpayers to accrue and deduct the cost of estimated expenditures prior to the period when the activities were actually performed. For example, in one case, a strip-mining operator deducted the estimated cost of backfilling land which he had mined for coal. The court allowed the deduction for the estimated expenses in the current year even though the backfilling was not started and completed until the following year. According to the court the liability satisfied all the events test since the tax payer was required by law to backfill the land and a reasonable estimate of the cost of the work could be made. A similar decision involved a taxpayer that was a self insurer of its liabilities arising from claims under state and Federal workers compensation laws. Under these laws, the taxpayer was obligated to pay a claimant's medical bills, disability benefits, and death benefits. In this situation, the taxpayer was allowed to accrue and deduct the estimated expenses for its obligations even though actual payments would extend over many years. In Congress view, allowing the deduction in these and similar cases prior to the time when the taxpayer actually performed the services, provided the goods, or paid the expenses, overstated the true cost of the expense, because the time value of money was ignored. Perhaps more importantly, Congress recognized that allowing deductions for accruals in this manner had become the foundation for many tax shelter arrangements. Accordingly, the economic performance test was designed and implemented to defer the taxpayer's deduction until the activities giving rise to the liability are performed.

Conclusion

By focusing on several major differences, this paper described the relationship between financial accounting and tax accounting in the United Sates. There are much more examples of such differences that were not discussed here. Importantly, this relationship is constantly evolving. In the same way that financial accounting regulators must react to and design sound accounting methods for the ever changing business scene (e. g., how to account for equity-based compensation), taxing authorities must also be prepared to counter new "tax planning" strategies that taxpayers pursue to maximize after tax wealth (e. g., the 1984 tax law changes that required imputation of interest income and expense on loans having below-market interest rates).

Chinese officials must decide whether financial accounting methods will suffice for taxation purposes in the new market economy. Since the U. S. accounting profession is generally pleased by its ability to keep primary responsibility for financial accounting standards in the private sector, the development by the government of a separate set of tax accounting rules was inevitable. In China, even if the government retains primary responsibility for both sets of rules, there is no necessary reason to suspect that the two will be identical.

财务会计与税务会计的联系与区别

［美］雷蒙德J. 克拉尼斯基

随着中国经济的持续快速发展及其向社会主义市场经济的转变，必然会出现一个中国政府部门从众多新设立的企业中取得收入的问题。本文通过引用美国的经验，主要讨论该问题的一个重要部分——纳税人允许采用的会计方法。由于税务部门的目标几乎总是与财务会计和报告团体的目标相差甚远，税务会计和财务会计彼此不完全相同是不足为奇的。

请注意，由于本文着重讨论美国税收规定的会计方法，因而本文旨在"讨论"而并非是对中国会计和税务部门的建议。

一、美国的税收环境

与其他国家一样，在美国，纳税人和政府之间是对立的关系。没人负有缴纳法定税款之后再额外多缴税款的爱国义务。相反，纳税人会寻找各种途径［合法（避税）和不合法（逃税）］使税后收益最大化。作为其对立面的政府则力求尽可能公平有效地征税。一旦政府部门确信某特定的会计方法（即便是财务报告公认接受的方法）会妨碍其所作的努力，它就会采用其认为必要的措施，调整按该会计方法得出的不合需要的结果。

二、税务会计方法

为所得税目的，何时将某特定项目列报的规定通常涉及会计方法。美国国内税收法令［第446（C）节］允许采用以下四种会计方法：

1．收付实现法。

2．权责发生法。

3．法令允许的其他方法（指特定情况下的方法，如长期建造合同中的完工百分比法、存货计价中的后进先出法）。

4．所得税法允许的上述三种方法的结合。

“会计方法”这一用语不只限于纳税人采用的综合会计方法（例如，收付实现法或权责发生法）。如果某种会计处理会影响某特定项目列报的时间，则对该特定项目的处理也包括在“会计方法”中。例如，采用后进先出法对存货计价可视为会计方法，因为，该种方法的应用决定了产品成本何时转化为销售成本。

对纳税人不要求只能采用一种综合会计方法，例如，拥有存货的纳税人必须采用权责发生制的会计方法对存货、相关的销售收入和销售成本进行会计处理。但是，该纳税人可采用收付实现制的会计方法报告利息收入或其他项目（如销售人员的薪金）。只要纳税人采用的方法前后期一致，则这种方法（称为混合法）是完全可以接受的。

纳税人通常被允许选用其所愿意采用的会计方法。但是，在所有情况下，国内税收署有权决定采用的方法是否清楚地反映了收益，若没有，则需作必要的调整［国内税收法令第446（b）节］。假设纳税人每年变换计算计入存货成本的间接费用的方法（例如，本年按直接人工小时，下年按机器小时）。在这种情况下，国内税收署或许要求纳税人各期均采用一种方法，以使各年的收益不会受到歪曲，清楚地反映出来。

三、财务会计和税务会计方法的比较

许多人——尤其是会计人员——瞬间就会毫不迟疑地得出结论：符合一般公认会计准则的会计方法可视为清楚地反映了收益。尽管这种结论在一般情况下是正确的，但不总是如此。矛盾有时是存在的，因为所得税制度与财务会计的目的并不一致。财务会计的主要目的是向管理部门、股东、贷款人和其他有关的方面提供有用的信息。相反，所得税系统的目的是保证公平征税。由于目的不同，税法可能会无视基本会计原则。税法中可以找到的最明显的例子，就是允许采用收付实现制会计方法。尽管这种方法不能将收入与费用恰当地配比，但该法是可以接受的，因为从管理的角度上说，该法简便、客观。这种管理上的着眼点常常导致为税收目的而采用不同的方法。例如，如上例所述，采用权责发生制的纳税人常常被要求将预收收益（有时称作预付收益）在收到时而不是在实现时列报为收益。尽管此实务违背了配比原则，但它能确保在纳税人有现金支付税款时征了税。

在采用估计方法时亦可看到两者目的上的区别。财务会计人员的主要职责之一是确保财务报表使用者不被误导。这一要求一般鼓励会计人员稳健，而这会促使他们低估而不是高估收益。尽管政府并不想让纳税人高估收益，然而其当然也不想赞同导致收益低估的原则。因此，税法一般不允许纳税人像财务会计上所做的那样预计未来费用，如坏账或保修费用，并将其从当期扣除，而是只有在有客观证据表明费用已经发生的情况下方可扣除。政府不赞同预计费用，可能是因为纳税人倾向于高估这些费用。

列报预收收益及预计费用的处理仅仅是财务会计原则与税务会计区别的两个例子。要认识到的关键问题是，对某特定项目，为财务会计目的可能采用这种方法，而为税收目的则可能采用另一种方法。从实务上看，这意味着要保留两套账簿，这两套账簿或许相似，一套以财务会计原则为基础，对其需作调整以得出应税收益，许多公司报告的财务会计收益与为税收目的报告的收益之间存在很大的差异。公司所得税 1120 表要求对应税收益与财务会计收益进行调节。

财务会计的主要目的是向管理部门、股东、贷款人以及其他相关的报表使用者提供有用的信息；会计人员的主要职责是保护这些报表使用者不被误导。相反，所得税系统的主要目的则是公平征税……与其目的和职责相对应，财务会计以稳健原则为基础，因而可以推断“可能出现的计量错误在于对净收益和净资产的低估而不是高估”。考虑到财政部明显不同的目的和职责，低估收益的可能性是不大的。

……简而言之，财务会计易接受估计、可能性和合理的确定性；税法则从其授权保证收入这一方面讲，不能有半点不确定性。

尽管这种强制性的“反对估计、不能有半点不确定性”的观点常常是财务会计与税收会计相区别的基础，但是，在采用估计对政府有利的情况下，政府往往会忽略这一点。长期合同收益的会计处理就是一例。直到最近，纳税人仍可在完工百分比或完工合同两种方法中选用，以列报为税收目的的收益。

完工百分比法要求纳税人在纳税期间，每年根据估计合同完工百分比确认一部分合同收益。而完工合同法则允许收益递延，至合同完工且客户验收之时确认。纳税人通常选用完工合同法，从而递延确认收益。在某些极端的情形下，纳税人会以合同未完工为名，使收益的列报递延多年。对桑电力工具公司裁决案，他们会争辩说，他们采用了鼓励使用的会计方法。完工合同法与完工百分比法不同，完工合同法没有估计和半点不确定性。

考虑到递延的机会及潜在的弊端，国会采取各种措施，缓慢但却坚定地限制采用完工合同法。在 1989 年，该方法终于被废止了。因此，如今，一般长期合同必须按完工百分比法进行会计处理。但是，在以下两种情况下，仍可采用完工合同法：

（1）80% 的成本与包含 4 套或更少的单元住宅有关的住宅建筑合同。

（2）小企业的合同——开工后 2 年内完工，并由最近三年平均总收入不超过 1 000 万美元的承包商建造完工的建筑合同。

在有些情况下，税法特别允许费用从速列支（例如，将企业有形的个人财产的成本在投入使用的年度有限制地费用化），并将财务会计上未实现的收益递延。但是，在上述某些情况下，对于使税收最小化的一些做法，税法有些附加条件，以防止滥用由减免、费用抵扣和税额扣除等带来的税收优惠。

四、收付实现制会计方法

实际上几乎所有的个体企业，以及许多公司、合伙企业、信托基金和遗产基金，均采用收付实现制会计方法，其优点在于应用简便。采用收付实现制，纳税人只在其收到或支付的年度中列报收益或列支费用［所得税条例第 1.446 - 1（c）（i）节］。事实上，收付实现制允许纳税人仅根据其账簿确定纳税收益。

在采用收付实现制时，收益项目不一定要是现金形式，只需要能以现金计价。根据这有时称作现金等价论的规定，纳税人在收到现金等价物时列报收益［所得税条例第

1.446－1（a）（3）节］。因此，在收到资产时，根据这些项目的公允市价来计量收益。

根据现金等价论，对来自票据的收益与来自应收账款的收益的列报是不同的。采用收付实现制的纳税人通常将收到的票据视为资产，并按票据的价值计作收益。如果一项付款承诺不以票据作为证明，例如对赊销产生的应收账款采用收付实现制的纳税人在收到付款前是不确认收益的。这种处理结果是因为没有证据保证的付款承诺一般不认为有公允价值。

推定收款论。采用收付实现制的纳税人对收益的确认具有很强的控制力，因为他们可以控制实际收到现金的时间。如果严格要求以实际收到为标准，采用现金收付制的纳税人很容易使累进税制变得无效。例如，纳税人可能选择利率最低的年度将其薪金、股利支票现金化或将其息票变现。为减少这种做法，产生了推定收款论，根据这一原则，纳税人被假定已收到收益，尽管实际并未收到。注意，没有相应的抵扣论（即没有推定付款论）。

条例第1.451－2（a）节将推定收款论表述如下：

收益，尽管没有实际变为纳税人的财产，可推定已为纳税人在纳税年度收到，并已记入该年度的账，已为纳税人留出或备用，从而使纳税人在纳税年度如得到提用通知即可从中提取。但是，如果纳税人对收取收益的控制受到重大限制或约束，则收益不被推定收到。

如条例所建议的，纳税人如符合以下三个条件则可视为已收到收益：

1．纳税人已控制这些金额，且不受重大的限制和约束。

2．金额已留出或已记入纳税人的账。

3．付款人有可供支付的资金（即要考虑付款人的支付能力）。

许多雇主与雇员间递延酬劳计划的税务处理须采用推定收款论，国内税收署规定，如果纳税人在服务提供前就签订了递延计划，这种收益不被视为收到（收入法规60－31）。这种规定是对的，尽管纳税人对当期支付还是递延支付有控制力。国内税收署的结论依据的原理是，雇员一旦定出这一协议，他或她就无权当期收取递延的金额。但这是假定纳税人没有收到诸如票据之类的等价物，付款无任何形式的担保的情况。与此相似，纳税人不能通过某些形式的契据或信用账户得到保护，因为这项金额或许被视为已留出供纳税人提用。

采用收付实现制的局限。作为一种会计方法，收付实现制原理的优点在于简便。在其他方面，收付实现制远远不如权责发生制。从会计上讲，收付实现制完全是不恰当的，因为收益和费用的确认没有考虑产生收益或费用的经济事项在纳税年度是否实际发生。与此相似，如某项业务涉及的个体采用不同的会计方法，此时收益与扣除额或许不配比。例如，采用权责发生制的公司可能会应计应付给采用收付实现制的个体的费用。在这种情况下，该公司可在以前没有任何支付，而且个体纳税人没有确认任何相应的收益的情况下获得扣除额。

上述缺陷是明显的，自收付实现制中发现的主要缺陷是其易被滥用。纳税人经常通过合理安排业务的时点来确保利益：在某年确认收益，在下一年确认扣除额；或更有可能的是纳税人在税收等级高的年度确认扣除额，在税收等级低的年度确认收益。

为回击这些问题，国会限制采用收付实现制。按国内税收法令483（a）节，以下主体一般禁止采用收付实现制：

（1）普通 C 类股份公司。

（2）一方为普通 C 类股份公司的合伙企业（而非下述个体服务公司）。

（3）税收保护，通常定义为股权已供销售且要求在联邦或国家证券机构注册的企业（非普通 C 类股份公司）。

除这些一般性的约束条件外，国会认为现金法应用简便这一特性，使其可以在特定情况下被继续应用。例如，国会感到小企业采用权责发生制的代价太大。与此相似，它认识到，如权责发生制要求核算处于生长阶段的庄稼和牲畜，则该法会给农场企业带来不必要的复杂性。另外，国会认为，习惯于采用收付实现制的个体服务公司，应允许其继续采用这种方法。相应地，国内税收法令第 448（b）节允许如下主体采用收付实现制：

（1）以前年度每年收款总额不超过 5 百万美元的公司或合伙企业。这一标准仅在最近三年平均每年收款总额不超过 5 百万美元之时方适用于以前各年度。如这个平均数超过 5 百万美元，纳税人在以后年度不能采用收付实现制。

（2）某些农场企业。

（3）符合条件的个体服务公司。如果几乎所有的活动都是提供保健、法律、工程、建筑艺术、会计、运用科学、表演艺术或咨询等的服务，且几乎 95% 的股票为促进这些服务的雇员所持有，则这种普通 C 类股份公司亦可采用收付实现制。如股票归退休的雇员或死亡的雇员的继承人所有，则后一标准可视为已被达到。

注意，上述例外情况不适用于税收保护。任何被视为受税收保护的企业必须采用权责发生制。

五、权责发生制的会计方法

采用权责发生制的会计方法的纳税人，根据所谓的“所有事项的标准”，在收益实现的年度列报收益。在这一标准下，收益实现发生在：a. 所有的事项已发生，收取此项收益的权利已固定。b. 该项金额可以合理准确地确定［所得税法令第 1.4511 -（a）节］。如所有事项标准所指明的，收益一般只在纳税人拥有无条件收取收益的权利时应计。这种权利一般产生于所售资产的所有权已转移给买方时。但是，对于存货销售，纳税人在货物装运、产品移交或被接受或物权转移时应计收益，只要采用的方法前后期一致即可。注意，权责发生制必须用于销售、购买存货（如存货是一产生收益的因素）的会计处理中。但是，在此情况下必须采用权责发生制会计法的纳税人仍可对其他收益项目采用收付实现制进行会计处理。

对于在收益确认的正常形式中引起差异的权责发生制会计有几条特殊的税收规定。例如，股利通常根据记录日所有事项标准应计。但是存在例外［法令第 1.451 -2（b）节］，从而股利在收到时列报。

就采用权责发生制的纳税人扣除费用而言，须符合“所有事项标准”，并且“经济活动”必须已经发生。就扣除额而言，对“所有事项标准”的两个要求是：a. 使债务存在的事项必须已经发生（即债务是固定的）。b. 债务的余额可合理准确地确定。

“所有事项标准”常常不允许扣除为财务会计目的可能应计的某些项目的支出。例如，产品担保费用、保修费用和或有负债一般不能扣除——可能是因为这些项目的负债尚未固定或不能合理预计其金额。但是，法院准许在预计的负债确定及有合理依据（如工厂经验）确定负债的金额的情况下将其作为扣除项目。

由于国会担心"所有事项标准"不能禁止所谓的过早的应计，1904 年引入了"经济活动"这一条件。在 1984 年以前，法院越来越频繁地准许纳税人在活动实际履行前应计并扣除预计支出的成本。例如，在某例中，某露天采掘经营者将采煤后填平地面的预计成本扣除。法院允许在当期扣除预计费用，尽管以后才开始填地面。法院认为，该项负债符合所有事项标准，因为是法律要求纳税人填平地面并且该项工作的成本可以合理地预计。另一相似的决定涉及一个纳税人自我承保其负债，该负债产生于州和联邦工人补偿法所规定的要求权。根据这些法律，纳税人负有向权利人支付医药、残废抚恤金和死亡保险费的义务。在这种情况下，纳税人可以应计并扣除该项义务的预计费用，尽管实际支付这些费用要递延若干年。国会认为，在这些情况及类似情况下，允许纳税人在实际提供服务，提供商品或支付费用之前扣除费用，会高估费用的真实成本，因为忽略了货币时间价值。或许更重要的是，国会意识到允许为应计作的这种形式的扣除已成为许多避税项目计划的基础。因而，经济活动标准被设计出来并实施以使纳税人的扣除递延至产生负债的活动发生时。

六、结　论

通过集中讨论几个主要的区别，本文阐述了美国的财务会计与税务会计的关系。关于这类的区别尚有许多例子没有讨论到。重要的是，这种关系永远存在。同样，财务会计管理者必须作出反应并为变幻莫测的经济现象（例如，如何对权益基础的补偿进行会计处理）设计出正确的会计方法，税务管理部门也应随时准备反击纳税人追求最大税后利益的目标（例如，1984 年税法有了变动，要求对低于市场利率的贷款假计利息收入和费用）。

中国官员必须对在新的市场经济下，财务会计方法是否能满足税收目的作出决策。由于美国会计业通常对私营企业的财务会计准则负主要责任，因而政府制定单独的一套税务会计规定是必然的。在中国，尽管政府对两套规定均负有主要的责任，但没有必然的理由认为这两套规定应是完全相同的。

第二章　增值税会计

【学习要点】

◆ 增值税要素
◆ 增值税确认
◆ 增值税计量
◆ 增值税会计的重要性
◆ 增值税会计的核算原理
◆ 增值税会计的改革

第一节　增值税概述

增值税是以产品、商品或劳务的增值额为征收对象而征收的一种税。它具有以下特点：①对增值额征税；②征收范围广；③连续征收而不重复征税；④税负公平合理。

我国从1979年起在部分城市试行增值税，1993年12月13日发布《中华人民共和国增值税暂行条例》，于1994年1月1日起施行；2008年增值税实施转型改革，修订了《中华人民共和国增值税暂行条例》，于2009年1月1日起施行。

第二节　增值税的确认

2009年实施的《中华人民共和国增值税暂行条例》和《增值税暂行条例实施细则》规定，增值税的要素确认包括以下内容。

一、增值税的纳税人

增值税的纳税人是在中华人民共和国境内销售货物或者提供加工、修理修配劳务以及进口货物的单位和个人。具体包括：国有企业、集体企业、私有企业、外商投资企业、外国企业、股份制企业、其他企业和行政单位、事业单位、军事单位、社会团体和其他单位、个体工商户和其他个人。企业租赁或承包给他人经营的，则以承租人或承包人为纳税人。

关于增值税的纳税人，1994年的税制改革，最大的特点是对增值税纳税人作了一般纳税人和小规模纳税人的划分。2008年11月修订的《中华人民共和国增值税暂行条例》和

《增值税暂行条例实施细则》的最新规定，内容如下：

1. 小规模纳税人的界定标准

（1）从事货物生产或提供应税劳务的纳税人，以及以从事货物生产或提供应税劳务为主，并兼营货物批发或零售的纳税人，年应税销售额在50万元以下（含本数，下同）的；其中，以从事货物生产或者提供应税劳务为主，是指纳税人的年货物生产或者提供应税劳务的销售额占年应税销售额的比重在50%以上。

（2）对上述规定以外的纳税人，年应税销售额在80万元以下的。

（3）年应税销售额超过小规模纳税人标准的其他个人按小规模纳税人纳税。

（4）非企业性单位、不经常发生应税行为的企业可选择按小规模纳税人纳税。

小规模纳税人会计核算健全，能够提供准确税务资料的，可以向主管税务机关申请资格认定，作为小规模纳税人，依照条例有关规定计算应纳税额。其中会计核算健全，是指能够按照国家统一的会计制度规定设置账簿，根据合法、有效凭证进行核算。

2. 一般纳税人的认定标准

年应征增值税销售额超过《增值税暂行条例实施细则》规定的小规模纳税人的企业和企业性单位，应认定为一般纳税人。

除国家税务总局另有规定外，纳税人一经认定为一般纳税人后，不得转为小规模纳税人。

区分一般纳税人和小规模纳税人，在增值税的纳税处理中实行区别对待的方法。其共同点主要是：对计税销售额的确定一致。其不同点有以下三个方面：

一是小规模纳税人销售货物，或者提供应税劳务，一般只能使用普通发票，而一般纳税人除销售给消费者和免税项目使用普通发票外，一般都可以使用增值税专用发票。

二是小规模纳税人按规定征收率计算税额，一般纳税人按规定税率计算税额。

三是小规模纳税人不实行规范化的抵扣办法，一般纳税人则实行规范化的抵扣办法。

有下列情形之一者，应按销售额依照增值税税率计算应纳税额，不得抵扣进项税额，也不得使用增值税专用发票：

（1）一般纳税人会计核算不健全或者不能够提供准确税务资料的。

（2）除上述小规模纳税人界定标准规定外，纳税人销售额超过小规模纳税人标准，未申请办理一般纳税人认定手续的。

二、增值税的征收范围

增值税的征收范围是在中华人民共和国境内销售货物或者提供加工、修理修配劳务以及进口货物的。其中：

（1）货物是指除土地、房屋和其他建筑物等不动产之外的有形动产，包括电力、热力、气体等在内。

（2）加工是指受托加工的货物，即委托方提供原料及主要材料，受托方按照委托方的要求制造货物并收取加工费，加工后货物的所有权仍属委托者的业务。

（3）修理修配是指受托方对损伤或丧失功能的货物进行修复，使其恢复原状和功能的业务。

（4）提供加工、修理修配劳务是指有偿提供加工、修理修配劳务。但单位或个体工商户聘用的员工为本单位或雇主提供加工、修理修配劳务不包括在内。

（5）销售货物是指有偿转让货物的所有权，亦即卖方通过转让货物而从购买方取得货币、货物或其他经济利益。

值得注意的是，下列四类行为应征收增值税：

1. 视同销售行为

根据《增值税暂行条例实施细则》的规定，单位或工商户的下列行为视同销售货物：

（1）将货物交付其他单位或者个人代销。

（2）销售代销货物。

（3）设有两个以上机构并实行统一核算的纳税人，将货物从一个机构移送其他机构用于销售，但相关机构设在同一县（市）的除外。

（4）将自产或委托加工的货物用于非增值税应税项目。

（5）将自产、委托加工或购买的货物作为投资，提供给其他单位或个体工商户。

（6）将自产、委托加工或购买的货物分配给股东或投资者。

（7）将自产、委托加工的货物用于集体福利或个人消费。

（8）将自产、委托加工或购买的货物无偿赠送其他单位或者个人。

2. 混合销售行为

一项销售行为如果既涉及增值税应税劳务又涉及非应税劳务，为混合销售行为。其中从事货物的生产、批发和零售的企业、企业性单位及个体工商户以及以从事货物的生产、批发或零售为主，并兼营非应税劳务的企业、企业性单位及个体工商户的混合销售行为，视为销售货物，应当征收增值税；其他单位和个人的混合销售行为，视为销售非增值税应税劳务，不缴纳增值税。

值得注意的是，根据《增值税暂行条例实施细则》的规定，纳税人的下列混合销售行为，应当分别核算货物的销售额和非增值税应税劳务的营业额，并根据其销售货物的销售额计算缴纳增值税，非增值税应税劳务的营业额不缴纳增值税；未分别核算的，由主管税务机关核定其货物的销售额：①销售自产货物并同时提供建筑业劳务的行为；②财政部、国家税务总局规定的其他情形。

3. 兼营非增值税应税项目

兼营非增值税应税项目，是指增值税的纳税人在从事增值税应税货物或提供应税劳务的同时，还从事增值税非应税项目，且从事的非增值税应税项目与某一项销售货物或提供应税劳务并无直接联系和从属关系。按《增值税暂行条例实施细则》的规定，纳税人兼营非增值税应税项目的，应分别核算货物或者应税劳务的销售额和非增值税应税项目的营业额；未分别核算的，由主管税务机关核定货物或者应税劳务的销售额或从高征收。

对于纳税人兼营免税、减税项目的，应当分别核算免税、减税项目的销售额；未分别核算销售额的，不得免税、减税。一般纳税人兼营免税项目或者非增值税应税劳务而无法划分不得抵扣的进项税额的，按下列公式计算不得抵扣的进项税额：

$$不得抵扣的进项税额=当月无法划分的全部进项税额\times当月免税项目销售额、非增值税应税劳务营业额合计\div当月全部销售额、营业额合计$$

4. 特殊销售行为

税法中确定属于增值税征税范围的特殊销售行为主要有：

（1）货物期货（包括商品期货和贵金属期货），应当征收增值税，在期货的实物交割环节纳税。

（2）银行销售金银的业务，应当征收增值税。

（3）典当业的死当销售业务和寄售业代委托人销售物品的业务，均应征收增值税。

（4）集邮商品的生产以及邮政部门以外的其他单位和个人销售的，均应征收增值税。

三、增值税税率的规定

一般纳税人缴纳增值税采用简化的三档比例税率。一档是基本税率17%；一档是低税率13%；一档是适用出口货物的0%。具体适用范围如下：

1. 基本税率

纳税人销售货物或者进口货物，提供加工、修理修配劳务的，税率为17%，这就是通常所说的基本税率。

2. 低税率

纳税人销售或者进口下列货物，按低税率计征增值税，税率为13%。

（1）粮食、食用植物油。

（2）自来水、暖气、冷气、热水、煤气、石油液化气、天然气、沼气、居民用煤炭制品。

（3）图书、报纸、杂志。

（4）饲料、化肥、农药、农机、农膜。

（5）国务院规定的其他货物。

3. 零税率

适用于纳税人出口货物，是税收优惠的一种体现，是为了鼓励企业出口货物而采用的一种税率。但是，国务院另有规定的除外。

对于小规模纳税人增值税征收率采用3%。

四、增值税纳税义务的发生时间

增值税纳税义务的发生时间，基本上是按照目前我国财务制度规定的销售时间来确定的。这样的规定有利于增值税的管理和征收。

纳税人销售货物或者应税劳务，增值税纳税义务的发生时间可以分为一般规定和具体规定。

1. 一般规定

（1）销售货物或者应税劳务，为收讫销售款项或者取得索取销售款项凭据的当天；先开具发票的，为开具发票的当天。

（2）进口货物，为报关进口的当天。

增值税扣缴义务发生时间为纳税人增值税纳税义务发生的当天。

2. 具体规定

(1) 采取直接收款方式销售货物，不论货物是否发出，均为收到销售款或者取得索取销售款凭据的当天。

(2) 采取托收承付和委托银行收款方式销售货物，为发出货物并办妥托收手续的当天。

(3) 采取赊销和分期收款方式销售货物，为书面合同约定的收款日期的当天，无书面合同的或者书面合同没有约定收款日期的，为货物发出的当天。

(4) 采取预收货款方式销售货物，为货物发出的当天，但生产销售生产工期超过12个月的大型机械设备、船舶、飞机等货物，为收到预收款或者书面合同约定的收款日期的当天。

(5) 委托其他纳税人代销货物，为收到代销单位的代销清单或者收到全部或者部分货款的当天。未收到代销清单及货款的，为发出代销货物满180天的当天。

(6) 销售应税劳务，为提供劳务同时收讫销售款或者取得索取销售款的凭据的当天。

(7) 纳税人发生视同销售行为第四项至第八项所列行为，为货物移送的当天。

五、增值税的减免税规定

(1) 我国税制改革实行对征税减免权高度集中的制度。只有国务院有权减免税，地方和部门无权减免税。财政、税务部门无权减免税，只应依法征税和依法减免税。因此，根据国家的有关政策规定，对缴纳增值税的纳税人，只有在条例规定的范围内免征增值税。具体包括：

①农业生产者销售的自产农业产品；

②避孕药品和用具；

③古旧图书（指向社会收购的古书和旧书）；

④直接用于科学研究、科学实验和教学的进口仪器、设备；

⑤外国政府、国际组织无偿援助的进口物资和设备；

⑥由残疾人的组织直接进口供残疾人专用的物品；

⑦销售自己使用过的物品。

(2) 纳税人销售货物或者应税劳务适用免税规定的，可以放弃免税，依照条例的规定缴纳增值税。放弃免税后，36个月内不得再申请免税。

(3) 纳税人（仅限于个人）销售额未达到国务院财政、税务主管部门规定的增值税起征点的，免征增值税；达到起征点的，依照本条例规定全额计算缴纳增值税。

具体增值税起征点幅度规定为：

①销售货物的起征点为月销售额5 000 ~ 20 000元；

②销售应税劳务的起征点为月销售额5 000 ~ 20 000元；

③按次纳税起征点为每次（日）销售额300 ~ 500元。

省、自治区、直辖市财政厅（局）和国家税务局应在规定的幅度内，根据实际情况确定本地区适用的起征点，并报财政部、国家税务总局备案。

六、增值税的纳税期限

增值税的纳税期限分别为1日、3日、5日、10日、15日、1个月或者1个季度。纳税人的具体纳税期限，由主管税务机关根据纳税人应纳税额的大小分别核定；不能按照固定期限纳税的，可以按次纳税。

纳税人以1个月或者1个季度为1个纳税期的，自期满之日起15日内申报纳税；以1日、3日、5日、10日或者15日为1个纳税期的，自期满之日起5日内预缴税款，于次月1日起15日内申报纳税并结清上月应纳税款。其中以1个季度为纳税期限的规定仅适用于小规模纳税人。小规模纳税人的具体纳税期限，由主管税务机关根据其应纳税额的大小分别核定。

扣缴义务人解缴税款的期限，依照前两款规定执行。

纳税人进口货物，应当自海关填发海关进口增值税专用缴款书之日起15日内缴纳税款。

纳税人出口货物适用退（免）税规定的，应当向海关办理出口手续，凭出口报关单等有关凭证，在规定的出口退（免）税申报期内按月向主管税务机关申报办理该项出口货物的退（免）税。具体办法由国务院财政、税务主管部门制定。

出口货物办理退税后发生退货或者退关的，纳税人应当依法补缴已退的税款。

第三节　增值税的计量

一、一般纳税人应纳税额的计量

《增值税暂行条例》规定：一般纳税人的应纳税增值额，是指纳税人销售货物或者提供应税劳务计算的当期销项税额抵扣当期购进货物或应税劳务已交纳的当期进项税额后的余额。其中，销项税额是指纳税人销售货物或者提供应税劳务，按照销售额和规定的税率计算向购买方收取的增值税额；进项税额是指纳税人购进货物或者接受应税劳务支付或者负担的增值税额。用公式表示为：

应纳税额＝当期销项税额－当期进项税额＝销售额×适用税率－当期进项税额

1. 销售额的界定

销售额是指纳税人销售货物或者提供应税劳务向购买方收取的全部价款和价外费用，但不包括收取的销项税额。

价外费用，包括价外向购买方收取的手续费、补贴、基金、集资费、返还利润、奖励费、违约金、滞纳金、延期付款利息、赔偿金、代收款项、代垫款项、包装费、包装物租金、储备费、优质费、运输装卸费以及其他各种性质的价外收费。但下列项目不包括在内：

（1）受托加工应征消费税的消费品所代收代缴的消费税。

（2）同时符合以下条件的代垫运输费用：①承运部门的运输费用发票开具给购买方的；②纳税人将该项发票转交给购买方的。

（3）同时符合以下条件代为收取的政府性基金或者行政事业性收费：①由国务院或者财政部批准设立的政府性基金，由国务院或者省级人民政府及其财政、价格主管部门批准设立的行政事业性收费；②收取时开具省级以上财政部门印制的财政票据；③所收款项全额上缴财政。

（4）销售货物的同时因代办保险等而向购买方收取的保险费，以及向购买方收取的代购买方缴纳的车辆购置税、车辆牌照费。

凡随同销售货物或提供应税劳务向购买方收取的价外费用，无论其按会计制度应如何核算，均应作为含税价并入销售额计算应纳税额。

在实际销售活动中，为了达到促销的目的，有多种销售方式。采用不同的销售方式，销售者所取得的销售额会有所不同。对不同销售方式如何确定其计征增值税的销售额，既是纳税人关心的问题，也是税法必须分别予以明确规定的事情。税法对以下几种销售方式分别确定了其销售额：

（1）折扣方式（商业折扣）销售。折扣销售是指销货方在销售货物或应税劳务时，因购货方购货数量较大等原因，而给予购货方的价格优惠。由于折扣是在实现销售的同时发生的，因此，税法规定：如果销售额和折扣额在同一张发票上分别注明的，可按折扣后的余额作为销售额计算增值税；如果将折扣额另开发票，不论其在财务上如何处理，均不得从销售额中减除折扣额。2010 年 2 月国税函〔2010〕56 号，国家税务总局规定：纳税人采取折扣方式销售货物，销售额和折扣额在同一张发票上分别注明是指销售额和折扣额在同一张发票上的“金额”栏分别注明的，可按折扣后的销售额征收增值税。未在同一张发票“金额”栏注明折扣额，而仅在发票的“备注”栏注明折扣额的，折扣额不得从销售额中减除。对于纳税人销售货物并向购买方开具增值税专用发票后，由于购买方在一定时期内购买货物达到一定数量，或者由于市场价格下降等原因，销货方给予购货方相应的价格优惠或补偿等折扣、折让行为，销货方可按现行《增值税专用发票使用规定》的有关规定开具红字增值税专用发票。值得注意的是折扣销售不同于销售折扣。销售折扣（现金折扣）是指销货方在销售货物或应税劳务后，为了鼓励购货方及早偿还货款而协议许诺给予购货方的一种折扣优待（如：10 天内付款，货款折扣 2%；20 天内付款，折扣 1%；30 天内全价付款）。销售折扣发生在销售之后，是一种融资性质的理财费用，因此，销售折扣不得从销售额中减除。同时企业在确定销售额时还应把折扣销售与销售折扣、销售折让严格区分开来。销售折让是指货物销售后，由于其品种、质量等原因购货方未予退货，但销货方需给予购货方的一种价格折让。销售折让与销售折扣相比较，虽然都是在货物销售后发生的，但因为销售折让是由于货物的品种和质量引起销售额的减少，因此，对销售折让可以折让后的货款为销售额。

（2）以旧换新方式销售。以旧换新销售是指纳税人在销售自己货物时，有偿收回旧货物的行为。税法规定：采取以旧换新方式销售货物的，应按新货物的同期销售价格确定销售额，不得扣减旧货物的收购价格。

（3）还本销售方式。还本销售是指纳税人在销售货物后，到一定期限后，由销售方一次或分次退还给购货方全部或部分价款。税法规定：采取还本销售方式销售货物，其销售额就是货物的销售价格，不得从销售额中减除还本支出。

（4）以物易物方式销售。以物易物是一种较为特殊的购销活动，是指购销双方不是以货币结算，而是以同等价款的货物相互结算，实现货物购销的一种方式。税法规定：以物易物双方应作为购销处理，以各自发出的货物核算销售额并计算销项税额，以各自收到的货物核算购货额计算进项税额。应注意的是，在以物易物活动中，应分别开具合法的票据，如收到的货物不能得到相应的增值税专用发票或其他合法票据的，不能抵扣进项税额。

（5）包装物押金是否计入销售额。包装物是指纳税人包装本单位货物的各种包装物品。税法规定：纳税人为销售货物而出租、出借包装物收取的押金，单独记账核算的，时间在 1 年以内，又未过期的，不并入销售额征税。但对因逾期未收回包装物不再退还的押金，应按所包装货物的适用税率计算销项税额。

（6）销售已使用过的固定资产的税务处理。纳税人销售自己使用过的物品，按下列政策执行：

①根据《财政部国家税务总局关于全国实施增值税转型改革若干问题的通知》（财税〔2008〕170 号）文件规定：自 2009 年 1 月 1 日起，纳税人销售自己使用过的固定资产（以下简称已使用过的固定资产），应区分不同情形征收增值税。

第一，销售自己使用过的 2009 年 1 月 1 日以后购进或者自制的固定资产，按照适用税税率征收增值税；

第二，2008 年 12 月 31 日以前未纳入扩大增值税抵扣范围试点的纳税人，销售自己使用过的 2008 年 12 月 31 日以前购进或者自制的固定资产，按照 4% 征收率减半征收增值税。

值得注意的是，一般纳税人销售自己使用过的属于 2009 年以前购买归属于不得抵扣且又未抵扣进项税额的固定资产，按建议办法依 4% 征收率减半征收增值税。

②小规模纳税人（除其他个人外，下同）销售自己使用过的固定资产，减按 2% 征税率征收增值税。小规模纳税人销售自己使用过的除固定资产以外的物品，应按 3% 的征税率征收增值税。

（7）对视同销售货物行为的销售额的确定。税法规定：视同销售征税而无销售额的，按下列顺序确定销售额：

①按纳税人最近时期同类货物的平均销售价格确定。

②按其他纳税人最近时期同类货物的平均销售价格确定。

③按组成计税价格确定。组成计税价格的公式为：

$$组成计税价格 = 成本 \times (1 + 成本利润率)$$

属于应征消费税的货物，其组成计税价格中应加计消费税额。其组成计税价格的公式为：

$$组成计税价格 = 成本 \times (1 + 成本利润率) + 消费税税额$$

$$组成计税价格 = 成本 \times (1 + 成本利润率) \div (1 - 消费税税率)$$

公式中的成本是指：销售自产货物的为实际生产成本，销售外购货物的为实际采购成本。公式中的成本利润率由国家税务总局确定。但属于应从价定率征收消费税的货物，其组成计税价格公式中的成本利润率，为国家税务总局规定的成本利润率。

纳税人销售货物或者应税劳务的价格明显偏低并无正当理由的，主管税务机关也可按照上述顺序核定其销售额。

而混合销售行为的销售额则为货物的销售额与非增值税应税劳务营业额合计。其所涉及的非增值税应税劳务所用购进货物的进项税额，符合条例规定的，准予从销项税额中抵扣。

（8）一般纳税人销售货物或者应税劳务采用销售额和销项税额合并定价方法的，按下列公式计算销售额。

$$销售额 = 含税销售额 \div (1 + 增值税税率)$$

例如：某企业销售货物，其含税销售额为 100 元。假如该企业适用增值税税率为 17%，则计税销售额计算如下：

销售额 = 100 ÷ (1 + 17%) = 85.47（元）

（9）对进口货物的计税依据规定为组成计税价格。

$$组成计税价格 = 关税完税价格 + 关税 + 消费税$$

（10）销售额以人民币计算。纳税人以人民币以外的货币结算销售额的，应当按外汇市场价格折合成人民币计算。

纳税人按人民币以外的货币结算销售额的，其销售额的人民币折合率可以选择销售额发生的当天或者当月 1 日的人民币汇率中间价。纳税人应在事先确定采用何种折合率，确定后 1 年内不得变更。

2. 进项税额的界定

（1）准予从销项税额中抵扣的进项税额。根据税法规定，准予从销项税额中抵扣的进项税额，限于下列增值税扣税凭证上注明的增值税额：

①是从销售方取得的增值税专用发票上注明的增值税额；

②是从海关取得的海关进口增值税专用缴款书上注明的增值税额。

另外，针对纳税人实际经营和计税中的一些特殊问题，税法还规定了准予计算进项税额并从销项税额中抵扣的政策：

①一般纳税人向直接从事植物的种植、收割和动物的饲养、捕捞的单位和个人购买的自产且免征增值税的农业产品，除取得增值税专用发票或者海关进口增值税专用缴款书外，按照农产品收购发票或者销售发票上注明的农产品购买价和 13% 的扣除率计算的进项税额，其中购买价包括纳税人购进农产品收购发票或者销售发票上注明的价款和按规定缴纳的烟叶税。进项税额计算公式：

进项税额 = 买价 × 扣除率

②一般纳税人外购货物所支付的运输费用，以及一般纳税人销售货物所支付的运输费用（包括运输单位开具的货票上注明的运费和建设基金），根据运费结算单据（普通发票）所列运费金额依7%的扣除率计算进项税额准予扣除，但随同运费支付的装卸费、保险费等其他杂费不得计入扣除进项税额。另外购买或销售免税货物（购进免税农产品除外）所发生的运输费用，不得计算进项税额抵扣。进项税额计算公式：

进项税额 = 运输费用金额 × 扣除率

总之，纳税人购进货物或者应税劳务，取得的增值税扣税凭证不符合法律、行政法规或者国务院税务主管部门有关规定的，其进项税额不得从销项税额中抵扣。

（2）不得从销项税额中抵扣的进项税额。下列项目的进项税额不得从销项税额中抵扣：

①用于非增值税应税项目、免征增值税项目、集体福利或者个人消费的购进货物或者应税劳务；其中，购进货物，不包括既用于增值税应税项目（不含免征增值税项目）也用于非增值税应税项目、免征增值税（以下简称免税）项目、集体福利或者个人消费的固定资产。

而个人消费则包括纳税人的交际应酬消费。至于非增值税应税项目，是指提供非增值税应税劳务、转让无形资产、销售不动产和不动产在建工程。

②非正常损失的购进货物及相关的应税劳务。其中，非正常损失，是指因管理不善造成被盗、丢失、霉烂变质的损失。

③非正常损失的在产品、产成品所耗用的购进货物或者应税劳务。

④国务院财政、税务主管部门规定的纳税人自用消费品，但纳税人自用的应征消费税的摩托车、汽车、游艇，其进项税额不得从销项税额中抵扣。

⑤上述四项规定的货物的运输费用和销售免税货物的运输费用。

已抵扣进项税额的购进货物或者应税劳务，发生条例第十条规定的情形的（免税项目、非增值税应税劳务除外），应当将该项购进货物或者应税劳务的进项税额从当期的进项税额中扣减；无法确定该项进项税额的，按当期实际成本计算应扣减的进项税额。

3. 应纳税额的确认

计算出销项税额和进项税额后，就可以得出实际应纳税额。纳税人销售货物或提供应税劳务，其应纳税额为当期销项税额抵扣当期进项税额后的余额。应纳税额计算公式是：

应纳税额 = 当期销项税额 − 当期进项税额

其中，要掌握以下几个重要规定：

（1）计算应纳税额的时间限定。

为了保证计算应纳税额的合理性和准确性，纳税人必须严格把握当期进项税额从当期销项税额中抵扣的这个要点。“当期”是个重要的时间限定，具体是指税务机关依照税法规定对纳税人确定的纳税期限；只有在纳税期限内实际发生的销项税额、进项税额，才是法定的当期销项税额或当期进项税额。

①计算销项税额的时间限定。

销项税额是增值税一般纳税人销售货物或提供应税劳务按照实现的销售额计算的金额。纳税人什么时间计算销项税额，《增值税暂行条例》以及《增值税暂行条例实施细则》都作了严格的规定。具体参见纳税义务发生时间和纳税期限。

②防伪税控专用发票进项税额抵扣的时间限定。

国家税务总局《关于增值税一般纳税人取得的防伪税控系统开具的增值税专用发票进项税额抵扣问题的通知》规定，自 2003 年 3 月 1 日起，增值税一般纳税人取得防伪税控系统开具的增值税专用发票，抵扣的进项税额按以下规定处理：首先，增值税一般纳税人申请抵扣的防伪税控系统开具的增值税专用发票，必须自该专用发票开具之日起 90 日（2010 年 1 月 1 日起改为 180 日）内到税务机关认证，否则不予抵扣进项税额；其次，增值税一般纳税人认证通过的防伪税控系统开具的增值税专用发票，应在认证通过的当月按照增值税有关规定核算当期进项税额并申报抵扣，否则，不予抵扣。

③海关完税凭证进项税额抵扣的时间限定。

增值税一般纳税人进口货物，取得的 2004 年 2 月 1 日以后开具的海关完税凭证，应当在开具之日起 90 日（2010 年 1 月 1 日起改为 180 日）后的第一个纳税申报期结束以前向主管税务机关申报抵扣，逾期不得抵扣进项税额。

（2）由于企业实行购进扣税法，有时企业当期购进的货物很多，在计算应纳税额时会出现当期销项税额小于当期进项税额而不足抵扣的情况。根据税法规定，当期进项税额不足抵扣的部分可以结转下期继续抵扣。

（3）纳税人在货物购销活动中，由于货物质量、规格等原因常会发生销货退回或销售折让的情况。由于销货退回或销售折让不仅涉及销货价款或折让价款的退回，还涉及增值税的退回，因此，销货方和购货方应相应对当期的销项税额或进项税额进行调整。对此，税法规定：小规模纳税人以外的纳税人（即一般纳税人）因销售货物退回或者折让而退还给购买方的增值税额，应从发生销售货物退回或者折让当期的销项税额中扣减；因购进货物退出或者折让而收回的增值税额，应从发生购进货物退出或者折让当期的进项税额中扣减。

一般纳税人销售货物或者应税劳务，开具增值税专用发票后，发生销售货物退回或者折让、开票有误等情形，应按国家税务总局的规定开具红字增值税专用发票。未按规定开具红字增值税专用发票的，增值税额不得从销项税额中扣减。

二、小规模纳税人应纳税额的计量

一般来说，小规模纳税人销售货物或者应税劳务，实行按照销售额和条例规定的 3% 的征收率计算应纳税额的简易办法，不得抵扣进项税额。应纳税额的计算公式是：

应纳税额 = 销售额 × 征收率

小规模纳税人销售货物或者应税劳务采用销售额和应纳税额合并定价方法的，可按下列公式计算销售额。

销售额 = 含税销售额 ÷ (1 + 征收率 3%)

小规模纳税人因销售货物退回或者折让退还给购买方的销售额，应从发生销售货物退回或者折让当期的销售额中扣减。

三、增值税计算举例

[例1] A 企业 2×11 年 2 月份，销售给一般纳税人货物，填开增值税专用发票的销售额 7 354 891 元，同时向购买方收取运输装卸费 6 300 元，延期付款利息 15 000 元，包装费 2 000 元，为销售货物收取包装物押金 50 000 元，单独记账核算。另据资料，这笔包装物押金将不再退还。2 月份购进货物，增值税专用发票上注明并按规定可以抵扣的税款为 1 573 240.2 元，增值税税率为 17%。计算该企业 2 月应纳增值税额。

(1) 将各种价外费用换算为不含税销售额：

不含税销售额 = (6 300 + 15 000 + 2 000 + 50 000) ÷ (1 + 17%) = 62 649.57 (元)

(2) 计算销项税额：

销项税额 = (7 354 891 + 62 649.57) × 17% = 1 260 981.9 (元)

(3) 计算应纳增值税额：

应纳增值税额 = 1 260 981.9 − 1 573 240.2 = −312 258.3 (元)

[例2] A 企业 2×11 年 4 月销售货物给一般纳税人，开具增值税专用发票的销售额 5 645 007元。其中，经营粮食、食用植物油 2 534 068 元，经营糖食品 2 709 537 元，还有 401 402 元为企业经营粮食、食用植物油和糖食品收入，但账面上收入划分不清。购进货物增值税专用发票上注明并按规定可以抵扣的税额为 507 341.2 元。粮食、食用植物油适用税率 13%，糖食品适用税率 17%。计算该企业应纳增值税额。

应纳增值税额 = (2 534 068 × 13% + 2 709 537 × 17% + 401 402 × 17%) − 507 341.2
= 350 947.27 (元)

[例3] A 企业 2×11 年 9 月份销售货物给一般纳税人，共计销售额 538 000 元。其中，免税药品销售额为 69 000 元，已按规定开具增值税专用发票。另本月购进免税农产品 102 830元，购进其他货物的增值税专用发票上注明的税额为 27 385 元，其中含购进免税药品的增值税额。计算该企业 9 月份应纳增值税额。

(1) 计算销项税额：

销项税额 = (538 000 − 69 000) × 17% = 79 730 (元)

(2) 计算购进免税农产品允许抵扣的进项税额：

购进免税农产品允许抵扣的进项税额 = 102 830 × 13% = 13 367.9 (元)

(3) 计算不得抵扣的进项税额：

不得抵扣的进项税额 = 27 385 × 69 000 ÷ 538 000 = 3 512.2 (元)

(4) 计算可以抵扣的进项税额：

可以抵扣的进项税额 = 27 385 + 13 367.9 − 3 512.2 = 37 240.7（元）

（5）计算应纳增值税额：

应纳增值税额 = 79 730 − 37 240.7 = 42 489.3（元）

第四节　增值税会计的具体运用

一、账户设置

为了反映和监督增值税的计算和缴纳情况，根据新会计准则规定，企业在账务处理上应设置“应交税费（非执行新会计准则企业，则计入‘应交税金’，下同）”一级会计科目，下设“应交增值税”和“未交增值税”两个二级会计科目，并在“应交税费——应交增值税”科目下，设置“进项税额”、“已交税金”、“销项税额”、“出口退税”、“进项税额转出”、“转出多交增值税”、“转出未交增值税”、“减免税款”、“出口抵减内销产品应纳税额”等9个专栏，其账户格式设置如表2－1所示。

表2－1　应交税费——应交增值税

略	借方					
	合计	进项税额	已交税金	减免税款	出口抵减内销产品应纳税额	转出未交增值税

贷方					借或贷	余额
合计	销项税额	出口退税	进项税额转出	转出多交增值税		

表中的“应交税费——应交增值税”下“进项税额”专栏，记录企业购入货物或接受应税劳务而支付的、准予从销项税额中抵扣的增值税额。企业购入货物或接受应税劳务支付的进项税额，用蓝字登记；退回所购货物应冲销的进项税额，用红字登记。

“已交税金”专栏，记录企业已交纳的增值税。企业已交纳的增值税额用蓝字登记；退回多交的增值税，用红字登记。

“出口退税”专栏，是企业出口货物，向海关办理报送出口手续，凭出口报关单等有关凭证，向税务机关申报办理出口退税而收到的退回税款。出口货物退回的增值税额，用蓝字登记；出口货物办理退税后发生退货或退关而补交已退的税款，用红字登记。

“进项税额转出”专栏，记录企业购入货物、在产品、库存商品等发生非正常损失以及其他原因而不应从销项税额中抵扣，按规定转出的进项税额。

“转出多交增值税”专栏，记录企业月末多交增值税的转出数。

“转出未交增值税”专栏，记录企业月末少交增值税的转出数。

“减免税款”专栏，记录企业符合规定享受的减免税款。

“出口抵减内销产品应纳税额”专栏，记录出口退税企业用出口抵减内销产品税额。

“应交税费——未交增值税”科目是为了分别反映企业欠交增值税款和待抵扣增值税情况，它核算一般纳税企业月终转入的应交未交增值税额或多交增值税额，是一个双重性质的科目。

“应交税费——应交增值税”科目的期末借方余额，反映企业尚未抵扣的增值税。

“应交税费——未交增值税”科目的期末借方余额，反映多交的增值税；贷方余额，反映欠交的增值税。

二、增值税的会计核算规定

根据财政部出台的《关于增值税会计处理的规定》，增值税核算规定如下：

1. 购进货物的增值税核算

（1）企业国内采购的货物，按照专用发票上注明的增值税额，借记“应交税费——应交增值税（进项税额）”科目；按照专用发票上记载的应计入采购成本的金额，分别借记“材料采购”、“商品采购（计划成本，下同）”、“在途物资（实际成本，下同）”、“原材料”、“制造费用”、“管理费用”、“销售费用”、“其他业务成本”等科目；按照应付或实际支付金额，贷记“应付账款”、“应付票据”、“银行存款”等科目。购入货物发生退货，作相反的会计分录。

（2）企业接受投资转入的货物，按照取得的专用发票上注明的增值税额，借记“应交税费——应交增值税（进项税额）”科目；按照确认的投资货物价值（已扣增值税，下同），借记“原材料”等科目；按照增值税额与货物价值的合计数，贷记“实收资本”等科目。

一般来说，企业接受捐赠转入的货物视接受货物来源的不同，处理方法有所不同：企业接受国内捐赠转入的物资，按照确认的捐赠物资的价值，借记“原材料”等科目，贷记“资本公积”科目，由于接受捐赠不能取得增值税专用发票，故一般不存在进项税额抵扣的问题。但如果接受的捐赠能取得符合规定的扣税凭证，则其进项税额可以抵扣销项税额，而接受投资方可以按照专用发票上注明的增值税额，借记“应交税费——应交增值税（进项税额）”科目；按照确认的捐赠货物的价值，借记“原材料”等科目；按照增值税额与货物价值的合计数，贷记“资本公积”科目。

根据2008年财政部颁布的《会计企业会计准则解释第2号》的第九点规定：企业自投资者取得的货币或非货币性资产捐赠，应当按照接受捐赠资产的公允价值确认相关资产和资本公积（资本溢价）；从其他方面取得的货币或非货币性资产捐赠，应于取得时确认为当期损益。

（3）企业接受应税劳务，按照专用发票上注明的增值税额，借记“应交税费——应交增值税（进项税额）”科目；按照专用发票上记载的应计入加工、修理修配等货物成本的金额，借记“其他业务成本”、“制造费用”、“委托加工物资”、“加工商品”、“销售费用”、“管理费用”等科目，按应付或实际支付的金额，贷记“应付账款”、“银行存款”

等科目。

(4) 企业进口货物，按照海关提供的完税凭证上注明的增值税额，借记“应交税费——应交增值税（进项税额）”科目；按照进口货物应计入采购成本的金额，借记“材料采购”、“商品采购”、“在途物资”、“原材料”等科目；按应付或实际支付的金额，贷记“应付账款”、“银行存款”等科目。

(5) 企业购进免税农产品，按购入农产品的买价和规定的扣除率计算的进项税额，借记“应交税费——应交增值税（进项税额）”科目；按买价扣除按规定计算的进项税额后数额，借记“材料采购”、“在途物资”、“商品采购”等科目；按应付或实际支付的金额，贷记“应付账款”、“银行存款”等科目。

(6) 企业购入货物及接受应税劳务直接用于非应税项目，或直接用于免税项目以及直接用于集体福利和个人消费的，其专用发票上注明的增值税额计入购进货物及接受应税劳务的成本，其会计处理方法按照现行有关会计准则或会计制度的规定办理。

(7) 实行简易征收办法计算交纳增值税的小规模纳税企业购入货物及应税劳务支付的增值税额，也应直接计入有关货物及劳务的成本，其会计处理方法按照现行有关会计准则或会计制度规定办理。

(8) 企业购入货物取得普通发票，其会计处理方法按照现行有关会计准则或会计制度的规定办理。

2. 销售货物的增值税核算

(1) 企业销售货物或提供应税劳务（包括自产、委托加工或购买的货物分配给股东或投资者），按照实现的销售收入和按规定收取的增值税额，借记“应收账款”、“应收票据”、“银行存款”、“应付利润”等科目；按照按规定收取的增值税额，贷记“应交税费——应交增值税（销项税额）”科目；按照实现的销售收入，贷记“主营业务收入”、“产品销售收入”、“商品销售收入”、“其他业务收入”等科目。发生销售退回的，作相反的会计分录。

(2) 小规模纳税企业销售货物或提供应税劳务，按照实现的销售收入和按规定收取的增值税额，借记“应收账款”、“应收票据”、“银行存款”等科目；按照规定收取的增值税额，贷记“应交税费——应交增值税”科目；按实现的销售收入，贷记“主营业务收入”、“产品销售收入”、“商品销售收入”、“其他业务收入”等科目。

(3) 企业出口适用零税率的货物，不计算销售收入应交纳的增值税。企业向海关申报办理出口手续后，凭出口报关单等有关凭证，向税务机关申报办理该项出口货物的进项税额的退税。企业在收到出口货物退回的税款时，借记“银行存款”科目，贷记“应交税费——应交增值税（出口退税）”科目。出口货物办理退税后发生的退货或者退关补交已退回税款的，作相反的会计分录。

(4) 企业将自产或委托加工的货物用于非增值税应税项目，视同销售货物计算应交增值税，借记“在建工程”科目，贷记“应交税费——应交增值税（销项税额）”科目。

企业将自产、委托加工或购买的货物作为投资，提供给其他单位或个体工商户，应视同销售货物计算应交增值税，借记“长期股权投资”科目，贷记“应交税费——应交增值税（销项税额）”科目。

企业将自产、委托加工的货物用于集体福利或个人消费等，应视同销售货物计算应交增值税，借记“应付职工薪酬”等科目，贷记“应交税费——应交增值税（销项税额）”科目。

企业将自产、委托加工或购买的货物无偿赠送其他单位或者个人，应视同销售货物计算应交增值税，借记“营业外支出”等科目，贷记“应交税费——应交增值税（销项税额）”科目。

（5）随同产品出售单独计价的包装物，按规定应交纳的增值税，借记“应收账款”等科目，贷记“应交税费——应交增值税（销项税额）”科目；企业逾期未退还的包装物押金，按规定应交纳的增值税，借记“其他应付款”等科目，贷记“应交税费——应交增值税（销项税额）”科目。

3. 不得抵扣增值税的核算与交纳增值税的核算

（1）企业购进的货物、在产品、库存商品发生损失，以及购进货物改变用途的情况下，其进项税额，应相应转入有关科目，借记“待处理财产损溢”、“在建工程”、“应付职工薪酬”（非执行新会计准则企业，则记入“应付工资”、“应付福利费”，下同）等科目，贷记“应交税费——应交增值税（进项税额转出）”科目。属于转作待处理财产损溢的部分，应与遭受非正常损失的购进货物、在产品、库存商品成本一并处理。

（2）企业上交增值税时，借记“应交税费——应交增值税（已交税金）”（小规模纳税企业记入“应交税费——应交增值税”）科目，贷记“银行存款”科目。收到退回多交的增值税，作相反的会计分录。

（3）“应交税费——应交增值税”科目的借方发生额，反映企业购进货物或接受应税劳务支付的进项税额和实际已交纳的增值税；贷方发生额，反映销售货物或提供应税劳务应交纳的增值税额、出口货物退税、转出已支付或应分担的增值税；期末余额，反映企业尚未抵扣的增值税。

值得注意的是，企业交纳当月的增值税，应该通过“应交税费——应交增值税（已交税金）”科目；当月交纳以前各期未交的增值税，应通过“应交税费——未交增值税”科目，而不通过“应交税费——应交增值税（已交税金）”科目。

（4）企业的“应交税费”科目所属“应交增值税”明细科目可按上述规定设置有关的专栏进行明细核算；也可以将有关专栏的内容在“应交税费”科目下分别单独设置明细科目进行核算，在这种情况下，企业可沿用三栏式账户，在月份终了时，再将有关明细账的余额结转“应交税费——应交增值税”科目。小规模纳税企业，仍可沿用三栏式账户核算企业预交、已交及多交或欠交的增值税。

4. 特殊情况下增值税的核算

（1）主管税务机关可以在一定期限内对下列一般纳税人实行纳税辅导期管理。

①按照《增值税一般纳税人资格认定管理办法》第四条规定新认定为一般纳税人的小

型商贸批发企业。“小型商贸批发企业”是指注册资金在80万元（含）以下，职工人数在10人（含）以下的批发企业。

②国家税务总局规定的其他一般纳税人。“其他一般纳税人”是指具有下列情形之一的一般纳税人：增值税偷税数额占应纳税额的10%以上并且偷税数额在10万元以上的；骗取出口退税的；虚开增值税扣税凭证的；国家税务总局规定的其他情形。

按照规定：新认定为一般纳税人的小型商贸批发企业实行纳税辅导期管理的期限为3个月；其他一般纳税人实行纳税辅导期管理的期限为6个月。

对在辅导期纳税人应当在“应交税费”税目下增设“待抵扣进项税额”明细税目，核算尚未交叉稽核比对的专用发票抵扣联、海关进口增值税专用缴款书以及运输费用结算单据（以下简称增值税抵扣凭证）注明或者计算的进项税额。

辅导期纳税人取得增值税抵扣凭证后，借记“应交税费——待抵扣进项税额”明细税目，贷记相关税目。交叉稽核比对无误后，借记“应交税费——应交增值税（进项税额）”科目，贷记“应交税费——待抵扣进项税额”税目。经核实不得抵扣的进项税额，红字借记“应交税费——待抵扣进项税额”，红字贷记相关税目。

（2）营业税改征增值税试点有关企业会计的处理规定。

根据“财政部、国家税务总局关于印发《营业税改征增值税试点方案》的通知”（财税/2011/110号）等相关规定，营业税改征增值税试点有关企业会计处理规定如下：

①试点纳税人差额征税的会计处理。

A. 一般纳税人的会计处理。一般纳税人提供应税服务，试点期间按照营业税改征增值税有关规定允许从销售额中扣除其支付给非试点纳税人价款的，应在“应交税费——应交增值税”科目下增设“营改增抵减的销项税额”专栏，用于记录该企业因按规定扣减销售额而减少的销项税额；同时，“主营业务收入”、“主营业务成本”等相关科目应按经营业务的种类进行明细核算。

企业接受应税服务时，按规定允许扣减销售额而减少的销项税额，借记“应交税费——应交增值税（营改增抵减的销项税额）”科目，按实际支付或应付的金额与上述增值税额的差额，借记“主营业务成本”等科目，按实际支付或应付的金额，贷记“银行存款”、“应付账款”等科目。

对于期末一次性进行账务处理的企业，期末，按规定当期允许扣减销售额而减少的销项税额，借记“应交税费——应交增值税（营改增抵减的销项税额）”科目，贷记“主营业务成本”等科目。

B. 小规模纳税人的会计处理。小规模纳税人提供应税服务，试点期间按照营业税改征增值税有关规定允许从销售额中扣除其支付给非试点纳税人价款的，按规定扣减销售额而减少的应交增值税应直接冲减“应交税费——应交增值税”科目。

企业接受应税服务时，按规定允许扣减销售额而减少的应交增值税，借记“应交税费——应交增值税”科目，按实际支付或应付的金额与上述增值税额的差额，借记“主营业务成本”等科目，按实际支付或应付的金额，贷记“银行存款”、“应付账款”等科目。

对于期末一次性进行账务处理的企业，期末，按规定当期允许扣减销售额而减少的应交增值税，借记“应交税费——应交增值税”科目，贷记“主营业务成本”等科目。

②增值税期末留抵税额的会计处理。

试点地区兼有应税服务的原增值税一般纳税人，截至开始试点当月月初的增值税留抵税额按照营业税改征增值税有关规定不得从应税服务的销项税额中抵扣的，应在“应交税费”科目下增设“增值税留抵税额”明细科目。

开始试点当月月初，企业应按不得从应税服务的销项税额中抵扣的增值税留抵税额，借记“应交税费——增值税留抵税额”科目，贷记“应交税费——应交增值税（进项税额转出）”科目。待以后期间允许抵扣时，按允许抵扣的金额，借记“应交税费——应交增值税（进项税额）”科目，贷记“应交税费——增值税留抵税额”科目。

“应交税费——增值税留抵税额”科目期末余额应根据其流动性在资产负债表中的“其他流动资产”项目或“其他非流动资产”项目列示。

③取得过渡性财政扶持资金的会计处理。

试点纳税人在新老税制转换期间因实际税负增加而向财税部门申请取得财政扶持资金的，期末有确凿证据表明企业能够符合财政扶持政策规定的相关条件且预计能够收到财政扶持资金时，按应收的金额，借记“其他应收款”等科目，贷记“营业外收入”科目。待实际收到财政扶持资金时，按实际收到的金额，借记“银行存款”等科目，贷记“其他应收款”等科目。

④增值税税控系统专用设备和技术维护费用抵减增值税额的会计处理。

A. 增值税一般纳税人的会计处理。按税法有关规定，增值税一般纳税人初次购买增值税税控系统专用设备支付的费用以及缴纳的技术维护费允许在增值税应纳税额中全额抵减的，应在“应交税费——应交增值税”科目下增设“减免税款”专栏，用于记录该企业按规定抵减的增值税应纳税额。

企业购入增值税税控系统专用设备，按实际支付或应付的金额，借记“固定资产”科目，贷记“银行存款”、“应付账款”等科目。按规定抵减的增值税应纳税额，借记“应交税费——应交增值税（减免税款）”科目，贷记“递延收益”科目。按期计提折旧，借记“管理费用”等科目，贷记“累计折旧”科目；同时，借记“递延收益”科目，贷记“管理费用”等科目。

企业发生技术维护费，按实际支付或应付的金额，借记“管理费用”等科目，贷记“银行存款”等科目。按规定抵减的增值税应纳税额，借记“应交税费——应交增值税（减免税款）”科目，贷记“管理费用”等科目。

B. 小规模纳税人的会计处理。按税法有关规定，小规模纳税人初次购买增值税税控系统专用设备支付的费用以及缴纳的技术维护费允许在增值税应纳税额中全额抵减的，按规定抵减的增值税应纳税额应直接冲减“应交税费——应交增值税”科目。

企业购入增值税税控系统专用设备，按实际支付或应付的金额，借记“固定资产”科目，贷记“银行存款”、“应付账款”等科目。按规定抵减的增值税应纳税额，借记“应交税费——应交增值税”科目，贷记“递延收益”科目。按期计提折旧，借记“管理费用”等科目，贷记“累计折旧”科目；同时，借记“递延收益”科目，贷记“管理费用”

等科目。

企业发生技术维护费，按实际支付或应付的金额，借记“管理费用”等科目，贷记“银行存款”等科目。按规定抵减的增值税应纳税额，借记“应交税费——应交增值税”科目，贷记“管理费用”等科目。“应交税费——应交增值税”科目期末如为借方余额，应根据其流动性在资产负债表中的“其他流动资产”项目或“其他非流动资产”项目列示；如为贷方余额，应在资产负债表中的“应交税费”项目列示。

三、增值税账务处理示例

1. 一般纳税人一般购销业务的账务处理示例

[例1] 某企业购入一批原材料，增值税专用发票上注明的原材料价款为600万元，增值税额为102万元。货款已经支付，材料已经到达并验收入库。该企业当期销售收入为1 200万元（不含应向购买者收取的增值税），货款尚未收到。假定该产品的增值税税率为17%，不交消费税。根据上述经济业务，企业应作如下会计处理（该企业采用实际成本进行日常材料核算，原材料入库分录略）：

（1）借：在途物资　　6 000 000

应交税费——应交增值税（进项税额）　　1 020 000

贷：银行存款　　7 020 000

（2）销项税额 = 1 200 × 17% = 204（万元）

借：应收账款　　14 040 000

贷：主营业务收入　　12 000 000

应交税费——应交增值税（销项税额）　　2 040 000

[例2] 某生产企业在销售包装产品时，不含税销售单价为450元/吨，同时要代市某管理部门向购买方收取1.5元/吨××产品发展基金，假设该企业201×年×月×日销售产品2 000吨，收取价款900 000元，含代收××产品发展基金3 000元。计算该企业销项税额并作出账务处理。

价款部分的销项税额 = 900 000 × 17% = 153 000（元）

××产品发展基金销项税额 = 3 000 ÷（1 + 17%）× 17% = 435.90（元）

以上两项合计，销项税额 = 153 000 + 435.90 = 153 435.90（元）

作如下分录：

借：银行存款（库存现金或其他应收款）　　1 056 000

贷：主营业务收入　　900 000

其他应付款　　2 564.10

应交税费——应交增值税（销项税额）　　153 435.90

[例3] 某企业赊销一批商品，货款100 000元，规定的支付条件为“2/10，*N*/30”，代垫符合条件的运杂费3 000元。分别用总价法和净价法作出会计分录。

（1）总价法。

①销售时：

借：应收账款　　120 000
　贷：主营业务收入　　100 000
　　应交税费——应交增值税（销项税额）　　17 000
　　银行存款　　3 000

②假如客户在10天内付款：

借：银行存款　　118 000
　财务费用　　2 000
　贷：应收账款　　120 000

假如客户超过10天付款：

借：银行存款　　120 000
　贷：应收账款　　120 000

（2）净价法。

借：应收账款　　118 000
　贷：主营业务收入　　98 000
　　应交税费——应交增值税（销项税额）　　17 000
　　银行存款　　3 000

（3）在10天内收款。

借：银行存款　　118 000
　贷：应收账款　　118 000

超过10天收到货款

借：银行存款　　120 000
　贷：应收账款　　118 000
　　财务费用　　2 000

对进货退回和进货折让及销货退回和销货折让的账务处理，有如下规定：

（1）增值税一般纳税人开具增值税专用发票后，发生销货退回、销售折让以及开票有误等情况需要开具红字专用发票的，视不同情况分别按照以下办法处理：

①因专用发票抵扣联、发票联均无法认证的，由购买方填报开具红字增值税专用发票申请单（参见表2-2），并在申请单上填写具体原因以及相对应蓝字专用发票信息，主管税务机关审核后出具红字增值税专用发票通知单（参见表2-3）。购买方不再进行税额转出处理。

②购买方所购货物不属于增值税扣税项目范围，取得的专用发票未经认证的，由购买方填报开具红字增值税专用发票申请单，并在申请单上填写具体原因以及相对应蓝字专用发票信息，主管税务机关审核后出具红字增值税专用发票通知单。购买方不再进行税额转出处理。

③因开票有误购买方拒收专用发票的，销售方须在专用发票认证期限内向主管税务机关填报申请单，并在申请单上填写具体原因以及相对应蓝字专用发票信息，同时提供由购买方出具的写明拒收理由、错误具体项目以及正确内容的书面材料，主管税务机关审核确认后出具红字增值税专用发票通知单。销售方凭通知单开具红字专用发票。

④因开票有误等原因尚未将专用发票交付购买方的，销售方须在开具有误专用发票的次月内向主管税务机关填报申请单，并在申请单上填写具体原因以及相对应蓝字专用发票信息，同时提供由销售方出具的写明具体理由、错误具体项目以及正确内容的书面材料，主管税务机关审核确认后出具通知单。销售方凭通知单开具红字专用发票。

（2）税务机关为小规模纳税人代开专用发票需要开具红字专用发票的，比照一般纳税人开具红字专用发票的处理办法，开具红字专用发票通知单的第二联交代开税务机关。

表 2－2　开具红字增值税专用发票申请单

NO.

<table>
<tr><td rowspan="2">销售方</td><td>名　称</td><td></td><td rowspan="2">购买方</td><td>名　称</td><td></td></tr>
<tr><td>税务登记代码</td><td></td><td>税务登记代码</td><td></td></tr>
<tr><td rowspan="8">开具红字专用发票内容</td><td>货物(劳务)名称</td><td>单　价</td><td>数　量</td><td>金　额</td><td>税　额</td></tr>
<tr><td></td><td></td><td></td><td></td><td></td></tr>
<tr><td></td><td></td><td></td><td></td><td></td></tr>
<tr><td></td><td></td><td></td><td></td><td></td></tr>
<tr><td></td><td></td><td></td><td></td><td></td></tr>
<tr><td></td><td></td><td></td><td></td><td></td></tr>
<tr><td></td><td></td><td></td><td></td><td></td></tr>
<tr><td>合　计</td><td>—</td><td>—</td><td></td><td></td></tr>
<tr><td>说　明</td><td colspan="5">对应蓝字专用发票抵扣增值税销项税额情况：
已抵扣□
未抵扣□
纳税人识别号认证不符□
专用发票代码、号码认证不符□
对应蓝字专用发票密码区内打印的代码：______
号码：______
开具红字专用发票理由：</td></tr>
</table>

申明：我单位提供的《申请单》内容真实，否则将承担相关法律责任。

购买方经办人：　　　　　购买方名称（印章）：______

年　　月　　日

注：本申请单一式两联：第一联，购买方留存；第二联，购买方主管税务机关留存。

表2-3　出具红字增值税专用发票通知单

填开日期：　　年　　月　　日　　　　　　　　　　NO.

<table>
<tr><td rowspan="2">销售方</td><td>名　称</td><td></td><td rowspan="2">购买方</td><td>名　称</td><td></td></tr>
<tr><td>税务登记代码</td><td></td><td>税务登记代码</td><td></td></tr>
<tr><td rowspan="8">开具红字专用发票内容</td><td>货物(劳务)名称</td><td>单　价</td><td>数　量</td><td>金　额</td><td>税　额</td></tr>
<tr><td></td><td></td><td></td><td></td><td></td></tr>
<tr><td></td><td></td><td></td><td></td><td></td></tr>
<tr><td></td><td></td><td></td><td></td><td></td></tr>
<tr><td></td><td></td><td></td><td></td><td></td></tr>
<tr><td></td><td></td><td></td><td></td><td></td></tr>
<tr><td></td><td></td><td></td><td></td><td></td></tr>
<tr><td>合　计</td><td>—</td><td>—</td><td></td><td></td></tr>
<tr><td>说　明</td><td colspan="5">需要作进项税额转出□
不需要作进项税额转出□
纳税人识别号认证不符□
专用发票代码、号码认证不符□
对应蓝字专用发票密码区内打印的代码：__________
号码：__________
开具红字专用发票理由：</td></tr>
</table>

经办人：　　　　　　　　负责人：　　　　　　　　主管税务机关名称（印章）：__________

注：1. 本通知单一式三联：第一联，购买方主管税务机关留存；第二联，购买方送交销售方留存；第三联，购买方留存。

2. 通知单应与申请单一一对应。

3. 销售方应在开具红字专用发票后到主管税务机关进行核销。

［例4］A机械厂3月份共发生不含税电费50 000元，其中生产动力用电40 000元，管理部门用电10 000元，电费尚未支付。

借：制造费用　　40 000
　　管理费用　　11 700
　　应交税费——应交增值税（进项税额）　　6 800
　贷：应付账款　　58 500

［例5］A企业本月外购工具、器具一批，专用发票上注明的价款6 000元，增值税额1 020元，另外销货方代垫运费200元（转来承运部门开具给A企业的普通发票1张）。A企业开出商业汇票1张，材料已验收入库。账务处理：

借：周转材料（低值易耗品）　　6 186
　　应交税费——应交增值税（进项税额）　　1 034
　贷：应付票据　　7 220

［例6］A企业有关包装物收发业务如下（假设增值税税率为17%，不考虑消费税），作如下会计分录：

（1）生产领用包装物一批，计划成本2 000元。

借：生产成本　2 000

　贷：包装物　2 000

（2）企业销售商品时，随同销售不单独计价的包装物，其计划成本为1 000元。

借：销售费用　1 000

　贷：包装物　1 000

（3）企业销售产品时，随同销售单独计价的包装物，其收入为600元，款项已收，存入银行，另该批包装物的计划成本为500元。

则作分录：

借：银行存款　600

　贷：其他业务收入　512.82

　　应交税费——应交增值税（销项税额）　87.18

借：其他业务成本　500

　贷：包装物　500

（4）仓库发出新包装物一批，出租给购货单位，计划成本为5 000元，收到租金500元，存入银行。

借：其他业务成本　5 000

　贷：包装物　5 000

同时，收到租金

借：银行存款　500

　贷：其他业务收入　427.35

　　应交税费——应交增值税（销项税额）　72.65

（5）出借新包装物一批，计划成本为3 000元，收到押金1 000元，存入银行。

借：销售费用　3 000

　贷：包装物　3 000

同时，收到押金

借：银行存款　1 000

　贷：其他应付款　1 000

（6）出借包装物逾期未退，按规定没收其押金1 000元。

借：其他应付款　1 000

　贷：其他业务收入　854.70

　　应交税费——应交增值税（销项税额）　145.30

（7）出租包装物收回后，不能继续使用而报废，收回残料入库，价值600元。

借：原材料　600

　贷：其他业务成本　600

（8）月末，按-5%的材料成本差异计算结转本月生产领用、出售以及出租、出借包装物分摊的成本差异。

借：生产成本　　－100
　　其他业务成本　　－275
　　销售费用　　－200
　贷：材料成本差异　　－575

注意，实际工作中，为了促使购货人能尽快将包装物及时退回而加收的押金，如果发生没收业务，则应将没收加收的押金收入转入“营业外收入”，作分录：

借：其他应付款
　贷：营业外收入
　　应交税费——应交增值税（销项税额）

［例7］A企业为一般纳税人（不属于试点纳税人），201×年2月5日销售2008年底以前购入的机器设备一台，原价13 800元，已提折旧5 000元，该设备不含税售价10 000元，货款已收到。作分录：

（1）借：固定资产清理　　8 800
　　　累计折旧　　5 000
　　贷：固定资产　　13 800
　　借：银行存款　　10 400
　　贷：固定资产清理　　10 000
　　　应交税费——应交增值税（销项税额）　　400
　　借：固定资产清理　　1 200
　　贷：营业外收入　　1 200

（2）月份终了，计算该企业应交和减免的增值税。
　　借：应交税费——应交增值税（减免税款）　　200
　　贷：营业外收入（制度下记入“补贴收入”）　　200

（3）上缴本月该业务的增值税。
　　借：应交税费——应交增值税（已交税金）　　200
　　贷：银行存款　　200

［例8］A企业生产一种先进的模具产品，按照国家相关规定，该企业的这种产品适用增值税先征后返还政策，按照实际缴纳增值税额返还70%。201×年1月，该企业实际缴纳增值税额150万元。201×年2月，该企业实际收到返还的增值税税额105万元。作分录：

借：银行存款　　1 050 000
　贷：营业外收入（制度下记入“补贴收入”）　　1 050 000

2. 一般纳税人购入免税农产品的账务处理

［例9］某企业收购免税农产品，实际支付的价款为200万元，收购的农产品已验收入库。企业应作如下会计处理（该企业采用实际成本进行日常材料核算。原材料入库分录略）：

进项税额＝200×13%＝26（万元）

借：在途物资　　1 740 000
　　应交税费——应交增值税（进项税额）　　260 000

贷：银行存款　　2 000 000

3. 小规模纳税人的账务处理

［例10］某企业核定为小规模纳税人，本期购入原材料，按照增值税专用发票上记载的原材料成本为100万元，支付的增值税额为17万元，企业开出银行汇票，材料尚未到达。该企业本期销售产品，含税价格为90万元，货款尚未收到。根据上述业务，企业应作如下会计处理。

（1）购进货物。

借：在途物资　　1 170 000

贷：其他货币资金　　1 170 000

（2）销售货物。

不含税价格 $=90\div(1+3\%)=87.38$（万元）

应交增值税 $=87.38\times3\%=2.62$（万元）

借：应收账款　　900 000

贷：主营业务收入　　873 800

应交税费——应交增值税　　26 200

4. 进出口物资的账务处理

企业进口货物，按照组成计税价格和规定的增值税税率计算应纳税额。在会计核算时，进口货物交纳的增值税，以从海关取得的完税凭证作为依据，记入“应交税费——应交增值税（进项税额）”科目，其具体会计处理方法与国内购进货物的处理方法相同，只是扣税依据不同。

对于出口企业的会计处理，按照财政部、国家税务总局财税〔2002〕7号《关于进一步推进出口货物实行免抵退税办法的通知》的规定，自2002年1月1日起，生产企业自营或委托外贸企业代理出口自产货物，除另有规定外，增值税一律实行免、抵、退税管理办法。

上述《通知》所称生产企业，是指独立核算，经主管国税机关认定为一般增值税纳税人，并且具有实际生产能力的企业和企业集团。增值税小规模纳税人出口自产货物，继续实行免征增值税办法。生产企业出口自产的属于应征消费税的产品，实行免征消费税办法。

实行免、抵、退税管理办法的“免”税，是指对生产企业出口的自产货物，免征本企业生产销售环节增值税；“抵”税，是指生产企业出口自产货物所耗用的原材料、零部件、燃料、动力等所含应予退还的进项税额，抵顶内销货物的应纳税额；“退”税，是指生产企业出口的自产货物在当月内应抵顶的进项税额大于应纳税额时，对未抵顶完的部分予以退税。

具体计算方法与计算公式如下：

（1）当期应纳税额的计算。

当期应纳税额 = 当期内销货物的销项税额 -（当期进项税额 -
当期抵退税不得免征和抵扣税额）- 上期未抵减税额

（2）免抵退税不得免征和抵扣税额的计算。

免抵退税不得免征和抵扣税额 = 出口货物离岸价 × 外汇人民币牌价 ×
（出口货物征税率 - 出口货物退税率）- 免抵退税不得免征和抵扣额抵减额

其中：

免抵退税不得免征和抵扣额抵减额 = 免税购进原材料价格 ×
（出口货物征税率 - 出口货物退税率）

（3）免抵退税额的计算。

免抵退税额 = 出口货物离岸价 × 外汇人民币牌价 ×
出口货物退税率 - 免抵退税额抵减额

其中：

①出口货物离岸价（FOB）以出口发票计算的离岸价为准。出口发票不能如实反映实际离岸价的，企业必须按照实际离岸价向主管国税务机关申报，同时税务主管机关有权依照《中华人民共和国税收征收管理法》、《中华人民共和国增值税暂行条例》等有关规定予以核定。

②免抵退税额抵减额的计算：

免抵退税额抵减额 = 免税购进原材料价格 × 出口货物退税率

免税购进原材料包括从国内购进免税原材料和进料加工免税进口料件，其中进料加工免税进口料件的价格为组成计税价格。

进料加工免税进口料件的组成计税价格 = 货物到岸价 + 海关实征关税和消费税

（4）当期应退税额和免抵税额的计算。

①如当期期末留抵税额≤当期免抵税额，则：

当期应退税额 = 当期期末留抵税额
当期免抵税额 = 当期免抵退税额 - 当期应退税额

②如当期期末留抵税额 > 当期免抵税额，则：

当期应退税额 = 当期免抵退税额
当期免抵税额 = 0

当期期末留抵税额根据当期“增值税纳税申报表”中“期末留抵税额”确定。

在会计核算时，出口货物在购进环节支付的增值税额，仍然记入“应交税费——应交增值税（进项税额）”科目；出口货物时，实行免、抵、退税管理办法有进出口经营权的生产企业，按规定计算有当期出口货物不予免征、抵扣和退税的税额，计入出口货物成本，借记“主营业务成本”等科目，贷记“应交税费——应交增值税（进项税额转出）”科目。按规定计算的当期应予抵扣内销货物的应纳税款的税额，在“应交税费——应交增值税”科目设置“出口抵减内销产品应纳税额”专栏，反映企业出口货物应抵扣内销货物应纳税款的税额，企业按规定计算出当期应予抵扣的税额，借记“应交税费——应交增值税（出口抵减内销产品应纳税额）”科目，贷记“应交税费——应交增值税（出口退税）”科目。因应抵扣的税额大于应纳税额而未抵扣完时，按规定应予退回的税款，借记“其他应收款——应收出口退税”科目，贷记“应交税费——应交增值税（出口退税）”科目。收到退回的税款，借记“银行存款”科目，贷记“其他应收款——应收出口退税”科目。

［例11］某自营出口的生产企业为增值税一般纳税人，出口货物的征税税率为17%，退税率为15%。201×年11月的有关经营业务为：购进原材料一批，取得的增值税专用发票注明的价款200万元，外购货物准予抵扣的进项税额34万元，货已验收入库，计划成本210万元。上月末留抵税款3万元；本月内销货物不含税销售额100万元；收款117万元存入银行；本月出口货物的销售额折合人民币200万元。试计算该企业当期的“免、抵、退”税额并根据上述业务作出会计处理。

（1）当期免抵退税不得免征和抵扣税额：

当期免抵退税不得免征和抵扣税额 = 200 ×（17% − 15%）= 4（万元）

（2）当期应纳税额：

当期应纳税额 = 100 × 17% −（34 − 4）− 3 = 17 − 30 − 3 = −16（万元）

（3）出口货物“免、抵、退”税额：

出口货物“免、抵、退”税额 = 200 × 15% = 30（万元）

（4）按规定，当期末留抵税额≤当期免抵税额时：

当期应退税额 = 当期期末留抵税额

即：该企业当期应退税额 = 16（万元）

（5）按规定：

当期免抵税额 = 当期免抵退税额 − 当期应退税额 = 30 − 16 = 14（万元）

根据上述业务，企业作如下处理：

（1）购入货物：

借：材料采购	2 000 000	
应交税费——应交增值税（进项税额）	340 000	
贷：银行存款		2 340 000

（2）材料入库：

借：原材料	2 100 000	
贷：材料采购		2 100 000
借：材料采购	100 000	
贷：材料成本差异		100 000

(3) 内销货物:

借: 银行存款 1 170 000

贷: 主营业务收入 1 000 000

应交税费——应交增值税（销项税额） 170 000

(4) 出口销售:

借: 应收账款 2 000 000

贷: 主营业务收入 2 000 000

(5) 不可抵扣税额的处理:

借: 主营业务成本 40 000

贷: 应交税费——应交增值税（进项税额转出） 40 000

(6) 借: 应交税费——应交增值税（出口抵减内销产品应纳税额） 140 000

贷: 应交税费——应交增值税（出口退税） 140 000

(7) 应收出口退税额的处理:

借: 其他应收款 160 000

贷: 应交税费——应交增值税（出口退税） 160 000

5. 视同销售的账务处理

按照《增值税暂行条例实施细则》的规定，对于企业将货物交付他人代销、销售代销货物的行为，即视同销售行为，应计算交纳增值税。具体应开出增值税专用发票，并将计算交纳的增值税作为销项税额计入“应交税费——应交增值税”科目中的“销项税额”专栏。

(1) 视同买断。视同买断方式代销商品，是指委托方和受托方签订合同或协议，委托方按合同或协议收取代销的货款，实际售价由受托方自定，实际售价与合同或协议价之间的差额归受托方所有。

［例 12］A 企业委托 B 企业销售甲商品 100 件，协议价为 100 元/件，该商品成本是 60 元/件，增值税税率 17%，A 企业收到 B 企业开来的代销清单时开具增值税发票，发票上注明：售价 10 000 元，增值税 1 700 元。B 企业实际销售时开具的增值税发票注明：售价 12 000 元，增值税为 2 040 元。

A 企业作分录:

①交付商品。

借: 委托代销商品 6 000

贷: 库存商品 6 000

②收到代销清单。

借: 应收账款 11 700

贷: 主营业务收入 10 000

应交税费——应交增值税（销项税额） 1 700

借: 主营业务成本 6 000

贷: 委托代销商品 6 000

③收到 B 企业汇来的货款 11 700 元。

借：银行存款　　11 700

　　贷：应收账款　　11 700

B 企业作分录：

①收到甲商品。

借：受托代销商品　　10 000

　　贷：受托代销商品款　　10 000

②实际销售商品。

借：银行存款　　14 040

　　贷：主营业务收入　　12 000

　　　　应交税费——应交增值税（销项税额）　　2 040

借：主营业务成本　　10 000

　　贷：受托代销商品　　10 000

借：受托代销商品款　　10 000

　　应交税费——应交增值税（进项税额）　　1 700

　　贷：应付账款　　11 700

③按合同协议价将款项付给 A 企业。

借：应付账款　　11 700

　　贷：银行存款　　11 700

（2）收取手续费。在这种方式下，委托方在发出商品时通常不应确认销售商品收入，而应在收到受托方开出的代销清单时确认销售商品收入；受托方应在商品销售后，按合同或协议约定的方法计算确定的手续费确认收入。

假设上例中，B 企业按每件 100 元的价格出售给顾客，A 企业按售价支付 B 企业的手续费。B 企业实际销售时，即向买方开出 1 张增值税专用发票，发票上注明甲商品售价 10 000元，增值税额 1 700 元。A 企业在收到 B 企业交来的代销清单时，向 B 企业开出 1 张相同金额的增值税发票。

A 企业作分录：

①把甲商品交 B 企业。

借：委托代销商品　　6 000

　　贷：库存商品　　6 000

②收到代销清单。

借：应收账款　　11 700

　　贷：主营业务收入　　10 000

　　　　应交税费——应交增值税（销项税额）　　1 700

借：主营业务成本　　6 000

　　贷：委托代销商品　　6 000

借：销售费用　　1 000

　　贷：应收账款　　1 000

③收到 B 企业汇来的货款净额。

借：银行存款　　　　10 700
　贷：应收账款　　　　10 700

B 企业作分录：

①收到甲商品。

借：受托代销商品　　　　10 000
　贷：受托代销商品款　　　　10 000

②实际销售商品。

借：银行存款　　　　11 700
　贷：应付账款　　　　10 000
　　应交税费——应交增值税（销项税额）　　　　1 700
借：应交税费——应交增值税（进项税额）　　　　1 700
　贷：应付账款　　　　1 700
借：受托代销商品款　　　　10 000
　贷：受托代销商品　　　　10 000

③归还货款并计算代销手续费。

借：应付账款　　　　11 700
　贷：银行存款　　　　10 700
　　其他业务收入　　　　1 000
借：其他业务成本　　　　50
　贷：应交税费——应交营业税　　　　50

按照《增值税暂行条例实施细则》规定：企业发生“将自产、委托加工或购买的货物作为投资，提供给其他单位或个体工商户”的行为，视同销售货物。

[例 13] 甲企业 201×年 2 月用库存商品对乙企业进行投资，根据企业会计制度，双方协议按成本作价。该批原材料的增值税的成本为 200 万元，计税价格为 220 万元。假如该批原材料的增值税税率为 17%。根据上述经济业务，甲、乙企业应分别作如下会计处理（假设甲、乙企业原材料均采用实际成本进行核算，且执行企业会计制度）：

甲企业：对外投资转出原材料计算的销项税额 = 220 × 17% = 37.4（万元）

借：长期股权投资　　　　2 374 000
　贷：库存商品　　　　2 000 000
　　应交税费——应交增值税（销项税额）　　　　374 000

乙企业：乙企业收到投资，视同购进处理（假设收到完税凭证）

借：库存商品　　　　2 000 000
　应交税费——应交增值税（进项税额）　　　　374 000
　贷：实收资本　　　　2 374 000

假设上例甲企业于 2009 年开始执行新的企业会计准则，201×年 2 月发生原材料对乙企业进行投资，则该投资应区分是同一控制下的企业合并还是非同一控制下的企业合并。

对于同一控制下的企业合并形成的长期股权投资，合并方以支付现金、转让非现金资产或承担债务方式作为合并对价的，应当在合并日按照取得被合并方所有者权益账面价值的份额作为长期股权投资的初始投资成本。长期股权投资的初始投资成本与支付的现金、转让的非现金资产及所承担债务账面价值之间的差额，应当调整资本公积（资本溢价或股本溢价）；资本公积（资本溢价或股本溢价）的余额不足冲减的，调整留存收益。

而对于非同一控制下的企业合并形成的长期股权投资，购买方应当按照确定的企业合并成本作为长期股权投资的初始投资成本。企业合并成本包括购买方付出的资产，发生或承担的负债、发行的权益性证券的公允价值以及为进行企业合并发生的各项直接相关费用之和。非同一控制下企业合并涉及以库存商品等作为合并对价的，应按库存商品的公允价值，贷记“主营业务收入”科目，并同时结转相关的成本。

除企业合并形成的长期股权投资应遵循特定的会计处理原则外，其他方式取得的长期股权投资，取得时初始投资成本的确定若属于以债务重组、非货币性资产交换等方式取得的长期股权投资，其初始投资成本应按照《企业会计准则第 12 号——债务重组》和《企业会计准则第 7 号——非货币性资产交换》的规定确定。

[例 14] 某企业将自己生产的产品用于工程。产品的成本为 100 万元，计税价格为 120 万元。假如该产品的增值税税率为 17%，企业应作如下会计处理。

用于工程的产品的销项税额 = 120 × 17% = 20.4（万元）

借：在建工程	1 204 000	
贷：库存商品		1 000 000
应交税费——应交增值税（销项税额）		204 000

[例 15] 甲企业将自产的成本为 520 万元的货物赠与乙企业，该货物的增值税税率为 17%，若以成本金额作为计税价格，则甲企业根据会计制度作如下分录：

捐出方甲企业：

借：营业外支出	6 084 000	
贷：库存商品		5 200 000
应交税费——应交增值税（销项税额）		884 000

若甲企业执行新会计准则，假设该批商品的公允价值可以可靠计量，计量金额为 540 万元，则作会计分录：

借：营业外支出	6 318 000	
贷：主营业务收入		5 400 000
应交税费——应交增值税（销项税额）		918 000
借：主营业务成本	5 200 000	
贷：库存商品		5 200 000

受赠方乙企业：

借：原材料	6 318 000	
贷：资本公积或营业外收入——接受捐赠非现金资产准备		6 318 000

假设乙企业从国外接受捐赠取得完税凭证，则：

借：原材料	5 400 000	
应交税费——应交增值税（进项税额）	918 000	
贷：资本公积或营业外收入——接受捐赠非现金资产准备		6 318 000

根据2008年财政部颁布的《企业会计准则解释第2号》规定：企业自投资者取得的货币或非货币性资产捐赠，应当按照接受捐赠资产的公允价值确认相关资产和资本公积（资本溢价）；从其他方面取得的货币或非货币性资产捐赠，应于取得时确认为当期损益。

［例16］企业以自己生产的产品分配利润，产品的成本为50万元，销售价格为80万元（增值税税率17%）。分录如下：

借：利润分配——应付利润　936 000

　贷：应付利润　936 000

借：应付利润　936 000

　贷：主营业务收入　800 000

　　应交税费——应交增值税（销项税额）　136 000

借：主营业务成本　500 000

　贷：库存商品　500 000

6. 混合销售行为和兼营行为的账务处理

企业与其他企业签订的合同或协议，有时既包括销售商品又包括提供劳务，如销售电梯的同时负责安装工作、销售软件后继续提供技术支持、设计产品同时负责生产等。此时，如果销售商品部分和提供劳务部分能够区分且能够单独计量的，企业应当分别核算销售商品部分和提供劳务部分，将销售商品的部分作为销售商品处理，将提供劳务的部分作为提供劳务处理；如果销售商品部分和提供劳务部分不能够区分，或虽能区分但不能够单独计量的，企业应当将销售商品部分和提供劳务部分全部作为销售商品部分进行会计处理。

［例17］甲电梯生产企业与乙公司签订合同，向乙公司销售一部电梯并负责安装。甲企业共收取货款1 000 000元，其中开出的增值税专用发票上注明的电梯销售价格为980 000元，增值税额为166 600元。另收取安装费为20 000元，电梯的成本为560 000元；电梯安装过程中发生安装费12 000元，均为安装人员薪酬。假定电梯已经安装完成并经验收合格，款项尚未收到；安装工作是销售合同的重要组成部分。甲企业的账务处理如下：

（1）电梯发出结转成本560 000元。

借：发出商品　560 000

　贷：库存商品　560 000

（2）实际发生安装费用12 000元。

借：劳务成本　12 000

　贷：应付职工薪酬　12 000

（3）确认销售电梯和提供劳务收入1 000 000元。

借：应收账款　1 166 600

　贷：主营业务收入——销售商品　980 000

　　　　　　　　——提供劳务　17 094

　　应交税费——应交增值税（销项税额）　169 506

（4）结转销售商品成本560 000元和安装成本12 000元。

借：主营业务成本　560 000

贷：发出商品　　560 000

借：主营业务成本　　12 000

贷：劳务成本　　12 000

承上例，假定甲电梯生产企业除销售电梯外，还专门从事建筑安装劳务，则甲企业的会计处理如下：

（1）电梯发出结转成本 560 000 元。

借：发出商品　　560 000

贷：库存商品　　560 000

（2）发生安装费用 12 000 元。

借：劳务成本　　12 000

贷：应付职工薪酬　　12 000

（3）销售实现，分别确认收入 980 000 元和 2 000 元，并结转成本 572 000 元。

借：应收账款　　1 146 600

贷：主营业务收入——销售商品　　980 000

应交税费——应交增值税（销项税额）　　166 600

借：应收账款　　2 000

贷：主营业务收入——提供劳务　　2 000

借：营业税金及附加　　600

贷：应交税费——应交营业税　　600

借：主营业务成本　　572 000

贷：发出商品　　560 000

劳务成本　　12 000

7. 不予抵扣项目的账务处理

对于《增值税暂行条例》中规定的不予抵扣项目，账务处理时采用不同的方法：

属于购入货物时即能认定其进项税额的，如购入的货物直接用于免税项目，或者直接用于非应税项目，或者直接用于集体福利和个人消费的，其增值税专用发票上注明的增值税额，记入购进货物及接受劳务的成本。

［例 18］某企业购入货物一批，增值税专用发票上注明的增值税额为 51 万元，货物价款 300 万元，该批货物已经到达并直接交付免税项目使用，款项已经支付。根据这项业务，企业应作如下会计处理：

借：库存商品　　3 510 000

贷：银行存款　　3 510 000

属于购入货物时不能直接认定其进项税额能否抵扣的，其增值税专用发票上注明的增值税额，按照增值税会计处理方法记入“应交税费——应交增值税（进项税额）”科目。如果这部分购入货物以后用于按规定不得抵扣进项税额项目的，应将原已记入进项税额并已支付的增值税转入有关的承担者予以承担，通过“应交税费——应交增值税（进项税额转出）”科目转入有关的“应付职工薪酬或应付福利费”、“待处理财产损溢”等科目。

［例 19］某企业购入一批材料，增值税专用发票上注明的增值税额为 20.4 万元，材料价款 120 万元。材料已入库，货款已经支付（假设该企业材料采用实际成本进行核算）。材料入库后，该企业又将该批材料全部用于集体福利。根据该经济业务，企业可作如下会计处理：

（1）材料入库。

借：原材料　　1 200 000

　　应交税费——应交增值税（进项税额）　　204 000

　贷：银行存款　　1 404 000

（2）集体福利领用材料。

借：应付职工薪酬——非货币性福利　　1 404 000

　贷：原材料　　1 200 000

　　　应交税费——应交增值税（进项税额转出）　　204 000

［例 20］A 企业 201×年 9 月从外地购入原材料一批，价款 100 000 元，税金 17 000 元，款项已付，取得 1 张专用发票，但专用发票中纳税人识别号认证不符。账务处理如下：

借：原材料　　117 000

　贷：银行存款　　117 000

8. 交纳增值税的账务处理

［例 21］某企业 1 月份购入商品等支付的增值税进项税额为 34 000 元，本月销售商品等发生的销项税额为 51 000 元。假定 1 月份月初没有未抵扣以及欠交或多交的增值税，也没有其他涉及增值税的业务，1 月份上交增值税为 10 000 元。该企业 2 月份购进商品等支付进项税额 25 000 元，销售商品等发生的销项税额为 20 000 元，除此之外，2 月份该企业没有发生其他涉及增值税的业务。企业应作如下会计分录：

1 月份上交本月应交增值税：

1 月份应交增值税 = 51 000 - 34 000 = 17 000（元）

借：应交税费——应交增值税（已交税金）　　10 000

　贷：银行存款　　10 000

转出 1 月份未交的增值税 7 000 元：

借：应交税费——应交增值税（转出未交增值税）　　7 000

　贷：应交税费——未交增值税　　7 000

2 月份未抵扣的增值税为 5 000 元，留待以后月份抵扣，即"应交税费——应交增值税"科目借方余额为 5 000 元。

如果 2 月份该企业缴纳了 1 月份欠交的增值税 7 000 元，企业应作如下会计分录：

借：应交税费——未交增值税　　7 000

　贷：银行存款　　7 000

第五节　增值税专用发票及纳税申报表

一、增值税专用发票

现行的增值税制是国家印发的增值税专用发票注明的税款进行抵扣的制度。专用发票不仅是纳税人经济活动中的重要商业凭证，而且是兼记销货方销项税额和购货方进项税额进行税款抵扣的凭证，对增值税的计算和管理起着决定性作用。因此，正确使用增值税专用发票是十分重要的。根据国家税务总局 1993 年底制定的《增值税专用发票使用规定》，手工开具增值税专用发票的基本联次统一规定为四联，各联次必须按以下规定用途使用：

（1）第一联为存根联，由销货方留存备查；

（2）第二联为发票联，购货方作付款的记账凭证；

（3）第三联为税款抵扣联，购货方作扣税凭证；

（4）第四联为税款抵扣联，销货方作销售记账凭证。

为适应增值税专用发票管理需要，规范增值税专用发票的使用，进一步加强增值税征收管理，在广泛征求意见的基础上，国家税务总局对原《增值税专用发票使用规定》进行了修订，并自 2007 年 1 月 1 日实行。新修订的规定强调：一般纳税人应通过增值税防伪税控系统使用专用发票。使用包括领购、开具、缴销、认证纸质专用发票及其相应的数据电文。其中，防伪税控系统，是指经国务院同意推行的，使用专用设备和通用设备、运用数字密码和电子存储技术管理专用发票的计算机管理系统。“专用设备”是指金税卡、IC 卡、读卡器和其他设备。“通用设备”是指计算机、打印机、扫描器具和其他设备。

防伪税控系统下，专用发票是由基本联次或者基本联次附加其他联次构成，基本联次为三联：发票联、抵扣联和记账联。发票联作为购买方核算采购成本和增值税进项税额的记账凭证；抵扣联作为购买方报送主管税务机关认证和留存备查的凭证；记账联作为销售方核算销售收入和增值税销项税额的记账凭证；其他联次的用途，由一般纳税人自行确定。

以下为国家税务总局监制的增值税专用发票机开样式（表 2－4）。

表 2－4　增值税专用发票机开样式

4100061530　　**河南增值税专用发票**　　№ 00000503

开票日期：2006年07月11日

购货单位	名　　称：北方科技公司 纳税人识别号：410305000000111 地址、电话：北京海淀区知春路 231 号 653245555 开户行及账号：建行营业部 5102-11111				密码区	/226*-/1<990/-+4-/51* 0*-85+</*2//09-+5/1*1 /*<-/1<9<0/-+4-/8109* -*8+5/6-1/55-+4-/*+8-	加密版本：11 4100061530 00000503	
货物及应税劳务名称	规格型号	单位	数量	单价	金额	税率	税额	
软盘	5#	盒	10	50.00	500.00	17%	85.00	
合　　计					¥500.00		¥85.00	
价税合计（大写）	⊗伍佰捌拾伍圆整					（小写）¥585.00		
销货单位	名　　称：航天物业公司 纳税人识别号：410305000000456 地址、电话：北京海淀数码大厦 66554433 开户行及账号：工行 123456-452255				备注			

收款人：dy　　复核：dy　　开票人：dy　　销货单位：（章）

第一联：销货方记账凭证

二、机开专用发票的运作与管理

公司一经认定为一般纳税人后，经税务局同意后才可以自主开票。然后到金穗公司购买防伪税控开票软件。

（一）用户常见业务操作流程

发行→更改纳税号和企业名称→更改信息→获得授权→更换两卡→修改分机数量→领购专用发票→退回专用发票→报税→抵扣联认证→存根联补录

注意：

（1）发行应带物品：金税卡和 IC 卡。

（2）更改纳税号和企业名称应带物品：金税卡和 IC 卡。

（3）更改信息应带物品：IC 卡。

（4）获得授权应带物品：IC 卡。

（5）更换两卡应带物品：金税卡和 IC 卡。

（6）修改分机数量应带物品：主机 IC 卡。

（7）领购专用发票应带物品：主机 IC 卡。

（8）退回专用发票应带物品：主机 IC 卡。

（9）报税应带物品：抄税后的 IC 卡和打印的各种销项报表。

（10）抵扣联认证应带物品：所取得的专用发票抵扣联。

（11）存根联补录应带物品：需要补录的专用发票存根联。

（二）开票子系统基本操作流程

注册→登录→系统初始化→结束初始化→登记企业税务信息→编码设置→从 IC 卡读入新发票→发票填开与作废→抄税处理→报税

（三）开票前的准备工作

初次安装后的准备工作：

注册→登录→系统初始化→结束初始化→登记企业税务信息→编码设置

注意：

初始化操作只有在初次安装使用时才必须进行，一旦用户已经正常使用后就不需再做，否则会造成数据丢失；登记企业税务信息的操作一般也是在初次登录时进行，正常使用后如果本企业税务信息不发生变更就无须再登记。

（四）日常使用中的准备工作

登录→编码维护

（五）发票填开操作

1. 购买并读入发票

2. 开具发票

A. 开具正数专用发票：

进入系统→发票管理→发票开具管理→发票填开→发票号码确认→进入“专用发票填开”界面→填写购货方信息→填写商品信息→打印发票

B. 开具带销货清单的专用发票：

进入系统→发票管理→发票开具管理→发票填开→发票号码确认→进入“专用发票填开”界面→填写购货方信息→点击“清单”按钮→进入销货清单填开界面→填写各条商品信息→点击“退出”返回发票界面→打印发票→在“已开发票查询”中打印销货清单

C. 开具带折扣的专用发票：

进入系统→发票管理→发票开具管理→发票填开/销货清单填开→选择相应商品行→设置折扣行数→设置“折扣率”或“折扣金额”→打印发票

D. 开具负数专用发票：

进入系统→发票管理→发票开具管理→发票填开→发票号码确认→进入“专用发票填开”界面→点击“负数”按钮→填写相应的正数发票的号码和代码→系统弹出相应的正数发票的信息→确定→系统自动生成负数发票→打印发票

3. 作废专用发票

A. 已开发票作废：

进入系统→发票管理→发票开具管理→已开发票作废→选择欲作废的发票号码→点击“作废”按钮→系统弹出“作废确认”提示框→确定→作废成功

B. 未开发票作废：

进入系统→发票管理→发票开具管理→未开发票作废→系统弹出“未开发票作废号码确认”提示框→确定→作废成功

（六）抄报税操作

用户抄报税流程：

抄税写 IC 卡→打印各种报表→报税

A. 抄税起始日正常抄税处理：

进入系统→报税处理→抄报税管理→抄税处理→系统弹出“确认”对话框→插入 IC 卡，确认→正常抄写 IC 卡成功

B. 重复抄上月旧税：

进入系统→报税处理→抄报税管理→抄税处理→系统弹出“确认”对话框→插入 IC 卡，确认→抄上月旧税成功

C. 金税卡状态查询：

进入系统→报税处理→金税卡管理→金税卡状态查询→系统弹出详细的信息

（七）主分机结构

1. 主分机购票及读入流程

主开票机购买发票→主开票机读入新购发票→主开票机向分机 IC 卡分配发票→分开票机读入新领购发票

2. 主分机抄报税流程

A. 分开票机抄报税流程：

分开票机抄税处理→分开票机发票资料查询打印→分开票机报税

B. 主开票机抄报税流程：

主开票机抄税处理→主开票机发票资料查询打印→主开票机报税

注意：

对于主分机结构的用户，主开票机、分开票机分别独立抄税，随后必须持本企业所有开票机抄税后的 IC 卡进行报税。

（八）系统注册与登录

1. 注册内容

企业名称、税号、开票机号及税控金税卡模式、注册版本方式选择、产品序列号、特征码等。

2. 注册要求

注册方式必须选择“已用金税卡”。

3. 注册操作步骤

启动系统→系统管理→输入口令→系统注册→输入各项信息→单击“下一步”，弹出“录入注册码”对话框→完成

4. 系统登录操作步骤

启动系统→进入系统→选择操作员→输入口令→确定→进入开票系统

注意：企业第一次进入系统时必须先设置企业税务信息。

（九）系统设置

1．系统初始化

（1）开始初始化：

进入系统→系统设置→系统初始化→开始初始化→输入提示信息→确认→初始化成功

注意：

①执行本功能将清空所有的用户开票数据，但原有的编码数据将保留。

②初次安装本软件时，必须使用本功能；而使用本软件进行了一定时间的业务处理之后，切勿轻易使用本功能。只有当原来的业务数据有误且无法通过备份数据恢复时才能使用本功能。

③系统进入“初始设置”状态后，只能进行初始设置及系统维护工作，不能进行开票等业务处理。当初始化数据设置完毕，可以通过“结束初始化”菜单功能使系统进入“正常处理”状态。

④发票导入操作只能在开始初始化后、结束初始化前进行。

⑤因本功能涉及数据安全性问题，建议只由系统主管操作。

（2）企业税务信息：

进入系统→系统设置→系统初始化→企业税务信息→输入提示信息→确认

（3）结束初始化：

进入系统→系统设置→系统初始化→结束初始化→确认→结束初始化成功

注意：

①本功能只在“初始设置”状态下才能使用。

②功能不可逆转，一旦使用，系统便进入“正常处理”状态，无法进行某些初始设置工作。因此，应在初始数据录入工作全部完成且正确无误后才使用本功能。

③可以在执行本功能前做一次数据备份。这样，若需要重新初始化，则可以利用“系统维护→数据备份/数据恢复”功能将其恢复使用，避免数据丢失。

2．编码设置

（1）客户编码：

进入系统→系统设置→编码设置→客户编码→数据录入

注意：

①点击工具栏中“＋”，增加一条记录，“×”放弃操作，“✓”确认操作。

②选中一条记录，点击工具栏中“－”，删除记录。

③用户可以在要修改的框中通过双击进行修改记录，也可以按右键选择“属性”进行修改。

（2）商品编码：

进入系统→系统设置→编码设置→商品编码→数据录入

（3）增值税税目编码：

进入系统→系统设置→编码设置→税目编码→增值税→数据录入

（4）发票类别编码：

进入系统→系统设置→编码设置→发票类别编码→数据录入

（5）行政区编码：

进入系统→系统设置→编码设置→行政区编码→数据录入

3. 数据导入

（1）编码导入：

进入系统→数据导入→编码导入→选择导入方式→选定导入文件→开始导入

说明：

①本功能只导入客户编码、商品编码和发票类别编码，不导入税目编码和行政区编码。

②若从文本文件导入编码，则必须满足本系统所要求的文件格式。

（2）发票导入：

进入系统→数据导入→发票导入→选择导入方式→选定导入文件→开始导入

（3）税目更新：

进入系统→数据导入→税目更新→填入更新信息→退出保存

（十）发票管理

1. 发票领用管理

（1）从 IC 卡读入新购发票：

持主机 IC 卡到税务局购票→进入系统→发票管理→发票领用管理→从 IC 卡读入新购发票

说明：

①用户第一次领购发票时，需到税务机关的发行子系统进行“购买发票授权”，然后再到发票发售子系统购买发票。

②如下情况将不能成功读入发票：

A. 未插入 IC 卡或插入的不是本机 IC 卡；

B. IC 卡中无领购或分配的发票，或发票流水号已读走；

C. 金税卡已到锁死期，不能读入发票；

D. 读入的发票在金税卡中根据读入顺序给出一个卷号。金税卡中最多可装 39 卷发票。

（2）已购发票退回 IC 卡：

进入系统→发票管理→发票领用管理→已购发票退回 IC 卡→选择发票卷→确认

说明：

①以下情况退回发票将失败：

A. 金税卡中无剩余发票；

B. 在读卡器中插入本机 IC 卡；

C. IC 卡中已有尚未读走的退票信息；

D. 因过期没有抄税使金税卡锁死，不能执行退回发票的功能。

②分开票机 IC 卡上退回到主开票机，而主开票机 IC 卡上的退回到当地税务部门发票

发售子系统。

（3）发票库存查询：

进入系统→发票管理→发票领用管理→发票库存查询

专用发票库存查询窗口结构说明：

工具条：具有通用功能按钮和数据编辑键。

发票类别页面：显示专用发票类别信息，以供用户按类别查询发票库存信息。

状态条：显示当前被激活表格的记录指针位置及记录总数。

说明：

①当系统处于“正常处理”状态时，所查询的发票库存为金税卡中发票库存状况；当系统处于“备份查询”状态时，所查询的是备份目录中所属账务月份的发票库存状况。

②上面介绍的“从IC卡读入新购发票”、“已购发票退回IC卡”和“发票库存查询”三项菜单是单开票机和主分机结构中的主、分机均具有的菜单。

（4）向分机分配发票：

进入系统→发票管理→发票领用管理→向分机分配发票→选择发票卷→选择下一步，系统弹出“向分机分配发票”窗口→填入分配信息→分配

说明：

①只有带有分开票机的主开票机才具有本菜单功能。

②在本项操作过程中，请注意按照系统提示正确插入分机IC卡和换回本IC卡。

③分开票机IC卡中不能有未读走的发票。

④金税卡被锁死后，不能使用本功能。

（5）收回分机退回发票：

进入系统→发票管理→发票领用管理→收回分机退回发票→插入分机IC卡→提示成功

说明：

①只有带有分开票机的主开票机才具有本功能。

②在本项操作过程中，请注意按照系统提示正确插入分机IC卡和换回本机IC卡。

③分机已退到IC卡上的退票应在本会计月内退到主机，如果未在本会计区间退回到主机，就会影响主机本会计月内发票领用存统计。

④所收回的发票作为独立的一卷，可由本机使用也可以再分配。

⑤金税卡被锁死后，不能使用本功能。

（6）主机接收分机领用存数据：

进入系统→发票管理→发票领用管理→接收分机领用存数据→弹出浏览窗口→选择文件→确认接收

说明：

①只有带有分开票机的主开票机才具有本菜单功能。

②只有主分机结构的企业需要打印本企业发票领用存月报表时才需先做此操作，若无此需求时则不需进行此操作。

（7）分机传出发票领用存数据：

进入系统→发票管理→发票领用管理→分机传出发票领用存数据→选择保存目录→确认

说明：

①只有主分机结构中的分开票机才具有本菜单功能。

②如果主分机结构的企业需要打印本企业发票领用存月报表时才打印。

③如果IC卡上有购票信息则系统提示：“IC卡有领购发票信息，请先读入发票再执行该操作。”

2. 发票开具管理

（1）发票填开：

进入系统→发票管理→发票开具管理→发票填开→发票号码确认→进入“专用发票填开”窗口→填写购方信息→填写商品信息→填写销方信息→打印发票

注意：

①填写购方信息时，可以从客户资料编码中选取，也可以直接录入。

②在填写商品信息时，只能从商品编码库中选取。

③发票填开有三种，正数发票、负数发票和销货清单。可以从工具条中选取。

④一张发票只能存在一种税率。所填开的发票一经保存即记入金税卡，无法更改，所以，填写数据时应尽量避免错误，如果出错，只能作废重开。

⑤在填开发票时，只打印发票，不打印清单，清单可以在查询中打印。

⑥若当前发票已经填写，则复制后，所填内容将被覆盖。发票复制后，其内容仍可以修改。

⑦负数发票不可以复制。

⑧复制发票时，如果所复制发票的行数大于当前使用时发票允许行数，提示不能复制。

⑨当某一行商品加折扣之后，便不允许修改。若需要修改，应先将折扣行删除。待修改完毕再加折扣，商品行与它的折扣行之间不允许插入其他记录。

⑩每一个商品行都可以加折扣，也可以对多行商品统一加折扣。

⑪如果是对多行商品统一加折扣，商品名称处将标识统一加折扣的行数，折扣行也算在商品总行数之内。

⑫对于开具税率为17%、13%、6%和4%的专用发票，打印出来的发票单价为不含税单价。而对于开具税率为5%的海洋石油版发票，打印出来的发票单价为含税单价。

说明：

①销项负数发票不允许附带销货清单，也不能再添加折扣。

②正数发票可以多次红冲，但所开全部负数发票的总金额、总税额必须小于等于对应的正数发票。

③开具负数发票时，如果对应正数发票的行数大于当前使用的发票允许行数时，相应的负数发票只汇总金额和税额，不转换明细。

④每一张发票只允许带一张销货清单。

⑤如果开带销货清单的发票，则只能有销货清单，发票上不能开具其他商品。

⑥可对清单中多行商品进行折扣。

⑦若当前发票已经填写，则复制后，所填内容将被覆盖。发票复制后，其内容仍可以修改。

⑧负数发票不可以复制。

⑨复制发票时，如果所复制发票的行数大于当前使用时发票允许行数，提示不能复制。

（2）已开发票查询：

进入系统→发票管理→发票开具管理→已开发票查询→选择月份→选择发票号码→查看明细，查看内容

说明：

①若要连续打印发票或销货清单，可以用 Ctrl + 鼠标左健选择不连续的发票或 Shift + 鼠标左键选择连续的发票，再进行打印即可。

②查询过程的各个操作界面，发票及其清单数据都不能修改。

③打印销货清单或连续打印多张发票，只能在“选择发票号码查询”窗口中进行。

（3）已开发票作废：

进入系统→发票管理→发票开具管理→已开发票作废→选择发票号码→点击作废

说明：

①已报税的发票不能作废，只能填开负数发票冲销。

②发票作废状态将记入金税卡，已作废的发票无法取消其作废标志，因此要慎重使用本功能。

③对已开发票进行作废时，通常情况下要遵守“谁开具，谁作废”的原则。只有以管理员身份进入系统才可以作废其他操作员开具的发票。

（4）未开发票作废：

进入系统→发票管理→发票开具管理→未开发票作废→在弹出的“号码确认”框中点击确认

（5）发票修复：

进入系统→发票管理→发票开具管理→发票修复→在“修复报告”框中单击关闭，“进入修复发票编辑”→修改完毕，退出存盘

3. 票据打印格式设计

（1）发票打印格式：

进入系统→发票管理→票据打印格式设计→发票打印格式→选中列表中的发票打印格式模板，单击“设计”→选择发票格式。

说明：

管理员具有设计和更新的权限，普通开票员不具备此权限。若对发票或清单的格式或模板进行更改，须以管理员的身份登录。

（2）销货清单打印格式：

进入系统→发票管理→票据打印格式设计→发票清单打印格式，选中列表中的一种格式模板，单击“设计→设计发票打印格式”

（十一）报税处理

1．抄报税管理

（1）抄税处理：

说明：

①必须在抄税期首次进入系统时执行本菜单的功能。即抄税写IC卡，否则发票填开功能将被禁用。

②企业执行抄税后，必须在锁死期内将本期的税额上报，逾期不报则系统会自动锁死，直到报税成功后才能解锁。

③如果报税不成功可以再次执行抄税，但要保证重抄上月税的IC卡上无税额，否则提示“重复抄税”。

④在执行本功能时，若IC卡中有领购的发票，则将自动读入金税卡。

（2）报税资料传出：

进入系统→报税处理→抄报税管理→报税资料传出→输入系统维护口令→确认→输入传出条件→确认

（3）发票资料查询打印：

进入系统→报税处理→抄报税管理→发票资料查询打印→选择查询条件→打印报表

2．金税卡管理

（1）金税卡状态查询：

进入系统→报税处理→金税卡管理→金税卡状态查询

（2）金税卡口令设置：

进入系统→报税处理→金税卡管理→金税卡口令设置→输入信息→确认

（3）金税卡时钟设置：

进入系统→报税处理→金税卡管理→金税卡时钟设置→输入信息→确认

说明：

①无论是主开票机还是分开票机，必须持IC卡到税务部门获得金税卡时钟修改授权后，才能使用本菜单功能。而且所取得的功能只能使用一次。若需要再次修改时钟须再次申请授权。

②获得修改授权后，只有在重新进入系统时金税卡才能读到IC卡中的授权信息，可以进行修改时钟操作，但如果此时不进行修改操作，则退出系统后，授权信息便自动消失，只有重新授权才能再作时钟修改。

③系统对金税卡日期的修改范围有一定的限制，即只允许在当前账务月份和下一月这两个月之内选择日期。

④一般只有当金税卡时钟与当地标准时间差异较大的情况下才使用本功能。

⑤对金税卡时钟的修改不影响计算机自身的时钟。

⑥若金税卡处于锁死期，则不能进行时钟修改操作。

3. 发票资料统计

(1) 金税卡月度资料统计：

进入系统→报税处理→发票资料统计→金税卡月度资料统计→选择/输入信息→确认

(2) 金税卡年度资料统计：

进入系统→报税处理→发票资料统计→金税卡年度资料统计→选择/输入信息→确认

(3) 发票领用存月报表：

进入系统→报税处理→发票资料统计→发票领用存月报表

(十二) 系统维护

1. 数据整理

(1) 数据文件整理：

进入系统→系统维护→数据整理→数据文件整理

(2) 系统文件检查：

进入系统→系统维护→数据整理→系统文件检查

2. 数据备份

(1) 备份目录管理：

进入系统→系统维护→数据备份→备份目录管理→备份目录设置→退出存盘

(2) 自动备份设置：

进入系统→系统维护→数据备份→自动备份设置→设置备份条件→确认生效

(3) 数据备份：

进入系统→系统维护→数据备份→选择备份目录→双击选择的备份目录或点击工具栏的“选择”进行数据备份

(4) 数据恢复：

进入系统→系统维护→数据备份→数据恢复→选择备份目录→双击选择的备份目录或点击工具栏的“选择”进行数据恢复

(5) 软盘备份：

进入系统维护→数据备份→软盘备份→输入相关信息→输入口令，点击“备份”

(6) 软盘恢复：

进入系统→系统维护→数据备份→软盘恢复→输入信息，确定→输入口令，确定

(7) 查询备份数据：

进入系统→系统维护→数据备份→查询备份数据→选择查询备份目录→双击选择的备份目录或点击工具栏的“选择”进行数据查询

(8) 恢复业务操作：

进入系统→系统维护→数据备份→恢复业务操作→重新进入系统

3. 操作员管理

(1) 操作员管理：

进入系统→系统维护→操作员管理→设置操作员→退出存盘

（2）菜单信息管理：

进入系统→系统维护→操作员管理→菜单信息管理→通过双击编辑数据→退出存盘

（3）运行日志查询：

进入系统→系统维护→操作员管理→运行日志查询→点击“金税卡操作”可以查询金税卡内容→退出

如果你是一般纳税人，现在是机开增值税票，但这是税务所审批的，不是你想开就能去买的，要税务所核定之后到指定的地点去安装防伪税控开票软件（金税卡）和领取 IC 卡，领到后到税务所购买增票才能开，具体操作方法会有培训，培训后领一张开票操作员的证书，然后可以实施操作机开专用发票。

三、增值税会计报表

根据 2007 年实施的新《企业会计准则》规定，增值税会计业务结果主要反映在“资产负债表”负债方列入“应交税费”项目中。分别以“期末余额”和“年初余额”列示，同时在报表附注的第六项“报表重要项目说明”的第十九点进行增值税的信息披露。对尚未执行新会计准则的企业，则根据 2001 年实施的《企业会计制度》规定：企业的税务会计处理反映在报表上：应设会工（或会商等）01 表附表 1“应交增值税明细表”，本表应根据“应交税费——应交增值税”科目的记录填列。见表 2－5。

表 2－5　应交增值税明细表

会企 01 表附表 3

编制单位：　　　　　　　　　日期：　年　月　　　　　　　　　单位：元

项　目	行　次	本月数	本年累计数
一、应交增值税			
1. 年初未抵扣数（以“－”号填列）	1		×
2. 销项税额	2		
出口退税	3		
进项税额转出	4		
转出多交增值税	5		
	6		
	7		
3. 进项税额	8		
已交税金	9		
减免税款	10		
出口抵减内销产品应纳税额	11		
转出未交增值税	12		
	13		
	14		
4. 期末未抵扣数（以“－”号填列）	15		×

(续上表)

项目	行 次	本月数	本年累计数
二、未交增值税			
1. 年初未交数(多交数以“-”号填列)	16		×
2. 本期转入数(多交数以“-”号填列)	17		
3. 本期已交数	18		
4. 期末未交数(多交数以“-”号填列)	19		×

编制说明:

1. 本表“应交增值税”各项目，应根据“应交税费——应交增值税”科目的有关记录填列。

2. 本表“未交增值税”各项目，应根据“应交税费——未交增值税”科目的有关记录填列。

应交增值税明细表“应交增值税”各项目的内容及其填列方法如下:

1.“年初未抵扣数”项目，反映企业年初尚未抵扣的增值税。本项目以“-”号填列。

2.“销项税额”项目，反映企业销售货物或提供应税劳务应收取的增值税额。本项目应根据“应交税费——应交增值税”明细科目“销项税额”专栏的记录填列。

3.“出口退税”项目，反映企业出口货物退回的增值税款。本项目应根据“应交税费——应交增值税”明细科目“出口退税”专栏的记录填列。

4.“进项税额转出”项目，反映企业购进货物、在产品、产成品等发生正常损失以及其他原因而不应从销项税额中抵扣，按规定转出的进项税额。本项目应根据“应交税费——应交增值税”明细科目“进项税额转出”专栏的记录填列。

5.“转出多交增值税”项目，反映企业月度终了转出多交的增值税。本项目应根据“应交税费——应交增值税”明细科目“转出多交增值税”专栏的记录填列。

6.“进项税额”项目，反映企业购入货物或接受应税劳务而支付的、准予从销项税额中抵扣的增值税额。本项目应根据“应交税费——应交增值税”明细科目“进项税额”专栏的记录填列。

7.“已交税金”项目，反映企业已交纳的增值税额。本项目应根据“应交税费——应交增值税”明细科目“已交税金”专栏的记录填列。

8.“减免税款”项目，反映企业按规定减免的增值税额。本项目应根据“应交税费——应交增值税”明细科目“减免税款”专栏的记录填列。

9.“出口抵减内销产品应纳税额”项目，反映企业按照规定计算的出口货物的进项税额抵减内销产品的应纳税额。本项目应根据“应交税费——应交增值税”明细科目“出口抵减内销产品应纳税额”专栏的记录填列。

10.“转出未交增值税”项目，反映企业月度终了转出未交的增值税。本项目应根据“应交税费——应交增值税”明细科目“转出未交增值税”专栏的记录填列。

应交增值税明细表“未交增值税”各项目，应根据“应交税费——未交增值税”明细科目的有关记录填列。

四、增值税纳税申报表(见表2-6、表2-7)

表2-6 增值税纳税申报表

(适用于增值税一般纳税人)

根据《中华人民共和国增值税暂行条例》第二十二条及第二十三条的规定，制定本表。纳税人不论有无销售额，均应按主管税务机关核定的纳税期限填报本表，并于次月1日至15日内，向当地税务机关申报。

税款所属时间：自　年 月 日至　年 月 日　填表日期：　年 月 日　金额单位：元（列至角分）

纳税人识别号			所属行业			
纳税人名称(公章)		法定代表人姓名		注册地址		营业地址
开户银行及账号			企业登记注册类型			电话号码

项　目		栏　次	一般货物及劳务		即征即退货物及劳务	
			本月数	本年累计	本月数	本年累计
销售额	（一）按适用税率征税货物及劳务销售额	1				
	其中：应税货物销售额	2				
	应税劳务销售额	3				
	纳税检查调整的销售额	4				
	（二）按简易征收办法征税货物销售额	5				
	其中：纳税检查调整的销售额	6				
	（三）免抵退办法出口货物销售额	7				
	（四）免税货物及劳务销售额	8				
	其中：免税货物销售额	9				
	免税劳务销售额	10				
税款计算	销项税额	11				
	进项税额	12				
	上期留抵税额	13				
	进项税额转出	14				
	免抵退货物应退税额	15				
	按适用税率计算的纳税检查应补缴税额	16				
	应抵扣税额合计	17＝12＋13－14－15＋16				
	实际抵扣税额	18（如17＜11，则为17，否则为11）				
按适用税率计算的应纳税额		19＝11－18				
期末留抵税额		20＝17－18				
按简易征收办法计算的应纳税额		21				
按简易征收办法计算的纳税检查应补缴税额		22				
应纳税额减征额		23				
应纳税额合计		24＝19＋21－23				

（续上表）

项　目	栏　次	一般货物及劳务		即征即退货物及劳务	
		本月数	本年累计	本月数	本年累计
期初未缴税额（多缴为负数）	25				
实收出口开具专用缴款书退税额	26				
本期已缴税额	27 = 28 + 29 + 30 + 31				
①分次预缴税额	28				
②出口开具专用缴款书预缴税额	29				
③本期缴纳上期应纳税额	30				
④本期缴纳欠缴税额	31				
期末未缴税额（多缴为负数）	32 = 24 + 25 + 26 − 27				
其中：欠缴税额（≥0）	33 = 25 + 26 − 27				
本期应补（退）税额	34 = 24 − 28 − 29				
即征即退实际退税额	35				
期初未缴查补税额	36				
本期入库查补税额	37				
期末未缴查补税额	38 = 16 + 22 + 36 − 37				

授权声明	如果你已委托代理人申报，请填写下列资料： 为代理一切税务事宜，现授权＿＿＿＿＿（地址）＿＿＿＿＿为本纳税人的代理申报人，任何与本申报表有关的往来文件，都可寄予此人。 授权人签字：	申报人声明	此纳税申报表是根据《中华人民共和国增值税暂行条例》的规定填报的，我相信它是真实的、可靠的、完整的。 声明人签字：

以下由税务机关填写：

收到日期：　　　　　　　　接收人：　　　　　　　　主管税务机关盖章：

增值税纳税申报表填表说明：

上述申报表适用于增值税一般纳税人填报。增值税一般纳税人销售按简易办法缴纳增值税的货物，也使用本表。

1. 本表“税款所属时间”是指纳税人申报的增值税应纳税额的所属时间，应填写具体的起止年、月、日。

2. 本表“填表日期”指纳税人填写本表的具体日期。

3. 本表“纳税人识别号”栏，填写税务机关为纳税人确定的识别号，即税务登记证号码。

4. 本表“所属行业”栏，按照国民经济行业分类与代码中的最细项（小类）进行填写［国民经济行业分类与代码附后（此处略）］，仅填写行业代码。

5. 本表“纳税人名称”栏，填写纳税人单位名称全称，不得填写简称。

6. 本表“法定代表人姓名”栏，填写纳税人法定代表人的姓名。

7. 本表“注册地址”栏，填写纳税人税务登记证所注明的详细地址。

8. 本表“营业地址”栏，填写纳税人营业地的详细地址。

9. 本表“开户银行及账号”栏，填写纳税人开户银行的名称和纳税人在该银行的结算账户号码。

10. 本表“企业登记注册类型”栏，按税务登记证填写。

11. 本表“电话号码”栏，填写纳税人注册地和经营地的电话号码。

12. 表中“一般货物及劳务”是指享受即征即退的货物及劳务以外的其他货物及劳务。

13. 表中“即征即退货物及劳务”是指纳税人按照税法规定享受即征即退税收优惠政策的货物及劳务。

14. 本表第1项“（一）按适用税率征税货物及劳务销售额”栏数据，填写纳税人本期按适用税率缴纳增值税的应税货物和应税劳务的销售额（销货退回的销售额用负数表示）。包括在财务上不作销售但按税法规定应缴纳增值税的视同销售货物和价外费用销售额，外贸企业作价销售进料加工复出口的货物，税务、财政、审计部门检查按适用税率计算调整的销售额。“一般货物及劳务”的“本月数”栏数据与“即征即退货物及劳务”的“本月数”栏数据之和，应等于“附表一”（此处略，下同）第7栏的“小计”中的“销售额”数。“本年累计”栏数据，应为年度内各月数之和。

15. 本表第2项“其中：应税货物销售额”栏数据，填写纳税人本期按适用税率缴纳增值税的应税货物的销售额（销货退回的销售额用负数表示）。包括在财务上不作销售但按税法规定应缴纳增值税的视同销售货物和价外费用销售额，以及外贸企业作价销售进料加工复出口的货物。“一般货物及劳务”的“本月数”栏数据与“即征即退货物及劳务”的“本月数”栏数据之和，应等于“附表一”第5栏的“应税货物”中17%税率“销售额”与13%税率“销售额”的合计数。“本年累计”栏数据，应为年度内各月数之和。

16. 本表第3项“应税劳务销售额”栏数据，填写纳税人本期按适用税率缴纳增值税的应税劳务的销售额。“一般货物及劳务”的“本月数”栏数据与“即征即退货物及劳务”的“本月数”栏数据之和，应等于“附表一”第5栏的“应税劳务”中的“销售额”数。“本年累计”栏数据，应为年度内各月数之和。

17. 本表第4项“纳税检查调整的销售额”栏数据，填写纳税人本期因税务、财政、审计部门检查并按适用税率计算调整的应税货物和应税劳务的销售额。但享受即征即退税收优惠政策的货物及劳务经税务稽查发现偷税的，不得填入“即征即退货物及劳务”部分，而应将本部分销售额在“一般货物及劳务”栏中反映。“一般货物及劳务”的“本月数”栏数据与“即征即退货物及劳务”的“本月数”栏数据之和，应等于“附表一”第6栏的“小计”中的“销售额”数。“本年累计”栏数据，应为年度内各月数之和。

18. 本表第5项“按简易征收办法征税货物销售额”栏数据，填写纳税人本期按简易征收办法征收增值税货物的销售额（销货退回的销售额用负数表示）。包括因税务、财政、审计部门检查并按简易征收办法计算调整的销售额。“一般货物及劳务”的“本月数”栏数据与“即征即退货物及劳务”的“本月数”栏数据之和，应等于“附表一”第14栏的“小计”中的“销售额”数。“本年累计”栏数据，应为年度内各月数之和。

19. 本表第6项“其中：纳税检查调整的销售额”栏数据，填写纳税人本期因税务、财政、审计部门检查并按简易征收办法计算调整的销售额。但享受即征即退税收优惠政策的货物及劳务经税务稽查发现偷税的，不得填入“即征即退货物及劳务”部分，而应将本部分销售额在“一般货物及劳务”栏中反映。“一般货物及劳务”的“本月数”栏数据与“即征即退货物及劳务”的“本月数”栏数据之和，应等于“附表一”第13栏的“小计”中的“销售额”数。“本年累计”栏数据，应为年度内各月数之和。

20. 本表第7项“免抵退办法出口货物销售额”栏数据，填写纳税人本期执行免抵退办法出口货物的销售额（销货退回的销售额用负数表示）。“本年累计”栏数据，应为年度内各月数之和。

21. 本表第8项“免税货物及劳务销售额”栏数据，填写纳税人本期按照税法规定直接免征增值税的货物及劳务的销售额及适用零税率的货物及劳务的销售额（销货退回的销售额用负数表示），但不包括适用免抵退办法出口的货物的销售额。“一般货物及劳务”的“本月数”，应等于“附表一”第18栏的“小计”中的“销售额”数。“本年累计”栏数据，应为年度内各月数之和。

22. 本表第9项“其中：免税货物销售额”栏数据，填写纳税人本期按照税法规定直接免征增值税货物的销售额及适用零税率货物的销售额（销货退回的销售额用负数表示），但不包括适用免抵退办法出口货物的销售额。“一般货物及劳务”的“本月数”栏数据，应等于“附表一”第18栏的“免税货物”中的“销售额”数。“本年累计”栏数据，应为年度内各月数之和。

23. 本表第10项“免税劳务销售额”栏数据，填写纳税人本期按照税法规定直接免征增值税劳务的销售额及适用零税率劳务的销售额（销货退回的销售额用负数表示）。“一般货物及劳务”的“本月数”栏数据，应等于“附表一”第18栏的“免税货物”中的“销售额”数。“本年累计”栏数据，应为年度内各月数之和。

24. 本表第11项“销项税额”栏数据，填写纳税人本期按适用税率计征的销项税额。该数据应与“应交税费——应交增值税”明细科目贷方“销项税额”专栏本期发生数一致。“一般货物及劳务”的“本月数”栏数据与“即征即退货物及劳务”的“本月数”栏数据之和，应等于“附表一”第7栏的“小计”中的“销项税额”数。“本年累计”栏数据，应为年度内各月数之和。

25. 本表第12项“进项税额”栏数据，填写纳税人本期申报抵扣的进项税额。该数据应与“应交税费——应交增值税”明细科目借方“进项税额”专栏本期发生数一致。“一般货物及劳务”的“本月数”栏数据与“即征即退货物及劳务”的“本月数”栏数据之和，应等于“附表二”（此处略，下同）第12栏中的“税额”数。“本年累计”栏数据，应为年度内各月数之和。

26. 本表第13项“上期留抵税额”栏数据，为纳税人前一申报期的“期末留抵税额”减去抵减欠税额后的余额数，该数据应与“应交税费——应交增值税”明细科目借方月初余额一致。

27. 本表第14项“进项税额转出”栏数据，填写纳税人已经抵扣但按税法规定应作进项税转出的进项税额总数，但不包括销售折扣、折让，进货退出等应负数冲减当期进项税额的数额。该数据应与“应交税费——应交增值税”明细科目贷方“进项税额转出”专栏本期发生数一致。“一般货物及劳务”的“本月数”栏数据与“即征即退货物及劳务”的“本月数”栏数据之和，应等于“附表二”第13栏中的“税额”数。“本年累计”栏数据，应为年度内各月数之和。

28. 本表第15项“免抵退货物应退税额”栏数据，填写退税机关按照出口货物免抵退办法审批的应退税额。“本年累计”栏数据，应为年度内各月数之和。

29. 本表第16项“按适用税率计算的纳税检查应补缴税额”栏数据，填写纳税人本期因税务、财政、审计部门检查按适用税率计算的纳税检查应补缴税额。“本年累计”栏数据，应为年度内各月数之和。

30. 本表第17项“应抵扣税额合计”栏数据，填写纳税人本期应抵扣进项税额的合计数。

31. 本表第18项“实际抵扣税额”栏数据，填写纳税人本期实际抵扣的进项税额。“本年累计”栏数据，应为年度内各月数之和。

32. 本表第19项“按适用税率计算的应纳税额”栏数据，填写纳税人本期按适用税率计算并应缴纳的增值税额。“本年累计”栏数据，应为年度内各月数之和。

33. 本表第20项“期末留抵税额”栏数据，为纳税人在本期销项税额中尚未抵扣完，留待下期继续抵扣的进项税额。该数据应与“应交税费——应交增值税”明细科目借方月末余额一致。

34. 本表第21项“按简易征收办法计算的应纳税额”栏数据，填写纳税人本期按简易征收办法计算并应缴纳的增值税额，但不包括按简易征收办法计算的纳税检查应补缴税额。“一般货物及劳务”的“本月数”栏数据与“即征即退货物及劳务”的“本月数”栏数据之和，应等于“附表一”第12栏的“小计”中的“应纳税额”数。“本年累计”栏数据，应为年度内各月数之和。

35. 本表第22项“按简易征收办法计算的纳税检查应补缴税额”栏数据，填写纳税人本期因税务、财政、审计部门检查并按简易征收办法计算的纳税检查应补缴税额。“一般货物及劳务”的“本月数”

栏数据与“即征即退货物及劳务”的“本月数”栏数据之和，应等于“附表一”第13栏的“小计”中的“应纳税额”数。“本年累计”栏数据，应为年度内各月数之和。

36. 本表第23项“应纳税额减征额”栏数据，填写纳税人本期按照税法规定减征的增值税应纳税额。“本年累计”栏数据，应为年度内各月数之和。

37. 本表第24项“应纳税额合计”栏数据，填写纳税人本期应缴增值税的合计数。“本年累计”栏数据，应为年度内各月数之和。

38. 本表第25项“期初未缴税额（多缴为负数）”栏数据，为纳税人前一申报期的“期末未缴税额（多缴为负数）”减去抵减欠税额后的余额数。

39. 本表第26项“实收出口开具专用缴款书退税额”栏数据，填写纳税人本期实际收到税务机关退回的，因开具“出口货物税收专用缴款书”而多缴的增值税款。该数据应根据“应交税费——未交增值税”明细科目贷方本期发生额中“收到税务机关退回的多缴增值税款”数据填列。“本年累计”栏数据，为年度内各月数之和。

40. 本表第27项“本期已缴税额”栏数据，是指纳税人本期实际缴纳的增值税额，但不包括本期入库的查补税款。“本年累计”栏数据，为年度内各月数之和。

41. 本表第28项“①分次预缴税额”栏数据，填写纳税人本期分次预缴的增值税额。

42. 本表第29项“②出口开具专用缴款书预缴税额”栏数据，填写纳税人本期销售出口货物而开具专用缴款书向主管税务机关预缴的增值税额。

43. 本表第30项“③本期缴纳上期应纳税额”栏数据，填写纳税人本期上缴上期应缴未缴的增值税款，包括缴纳上期按简易征收办法计提的应缴未缴的增值税额。“本年累计”栏数据，为年度内各月数之和。

44. 本表第31项“④本期缴纳欠缴税额”栏数据，填写纳税人本期实际缴纳的增值税欠税额，但不包括缴纳入库的查补增值税额。“本年累计”栏数据，为年度内各月数之和。

45. 本表第32项“期末未缴税额（多缴为负数）”栏数据，为纳税人本期期末应缴未缴的增值税额，但不包括纳税检查应缴未缴的税额。“本年累计”栏与“本月数”栏数据相同。

46. 本表第33项“其中：欠缴税额（≥0）”栏数据，为纳税人按照税法规定已形成欠税的数额。

47. 本表第34项“本期应补（退）税额”栏数据，为纳税人本期应纳税额中应补缴或应退回的数额。

48. 本表第35项“即征即退实际退税额”栏数据，填写纳税人本期因符合增值税即征即退优惠政策规定，而实际收到的税务机关返还的增值税额。“本年累计”栏数据，为年度内各月数之和。

49. 本表第36项“期初未缴查补税额”栏数据，为纳税人前一申报期的“期末未缴查补税额”。该数据与本表第25项“期初未缴税额（多缴为负数）”栏数据之和，应与“应交税费——未交增值税”明细科目期初余额一致。“本年累计”栏数据应填写纳税人上年度末的“期末未缴查补税额”数。

50. 本表第37项“本期入库查补税额”栏数据，填写纳税人本期因税务、财政、审计部门检查而实际入库的增值税款，包括：①按适用税率计算并实际缴纳的查补增值税款；②按简易征收办法计算并实际缴纳的查补增值税款。“本年累计”栏数据，为年度内各月数之和。

51. 本表第38项“期末未缴查补税额”栏数据，为纳税人纳税检查本期期末应缴未缴的增值税额。该数据与本表第32项“期末未缴税额（多缴为负数）”栏数据之和，应与“应交税费——未交增值税”明细科目期初余额一致。“本年累计”栏与“本月数”栏数据相同。

表 2-7　增值税纳税申报表

（适用于小规模纳税人）

根据《中华人民共和国增值税暂行条例》第二十二条及第二十三条的规定：纳税人不论有无销售额，均应按主管税务机关核定的纳税期限按期填报本表，并于次月一日起十五日内，向当地税务机关申报。

纳税人识别号																						增值税纳税类型： 所属行业：

电脑编码：

纳税人名称（公章）：　　　　　　　　　　　　　　　　填表日期：　　年　月　日

税款所属期：　　年　月　日至　　年　月　日　　　　　金额单位：元（列至角分）

	项　目	税目、征收率	栏　次	本期数	本年累计
计税依据	（一）应征增值税货物及劳务不含税销售额		1		
	其中：税务机关代开的增值税专用发票不含税销售额		2		
	税控器具开具的普通发票不含税销售额		3		
	（二）销售使用过的应税固定资产不含税销售额		4		
	其中：税控器具开具的普通发票不含税销售额		5		
	（三）免税货物及劳务销售额		6		
	其中：税控器具开具的普通发票销售额		7		
	（四）出口免税货物销售额		8		
	其中：税控器具开具的普通发票销售额		9		
税款计算	本期应纳税额		10		
	本期应纳税额减征额		11		
	应纳税额合计		12 = 10 - 11		
	本期预缴税额		13		
	本期应补（退）税额		14 = 12 - 13		

纳税人或代理人声明： 此纳税申报表是根据国家税收法律的规定填报的，我确定它是真实的、可靠的、完整的。	如纳税人填报，由纳税人填写以下各栏：
	办税人员（签章）：　　　　财务负责人（签章）：
	法定代表人（签章）：　　　　联系电话：
	如委托代理人填报，由代理人填写以下各栏：
	代理人名称：　　经办人（签章）：　　联系电话：
	代理人（公章）：

受理人：　　　　　　受理日期：　　年　月　日　　　　受理税务机关（签章）：

本表一式三份，一份纳税人留存，一份主管税务机关留存，一份征收部门留存。

增值税纳税申报表（适用于小规模纳税人）填表说明：

本申报表适用于增值税小规模纳税人（以下简称纳税人）填报。纳税人销售使用过的固定资产、销售免税货物或提供免税劳务的，也使用本表。

1. 本表“税款所属期”是指纳税人申报的增值税应纳税额的所属时间，应填写具体的起止年、月、日。

2. 本表“纳税人识别号”栏，填写税务机关为纳税人确定的识别号，即：税务登记证号码。

3. 本表“纳税人名称”栏，填写纳税人单位名称全称，不得填写简称。

4. 本表第1项“（一）应征增值税货物及劳务不含税销售额”栏数据，填写纳税人本期按适用征收率缴纳增值税的应税货物和应税劳务的不含税销售额，包括在财务上不作销售但按税法规定应缴纳增值税的视同销售货物和价外费用销售额，但不包括销售自己使用过的固定资产应征增值税销售额以及税务、财政、审计部门检查并计算调整的销售额。“本年累计”栏数据，应为年度内各月数之和（对由增值税一般纳税人改按小规模纳税人申报的企业，只填写按小规模纳税人申报期间的各月数之和，下同）。“征收率”栏数据，填写主管税务机关确定的适用征收率。

5. 本表第2项“其中：税务机关代开的增值税专用发票不含税销售额”栏数据，填写本期由税务机关代开的增值税专用发票中注明的不含税销售额。“本年累计”栏数据，应为年度内各月数之和。“征收率”栏数据，填写主管税务机关确定的适用征收率。

6. 本表第3项“税控器具开具的普通发票不含税销售额”栏数据，填写税控器具开具的增值税专用发票中注明的不含税销售额。“本年累计”栏数据，应为年度内各月数之和。“征收率”栏数据，填写主管税务机关确定的适用征收率。

7. 本表第4项“（二）销售使用过的应税固定资产不含税销售额”栏数据，填写纳税人本期按适用征收率缴纳增值税的销售自己使用过的固定资产的不含税销售额（包括超过原值的应按照3%征收率减半征收增值税的应税固定资产的不含税销售额）。“本年累计”栏数据，应为年度内各月数之和。“征收率”栏数据，填写销售使用过的固定资产的适用征收率。

8. 本表第6项“（三）免税货物及劳务销售额”栏数据，填写纳税人本期按照税法规定直接免征增值税的货物及劳务的销售额，包括符合条件，经税务机关批准的免税固定资产的销售额。“本年累计”栏数据，应为年度内各月数之和。

9. 本表第8项“（四）出口免税货物销售额”栏数据，填写纳税人本期出口免税货物的销售额。“本年累计”栏数据，应为年度内各月数之和。出口征税货物销售额在第（一）部分填报。

10. 本表第10项“本期应纳税额”栏数据，填写纳税人本期应缴纳的增值税税额。10 = 1 × 征收率 +4 × 征收率。

11. 本表第11项“本期应纳税额减征额”栏数据，填写纳税人本期按税法规定减征的应纳税额。“本年累计”栏数据，应为年度内各月数之和。

12. 本表第13项“本期预缴税额”栏数据，是指纳税人本期实际预缴的增值税税额，不包括：①本期缴纳上期应纳税额；②补缴欠税；③查补入库税款。该栏一般为“0”。

【案例分析】

A企业系增值税一般纳税人（非酒类企业且没有特别说明，假设企业专用发票通过认证并核算申报），该企业201×年7月份有关会计资料如下：

（1）7月5日，16号凭证：购进原材料一批，已验收入库。取得增值税专用发票1张，注明价款100 000元，税款17 000元；取得运输部门开具的运费普通发票1张，注明运费6 000元，装卸费3 000元，款项尚未支付。企业账务处理如下。

借：原材料　　108 370

　　应交税费——应交增值税（进项税额）　　17 630

　贷：应付账款　　126 000

（2）7月7日，25号凭证：购进直接用于科学实验的设备一台并入库，企业账务处理如下：

借：固定资产　　134 150

　　应交税费——应交增值税（进项税额）　　26 200

　贷：银行存款　　160 350

后附原始凭证：

① 增值税专用发票注明价款129 500元，税额25 850元；

②运费结算单据1张，注明运费4 200元，杂费800元；

③银行解款通知单，注明金额160 350元；

④设备入库单。

（3）7月9日，42号凭证：购进材料一批，取得增值税专用发票1张，注明价款150 000元，税额25 500元。货款已付，材料尚未入库，专用发票尚未到税务局办理认证手续。企业账务处理如下：

借：在途物资　　150 000

　　应交税费——应交增值税（进项税额）　　25 500

　贷：银行存款　　175 500

（4）7月15日，82号凭证：销售产品一批，开出增值税专用发票，注明价款900 000元，税额153 000元。货已发出，款项已收到60%。企业账务处理如下：

借：银行存款　　631 800

　　应收账款　　421 200

　贷：主营业务收入　　900 000

　　　应交税费——应交增值税（销项税额）　　91 800

　　　其他应付款——应交增值税　　61 200

（5）7月18日，95号凭证：上年6月15日收取的出租包装物押金11 700元，到期包装物未收回。企业账务处理如下：

借：其他应付款　　11 700

　贷：其他业务收入　　11 700

（6）7月22日，108号凭证：5月12日售出的部分产品，由于质量问题，购货单位退货。销售额为50 000元，税额8 500元。退回产品已验收入库，成本价为40 000元。企业账务处理如下：

借：银行存款　　－58 500

　贷：主营业务收入　　－50 000

　　　应交税费——应交增值税（销项税额）　　－8 500

同时，

借：主营业务成本　　　　　　　　　　　　　　　　　　　　-40 000

　贷：库存商品　　　　　　　　　　　　　　　　　　　　　-40 000

后附原始凭证：

①产品入库单；

②进货退出证明单；

③红字增值税专用发票，注明价款 -50 000 元，税款 -8 500 元。

(7) 7 月 30 日，201 号凭证：月末盘库发生原材料盘亏。企业账务处理如下：

借：待处理财产损溢　　　　　　　　　　　　　　　　　　20 000

　贷：原材料　　　　　　　　　　　　　　　　　　　　　20 000

后附：存货盘点表一张，业务内容：盘亏原材料成本 20 000 元。

(8) 其他资料。

①7 月初“应交税费——应交增值税”明细账有余额 14 000 元；

②7 月企业申报进项税额为 69 330 元，销项税额 83 300 元，当月应交 13 970 元。

企业根据上述账务处理计算的增值税如下：

①销项税额 = 91 800 - 8 500 = 83 300（元）

②进项税额 = 17 630 + 26 200 + 25 500 = 69 330（元）

③本月应纳增值税额 = 83 300 - 69 330 - 14 000 = -30（元）

要求：

(1) 计算企业应纳增值税额，指出该企业增值税计算交纳存在的问题，并计算本月企业少计（多计）的增值税额。

(2) 根据上述经济业务，进行应交税费——应交增值税等相关账务的调账处理。

案例分析如下：

(1) 该企业本月应纳增值税正确计算如下。

①销项税额：

销项税额 = 900 000 × 17% + 11 700/(1 + 17%) × 17% - 8 500 = 146 200（元）

②进项税额：

进项税额 = 17 000 + 6 000 × 7% + 4 200 × 7% - 20 000 × 17% = 14 314（元）

③本月应纳增值税额：

本月应纳增值税额 = 146 200 - 14 314 - 14 000 = 117 886（元）

④本月实际缴纳增值税额：

本月实际缴纳增值税额 = 0

⑤本月未缴增值税额：

本月未缴增值税额 = 117 886 - 0 = 117 886（元）

(2) 调账会计分录。

①7 月 5 日：借：原材料　　　　　　　　　　　　　　　210

　　　　　　贷：应交税费——应交增值税（进项税额转出）　　210

②7 月 7 日：借：固定资产　　　　　　　　　　　　　25 906

　　　　　　贷：应交税费——应交增值税（进项税额转出）　25 906

③7 月 9 日：该批材料的增值税专用发票尚未到税务局办理认证手续，企业却申报纳税，多抵扣 25 500 元，这是不对的。

正确做法：在申报纳税时，该笔进项税额应在“应交税费——应交增值税（进项税额）”中调减出来，在备查簿注明，待增值税专用发票开具之日起 180 天内到税务机关认证后在认证通过的当月再申报抵扣。

④7 月 15 日：借：其他应付款　　61 200
　　贷：应交税费——应交增值税（销项税额）　　61 200

⑤7 月 18 日：借：其他业务收入　　1 700
　　贷：应交税费——应交增值税（销项税额）　　1 700

$[11\,700/(1+17\%)]\times17\%=1\,700$（元）

⑥7 月 22 日：正确

⑦7 月 30 日：借：待处理财产损溢　　3 400
　　贷：应交税费——应交增值税（进项税额转出）　　3 400

⑧月末调整本月应补缴增值税 117 886 元

借：应交税费——应交增值税（转出未交增值税）　　117 886
　　贷：应交税费——未交增值税　　117 886

假设下月实际缴纳：

借：应交税费——未交增值税　　117 886
　　贷：银行存款　　117 886

【本章小结】

增值税是以产品、商品或劳务的增值额为征收对象而征收的一种税。

增值税的确认主要依照 2009 年实施的《增值税暂行条例》和《增值税暂行条例实施细则》中的规定。

增值税的计量决定了增值税会计的信息提供的真实性和可靠性。

增值税会计记录与报告的系统区别于一般财务会计，具有其特殊性，对增值税会计的掌握有助于提高增值税会计的运作效率。

通过增值税会计的学习，能使你认识到增值税会计在税务管理领域的重要性，一旦你实习或工作后，它能帮助你在实习中或工作上获得成功，还可以使你更加关注增值税会计的变化与发展。

掌握增值税会计可以使我们从容面对增值税领域的挑战与机遇。增值税会计业务是税务会计领域的重要内容。

【关键术语和概念】

增值税确认　增值税计量　一般纳税人增值税会计特点　小规模纳税人增值税会计特点

第三章　消费税会计

【学习要点】

◈ 消费税的基本概念
◈ 消费税的确认要求
◈ 消费税的计量特点
◈ 消费税的会计处理
◈ 消费税会计的应用

第一节　消费税概述

消费税是对特定的消费品或消费行为征收的一种税。它具有以下基本特点：

（1）选择一部分消费品和消费行为征收。主要包括了特殊消费品、奢侈品、高能耗消费品、不可再生的稀缺资源消费品和税基宽广、消费普遍、征一点不会影响人民生活水平但具有一定财政意义的普遍消费品。

（2）只在消费品生产、流通和消费的某一环节征收，而不是在所有环节征收。

（3）根据不同消费品的种类、档次、结构功能或消费品中某一成分的含量，以及市场供求状况、消费水平等情况，制定高低不同的税率、税额。

（4）在征收方法上具有灵活性，既可以采取消费品制定单位税额，依消费品的数量实行从量定额的征收办法，也可以采用对消费品或消费行为制定税率，依消费品或消费行为的价格实行从价定率的征收办法。

（5）税负具有转嫁性。消费税无论在哪个环节征收，消费品中所包含的消费税额最终要转嫁到消费者身上，由消费者负担。

第二节　消费税的确认

依照 2009 年实施的《消费税暂行条例》和《消费税暂行条例实施细则》的规定，消费税的确认包括以下内容。

一、消费税的纳税人

凡在中华人民共和国境内生产、委托加工和进口本条例规定的消费品的单位和个人，以及国务院确定的销售本条例规定的消费品的其他单位和个人，为消费税的纳税人，具体包括企业和行政单位、事业单位、军事单位、社会团体及其他单位、个体工商户和其他个人。

二、消费税的征收范围

消费税的征收范围主要是根据中国目前的经济发展现状和消费政策，公民的消费水平和消费结构以及财政需要，并借鉴国外的成功经验和通行做法制定的，考虑到实行规范化的增值税以后，必然有一些原高税率的产品税源下降，为确保税制改革情况下财政收入不减少，需要通过消费税、资源税收回来。因此，消费税共选择以下 5 类产品进行征收。

（1）对人类健康、社会秩序、生态环境方面造成危害的特殊消费品，如烟、酒、鞭炮、焰火、木制一次性筷子、实木地板等。其中：

①烟：凡是以烟叶为原料加工生产的产品，不论使用何种辅料，均属于本税目的征收范围，包括卷烟（进口卷烟、白包卷烟、手工卷烟和未经国务院批准纳入计划的企业及个人生产的卷烟）、雪茄烟和烟丝。

②酒和酒精：酒是酒精度在 1 度以上的各种酒类饮料。酒精又名乙醇，是指用蒸馏或合成方法生产的酒精度在 95 度以上的无色透明液体。酒类包括粮食白酒、薯类白酒、黄酒、啤酒、果啤和其他酒。酒精包括各种工业酒精、医用酒精和食用酒精。

③鞭炮、焰火：鞭炮又称爆竹，是用多层纸密裹火药，接以药引线制成的一种爆竹品。焰火是指烟火剂，一般是包扎品，内装药剂，点燃焰火，烟火喷射呈各种颜色，有的还变成各种景色。

④木制一次性筷子：又称卫生筷子，是指以木材为原料经过锯段、浸泡、旋切、刨切、烘干、筛选、打磨、倒角、包装等环节加工而成的各类一次性使用的筷子。

⑤实木地板：以木材为原料，经锯割、干燥、刨光、截断、开榫、涂漆等工序加工而成的块状或条状的地面装饰材料。

（2）奢侈品，如贵重首饰及珠宝玉石、化妆品等。凡以金、银、铂金、宝石、珍珠、钻石、翡翠、珊瑚、玛瑙等高贵稀有物质以及其他金属、人造宝石等制作的各种纯金银首饰及镶嵌首饰和经采掘、打磨、加工的各种珠宝玉石。对出国人员免税商店销售的金银首饰征收消费税。而化妆品则包括各类美容、修饰类化妆品，高档护肤类化妆品和成套化妆品。

（3）高消耗及高档消费品，如小轿车、摩托车、高尔夫球及球具、高档手表、游艇等。其中汽车是指由动力驱动，具有 4 个或 4 个以上车轮的非轨道承载的车辆。具体包括含驾驶员座位在内最多不超过 9 个座位（含）的。在设计和技术特性上用于载运乘客和货物的各类乘用车和含驾驶员座位在内的座位数在 10 ~ 23 座（含 23 座）的在设计和技术特性上用于载运乘客和货物的各类中轻型商用客车。而摩托车包括轻便摩托车和摩托车两种。高尔夫球及球具包括从事高尔夫球运动所需的各种专用装备，包括高尔夫球、高尔夫球杆及高尔夫球包（袋）等。高档手表包括销售价格（不含增值税）每只在 10 000 元（含）以上的各类手表。游艇包括长度大于 8 米小于 90 米，船体由玻璃钢、钢、铝合金、塑料等多种材料制作，可以在水上移动的水上浮载体。按照动力划分，游艇分为无动力艇、帆艇和机动艇。

（4）不可再生和替代的石油类消费品，如成品油等。包括汽油、柴油、石脑油、溶剂油、航空煤油、润滑油、燃料油七个子目。汽油、柴油的征收范围仍按原规定执行。

（5）具有一定财政意义的产品，如汽车轮胎。其中，汽车轮胎是指用于各种汽车、挂车、专用车和其他机动车上的内外胎。

另外根据《消费税暂行条例》的规定，在中华人民共和国境内生产、委托加工、进口《消费税暂行条例》规定的消费品即为应税消费品。

结合生产环境的不同，应税消费品的征收范围也有所不同：

（1）纳税人生产的，于销售时纳税的应税消费品，是指有偿转让应税消费品的所有权，即以受让方取得的货币、货物或其他经济利益为条件转让的应税消费品。

（2）纳税人自产自用的应税消费品，用于连续生产的，是指纳税人将自产自用的应税消费品作为直接材料生产最终应税消费品，自产自用应税消费品构成最终应税消费品的实体；而用于其他方面的，是指纳税人将自产自用应税消费品用于生产非应税消费品、在建工程、管理部门、非生产机构、提供劳务、馈赠、赞助、集资、广告、样品、职工福利、奖励等方面。

（3）委托加工的应税消费品，是指由委托方提供原料及主要材料，受托方只收取加工费，以及代垫部分辅助材料加工的应税消费品。对于由受托方提供原材料生产的应税消费品，或者受托方先将原材料卖给委托方，然后再接受加工的应税消费品，以及由受托方以委托方名义购进原材料生产的应税消费品，无论纳税人在财务上是否作为销售处理，都不得作为委托加工应税消费品，而应当按照销售自制应税消费品缴纳消费税。对委托加工应税消费品直接出售的，不再征收消费税。委托个人加工的应税消费品，由委托方收回后缴纳消费税。

三、消费税的税目及税率

消费税的税目设置，考虑到尽量简化的要求，并兼顾历史习惯，对税源大、界限清楚的消费品或消费行为单设税目。消费税的税目设置共有 14 个，有的税目还进一步划分了若干子目。税率设计采用差别比例税率（1% ~56%）和定额税率两种类型。消费税具体的税目税率见表 3 -1。

表 3 -1　消费税税目税率表

税　目	税　率
一、烟	
1. 卷烟	
（1）甲类卷烟	56%加 0.003 元/支（生产环节）
（2）乙类卷烟	36%加 0.003 元/支（生产环节）
（3）批发环节	5%
2. 雪茄烟	36%
3. 烟丝	30%

（续上表）

税　目	税　率
二、酒及酒精 1. 白酒 2. 黄酒 3. 啤酒 （1）甲类啤酒 （2）乙类啤酒 4. 其他酒 5. 酒精	 20%加0.5元/500克（或者500毫升） 240元/吨 250元/吨 220元/吨 10% 5%
三、化妆品	30%
四、贵重首饰及珠宝玉石 1. 金银首饰、铂金首饰和钻石及钻石饰品 2. 其他贵重首饰和珠宝玉石	 5% 10%
五、鞭炮、焰火	15%
六、成品油 1. 汽油 （1）含铅汽油 （2）无铅汽油 2. 柴油 3. 航空煤油 4. 石脑油 5. 溶剂油 6. 润滑油 7. 燃料油	 1.4元/升 1.00元/升 0.80元/升 0.80元/升 1.00元/升 1.00元/升 1.00元/升 0.80元/升
七、汽车轮胎	3%
八、摩托车 1. 气缸容量（排气量，下同）在250毫升（含250毫升）以下的 2. 气缸容量在250毫升以上的	 3% 10%
九、小汽车 1. 乘用车 （1）气缸容量（排气量，下同）在1.0升（含1.0升）以下的 （2）气缸容量在1.0升以上至1.5升（含1.5升）的 （3）气缸容量在1.5升以上至2.0升（含2.0升）的 （4）气缸容量在2.0升以上至2.5升（含2.5升）的 （5）气缸容量在2.5升以上至3.0升（含3.0升）的 （6）气缸容量在3.0升以上至4.0升（含4.0升）的 （7）气缸容量在4.0升以上的 2. 中轻型商用客车	 1% 3% 5% 9% 12% 25% 40% 5%
十、高尔夫球及球具	10%
十一、高档手表	20%
十二、游艇	10%
十三、木制一次性筷子	5%
十四、实木地板	5%

纳税人兼营不同税率的应当缴纳消费税的消费品（以下简称应税消费品），应当分别核算不同税率应税消费品的销售额、销售数量；未分别核算销售额、销售数量，或者将不同税率的应税消费品组成成套消费品销售的，从高适用税率。例如，某酒厂既生产税率为25%的粮食白酒，又生产税率为10%的其他酒，如汽酒、药酒等，还生产白酒与其他小瓶装礼品套酒。按税法规定，该厂应分别核算不同税率两类酒的销售额，然后按各自适用的税率计税。但该厂没有分别核算，而是将两类及礼品套酒取得的销售额混在一起计税，这样，必须以25%的税率计算应交消费税，而不能以10%的低税率计算应纳税额。

四、纳税义务的发生时间

根据《消费税暂行条例实施细则》的规定，消费税的纳税义务发生时间，分列如下：

（1）纳税人销售应税消费品的，按不同的销售结算方式分别为：

①采取赊销和分期收款结算方式的，为书面合同约定的收款日期的当天，书面合同没有约定收款日期或者无书面合同的，为发出应税消费品的当天；

②采取预收货款结算方式的，为发出应税消费品的当天；

③采取托收承付和委托银行收款方式的，为发出应税消费品并办妥托收手续的当天；

④采取其他结算方式的，为收讫销售款或者取得索取销售款凭据的当天。

（2）纳税人自产自用应税消费品的，为移送使用的当天。

（3）纳税人委托加工应税消费品的，为纳税人提货的当天。

（4）纳税人进口应税消费品的，为报关进口的当天。

五、消费税的纳税期限

在消费税的纳税义务发生时间确定后，应掌握消费税的纳税期限。按规定，消费税的纳税期限分别为1日、3日、5日、10日、15日、1个月或者1个季度。纳税人的具体纳税期限，由主管税务机关根据纳税人应纳税额的大小分别核定；不能按照固定期限纳税的，可以按次纳税。

纳税人以1个月或者1个季度为1个纳税期的，自期满之日起15日内申报纳税；以1日、3日、5日、10日或者15日为1个纳税期的，自期满之日起5日内预缴税款，于次月1日起15日内申报纳税并结清上月应纳税款。

纳税人进口应税消费品，应当自海关填发海关进口消费税专用缴款书之日起15日内缴纳税款。

第三节　消费税的计量

消费税应纳税额的计量，基本上以三部分作为计税依据：一是以应税消费品的销售额为计税依据，按此方式征税，称“从价征税”；二是以应税消费品的销售数量为计税依据，按此方式征税，称“从量征税”；三是两种征税方式的结合，称“复合计征”。

正确确定消费税的计税依据，既关系到纳税人负担的合理性和贯彻税收政策的正确性，又关系到国家财政收入的稳定。

一、实行从价定率办法计算的应纳税额

$$实行从价定率办法计算的应纳税额 = 销售额 \times 比例税率$$

应税销售额确定：

（1）根据条例规定，销售额为纳税人销售应税消费品向购买方收取的全部价款和价外费用。其中价外费用，是指价外向购买方收取的手续费、补贴、基金、集资费、返还利润、奖励费、违约金、滞纳金、延期付款利息、赔偿金、代收款项、代垫款项、包装费、包装物租金、储备费、优质费、运输装卸费以及其他各种性质的价外收费。但下列项目不包括在内：

①同时符合以下条件的代垫运输费用：承运部门的运输费用发票开具给购买方的；纳税人将该项发票转交给购买方的。

②同时符合以下条件代为收取的政府性基金或者行政事业性收费：由国务院或者财政部批准设立的政府性基金，由国务院或者省级人民政府及其财政、价格主管部门批准设立的行政事业性收费；收取时开具省级以上财政部门印制的财政票据；所收款项全额上缴财政。

（2）由于应税消费品在缴纳消费税时，与一般货物一样，都还要缴纳增值税。因此，《消费税暂行条例实施细则》明确规定，应税消费品的销售额，不包括应向购货方收取的增值税税额。如果纳税人应税消费品的销售额中未扣除增值税税款或者因不得开具增值税专用发票而发生价款和增值税税款合并收取的，在计算消费税时，应当换算为不含增值税税款的销售额。其换算公式为：

$$应税消费品的销售额 = 含增值税的销售额 \div (1 + 增值税税率或征收率)$$

（3）应税消费品连同包装物销售的，无论包装物是否单独计价以及在会计上如何核算，均应并入应税消费品的销售额中缴纳消费税。如果包装物不作价随同产品销售，而是收取押金，此项押金则不应并入应税消费品的销售额中征税。但对因逾期未收回的包装物不再退还的或者已收取的时间超过 12 个月的押金，应并入应税消费品的销售额，按照应税消费品的适用税率缴纳消费税。对既作价随同应税消费品销售，又另外收取押金的包装物的押金，凡纳税人在规定的期限内没有退还的，均应并入应税消费品的销售额，按照应税消费品的适用税率缴纳消费税。

值得注意的是，为了堵塞税收漏洞，财政部、国家税务总局下发了《关于酒类产品包装物押金征税问题的通知》（财税字〔1995〕53 号），规定从 1995 年 6 月 1 日起，对酒类产品生产企业销售酒类产品而收取的包装物押金，无论押金是否返还和在会计上如何核算，均须并入酒类产品销售额中，依据酒类产品的适用税率计征消费税。

（4）对应税消费品计算消费税，由于某些应税消费品是用外购已缴纳的应税消费品连续生产出来的，在对这些连续生产出来的应税消费品计算征税时，按当期生产领用数量计算准予扣除外购的应税消费品已纳的消费税税款，扣除范围包括：

①外购已税烟丝生产的卷烟；

②外购已税化妆品生产的化妆品；
③外购已税珠宝玉石生产的贵重首饰及珠宝玉石；
④外购已税鞭炮焰火生产的鞭炮焰火；
⑤外购已税汽车轮胎（内胎和外胎）生产的汽车轮胎；
⑥外购已税摩托车生产的摩托车（如用外购两轮摩托车改装三轮摩托车）；
⑦外购已税杆头、杆身和握把为原料生产的高尔夫球杆；
⑧外购已税木制一次性筷子为原料生产的木制一次性筷子；
⑨外购已税实木地板为原料生产的实木地板；
⑩外购已税石脑油为原料生产的应税消费品；
⑪外购已税润滑油为原料生产的润滑油。

上述当期准予扣除外购应税消费品已纳消费税税款的计算公式是：

当期准予扣除外购应税消费品已纳税款 = 当期准予扣除外购应税消费品的买价 × 外购应税消费品适用税率

当期准予扣除外购应税消费品的买价 = 期初库存的外购应税消费品的买价 + 当期购进外购应税消费品的买价 - 期末库存的外购应税消费品的买价

外购已税消费品的买价是指购货发票上注明的销售额（不包括增值税税款）。需要说明的是，纳税人用外购已税珠宝玉石生产的改在零售环节征收消费税的金银首饰，在计税时一律不得扣除外购已税珠宝玉石已纳税款。

（5）纳税人销售的应税消费品，以人民币以外的货币结算销售额的，其销售额的人民币折合率可以选择销售额发生的当天或者当月 1 日的人民币汇率中间价。纳税人应在事先确定采用何种折合率，确定后 1 年内不得变更。

二、实行从量定额办法计算应纳税额

实行从量定额办法计算应纳税额，其基本计算公式为：

实行从量定额办法计算的应纳税额 = 销售数量 × 定额税率

其中，销售数量是指应税消费品的数量。具体为：
（1）销售应税消费品的，为应税消费品的销售数量；
（2）自产自用应税消费品的，为应税消费品的移送使用数量；
（3）委托加工应税消费品的，为纳税人收回的应税消费品数量；
（4）进口应税消费品的，为海关核定的应税消费品进口征税数量。

实行从量定额办法计算应纳税额的应税消费品，计量单位的换算标准如下：
（1）黄酒 1 吨 =962 升
（2）啤酒 1 吨 =988 升
（3）汽油 1 吨 =1 388 升
（4）柴油 1 吨 =1 176 升

（5）航空煤油 1 吨 =1 246 升

（6）石脑油 1 吨 =1 385 升

（7）溶剂油 1 吨 =1 282 升

（8）润滑油 1 吨 =1 126 升

（9）燃料油 1 吨 =1 015 升

三、从价定率与从量定额混合计算应纳税额

现行消费税的征税范围中，只有卷烟、白酒采用混合计算方法。其基本计算公式为：

实行复合计税办法计算的应纳税额 = 销售额 × 比例税率 + 销售数量 × 定额税率

四、计税依据的特殊规定

纳税人通过自设非独立核算门市部销售的自产应税消费品，应当按照门市部对外销售额或者销售数量征收消费税。

纳税人用于换取生产资料和消费资料、投资入股和抵偿债务等方面的应税消费品，应当以纳税人同类应税消费品的最高销售价格作为计税依据计算消费税。

五、纳税人自产自用的应税消费品的计税

纳税人生产的应税消费品，于纳税人销售时纳税。纳税人自产自用的应税消费品，用于连续生产应税消费品的，不纳税；用于其他方面的，于移送使用时纳税。纳税时按照纳税人生产的同类消费品的销售价格计算纳税；没有同类消费品销售价格的，按照组成计税价格计算纳税。

实行从价定率办法计算纳税的组成计税价格计算公式：

组成计税价格 =（成本 + 利润）÷（1 − 比例税率）

实行复合计税办法计算纳税的组成计税价格计算公式：

组成计税价格 =（成本 + 利润 + 自产自用数量 × 定额税率）÷（1 − 比例税率）

其中，“同类消费品的销售价格”是指纳税人或者代收代缴义务人当月销售的同类消费品的销售价格，如果当月同类消费品各期销售价格高低不同，应按销售数量加权平均计算。但销售的应税消费品有下列情况之一的，不得列入加权平均计算：①销售价格明显偏低并无正当理由的。②无销售价格的。

如果当月无销售或者当月未完结，应按照同类消费品上月或者最近月份的销售价格计算纳税。

上述公式中的“成本”是指应税消费品的产品生产成本。

上述公式中的“利润”是指根据应税消费品的全国平均成本利润率计算的利润。应税消费品全国平均成本利润率由国家税务总局确定。

1993 年 12 月 30 日与 2006 年 3 月，国家税务总局颁发的《消费税若干具体问题的规定》，确定应税消费品全国平均成本利润率是（含新增和调整后的应税消费品）：

表 3－2

消费品	全国平均成本利润率	消费品	全国平均成本利润率
甲类卷烟	10%	乙类卷烟	5%
雪茄烟	5%	烟　丝	5%
粮食白酒	10%	薯类白酒	5%
其他酒	5%	酒　精	5%
化妆品	5%	鞭炮、焰火	5%
贵重首饰及珠宝玉石	6%	汽车轮胎	5%
摩托车	6%	高尔夫球及球具	10%
高档手表	20%	游　艇	10%
木制一次性筷子	5%	实木地板	5%
乘用车	8%	中轻型商用客车	5%

六、委托加工应税消费品的计算

企业、单位或个人由于设备、技术、人力等方面的局限，常常要委托其他单位代为加工应税消费品，然后，将加工好的应税消费品收回或直接销售或自己使用。这是生产应税消费品的另一种形式，也需要纳入征收消费税的范围。例如，某乡镇企业将购来的小客车底盘和零部件提供给某汽车改装厂，加工组装成小客车供自己使用，则加工、组装成的小客车就需要缴纳消费税。按照条例规定，委托加工的应税消费品，由受托方向委托方交货时代收代缴税款。委托加工的应税消费品，委托方用于连续生产应税消费品的，所纳税款准予按规定抵扣。

值得注意的是，国家税务总局在 1994 年 5 月颁发的《关于消费税若干征税问题的通知》中，对委托个体工商户加工应税消费品纳税问题作了调整，由原定一律由受托方代收代缴税款，改为纳税人委托个体工商户加工应税消费品，一律于委托方收回后在委托方所在地缴纳消费税。

依条例规定，委托加工的应税消费品，按照受托方的同类消费品的销售价格计算纳税；没有同类消费品销售价格的，按照组成计税价格计算纳税。

实行从价定率办法计算纳税的组成计税价格计算公式：

$$组成计税价格=(材料成本+加工费)\div(1-比例税率)$$

实行复合计税办法计算纳税的组成计税价格计算公式：

$$组成计税价格=(材料成本+加工费+委托加工数量\times定额税率)\div(1-比例税率)$$

其中“同类消费品销售价格”，是指纳税人或者代收代缴义务人当月销售的同类消费品的销售价格，如果当月同类消费品各期销售价格高低不同，应按销售数量加权平均计算。但销售的应税消费品有下列情况之一的，不得列入加权平均计算：

（1）销售价格明显偏低并无正当理由的。

（2）无销售价格的。

如果当月无销售或者当月未完结，应按照同类消费品上月或者最近月份的销售价格计算纳税。

而公式中的“材料成本”是指委托方所提供加工材料的实际成本。

委托加工应税消费品的纳税人，必须在委托加工合同上如实注明（或者以其他方式提供）材料成本，凡未提供材料成本的，受托方主管税务机关有权核定其材料成本。

“加工费”是指受托方加工应税消费品向委托方所收取的全部费用（包括代垫辅助材料的实际成本）。

委托加工的应税消费品因为已由受托方代收代缴消费税，因此，委托方收回货物后用于连续生产应税消费品的，其已纳税款准予按照规定从连续生产的应税消费品应纳消费税额中抵扣。按照国家税务总局的规定，从1995年6月1日起，下列连续生产的应税消费品准予从应纳消费税额中按当期生产领用数量计算扣除委托加工收回的应税消费品已纳消费税税款：

①以委托加工收回的已税烟丝为原料生产的卷烟；

②以委托加工收回的已税化妆品为原料生产的化妆品；

③以委托加工收回的已税珠宝玉石为原料生产的贵重首饰及珠宝玉石；

④以委托加工收回的已税鞭炮、焰火为原料生产的鞭炮、焰火；

⑤以委托加工收回的已税汽车轮胎为原料生产的汽车轮胎；

⑥以委托加工收回的已税摩托车零配件生产的摩托车；

⑦以委托加工收回的已税杆头、杆身和握把为原料生产的高尔夫球杆；

⑧以委托加工收回的已税木制一次性筷子为原料生产的木制一次性筷子；

⑨以委托加工收回的已税实木地板为原料生产的实木地板；

⑩以委托加工收回的已税石脑油为原料生产的应税消费品；

⑪以委托加工收回的已税润滑油为原料生产的润滑油。

上述当期准予扣除委托加工收回的应税消费品已纳消费税税额的计算公式是：

当期准予扣除的委托加工应税消费品已纳税额＝
期初库存的委托加工应税消费品已纳税款＋当期收回的委托加工
应税消费品已纳税款－期末库存的委托加工应税消费品已纳税款

必须注意的是，纳税人用委托加工收回的已税珠宝玉石生产的改在零售环节征收消费税的金银首饰，在计税时一律不得扣除委托加工收回的珠宝玉石已纳消费税税款。

七、进口应税消费品的计算

纳税人进口应税消费品，按照组成计税价格和规定的税率计算应纳税额。实行从价定率办法计算纳税的组成计税价格计算公式：

组成计税价格 =（关税完税价格 + 关税）÷（1 − 消费税比例税率）

实行复合计税办法计算纳税的组成计税价格计算公式：

组成计税价格 =（关税完税价格 + 关税 + 进口数量 × 消费税定额税率）÷（1 − 消费税比例税率）

纳税人应税消费品的计税价格明显偏低并无正当理由的，由主管税务机关核定其计税价格。

公式中的“关税完税价格”，是指海关核定的关税计税价格。

八、消费税的计算举例

［例 1］某一般纳税企业从事白酒的生产，201 × 年 5 月，向消费者销售白酒 500 斤，销售额为 14 150 元，随同销售酒坛 265 元，单独计价核算。非独立核算门市部销售白酒 100 斤，共计 2 830 元，酒坛未随同销售，但本月收取押金 140 元，另委托代销白酒 265 斤，共计销售额 7 499.5 元，已取得代销清单。该企业白酒适用税率为 20% 加 0.5 元/500 克。则 201 × 年 5 月份该企业应纳税额计算如下：

应纳消费税额 = [（14 150 + 265 + 2 830 + 140）÷（1 + 17%）+ 7 499.5] × 20% + 865 × 0.5

= 4 904.2（元）

［例 2］某摩托车生产企业为增值税一般纳税人，6 月份将生产的某汽缸容量在 250 毫升以上的摩托车 30 辆，以每辆出厂价 12 000 元（不含增值税）给自设非独立核算的门市部；门市部又以每辆 16 380 元（含增值税）售给消费者。摩托车生产企业 6 月应缴纳消费税税额为：

（1）摩托车适用消费税税率 10%。

（2）应纳税额 = 销售额 × 税率 = 16 380 ÷（1 + 17%）× 30 × 10%

= 420 000 × 10% = 42 000（元）

［例 3］某石油化工厂 2 月份生产销售无铅汽油 65 000 吨，柴油 43 000 吨，计算该化工厂 2 月份应纳消费税。

（1）柴油应纳消费税额：

= 43 000 × 1 176 × 0.8

= 40 454 400（元）

（2）汽油应纳消费税额：

= 65 000 × 1 388 × 1

= 90 220 000（元）

（3）该化工厂 2 月份应纳消费税额：

= 40 454 400 + 90 220 000

= 130 674 400

= 13 067.44（万元）

第四节　消费税的会计处理

一、账户设置

为了反映和监督消费税的计算和征缴，会计核算上应设置“应交税费”一级科目，下设二级账“应交消费税”。“应交税费”账户是负债类账户，当企业计算应交消费税时，记入“应交税费——应交消费税”账户的贷方，当企业实际交纳时，记入“应交税费——应交消费税”账户的借方，期末贷方余额反映企业应交未交的消费税税额；期末如果出现借方余额则反映企业多交的消费税额。

二、会计处理规定

（1）企业生产的需要缴纳消费税的消费品，在销售时应当按照应缴消费税额：

借：营业税金及附加

　贷：应交税费——应交消费税

实际交纳消费税时：

借：应交税费——应交消费税

　贷：银行存款

发生销货退回及退税时作相反的会计分录。

企业出口应税消费品如按规定不予免税或退税的，应视同国内销售，按上述规定进行会计处理。

（2）企业以生产的应税消费品作为投资按规定应交消费税的：

借：长期股权投资

　贷：应交税费——应交消费税

企业以生产的应税消费品换取生产资料、消费资料或抵偿债务、支付代购手续费时，应视同销售进行会计处理，按规定应缴纳消费税。

企业将生产的应税消费品用于在建工程、非生产机构等其他方面的，按规定应缴纳的消费税：

借：固定资产（在建工程、营业外支出、销售费用）

　贷：应交税费——应交消费税

随同产品出售但单独计价的包装物，按规定应缴纳的消费税：

借：其他业务成本

　贷：应交税费——应交消费税

没收企业逾期未退回包装物的押金，按规定应缴纳的消费税：

借：其他业务成本

　贷：应交税费——应交消费税

而没收企业逾期未退回的包装物的加收押金，按规定应缴纳的消费税：

借：营业外支出

　贷：应交税费——应交消费税

企业实际缴纳消费税时：

借：应交税费——应交消费税

　贷：银行存款

（3）需要缴纳消费税的委托应税消费品于委托方提货时，受托方代扣代缴税款。受托方按应扣税款金额作分录：

借：应收账款（银行存款）等

　贷：应交税费——应交消费税

委托加工应税消费品收回后，直接用于销售的，委托方应将代扣代缴的消费税计入委托加工的应税消费品成本。

借：委托加工物资（生产成本、自制半成品等）

　贷：应付账款（银行存款）

委托加工的应税消费品收回后用于连续生产应税消费品规定准予抵扣的，委托方应按代扣代缴的消费税款作分录。

借：应交税费——应交消费税

　贷：应付账款（银行存款）等

（4）需要缴纳消费税的进口消费品，其缴纳的消费税应计入该项消费品的成本：

借：固定资产（在途物资、材料采购）

　贷：银行存款等

（5）免征消费税的出口应税消费品应区别不同情况进行会计处理：

一是征税企业直接出口应税消费品或通过外贸企业出口应税消费品，按规定直接予以免税的，可不计算应缴消费税额。

二是通过外贸企业出口应税消费品时，如按征纳管理规定实行先税后退办法的，按下列方法进行会计处理：

①委托外贸企业代理出口应税消费品的生产企业，应在计算消费税时，按应交消费税税额：

借：应收账款

　贷：应交税费——应交消费税

实际缴纳时：

借：应交税费——应交消费税

　贷：银行存款

应税消费品出口企业收到外贸企业退回的税金：

借：银行存款

　贷：应收账款

发生退关时，退货而补缴已退税时作相反会计分录。

代理出口应税消费品的外贸企业将应税消费品出口后税务部门退回生产企业缴纳的消费税：

借：银行存款

　贷：应付账款

将此项税金退还生产企业时：

借：应付账款

　贷：银行存款

发生退关时，退货而补缴已退税时：

借：应收账款——应收生产企业消费税

　贷：银行存款

收到生产企业退还的税款，作相反的会计分录。

②企业将应税消费品销售给外贸企业，由外贸企业自营出口的，其缴纳的消费税应按前述第（1）条的规定进行会计处理。

自营出口应税消费品的外贸企业应在应税消费品报关出口后申请出口退税时：

借：应收出口退税

　贷：主营业务成本或商品销售成本

实际收到出口应税消费品退回的税金，作会计分录：

借：银行存款

　贷：应收出口退税

发生退关或退货而补缴已退的消费税时，作相反的会计分录。

三、会计处理举例

1. 产品销售的会计处理

[例1] 某摩托车生产企业201×年12月份，销售10辆摩托车，每辆摩托车的销售价格1.5万元，货款尚未收到，摩托车每辆成本0.5万元。摩托车的增值税税率为17%、消费税税率为10%。根据这项业务，企业应作如下会计处理：

①应向购买方收取的增值税税额 $=15\,000\times10\times17\%=25\,500$（元）

②应交纳的消费税额 $=15\,000\times10\times10\%=15\,000$（元）

作分录：

借：应收账款	175 500	
贷：主营业务收入		150 000
应交税费——应交增值税（销项税额）		25 500
借：营业税金及附加	15 000	
贷：应交税费——应交消费税		15 000
借：主营业务成本	50 000	
贷：库存商品		50 000

2. 自产自用应税消费品的账务处理

[例2] 某企业为一般纳税人，以其生产的应纳消费税产品换取原材料，应纳消费税产品的售价为24万元，假设应换取的原材料价格、增值税额与应纳消费税产品的售价、增值税额相同，产品成本为15万元。该产品的增值税税率为17%，消费税税率为10%。

产品已经发出，材料已经到达，材料计划成本为 23 万元。根据企业会计制度，企业可作如下会计处理：

①应向购买者收取的增值税额 = 240 000 × 17% = 40 800（元）

②应交消费税额 = 240 000 × 10% = 24 000（元）

借：材料采购　174 000

　　应交税费——应交增值税（进项税额）　40 800

　贷：库存商品　150 000

　　　应交税费——应交增值税（销项税额）　40 800

　　　应交税费——应交消费税　24 000

若根据新企业会计准则，该企业应确认商品的“主营业务收入”，并结转销售成本。

［例 3］某企业 201 × 年 1 月将应税消费品用于对外投资，产品成本 750 万元，假设产品售价与计税价格均为 800 万元。该产品的增值税税率为 17%，消费税税率为 10%。企业应作如下会计处理：

应交增值税额 = 8 000 000 × 17% = 1 360 000（元）

应交消费税额 = 8 000 000 × 10% = 800 000（元）

借：长期股权投资　10 160 000

　贷：主营业务收入　8 000 000

　　　应交税费——应交增值税（销项税额）　1 360 000

　　　应交税费——应交消费税　800 000

借：主营业务成本　7 500 000

　贷：库存商品　7 500 000

3. *委托加工应税消费品的账务处理*

［例 4］某企业 1 月份委托乙企业加工汽车内胎 2 万条，发出材料的单位成本为 300 元，加工费为每个内胎 40 元。乙企业同类内胎的销售单价为 400 元。

（1）企业 2 月 16 日提回 1.2 万条轮胎投入应税消费品外胎生产，生产的外胎于 28 日全部出售，售价为 500 元。3 月 10 日交纳外胎消费税。轮胎的消费税税率为 10%，全部款项已通过银行结算完毕。

（2）企业 2 月 18 日提回 0.8 万个轮胎直接用于销售。

要求：计算企业委托加工内胎和生产销售外胎的消费税，并作出相应的会计分录（假设不考虑增值税）。

第一种情况，企业发出原材料委托加工，作分录：

借：委托加工材料　6 000 000

　贷：原材料　6 000 000

企业提回轮胎投入汽车生产支付加工费并支付消费税。

a. 企业应纳加工内胎的消费税 = 400 × 10% × 12 000 = 480 000（元）

b. 作分录：

借：委托加工物资　480 000

　　应交税费——应交消费税　480 000

　贷：银行存款　960 000

c. 收回内胎投入生产使用，作分录：

借：生产成本　　4 080 000

　贷：委托加工物质　　4 080 000

企业生产外胎进行出售，作分录：

借：银行存款　　6 000 000

　贷：主营业务收入　　6 000 000

应纳外胎消费税额 = 6 000 000 × 10% = 600 000（元）

作分录：

借：营业税金及附加　　600 000

　贷：应交税费——应交消费税　　600 000

3 月 14 日开出支票实际交纳外胎的消费税，由于汽车内胎是适用于连续生产应税消费品的，所以由受托方代扣代缴的汽车内胎税可以免税，原已交纳的税款在计算交纳外胎消费税时可予以扣减。

企业实际交纳的消费税额 = 600 000 - 480 000 = 120 000（元）

作分录：

借：应交税费——应交消费税　　120 000

　贷：银行存款　　120 000

第二种情况，企业 2 月 18 日提回 0.8 万个汽车外胎直接用于销售，因此，受托方代扣代缴的消费税额计入委托加工消费品成本。

0.8 万个汽车内胎应支付加工费 = 8 000 × 40 = 320 000（元）

0.8 万个汽车内胎应支付消费税 = 8 000 × 400 × 10% = 320 000（元）

作分录：

借：委托加工物资　　640 000

　贷：银行存款　　640 000

4. 进出口产品的账务处理

需要交纳消费税的进口消费品，其交纳的消费税应计入该进口消费品的成本，借记“固定资产”、“材料采购”等科目，贷记“银行存款”等科目。

免征消费税的出口应税消费品应如前述按不同情况分别进行账务处理。

[例 5] 某企业通过外贸企业出口一批产品，该产品的售价为 50 万元，消费税税率为 10%。产品出口后，收到外贸企业退回的消费税 5 万元并收到货款，存入银行。企业应作如下会计分录：

借：应收账款　　550 000

　贷：主营业务收入　　500 000

　　　应交税费——应交消费税　　50 000

借：银行存款　　550 000

　贷：应收账款　　550 000

四、消费税报表编制

为了在全国范围内统一、规范消费税纳税申报资料，加强消费税管理的基础工作，国家税务总局制定了“烟类应税消费品消费税纳税申报表”、“酒及酒精消费税纳税申报表”、“成品油消费税纳税申报表”、“小汽车消费税纳税申报表”、“其他应税消费品消费税纳税申报表”，自 2008 年 4 月份办理税款所属期为 3 月份的消费税纳税申报时启用。

（1）烟类应税消费品消费税纳税申报表（见表 3－3）。

（2）酒及酒精消费税纳税申报表（见表 3－4）。

（3）成品油消费税纳税申报表（见表 3－5）。

（4）小汽车消费税纳税申报表（见表 3－6）。

（5）其他应税消费品消费税纳税申报表（见表 3－7）。

表 3－3　烟类应税消费品消费税纳税申报表

税款所属期：　　年　月　日至　　年　月　日

纳税人名称（公章）：　　　　　　　　　　纳税人识别号：

填表日期：　　年　月　日　　单位：卷烟万支、雪茄烟支、烟丝千克　　金额单位：元（列至角分）

项目 / 应税消费品名称	适用税率		销售数量	销售额	应纳税额
	定额税率	比例税率			
卷　烟	30 元/万支	56%			
卷　烟	30 元/万支	36%			
雪茄烟	—	36%			
烟　丝	—	30%			
合　计	—	—	—	—	

<table>
<tr><td>本期减（免）税额：</td><td rowspan="3">声　明
此纳税申报表是根据国家税收法律的规定填报的，我相信它是真实的、可靠的、完整的。
经办人（签章）：
财务负责人（签章）：
联系电话：</td></tr>
<tr><td>本期准予扣除税额：</td></tr>
<tr><td>期初未缴税额：</td></tr>
<tr><td>本期缴纳前期应纳税额：</td><td rowspan="4">（如果你已委托代理人申报，请填写）
授权声明
为代理一切税务事宜，现授权＿＿＿＿＿＿＿（地址）＿＿＿＿＿＿为本纳税人的代理申报人，任何与本申报表有关的往来文件，都可寄予此人。
授权人签章：</td></tr>
<tr><td>本期预缴税额：</td></tr>
<tr><td>本期应补（退）税额：</td></tr>
<tr><td>期末未缴税额：</td></tr>
</table>

以下由税务机关填写：

受理人（签章）：　　　　受理日期：　　年　月　日　　　　受理税务机关（章）：

表 3－4　酒及酒精消费税纳税申报表

税款所属期：　　年　月　日至　　年　月　日

纳税人名称（公章）：　　　　　　　　纳税人识别号：

填表日期：　年　月　日　　　　　　　　　　　　　　　金额单位：元（列至角分）

项目 应税消费品名称	适用税率		销售数量	销售额	应纳税额
	定额税率	比例税率			
粮食白酒	0.5 元/斤	20%			
薯类白酒	0.5 元/斤	20%			
啤　酒	250 元/吨	—			
啤　酒	220 元/吨	—			
黄　酒	240 元/吨	—			
其他酒	—	10%			
酒　精	—	5%			
合　计	—	—	—	—	

<table>
<tr><td>本期准予扣除税额：</td><td rowspan="3">声　明
此纳税申报表是根据国家税收法律的规定填报的，我相信它是真实的、可靠的、完整的。
经办人（签章）：
财务负责人（签章）：
联系电话：</td></tr>
<tr><td>本期减（免）税额：</td></tr>
<tr><td>期初未缴税额：</td></tr>
<tr><td>本期缴纳前期应纳税额：</td><td rowspan="4">（如果你已委托代理人申报，请填写）
授权声明
为代理一切税务事宜，现授权＿＿＿＿＿（地址）＿＿＿＿＿为本纳税人的代理申报人，任何与本申报表有关的往来文件，都可寄予此人。
授权人签章：</td></tr>
<tr><td>本期预缴税额：</td></tr>
<tr><td>本期应补（退）税额：</td></tr>
<tr><td>期末未缴税额：</td></tr>
</table>

以下由税务机关填写：

受理人（签章）：　　　　受理日期：　　年　月　日　　　　受理税务机关（章）：

表 3－5　成品油消费税纳税申报表

税款所属期：　　年　月　日至　　年　月　日

纳税人名称（公章）：　　　　　　　　纳税人识别号：

填表日期：　年　月　日　　　　　　　　　　　　　　　金额单位：元（列至角分）

项目 应税消费品名称	适用税率（元/升）	销售数量	应纳税额
汽　油	1.4/1.0		
柴　油	0.8		
石脑油	1.0		

（续上表）

项目 / 应税消费品名称	适用税率（元/升）	销售数量	应纳税额
溶剂油	1.0		
润滑油	1.0		
燃料油	0.80		
航空煤油	0.80		
合　计	—	—	

<table>
<tr><td>本期准予扣除税额：</td><td rowspan="3">声　明
此纳税申报表是根据国家税收法律的规定填报的，我相信它是真实的、可靠的、完整的。
经办人（签章）：
财务负责人（签章）：
联系电话：</td></tr>
<tr><td>本期减（免）税额：</td></tr>
<tr><td>期初未缴税额：</td></tr>
<tr><td>本期缴纳前期应纳税额：</td><td rowspan="4">（如果你已委托代理人申报，请填写）
授权声明
为代理一切税务事宜，现授权＿＿＿＿＿＿（地址）＿＿＿＿＿为本纳税人的代理申报人，任何与本申报表有关的往来文件，都可寄予此人。
授权人签章：</td></tr>
<tr><td>本期预缴税额：</td></tr>
<tr><td>本期应补（退）税额：</td></tr>
<tr><td>期末未缴税额：</td></tr>
</table>

以下由税务机关填写：

受理人（签章）：　　　　受理日期：　　年　月　日　　　　受理税务机关（章）：

表 3－6　小汽车消费税纳税申报表

税款所属期：　　年　月　日至　　年　月　日

纳税人名称（公章）：　　　　纳税人识别号：

填表日期：　　年　月　日　　　　金额单位：元（列至角分）

项目 / 应税消费品名称		适用税率	销售数量	销售额	应纳税额
乘用车	气缸容量≤1.0 升	1%			
	1.0 升＜气缸容量≤1.5 升	3%			
	1.5 升＜气缸容量≤2.0 升	5%			
	2.0 升＜气缸容量≤2.5 升	9%			
	2.5 升＜气缸容量≤3.0 升	12%			
	3.0 升＜气缸容量≤4.0 升	25%			
	气缸容量＞4.0 升	40%			
中轻型商用客车		5%			
合　计		—	—	—	

（续上表）

<table>
<tr><td>本期准予扣除税额：</td><td rowspan="3">声　明
此纳税申报表是根据国家税收法律的规定填报的，我相信它是真实的、可靠的、完整的。
经办人（签章）：
财务负责人（签章）：
联系电话：</td></tr>
<tr><td>本期减（免）税额：</td></tr>
<tr><td>期初未缴税额：</td></tr>
<tr><td>本期缴纳前期应纳税额：</td><td rowspan="4">（如果你已委托代理人申报，请填写）
授权声明
为代理一切税务事宜，现授权__________（地址）__________为本纳税人的代理申报人，任何与本申报表有关的往来文件，都可寄予此人。
授权人签章：</td></tr>
<tr><td>本期预缴税额：</td></tr>
<tr><td>本期应补（退）税额：</td></tr>
<tr><td>期末未缴税额：</td></tr>
</table>

以下由税务机关填写：

受理人（签章）：　　　受理日期：　年　月　日　　　受理税务机关（章）：

表3-7　其他应税消费品消费税纳税申报表

税款所属期：　年　月　日至　年　月　日

纳税人名称（公章）：　　　纳税人识别号：

填表日期：　年　月　日　　　金额单位：元（列至角分）

<table>
<tr><td>项　目
应税消费品名称</td><td>适用税率</td><td>销售数量</td><td>销售额</td><td>应纳税额</td></tr>
<tr><td></td><td></td><td></td><td></td><td></td></tr>
<tr><td></td><td></td><td></td><td></td><td></td></tr>
<tr><td></td><td></td><td></td><td></td><td></td></tr>
<tr><td>合　计</td><td>—</td><td>—</td><td></td><td></td></tr>
<tr><td colspan="3">本期准予扣除税额：</td><td colspan="2" rowspan="3">声　明
此纳税申报表是根据国家税收法律的规定填报的，我相信它是真实的、可靠的、完整的。
经办人（签章）：
财务负责人（签章）：
联系电话：</td></tr>
<tr><td colspan="3">本期减（免）税额：</td></tr>
<tr><td colspan="3">期初未缴税额：</td></tr>
</table>

（续上表）

<table>
<tr><td>本期缴纳前期应纳税额：</td><td rowspan="4">（如果你已委托代理人申报，请填写）
授权声明
为代理一切税务事宜，现授权____
_____（地址）__________为本纳税人的代理申报人，任何与本申报表有关的往来文件，都可寄予此人。
授权人签章：</td></tr>
<tr><td>本期预缴税额：</td></tr>
<tr><td>本期应补（退）税额：</td></tr>
<tr><td>期末未缴税额：</td></tr>
</table>

以下由税务机关填写：

受理人（签章）：　　　　受理日期：　　年　月　日　　　　受理税务机关（章）：

【案例分析】

某轮胎厂为增值税一般纳税人，生产各种汽车轮胎，该企业以外购橡胶、钢材等原材料自制外胎，与委托加工的内胎组装成各种汽车轮胎。该厂 2013 年 3 月份增值税、消费税的纳税资料情况如下：

卡车轮胎不含税售价 400 元/个，小轿车轮胎不含税最高售价 350 元/个；轮胎的消费税税率为 10%；根据产品成本有关资料得知，各种轮胎成本中的外购货物和劳务的采购成本约占 60%，外购货物和劳务的增值税税率为 17%。3 月份企业已按产品销售收入计算了消费税，并按抵减全部委托加工代扣代缴消费税后的余额交纳了消费税。3 月末“应交税费——应交增值税”账户无余额。3 月份有关账务处理如下：

（1）3 月 4 日，委托橡胶制品厂加工卡车用内胎，发出橡胶 2 吨，价值 36 000 元。账务处理为：

借：委托加工物资——内胎　　36 000

　贷：原材料——橡胶　　36 000

（2）3 月 14 日，以银行存款支付委托加工费，取得的增值税专用发票上注明加工费 22 500元，税额 3 825 元，同时支付受托方代收代缴的消费税 6 500 元，共收到委托加工内胎 1 000 个，其中 500 个收回后，直接被生产领用，连续生产卡车轮胎；另外 500 个以含税价 80 元/个直接销售给某农机厂。企业账务处理为：

①支付加工费、增值税时：

借：委托加工物资　　22 500

　　应交税费——应交增值税（进项税额）　　3 825

　贷：银行存款　　26 325

②支付消费税时：

借：应交税费——应交消费税　　6 500

　贷：银行存款　　6 500

③生产领用时：

借：生产成本——卡车轮胎　　29 250

　贷：委托加工物资　　29 250

④让售委托加工物资时：

借：银行存款　40 000

　贷：其他业务收入　40 000

借：其他业务成本　29 250

　贷：委托加工物资　29 250

（3）3 月 18 日，销售卡车轮胎一批，账务处理为：

借：银行存款　236 000

　贷：主营业务收入　200 000

　　应交税费——应交增值税（销项税额）　34 000

　　其他业务收入——代垫运费、装卸费　2 000

借：销售费用　2 000

　贷：银行存款　2 000

后附有增值税专用发票一张，注明价款 200 000 元，税额 34 000 元；普通发票一张，注明收取代垫运输、装卸费，金额 2 000 元，其中运费 1 800 元，装卸费 200 元，承运部门开具给轮胎厂的运费结算一张，注明运费 1 800 元，装卸费 200 元。

（4）3 月 20 日，本厂在建工程领用卡车轮胎 8 个，账面成本价 245 元/个，账务处理为：

借：在建工程　1 960

　贷：库存商品——卡车轮胎　1 960

（5）3 月 25 日，以库存小轿车轮胎 100 个抵顶租用出租汽车公司房屋租金 40 950 元，小轿车轮胎账面成本价为 230 元/个。账务处理为：

借：管理费用——租赁费　40 950

　贷：库存商品——小轿车轮胎　40 950

（6）3 月 30 日，库存商品库月末盘点，发现短缺卡车轮胎 10 个，账面价格共计 2 450 元，企业账务处理为：

借：待处理财产损溢　2 450

　贷：库存商品——卡车轮胎　2 450

要求：指出上述业务存在的问题并作出当期调整税收的账务处理。

案例分析如下：

（1）3 月 14 日，将委托加工材料物资用于对外销售的，其代收代缴消费税抵减了消费税且让售收入少计了增值税销项税额。

调账：

借：其他业务成本　3 250

　贷：应交税费——应交消费税　3 250

让售委托加工材料少计增值税 =40 000/（1 +17%）×17% =5 811. 97（元）

调账：

借：其他业务收入　5 811. 97

　贷：应交税费——应交增值税（销项税额）　5 811. 97

(2) 3 月 18 日，销售轮胎价外收取的运杂费，未并入应税销售额计征增值税和消费税，且为销售应税货物发生的运费少计进项税额。

应调增增值税 = 2 000/(1 + 17%) × 17% = 290.60（元）

应调增消费税 = 200 000 × 10% + 2 000/(1 + 17%) × 10% = 20 170.94（元）

借：其他业务收入　　2 000

　贷：主营业务收入　　1 709.4

　　　应交税费——应交增值税（销项税额）　　290.6

借：营业税金及附加　　20 170.94

　贷：应交税费——应交消费税　　20 170.94

销售轮胎发生的运费应计提进项税，少计进项税额 = 1 800 × 7% = 126（元）

借：应交税费——应交增值税（进项税额）　　126

　贷：销售费用　　126

(3) 3 月 20 日在建工程领用自制产品未视同销售，少计征增值税、消费税。

应调增增值税 = 8 × 400 × 17% = 544（元）

应调增消费税 = 8 × 400 × 10% = 320（元）

借：在建工程　　864

　贷：应交税费——应交增值税（销项税额）　　544

　　　应交税费——应交消费税　　320

(4) 3 月 25 日，以产品抵顶租金未作收入少计增值税、消费税。

应调增增值税 = 40 950/(1 + 17%) × 17% = 5 950（元）

应调增消费税 = 40 950/(1 + 17%) × 10% = 3 500（元）

借：库存商品　　9 450

　贷：应交税费——应交增值税（销项税额）　　5 950

　　　应交税费——应交消费税　　3 500

(5) 3 月 30 日，库存商品盘亏未按规定转出应负担的增值税、消费税。

应调增增值税 = 2 450 × 60% × 17% = 249.9 元

借：待处理财产损溢　　249.9

　贷：应交税费——应交增值税（进项税额转出）　　249.9

总结：(1) ~ (5)项在本月共应补交增值税 = 5 811.97 + 290.6 − 126 + 544 + 5 950 + 249.9 = 12 720.47（元）

共应补交消费税 = 3 250 + 20 170.94 + 320 + 3 500 = 27 240.94（元）

【本章小结】

消费税是对特定的消费品或消费行为征收的一种税。它具有以下基本特点：①选择一部分消费品和消费行为征收；②只在消费品生产、流通和消费的某一环节征收，而不是在所有环节征收；③根据不同消费品的种类、档次、结构功能或消费品中某一成分的含量，以及市场供求状况、消费水平等情况，制定高低不同的税率、税额；④在征收方法上具有灵活性；⑤税负具有转嫁性。消费税无论在哪个环节征收，消费品中所包含的消费税额都最终要转嫁到消费者身上，由消费者负担。

消费税的确认、计量主要依照2009年实施的《消费税暂行条例》和《消费税暂行条例实施细则》中的规定。

消费税会计核算与报告的系统有别于增值税会计，它属于价内税。

通过消费税会计的学习，能使你认识到消费税会计在税务管理领域的重要性。

【关键术语和概念】

消费税特点　消费税确认　消费税计量　消费税会计特点

第四章　营业税会计

【学习要点】

◆ 营业税的基本原理
◆ 营业税的确认要求
◆ 营业税的计量特点
◆ 营业税的会计处理
◆ 营业税会计的应用

第一节　营业税概述

营业税是对在我国境内提供应税劳务，转让无形资产或者销售不动产的单位和个人，就其取得营业收入征收的一种税。

营业税这个税种早在 1950 年就已经作为工商业税的一个组成部分进行征收。它具有以下特点：

（1）征收范围广、税源大。

（2）按流通环节征税多次征收，以促进流通。

（3）按行业实行差别比例税率，计算征收较为简便。

第二节　营业税的确认

依照 2009 年实施的《营业税暂行条例》和《营业税暂行条例实施细则》的规定，营业税包括以下的基本要素。

一、营业税的纳税人

1. 一般性规定

按照《营业税暂行条例》的规定，在中华人民共和国境内提供应税劳务、转让无形资产或者销售不动产的单位和个人，为营业税的纳税义务人。

在中华人民共和国境内指实际税收行政管理区域。具体情况为：

(1) 提供或者接受条例规定劳务的单位或者个人在境内。

(2) 所转让的无形资产（不含土地使用权）的接受单位或者个人在境内。

(3) 所转让或者出租土地使用权的土地在境内。

(4) 所销售或者出租的不动产在境内。

应税劳务是指属于交通运输业、建筑业、金融保险业、邮电通信业、文化体育业、娱乐业、服务业税目征收范围的劳务（以下称“应税劳务”）。

加工、修理修配不属于条例规定的劳务（以下称“非应税劳务”）。

提供条例规定的劳务、转让无形资产或者销售不动产，是指有偿提供条例规定的劳务、有偿转让无形资产或者有偿转让不动产所有权的行为（以下称“应税行为”）。但单位或者个体工商户聘用的员工为本单位或者雇主提供条例规定的劳务不包括在内。而有偿则包括取得货币、货物或者其他经济利益。

单位是指企业、行政单位、事业单位、军事单位和社会团体等。个人是指个体工商户以及其他有经营行为的个人。

值得注意的是，单位以承包、承租、挂靠方式经营的，承包人、承租人、挂靠人（以下统称承包人）发生应税行为，承包人以发包人、出租人、被挂靠人（以下统称发包人）名义对外经营并由发包人承担相关法律责任的，以发包人为纳税人；否则以承包人为纳税人。

中央铁路运营业务的纳税人为铁道部，合资铁路运营业务的纳税人为合资铁路公司，地方铁路运营业务的纳税人为地方铁路管理机构，基建临管线运营业务的纳税人为基建临管线管理机构。

单位以承包、承租、挂靠方式经营的，承包人、承租人、挂靠人（以下统称承包人）发生应税行为，承包人以发包人、出租人、被挂靠人（以下统称发包人）名义对外经营并由发包人承担相关法律责任的，以发包人为纳税人；否则以承包人为纳税人。

建筑安装业务实行分包或转包的，分包或转包者为纳税人。

2. 扣缴义务人

营业税的扣缴义务人是：

(1) 境外单位或者个人在境内发生应税行为而在境内未设有机构的，其应纳税款以代理人为扣缴义务人。没有代理人的，以受让人或者购买者为扣缴义务人。

(2) 单位或个人举行演出，由他人售票的，其应纳税款以售票人为扣缴义务人。

(3) 财政部规定的其他扣缴义务人。

二、营业税的征收范围

1. 交通运输业

交通运输业包括陆路运输、水路运输、航空运输、管道运输和装卸搬运五大类。

2. 建筑业

建筑业是指建筑安装工程作业等，包括建筑、安装、修缮、装饰和其他工程作业五项内容。

3．金融保险业

金融保险业是指经营金融、保险的业务活动。金融是指经营货币资金融通活动的业务，包括贷款、融资租赁、金融商品转让、金融经纪业和其他金融业务。保险是指将通过契约形式集中起来的资金，用以补偿被保险人的经济利益的活动。

4．邮电通信业

邮电通信业是指专门办理信息传递的业务，包括邮政、电信。

5．文化体育业

文化体育业是指经营文化、体育活动的业务。

6．娱乐业

娱乐活动的业务，包括文化业和娱乐业，是指为娱乐活动提供场所的服务业务，包括经营歌厅、舞厅、音乐茶座、卡拉OK歌舞厅、台球、高尔夫球、保龄球场、游艺场等娱乐场所，以及娱乐场所为顾客进行娱乐活动提供服务的业务。娱乐场所为顾客提供的饮食服务及其他各种服务也按照娱乐业征税。

7．服务业

服务业是指利用设备、工具、场所、信息或技能为社会提供服务的业务，包括代理业、旅店业、饮食业、旅游业、仓储业、租赁业、广告业和其他服务业。

8．转让无形资产

转让无形资产是指转让无形资产的所有权或使用权的行为，包括转让土地使用权、转让专利权、转让商标权、转让非专利技术、转让著作权和转让商誉。以无形资产投资入股，参与接受投资方的利润分配、共同承担投资风险的行为，在投资过程和投资后转让不征收营业税。

9．销售不动产

销售不动产是指有偿转让不动产所有权的行为，包括销售建筑物或构筑物和销售其他土地附着物。

三、营业税的税目、税率

营业税共设置九个税目，分别是：交通运输业、建筑业、金融保险业、邮电通信业、文化体育业、娱乐业、服务业、转让无形资产、销售不动产。

税率上共设计了三档比例税率。其中：交通运输业、建筑业、邮电通信业、文化体育业为3%；服务业、转让无形资产、销售不动产、金融保险业为5%；另对娱乐业设计一档5%～20%的弹性比例税率。

表4-1 营业税税目税率表

税 目	税 率	税 目	税 率
一、交通运输业	3%	六、娱乐业	5%~20%
二、建筑业	3%	七、服务业	5%
三、金融保险业	5%	八、转让无形资产	5%
四、邮电通信业	3%	九、销售不动产	5%
五、文化体育业	3%		

注：从2001年5月1日起，对夜总会、歌厅、舞厅、射击、狩猎、跑马、游戏、高尔夫球、游艺、电子游戏厅等娱乐行为一律按20%的税率征收营业税。

从2004年7月1日起，保龄球、台球减按5%的税率征收营业税，税目仍属于“娱乐业”。

四、营业税的减免税规定

根据《营业税暂行条例》和国家政策性文件的规定，下列项目免征营业税：

（1）托儿所、幼儿园、养老院、残疾人福利机构提供的育养服务、婚姻介绍、殡葬服务；

（2）残疾人员个人提供的劳务；

（3）医院、诊所和其他医疗机构提供的医疗服务；

（4）学校和其他教育机构提供的教育劳务，学生勤工俭学提供的劳务；

（5）农业机耕、排灌、病虫害防治、植物保护、农牧保险以及相关技术培训业务，家禽、牲畜、水生动物的配种和疾病防治；

（6）纪念馆、博物馆、文化馆、文物保护单位管理机构、美术馆、展览馆、书画院、图书馆举办文化活动的门票收入，宗教场所举办文化、宗教活动的门票收入；

（7）境内保险机构为出口货物提供的保险产品。

除前款规定外，营业税的免税、减税项目由国务院规定。任何地区、部门均不得规定免税、减税项目。

其中条例规定的部分免税项目的范围，限定如下：

（1）第一款第（二）项所称残疾人员个人提供的劳务，是指残疾人员本人为社会提供的劳务。

（2）第一款第（四）项所称学校和其他教育机构，是指普通学校以及经地、市级以上人民政府或者同级政府的教育行政部门批准成立、国家承认其学员学历的各类学校。

（3）第一款第（五）项所称农业机耕，是指在农业、林业、牧业中使用农业机械进行耕作（包括耕耘、种植、收割、脱粒、植物保护等）的业务；排灌，是指对农田进行灌溉或排涝的业务；病虫害防治，是指从事农业、林业、牧业、渔业的病虫害测报和防治的业务；农牧保险，是指为种植业、养殖业、牧业种植和饲养的动植物提供保险的业务；相关技术培训业务，是指与农业机耕、排灌、病虫害防治、植物保护业务相关以及为使农民获得农牧保险知识的技术培训业务；家禽、牲畜、水生动物的配种和疾病防治业务的免税范围，包括与该项劳务有关的提供药品和医疗用具的业务。

（4）第一款第（六）项所称纪念馆、博物馆、文化馆、文物保护单位管理机构、美术馆、展览馆、书画院、图书馆举办文化活动，是指这些单位在自己的场所举办的属于文化体育业税目征税范围的文化活动。其门票收入，是指销售第一道门票的收入。宗教场所举办文化、宗教活动的门票收入，是指寺院、宫观、清真寺和教堂举办文化、宗教活动销售门票的收入。

（5）第一款第（七）项所称为出口货物提供的保险产品，包括出口货物保险和出口信用保险。

根据条例第十条规定，纳税人营业额未达到国务院财政、税务主管部门规定的营业税起征点的，免征营业税；达到起征点的，依照本条例规定全额计算缴纳营业税。所称营业税起征点，是指纳税人营业额合计达到起征点。

营业税起征点的适用范围限于个人。

营业税起征点的幅度规定如下：

（1）按期纳税的，为月营业额5 000～10 000元；

（2）按次纳税的，为每次（日）营业额300～500元。

省、自治区、直辖市财政厅（局）、税务局应当在规定的幅度内，根据实际情况确定本地区适用的起征点，并报财政部、国家税务总局备案。

五、营业税的纳税义务发生时间

营业税纳税义务发生时间为纳税人提供应税劳务、转让无形资产或者销售不动产并收讫营业收入款项或者取得索取营业收入款项凭据的当天。国务院财政、税务主管部门另有规定的，从其规定。

其中，收讫营业收入款项，是指纳税人应税行为发生过程中或者完成后收取的款项。而取得索取营业收入款项凭据的当天，为书面合同确定的付款日期的当天；未签订书面合同或者书面合同未确定付款日期的，为应税行为完成的当天。

纳税人转让土地使用权或者销售不动产，采取预收款方式的，其纳税义务发生时间为收到预收款的当天。

纳税人提供建筑业或者租赁业劳务，采取预收款方式的，其纳税义务发生时间为收到预收款的当天。

将不动产或者土地使用权无偿赠送其他单位或者个人的，其纳税义务发生时间为不动产所有权、土地使用权转移的当天。

发生自建行为的，其纳税义务发生时间为销售自建建筑物的纳税义务发生时间。

营业税扣缴义务发生时间为纳税人营业税纳税义务发生的当天。

所在地或者居住地的主管税务机关申报缴纳其扣缴的税款。

六、营业税的纳税期限

营业税的纳税期限分别为5日、10日、15日、1个月或者1个季度。纳税人的具体纳税期限，由主管税务机关根据纳税人应纳税额的大小分别核定；不能按照固定期限纳税的，可以按次纳税。

纳税人以1个月或者1个季度为一个纳税期的，自期满之日起15日内申报纳税；以5日、10日或者15日为一个纳税期的，自期满之日起5日内预缴税款，于次月1日起15日内申报纳税并结清上月应纳税款。

银行、财务公司、信托投资公司、信用社、外国企业常驻代表机构的纳税期限为1个季度。扣缴义务人解缴税款的期限，依照前两款的规定执行。

第三节　营业税的计量

一、营业税的计算

纳税人提供应税劳务、转让无形资产或者销售不动产，按照营业额和规定的税率计算应纳税额。应纳税额计算公式：

应纳税额＝营业额×税率

纳税人的营业额计算缴纳营业税后因发生退款减除营业额的，应当退还已缴纳营业税税款或者从纳税人以后的应缴纳营业税税额中减除。

纳税人发生应税行为，如果将价款与折扣额在同一张发票上注明的，以折扣后的价款为营业额；如果将折扣额另开发票的，不论其在财务上如何处理，均不得从营业额中扣除。

作为计税依据的基本营业额有如下规定：纳税人的营业额为纳税人提供应税劳务、转让无形资产或者销售不动产收取的全部价款和价外费用。其中价外费用，包括收取的手续费、补贴、基金、集资费、返还利润、奖励费、违约金、滞纳金、延期付款利息、赔偿金、代收款项、代垫款项、罚息及其他各种性质的价外收费，但不包括同时符合以下条件代为收取的政府性基金或者行政事业性收费：①由国务院或者财政部批准设立的政府性基金，由国务院或者省级人民政府及其财政、价格主管部门批准设立的行政事业性收费；②收取时开具省级以上财政部门印制的财政票据；③所收款项全额上缴财政。

1．具体营业额的确定

（1）纳税人将承揽的运输业务分给其他单位或者个人的，以其取得的全部价款和价外费用扣除其支付给其他单位或者个人的运输费用后的余额为营业额。

（2）纳税人从事旅游业务的，以其取得的全部价款和价外费用扣除替旅游者支付给其他单位或者个人的住宿费、餐费、交通费、旅游景点门票和支付给其他接团旅游企业的旅游费后的余额为营业额。

（3）纳税人将建筑工程分包给其他单位的，以其取得的全部价款和价外费用扣除其支付给其他单位的分包款后的余额为营业额。其中，纳税人提供建筑业劳务（不含装饰劳务）的，其营业额应当包括工程所用原材料、设备及其他物资和动力价款在内，但不包括建设方提供的设备的价款。

（4）外汇、有价证券、期货等金融商品买卖业务，以卖出价减去买入价后的余额为营业额。其中，外汇、有价证券、期货等金融商品买卖业务，是指纳税人从事的外汇、有价证券、非货物期货和其他金融商品买卖业务。货物期货不缴纳营业税。

（5）娱乐业的营业额为经营娱乐业收取的全部价款和价外费用，包括门票收费、台位费、点歌费、烟酒、饮料、茶水、鲜花、小吃等收费及经营娱乐业的其他各项收费。

（6）国务院财政、税务主管部门规定的其他情形。

值得注意的是，上述的规定扣除有关项目，取得的凭证不符合法律、行政法规或者国务院税务主管部门有关规定的，该项目金额不得扣除。其中符合国务院税务主管部门有关规定的凭证（以下统称合法有效凭证），是指：

①支付给境内单位或者个人的款项，且该单位或者个人发生的行为属于营业税或者增值税征收范围的，以该单位或者个人开具的发票为合法有效凭证。

②支付的行政事业性收费或者政府性基金，以开具的财政票据为合法有效凭证。

③支付给境外单位或者个人的款项，以该单位或者个人的签收单据为合法有效凭证，税务机关对签收单据有异议的，可以要求其提供境外公证机构的确认证明。

④国家税务总局规定的其他合法有效凭证。

2．视同发生应税行为

纳税人有下列情形之一的，视同发生应税行为：

（1）单位或者个人将不动产或者土地使用权无偿赠送其他单位或者个人；

（2）单位或者个人自己新建（以下简称自建）建筑物后销售，其所发生的自建行为；

（3）财政部、国家税务总局规定的其他情形。

3．混合销售行为和兼营行为

（1）一项销售行为如果既涉及应税劳务又涉及货物，为混合销售行为。一般来说，从事货物的生产、批发或者零售的企业、企业性单位和个体工商户的混合销售行为，视为销售货物，不缴纳营业税；其他单位和个人的混合销售行为，视为提供应税劳务，缴纳营业税。

纳税人的下列混合销售行为，应当分别核算应税劳务的营业额和货物的销售额，其应税劳务的营业额缴纳营业税，货物销售额不缴纳营业税；未分别核算的，由主管税务机关核定其应税劳务的营业额：

①提供建筑业劳务的同时销售自产货物的行为；

②财政部、国家税务总局规定的其他情形。

（2）纳税人兼有不同税目的应当缴纳营业税的劳务（以下简称应税劳务）、转让无形资产或者销售不动产，应当分别核算不同税目的营业额、转让额、销售额（以下统称营业额）；未分别核算营业额的，从高适用税率。

（3）纳税人兼营应税行为和货物或者非应税劳务的，应当分别核算应税行为的营业额和货物或者非应税劳务的销售额，其应税行为营业额缴纳营业税，货物或者非应税劳务销售额不缴纳营业税；未分别核算的，由主管税务机关核定其应税行为营业额。

（4）纳税人兼营免税、减税项目的，应当分别核算免税、减税项目的营业额；未分别核算营业额的，不得免税、减税。

4．核对营业额的顺序

纳税人提供应税劳务、转让无形资产或者销售不动产的价格明显偏低且无正当理由的或发生视同应税行为而无营业额的，由主管税务机关按照下列顺序核定其营业额。

（1）按纳税人最近时期发生同类应税行为的平均价格核定；

（2）按其他纳税人最近时期发生同类应税行为的平均价格核定；

（3）按下列公式核定：

$$营业额=营业成本或者工程成本\times(1+成本利润率)\div(1-营业税税率)$$

公式中的成本利润率，由省、自治区、直辖市税务局确定。

5．外汇结算营业额的确定

营业额以人民币计算。纳税人以人民币以外的货币结算营业额的，应当折合成人民币计算。折合率可以选择营业额发生的当天或者当月1日的人民币汇率中间价。纳税人应当事先确定采用何种折合率，确定后1年内不得变更。

二、营业税的计算举例

［例1］某运输公司某月运营收入为500万元，联运支出100万元，计算该公司应纳税额。

应纳税额=（营业额-联运业务支出）×适用税率

=（500-100）×3%=12（万元）

［例2］某卡拉OK歌舞厅月营业收入为60万元，台位费收入30万元，相关的烟酒和饮料费收入20万元，鲜花和小吃收入10万元，适用的税率为20%。请计算该歌舞厅应缴纳的营业税税额。

应纳税额=营业额×适用税率=（60+30+20+10）×20%=24（万元）

第四节　营业税的会计处理及纳税申报

一、账户设置

为了反映和监督营业税的计算及实际缴纳情况，会计核算上设置“应交税费——应交营业税”科目核算。企业按规定计算应交未交营业税时，记入该账户的贷方；实际交纳时，记入该账户的借方，余额在借方反映企业计算多交的营业税额。

二、会计处理规定

（1）企业按其营业额和规定的税率，计算应缴纳的营业税，借记“营业税金及附加”（金融保险业、旅游饮食服务业、邮电通信业、民用航空业、农业企业）、“经营税金及附加”（房地产开发企业）、“营运税金及附加”（交通运输业）、“运输税金及附加”（铁路运输企业）、“工程结算税金及附加”（施工企业）、“营业成本”（外经企业）等科目，贷记“应交税费——应交营业税”科目；上交营业税时，借记“应交税费——应交营业税”科目，贷记“银行存款”等科目。

（2）企业销售不动产，按销售额计算的营业税额计入固定资产清理科目，借记“固定资产清理”科目，贷记“应交税费——应交营业税”科目［房地产开发企业经营房屋不动产所缴纳营业税的核算按规定第（1）条进行会计处理］；缴纳营业税时，借记“应交税费——应交营业税”科目，贷记“银行存款”科目。

（3）企业转让无形资产使用权，按收取的价款计算的营业税记入其他业务成本等科目，借记“其他业务成本”（金融保险业）、“营业成本”（外经企业）等科目，贷记“应交税费——应交营业税”科目；缴纳营业税时，借记“应交税费——应交营业税”，贷记“银行存款”。若企业转让无形资产所有权，则按照收取的价款与无形资产净值之间的差额，记入“营业外收入”或“营业外支出”。

三、营业税的账务处理

［例1］某企业承运一批货物从武汉至广州，全程运费收入为26万元，另代收公路建设基金1.5万元，计算企业的营业税并作出相应的会计分录（营业税税率为3%）。

（1）计算企业应纳营业税额：

应纳税额 = 营业额 × 税率 = (260 000 + 15 000) × 3% = 8 250（元）

（2）根据计算结果作出会计分录：

借：营运税金及附加　　　　8 250

　　贷：应交税费——应交营业税　　　　8 250

（3）开出转账支票，实际交纳时：

借：应交税费——应交营业税　　　　8 250

　　贷：银行存款　　　　8 250

［例2］某铁路运输公司承运一批货物从内蒙古到新加坡，收取全程运费20万美元，到香港后改由A企业从海洋运输，公司付给A企业运费9万美元（汇率1∶6.48）。要求计算公司应纳营业税额，并作出相应的会计处理（营业税税率为3%）。

（1）计算公司应纳营业税额：

营业额 = 20 − 9 = 11（万美元）

折合人民币 = 110 000 × 6.48 = 712 800（元）

应纳税额 = 712 800 × 3% = 21 384（元）

（2）公司实现收入时，作如下会计分录：

借：银行存款　　1 296 000

　贷：运输收入　　712 800

　　　其他应付款　　583 200

（3）计算公司应交营业税，作分录：

借：运输税金及附加　　21 384

　贷：应交税费——应交营业税　　21 384

［例3］某工业企业对外提供运输劳务，收入35万元，营业税税率3%。用银行存款上交营业税1万元。作出会计分录。

应交营业税 = 35 × 3% = 1.05（万元）

借：其他业务成本　　10 500

　贷：应交税费——应交营业税　　10 500

借：应交税费——应交营业税　　10 000

　贷：银行存款　　10 000

［例4］中国建筑工程公司2012年3月承包某高速公路工程，其中两处加油站工程分包给大成建设有限公司，12月15日完工，结算工程价款，总收入为4亿元，两处加油站工程价款为800万元。计算中国建筑工程公司应交纳的营业税金（营业税税率3%）。

（1）公司收到承包款项时，作分录：

借：银行存款　　400 000 000

　贷：工程结算收入　　392 000 000

　　　应付账款——应付分包款项　　8 000 000

（2）应交营业税：

应交营业税 = 39 200 × 3% = 1 176（万元）

作分录：

借：工程结算税金及附加　　11 760 000

　　贷：应交税费——应交营业税　　11 760 000

（3）开出转账支票实际交纳时，作分录：

借：应交税费——应交营业税　　11 760 000

　贷：银行存款　　11 760 000

［例5］某企业出售一处建筑物，原价500万元，已使用2年，已提折旧80万元，清理该建筑物费用2万元，出售价格460万元，营业税税率5%。

（1）企业销售建筑物，结转净值，作分录：

借：固定资产清理　　4 200 000

　　累计折旧　　800 000

　贷：固定资产　　5 000 000

（2）收到销售收入，作分录：

借：银行存款　　4 600 000

　贷：固定资产清理　　4 600 000

（3）发生清理费用，作分录：

借：固定资产清理　　20 000

　贷：银行存款　　20 000

（4）计算营业税金：

应纳税额 = 460 × 5% = 23（万元）

作分录：

借：固定资产清理　　230 000

　贷：应交税费——应交营业税　　230 000

（5）交纳时，作分录：

借：应交税费——应交营业税　　230 000

　贷：银行存款　　230 000

（6）结转销售不动产的净收益，作分录：

借：固定资产清理　　150 000

　贷：营业外收入　　150 000

[例6] 某企业将一专利出售，该专利原是企业以50万元购进，准备自己企业使用的，现有一公司愿意以60万元购买，企业经研究后出售，本专利该企业尚未开始摊销，转让无形资产的税率5%，计算该企业应交营业税并作出相应会计分录。

（1）出售无形资产，作分录：

借：银行存款　　600 000

　贷：无形资产　　500 000

　　应交税费——应交营业税　　30 000

　　营业外收入　　70 000

（2）开出转账支票实际交纳时，作分录：

借：应交税费——应交营业税　　30 000

　贷：银行存款　　30 000

四、营业税纳税申报

纳税人应按《营业税暂行条例》有关规定及时办理纳税申报，并如实填写营业税纳税申报表（见表4-2）。

表4－2　营业税纳税申报表

填表日期：　　年　月　日

纳税人识别号：□□□□□□□□□□□□□□□　　　　　　金额单位：元（列至角分）

<table>
<tr><td colspan="2">纳税人名称</td><td colspan="6"></td><td colspan="2">税款所属时期</td><td colspan="2"></td></tr>
<tr><td rowspan="2">税目</td><td rowspan="2">经营项目</td><td colspan="5">营业额</td><td rowspan="2">税率</td><td colspan="4">本期</td></tr>
<tr><td>全部收入</td><td>不征税项目</td><td>减除项目</td><td>减免税项目</td><td>应税营业额</td><td>应纳税额</td><td>减免税额</td><td>已纳税额</td><td>应补（退）税额</td></tr>
<tr><td>1</td><td>2</td><td>3</td><td>4</td><td>5</td><td>6</td><td>7＝3－4－5－6</td><td>8</td><td>9＝7×8</td><td>10＝6×8</td><td>11</td><td>12</td></tr>
<tr><td></td><td></td><td></td><td></td><td></td><td></td><td></td><td></td><td></td><td></td><td></td><td></td></tr>
<tr><td></td><td></td><td></td><td></td><td></td><td></td><td></td><td></td><td></td><td></td><td></td><td></td></tr>
<tr><td></td><td></td><td></td><td></td><td></td><td></td><td></td><td></td><td></td><td></td><td></td><td></td></tr>
<tr><td></td><td></td><td></td><td></td><td></td><td></td><td></td><td></td><td></td><td></td><td></td><td></td></tr>
<tr><td></td><td></td><td></td><td></td><td></td><td></td><td></td><td></td><td></td><td></td><td></td><td></td></tr>
<tr><td colspan="2">合　计</td><td></td><td></td><td></td><td></td><td></td><td></td><td></td><td></td><td></td><td></td></tr>
</table>

<table>
<tr><td colspan="2">如纳税人填报，由纳税人填写以下各栏</td><td colspan="5">如委托代理人填报，由代理人填写以下各栏</td><td>备　注</td></tr>
<tr><td rowspan="3">会计主管
（签章）</td><td rowspan="3">纳税人
（签章）</td><td>代理人名称</td><td colspan="3"></td><td rowspan="3">代理人
（签章）</td><td rowspan="3"></td></tr>
<tr><td>地　址</td><td colspan="3"></td></tr>
<tr><td>经办人</td><td></td><td>电话</td><td></td></tr>
<tr><td colspan="8">以下由税务机关填写</td></tr>
<tr><td>收到申报表日期</td><td colspan="2"></td><td colspan="2">接收人</td><td colspan="3"></td></tr>
</table>

填表说明：

1. 本表适用于营业税纳税义务人填报。
2. “全部收入”，系指纳税人的全部收入。
3. “不征税项目”，系指税法规定的不属于营业税征税范围的营业额。
4. “减除项目”，系指税法规定允许从营业收入中扣除的项目的营业额。
5. “减免税项目”，系指税法规定的减免税项目的营业额。

【案例分析】

案例1：

某汽车运输公司开展联运业务，2011 年 3 月发生下列业务：

（1）受某企业委托完成货物运输业务一项，运程为沈阳—大连—烟台。纳税人一次支付 50 万元，途中转运运费 20 万元由该汽车运输公司支付给某海运公司。

（2）运输途中购进汽车柴油 2 万元，支付码头停车费 1 万元，司机住宿、餐饮等费用 1 万元。

该公司本月交纳营业税：

(50 − 20 − 2 − 1 − 1) ×3% =0.78（万元）

案例分析如下：

该公司应纳营业税 =（50 − 20）×3% =0.9（万元）

借：银行存款	500 000	
贷：运输收入		300 000
其他应付款		200 000
借：营业税金及附加	9 000	
贷：应交税费——应交营业税		9 000

案例2：

某培训中心属国有餐饮服务企业，经营范围是住宿、餐饮、服务等。2012 年 12 月份，累计实现营业收入 1 659 700 元，交纳税费合计 86 303 元。

经查发现 213 号凭证注明摘要本市某公司拨来的补助款 169 000 元，会计处理为：

借：银行存款	169 000	
贷：应付账款		169 000

后经进一步审查核实该笔款项为培训中心的营业收入。

案例分析如下：

调账分录：

（1）假设该中心 2012 年尚未结账：

借：应付账款	169 000	
贷：营业收入——餐饮收入		169 000

补提税金：

借：营业税金及附加	9 295	
贷：应交税费——应交营业税		8 450
——应交城建税		591.5
——教育费附加		253.5
借：应交税费——应交营业税	8 450	
——应交城建税	591.5	
其他应交款——教育费附加	253.5	
贷：银行存款		9 295

（2）假使该中心 2012 年已结账，则：

借：应付账款 169 000

贷：以前年度损益调整 169 000

补提税金：

借：以前年度损益调整 9 295

贷：应交税费——应交营业税 8 450

——应交城建税 591.5

——教育费附加 253.5

借：应交税费——应交营业税 8 450

——应交城建税 591.5

——教育费附加 253.5

贷：银行存款 9 295

【本章小结】

营业税是对在我国境内提供应税劳务，转让无形资产或者销售不动产的单位和个人，就其取得营业收入征收的一种税。

营业税的确认依照 2009 年实施的《营业税暂行条例》和《营业税暂行条例实施细则》规定进行。

营业税的计量按照营业额和规定的税率计算应纳税额。

纳税人应纳营业税的会计核算分为提供应税劳务的会计核算，转让无形资产的会计核算，销售不动产的会计核算。

【关键术语和概念】

营业税　营业税确认　营业税计量　营业税会计核算特点

第五章　企业所得税会计

【学习要点】

◆ 所得税会计的内涵
◆ 所得税会计差异产生的原理
◆ 所得税会计方法
◆ 递延所得税资产的形成与核算
◆ 递延所得税负债的形成与核算

第一节　企业所得税概述

企业所得税是指以企业取得的生产经营所得和其他所得为征税对象所征收的一种税。企业所得税是规范和处理国家与企业分配关系的重要形式，体现了国家与企业的分配关系，是国家参与企业利润分配的一种重要手段。

为了适应建设社会主义市场经济的需要，兼顾不同经济性质企业的征税需要，适应多种经济成分并存和混合经济形式不断发展的客观现实，贯彻公平税负、简化税制的基本原则，国务院于 1993 年 12 月 13 日发布了《中华人民共和国企业所得税暂行条例》，并决定自 1994 年 1 月 1 日起实行。该暂行条例基本统一了我国内资企业所得税制度。2007 年 3 月 16 日第十届全国人民代表大会第五次全体会议通过，由中华人民共和国主席令第 63 号公布《中华人民共和国企业所得税法》（以下简称《企业所得税法》），自 2008 年 1 月 1 日起施行。《中华人民共和国企业所得税法实施条例》（以下简称《企业所得税法实施条例》）于 2007 年 11 月 28 日国务院第 197 次常务会议通过，2007 年 12 月 6 日由中华人民共和国国务院令第 512 号公布，自 2008 年 1 月 1 日起施行。上述改革统一了我国的内外资企业所得税，标志着中国的所得税制度改革向着法制化、科学化和规范化的方向迈出了重要的步伐。

现行的企业所得税具有以下特点：

（1）征税范围广。在中华人民共和国境内，企业和其他取得收入的组织都是企业所得税的纳税人，都要依照税法的规定缴纳企业所得税。企业所得税的征税对象包括生产经营所得和其他所得。不仅包括企业从事产品生产、交通运输、商品流通、劳务服务和其他营利事业等取得的所得，而且包括提供资金或财产取得的所得，包括利息、股息、红利、租金、转让资产收益和特许权使用费等所得。因此，企业所得税具有征收上的广泛性。

（2）税负公平。企业所得税对企业不分所有制，不分地区、行业和层次，实行统一的比例税率。在普遍征收的基础上，能使各类企业税负较为公平。由于企业所得税是对企业的经营净收入亦称为经营所得征收的，所以企业一般都具有所得税的承受能力，而且企业所得税的负担水平与纳税人所得多少直接关联，即“所得多的多征，所得少的少征，无所得的不征”，因此，企业所得税是能够较好体现公平税负和税收中性的一个良性税种。

（3）税基约束力强。企业所得税的税基是应纳税所得额，即纳税人每个纳税年度的收入总额减去准予扣除项目金额之后的余额。其中，准予扣除的项目主要是指成本和费用，包括工资支出、原材料支出、固定资产折旧和无形资产摊销等。所得税的计税涉及纳税人财务会计核算的各个方面，与企业会计核算关系密切。为了保护税基，企业所得税明确了收入总额、扣除项目金额的确定以及资产的税务处理等内容，使应税所得额的计算相对独立于企业的会计核算，体现了税法的强制性与统一性。

（4）纳税人与负税人一致。企业所得税属于企业的终端税种，纳税人缴纳的所得税一般不易转嫁，而由纳税人自己负担。在会计利润总额的基础上，扣除企业所得税后的余额为企业生产经营的净利润。

依照2008年实施的《企业所得税法》和《企业所得税法实施条例》规定，企业所得税包括以下基本要素。

一、企业所得税的纳税人

企业所得税的纳税人是指在中华人民共和国境内的企业和其他取得收入的组织。《企业所得税法》第一条规定，除个人独资企业、合伙企业不适用企业所得税法外，在我国境内，企业和其他取得收入的组织（以下统称企业）为企业所得税的纳税人，依照本法律规定缴纳企业所得税。

企业所得税的纳税人分为居民企业和非居民企业。

（1）居民企业是指依法在中国境内成立，或者依照外国（地区）法律成立但实际管理机构在中国境内的企业。这里的企业包括国有企业、集体企业、私营企业、联营企业、股份制企业、外商投资企业、外国企业以及有生产、经营所得和其他所得的其他组织。

（2）非居民企业是指依照外国（地区）法律成立且实际管理机构不在中国境内，但在中国境内设立机构、场所的或者在中国境内未设立机构、场所但有来源于中国境内所得的企业。上述所称机构、场所，是指在中国境内从事生产经营活动的机构、场所，包括：

①管理机构、营业机构、办事机构；

②工厂、农场、开采自然资源的场所；

③提供劳务的场所；

④从事建筑、安装、装配、修理、勘探等工程作业的场所；

⑤其他从事生产经营活动的机构、场所。

非居民企业委托营业代理人在中国境内从事生产经营活动的，包括委托单位或者个人经常代其签订合同，或者储存、交付货物等，该营业代理人视为非居民企业在中国境内设立的机构、场所。

二、企业所得税的征税对象

企业所得税的征税对象是指企业的生产经营所得、其他所得和清算所得。

1. 居民企业的征税对象

居民企业应就来源于中国境内、境外的所得作为征税对象。所得包括销售货物所得、提供劳务所得、转让财产所得、股息红利等权益性投资所得、利息所得、租金所得、特许权使用费所得、接受捐赠所得和其他所得。

2. 非居民企业的征税对象

非居民企业在中国境内设立机构、场所的，应当就其所设机构、场所取得的来源于中国境内的所得，以及发生在中国境外但与其所设机构、场所有实际联系的所得，缴纳企业所得税。非居民企业在中国境内未设立机构、场所的，或者虽设立机构、场所，但取得的所得与其所设机构、场所没有实际联系的应当就其来源于中国境内的所得缴纳企业所得税。

上述所称实际联系是指非居民企业在中国境内设立的机构、场所拥有的据以取得所得的股权、债权，以及拥有、管理、控制据以取得所得的财产。

三、企业所得税的税率及计税依据

1. 税率

企业所得税实行比例税率。比例税率简便易行，透明度高，不会因征税而改变企业间收入分配比例，有利于促进效率的提高。现行规定是：

（1）基本税率为25%，适用于居民企业和在中国境内设有机构、场所且所得与机构、场所有关联的非居民企业。

（2）低税率为20%，适用于在中国境内未设立机构、场所的，或者虽设立机构、场所但取得的所得与其所设机构、场所没有实际联系的非居民企业。但实际征税时适用10%的税率。

2. 计税依据

应纳税所得额是企业所得税的计税依据，按照《企业所得税法》的规定，应纳税所得额为企业每一个纳税年度的收入总额减除不征税收入、免税收入、各项扣除以及允许弥补的以前年度亏损后的余额。基本公式为：

应纳税所得额＝收入总额－不征税收入－免税收入－各项扣除－以前年度亏损

四、企业所得税的减免税规定

税收优惠是指国家运用税收政策在税收法律、行政法规中规定对某一部分特定企业和课税对象给予减轻或免除税收负担的一种措施。税法规定的企业所得税的税收优惠方式包括免税、减税、加计扣除、加速折旧、减计收入、税额抵免等。

（一）免征与减征优惠

企业的下列所得，可以免征、减征企业所得税。企业如果从事国家限制和禁止发展的项目，不得享受企业所得税优惠：

1. 从事农、林、牧、渔业项目的所得

企业从事农、林、牧、渔业项目的所得，包括免征和减征两部分。

（1）企业从事下列项目的所得，免征企业所得税：①蔬菜、谷物、薯类；②农作物新品种的选育；③中药材的种植；④林木的培育和种植；⑤牲畜、家禽的饲养等。

（2）企业从事下列项目的所得，减半征收企业所得税：①花卉、茶以及其他饮料作物和香料作物的种植；②海水养殖、内陆养殖等。

2. 从事国家重点扶持的公共基础设施项目投资经营的所得

税法所称国家重点扶持的公共基础设施项目，是指《公共基础设施项目企业所得税优惠目录》规定的港口码头、机场、铁路、公路、电力、水利等项目。

企业从事国家重点扶持的公共基础设施项目的投资经营的所得，自项目取得第一笔生产经营收入所属纳税年度起，第一年至第三年免征企业所得税，第四年至第六年减半征收企业所得税。

企业承包经营、承包建设和内部自建自用上述规定的项目，不得享受上述企业所得税优惠。

3. 从事符合条件的环境保护、节能节水项目的所得

环境保护、节能节水项目的所得，自项目取得第一笔生产经营收入所属纳税年度起，第一年至第三年免征企业所得税，第四年至第六年减半征收企业所得税。

但是以上规定享受减免税优惠的项目，在减免税期限内转让的，受让方自受让之日起，可以在剩余期限内享受规定的减免税优惠；减免税期限届满后转让的，受让方不得就该项目重复享受减免税优惠。

4. 符合条件的技术转让所得

税法所称符合条件的技术转让所得免征、减征企业所得税，是指一个纳税年度内，居民企业转让技术所有权所得不超过500万元的部分，免征企业所得税；超过500万元的部分，减半征收企业所得税。

（二）高新技术企业优惠

国家需要重点扶持的高新技术企业减按15%的税率征收企业所得税。国家需要重点扶持的高新技术企业，是指拥有核心自主知识产权，并同时符合下列条件的企业：

（1）产品（服务）属于《国家重点支持的高新技术领域》规定的范围；

（2）研究开发费用占销售收入的比例不低于规定比例；

（3）高新技术产品（服务）收入占企业总收入的比例不低于规定比例；

（4）科技人员占企业职工总数的比例不低于规定比例；

（5）高新技术企业认定管理办法规定的其他条件。

《国家重点支持的高新技术领域》和高新技术企业认定管理办法由国务院科技、财政、税务主管部门商国务院有关部门制定，报国务院批准后公布施行。

（三）小型微利企业优惠

小型微利企业减按 20% 的税率征收企业所得税。小型微利企业的条件如下：

（1）工业企业，年度应纳税所得额不超过 30 万元，从业人数不超过 100 人，资产总额不超过 3 000 万元。

（2）其他企业，年度应纳税所得额不超过 30 万元，从业人数不超过 80 人，资产总额不超过 1 000 万元。

上述"从业人数"按企业全年平均从业人数计算，"资产总额"按企业年初和年末的资产总额平均计算。

小型微利企业是指企业的全部生产经营活动产生的所得均负有我国企业所得税纳税义务的企业。仅就来源于我国所得负有我国纳税义务的非居民企业，不适用上述规定。

（四）加计扣除优惠

加计扣除优惠包括以下两项内容：

（1）研究开发费，是指企业为开发新技术、新产品、新工艺发生的研究开发费用，未形成无形资产计入当期损益的，在按照规定据实扣除的基础上，按照研究开发费用的 50% 加计扣除；形成无形资产的，按照无形资产成本的 150% 摊销。

（2）企业安置残疾人员所支付的工资，是指企业安置残疾人员的，在按照支付给残疾职工工资据实扣除的基础上，按照支付给残疾职工工资的 100% 加计扣除。残疾人员的范围适用《中华人民共和国残疾人保障法》的有关规定。企业安置国家鼓励安置的其他就业人员所支付的工资的加计扣除办法，由国务院另行规定。

（五）创投企业优惠

创投企业优惠是指创业投资企业采取股权投资方式投资于未上市的中小高新技术企业 2 年以上的，可以按照其投资额的 70% 在股权持有期满 2 年的当年抵扣该创业投资企业的应纳税所得额；当年不足抵扣的，可以在以后纳税年度结转抵扣。

创业投资企业从事国家需要重点扶持和鼓励的创业投资，可以按投资额的一定比例抵扣应纳税所得额。

例如：甲企业 2008 年 1 月 1 日向乙企业（未上市的中小高新技术企业）投资 100 万元，股权持有到 2012 年 12 月 31 日。甲企业 2012 年度可抵扣的应纳税所得额为 70 万元。

（六）加速折旧优惠

企业的固定资产由于技术进步等原因，确需加速折旧的，可以缩短折旧年限或者采取加速折旧的方法。可采用以上折旧方法的固定资产是指：①由于技术进步产品更新换代较快的固定资产；②常年处于强震动、高腐蚀状态的固定资产。

采取缩短折旧年限方法的最低折旧年限不得低于规定折旧年限的 60%；采取加速折旧方法的，可以采取双倍余额递减法或者年数总和法。

（七）减计收入优惠

减计收入优惠企业综合利用资源，生产符合国家产业政策规定的产品所取得的收入，可以在计算应纳税所得额时减计收入。

综合利用资源指企业以《资源综合利用企业所得税优惠目录》规定的资源作为主要原

材料，生产国家非限制和禁止并符合国家和行业相关标准的产品取得的收入，减按90%计入收入总额。

上述所称原材料占生产产品材料的比例不得低于《资源综合利用企业所得税优惠目录》规定的标准。

（八）税额抵免优惠

税额抵免，是指企业购置并实际使用《环境保护专用设备企业所得税优惠目录》、《节能节水专用设备企业所得税优惠目录》和《安全生产专用设备企业所得税优惠目录》规定的环境保护、节能节水、安全生产等专用设备的，该专用设备的投资额的10%可以从企业当年的应纳税额中抵免；当年不足抵免的，可以在以后5个纳税年度结转抵免。

享受优惠的企业，应当实际购置并自身实际投入使用规定的专用设备；企业购置上述专用设备在5年内转让、出租的，应当停止享受企业所得税优惠，并补缴已经抵免的企业所得税税款。

企业同时从事适用不同企业所得税待遇的项目的，其优惠项目应当单独计算所得，并合理分摊企业的期间费用；没有单独计算的，不得享受企业所得税优惠。

（九）民族自治地方的优惠

民族自治地方的自治机关对本民族自治地方的企业应缴纳的企业所得税中属于地方分享的部分，可以决定减征或者免征。自治州、自治县决定减征或者免征的，须报省、自治区、直辖市人民政府批准。

《企业所得税法》所称民族自治地方，是指依照《中华人民共和国民族区域自治法》的规定，实行民族区域自治的自治区、自治州、自治县。

对民族自治地方内国家限制和禁止行业的企业，不得减征或者免征企业所得税。

（十）非居民企业优惠

非居民企业减按10%的税率征收企业所得税。这里的非居民企业是指在中国境内未设立机构、场所，或者虽设立机构、场所但取得的所得与其所设机构、场所没有实际联系的企业。该类非居民企业取得下列所得免征企业所得税：①外国政府向中国政府提供贷款取得的利息所得；②国际金融组织向中国政府和居民企业提供优惠贷款取得的利息所得；③经国务院批准的其他所得。

（十一）其他有关行业的优惠

1. 关于鼓励软件产业和集成电路产业发展的优惠政策

（1）软件生产企业实行增值税即征即退政策所退还的税款，由企业用于研究开发软件产品和扩大再生产，不作为企业所得税应税收入，不予征收企业所得税。

（2）我国境内新办软件生产企业经认定后，自获利年度起，第一年和第二年免征企业所得税，第三年至第五年减半征收企业所得税。

（3）国家规划布局内的重点软件生产企业，当年未享受免税优惠的，减按10%的税率征收企业所得税。

（4）软件生产企业的职工培训费用，可按实际发生额在计算应纳税所得额时扣除。

（5）企事业单位购进软件，凡符合固定资产或无形资产确认条件的，可以按照固定资产或无形资产进行核算，经主管税务机关核准，其折旧或摊销年限可以适当缩短，最短可为2年。

（6）集成电路设计企业视同软件企业，享受上述软件企业的有关企业所得税政策。

（7）集成电路生产企业的生产性设备，经主管税务机关核准，其折旧年限可以适当缩短，最短可为3年。

2. 关于鼓励证券投资基金发展的优惠政策

（1）对证券投资基金从证券市场中取得的收入，包括买卖股票、债券的差价收入，股权的股息、红利收入，债券的利息收入及其他收入，暂不征收企业所得税。

（2）对投资者从证券投资基金分配中取得的收入，暂不征收企业所得税。

（3）对证券投资基金管理人运用基金买卖股票、债券的差价收入，暂不征收企业所得税。

五、企业所得税的纳税地点

（1）除税收法律、行政法规另有规定外，居民企业以企业登记注册地为纳税地点。但登记注册地在境外的，以实际管理机构所在地为纳税地点。企业注册登记地是指企业依照国家有关规定登记注册的住所地。

（2）居民企业在中国境内设立不具有法人资格的营业机构的，应当汇总计算并缴纳企业所得税。企业汇总计算并缴纳企业所得税时，应当统一核算应纳税所得额，具体办法由国务院财政、税务主管部门另行制定。

（3）非居民企业在中国境内设立机构、场所的，应当就其所设机构、场所取得的来源于中国境内的所得，以及发生在中国境外但与其所设机构、场所有实际联系的所得，以机构、场所所在地为纳税地点。非居民企业在中国境内设立两个或者两个以上机构、场所的，经税务机关审核批准，可以选择由其主要机构、场所汇总缴纳企业所得税。非居民企业经批准汇总缴纳企业所得税后，需要增设、合并、迁移、关闭机构、场所或者停止机构、场所业务的，应当事先由负责汇总申报缴纳企业所得税的主要机构、场所向其所在地税务机关报告；需要变更汇总缴纳企业所得税的主要机构、场所的依照前款规定办理。

（4）非居民企业在中国境内未设立机构、场所的或者虽设立机构、场所但取得的所得与其所设机构、场所没有实际联系的以扣缴义务人所在地为纳税地点。

（5）除国务院另有规定外，企业之间不得合并缴纳企业所得税。

六、企业所得税的纳税期限和申报

1. 纳税期限

企业所得税按年计征，分月或者分季预缴，年终汇算清缴，多退少补。

企业所得税的纳税年度，自公历1月1日起至12月31日止。企业在一个纳税年度的中间开业，或者由于合并、关闭等原因终止经营活动，使该纳税年度的实际经营期不足12个月的，应当以其实际经营期为一个纳税年度。企业清算时，应当以清算期间作为一个纳税年度。

自年度终了之日起5个月内，向税务机关报送年度企业所得税纳税申报表，并汇算清缴，结清应缴应退税款。

企业在年度中间终止经营活动的，应当自实际经营终止之日起 60 日内，向税务机关办理当期企业所得税汇算清缴。

2. 纳税申报

按月或按季预缴的，应当自月份或者季度终了之日起 15 日内，向税务机关报送预缴企业所得税纳税申报表，预缴税款。

企业所得税按年计征，分月或者分季预缴，年终汇算清缴，多退少补。自年度终了之日起 5 个月内，向税务机关报送年度企业所得税纳税申报表，并汇算清缴，结清应缴应退税款。

企业在报送企业所得税纳税申报表时应当按照规定附送财务会计报告和其他有关资料。

企业应当在办理注销登记前就其清算所得向税务机关申报并依法缴纳企业所得税。依照《企业所得税法》缴纳的企业所得税，以人民币计算。所得以人民币以外的货币计算的，应当折合成人民币计算并缴纳税款。

企业在纳税年度内无论盈利或者亏损，都应当依照《企业所得税法》第五十四条规定的期限，向税务机关报送预缴企业所得税纳税申报表、年度企业所得税纳税申报表、财务会计报告和税务机关规定应当报送的其他有关资料。

第二节　企业所得税的确认

应纳税所得额的正确计算直接关系到国家财政收入和企业的税收负担，并且同成本、费用核算关系密切。因此，《企业所得税法》对应纳税所得额计算作了明确规定，主要内容包括收入总额、扣除范围和标准、资产的税务处理、亏损弥补等。

一、收入总额

企业的收入总额包括以货币形式和非货币形式从各种来源取得的收入，具体有：销售货物收入，提供劳务收入，转让财产收入，股息、红利等权益性投资收益，利息收入，租金收入，特许权使用费收入，接受捐赠收入，其他收入。

企业取得收入的货币形式包括现金、存款、应收账款、应收票据、准备持有至到期的债券投资以及债务的豁免等；纳税人以非货币形式取得的收入，包括固定资产、生物资产、无形资产、股权投资、存货、不准备持有至到期的债券投资、劳务以及有关权益等，这些非货币资产应当按照公允价值确定收入额，公允价值是指按照市场价格确定的价值。收入的具体构成为：

（一）收入确定的基本规定

（1）销售货物收入。它是指企业销售商品、产品、原材料、包装物、低值易耗品以及其他存货取得的收入。

（2）提供劳务收入。它是指企业从事建筑安装、修理修配、交通运输、仓储租赁、金融保险、邮电通信、咨询经纪、文化体育、科学研究、技术服务、教育培训、餐饮住宿、中介代理、卫生保健、社区服务、旅游、娱乐、加工以及其他劳务服务活动取得的收入。

（3）转让财产收入。它是指企业转让固定资产、生物资产、无形资产、股权、债权等财产取得的收入。

（4）股息、红利等权益性投资收益。它是指企业因权益性投资从被投资方取得的收入。股息、红利等权益性投资收益，除国务院财政、税务主管部门另有规定外，按照被投资方作出利润分配决定的日期确认收入的实现。

（5）利息收入。它是指企业将资金提供给他人使用但不构成权益性投资，或者因他人占用本企业资金取得的收入，包括存款利息、贷款利息、债券利息、欠款利息等收入。利息收入，按照合同约定的债务人应付利息的日期确认收入的实现。

（6）租金收入。它是指企业提供固定资产、包装物或者其他有形资产的使用权取得的收入。租金收入，按照合同约定的承租人应付租金的日期确认收入的实现。

（7）特许权使用费收入。它是指企业提供专利权、非专利技术、商标权、著作权以及其他特许权的使用权取得的收入。特许权使用费收入，按照合同约定的特许权使用人应付特许权使用费的日期确认收入的实现。

（8）接受捐赠收入。它是指企业接受的来自其他企业、组织或者个人无偿给予的货币性资产、非货币性资产。接受捐赠收入按照实际收到捐赠资产的日期确认收入的实现。

（9）其他收入。它是指企业取得的除以上收入外的其他收入，包括企业资产溢余收入、逾期未退包装物押金收入、确实无法偿付的应付款项、已经作坏账损失处理后又收回的应收款项、债务重组收入、补贴收入、违约金收入、汇兑收益等。

（二）收入确定的特殊规定

（1）以分期收款方式销售货物的，按照合同约定的收款日期确认收入的实现。

（2）企业受托加工制造大型机械设备、船舶、飞机，以及从事建筑、安装、装配工程业务或者提供其他劳务等持续时间超过 12 个月的按照纳税年度内完工进度或者完成的工作量确认收入的实现。

（3）采取产品分成方式取得收入的，按照企业分得产品的日期确认收入的实现，其收入额按照产品的公允价值确定。

（4）企业发生非货币性资产交换，以及将货物、财产、劳务用于捐赠、偿债、赞助、集资、广告、样品、职工福利或者利润分配等用途的，应当视同销售货物、转让财产或者提供劳务，但国务院财政、税务主管部门另有规定的除外。

（三）处置资产收入的确认

自 2008 年 1 月 1 日起，企业处置资产的所得税处理根据《企业所得税法实施条例》第二十五条的规定执行，对 2008 年 1 月 1 日以前发生的处置资产，2008 年 1 月 1 日以后尚未进行税务处理的，也按此规定执行。

（1）企业发生下列情形的处置资产，除将资产转移至境外以外，由于资产所有权属在形式和实质上均不发生改变，可作为内部处置资产，不视同销售确认收入，相关资产的计税基础延续计算：

①将资产用于生产、制造、加工另一产品；

②改变资产形状、结构或性能；

③改变资产用途（如自建商品房转为自用或经营）；

④将资产在总机构及其分支机构之间转移；

⑤上述两种或两种以上情形的混合；

⑥其他不改变资产所有权属的用途。

（2）企业将资产移送他人的下列情形，因资产所有权属已发生改变而不属于内部处置资产，应按规定视同销售确定收入：

①用于市场推广或销售；

②用于交际应酬；

③用于职工奖励或福利；

④用于股息分配；

⑤用于对外捐赠；

⑥其他改变资产所有权属的用途。

（3）企业发生第（2）条规定情形时，属于企业自制的资产，应按企业同类资产同期对外销售价格确定销售收入；属于外购的资产，可按购入时的价格确定销售收入。

（四）相关收入实现的确认

除《企业所得税法》及实施条例前述关于收入的规定外，企业销售收入的确认，必须遵循权责发生制原则和实质重于形式原则。

（1）企业销售商品同时满足下列条件的，应确认收入的实现：

①商品销售合同已经签订，企业已将商品所有权相关的主要风险和报酬转移给购货方；

②企业对已售出的商品既没有保留通常与所有权相联系的继续管理权，也没有实施有效控制；

③收入的金额能够可靠地计量；

④已发生或将发生的销售方的成本能够可靠地核算。

（2）符合上款收入确认条件，采取下列商品销售方式的，应按以下规定确认收入实现时间：

①销售商品采用托收承付方式的，在办妥托收手续时确认收入；

②销售商品采取预收款方式的，在发出商品时确认收入；

③销售商品需要安装和检验的，在购买方接受商品以及安装和检验完毕时确认收入。如果安装程序比较简单，可在发出商品时确认收入；

④销售商品采用支付手续费方式委托代销，在收到代销清单时确认收入。

（3）采用售后回购方式销售商品的，销售的商品按售价确认收入，回购的商品作为购进商品处理。有证据表明不符合销售收入确认条件的，如以销售商品方式进行融资，收到的款项应确认为负债，回购价格大于原售价的，差额应在回购期间确认为利息费用。

（4）销售商品以旧换新的，销售商品应当按照销售商品收入确认条件确认收入，回收的商品作为购进商品处理。

（5）企业为促进商品销售而在商品价格上给予的价格扣除属于商业折扣，商品销售涉及商业折扣的，应当按照扣除商业折扣后的金额确定销售商品收入金额。

债权人为鼓励债务人在规定的期限内付款而向债务人提供的债务扣除属于现金折扣，销售商品涉及现金折扣的，应当按扣除现金折扣前的金额确定销售商品收入金额，现金折扣在实际发生时作为财务费用扣除。

企业因售出商品的质量不合格等原因而在售价上给予的减让属于销售折让；企业因售出商品质量、品种不符合要求等原因而发生的退货属于销售退回。企业已经确认销售收入的售出商品发生销售折让和销售退回，应当在发生当期冲减当期销售商品收入。

（6）企业在各个纳税期末，提供劳务交易的结果能够可靠估计的，应采用完工进度（完工百分比）法确认提供劳务收入。

①提供劳务交易的结果能够可靠估计，是指同时满足下列条件：

a. 收入的金额能够可靠地计量。

b. 交易的完工进度能够可靠地确定。

c. 交易中已发生和将发生的成本能够可靠地核算。

②企业提供劳务完工进度的确定，可选用下列方法：

a. 已完工作的测量。

b. 已提供劳务占劳务总量的比例。

c. 发生成本占总成本的比例。

d. 企业应按照从接受劳务方已收或应收的合同或协议价款确定劳务收入总额，根据纳税期末提供劳务收入总额乘以完工进度扣除以前纳税年度累计已确认提供劳务收入后的金额，确认为当期劳务收入；同时，按照提供劳务估计总成本乘以完工进度扣除以前纳税期间累计已确认劳务成本后的金额，结转为当期劳务成本。

③下列提供劳务满足收入确认条件的，应按规定确认收入：

a. 安装费。应根据安装完工进度确认收入。安装工作是商品销售附带条件的，安装费在确认商品销售实现时确认收入。

b. 宣传媒介的收费。应在相关的广告或商业行为出现于公众面前时确认收入。广告的制作费，应根据制作广告的完工进度确认收入。

c. 软件费。为特定客户开发软件的收费，应根据开发的进度确认收入。

d. 服务费。包含在商品售价内可区分的服务费，在提供服务的期间分期确认收入。

e. 艺术表演、招待宴会和其他特殊活动的收费。在相关活动发生时确认收入。收费涉及几项活动的，预收的款项应合理分配给每项活动，分别确认收入。

f. 会员费。申请入会或加入会员，只允许取得会籍，所有其他服务或商品都要另行收费的，在取得该会员费时确认收入。申请入会或加入会员后，会员在会员期内不再付费就可得到各种服务或商品，或者以低于非会员的价格销售商品或提供服务的，该会员费应在整个受益期内分期确认收入。

g. 特许权费。属于提供设备和其他有形资产的特许权费，在交付资产或转移资产所有权时确认收入；属于提供初始及后续服务的特许权费，在提供服务时确认收入。

h. 劳务费。长期为客户提供重复的劳务收取的劳务费在相关劳务活动发生时确认收入。

（7）企业以买一赠一等方式组合销售本企业商品的，不属于捐赠，应将总的销售金额按各项商品的公允价值的比例来分摊确认各项的销售收入。

（五）不征税收入和免税收入

国家为了扶持和鼓励某些特殊的纳税人和特定的项目，或者避免因征税影响企业的正常经营，对企业取得的某些收入予以不征税或免税的特殊政策，或准予抵扣应纳税所得额，或者是对专项用途的资金作为非税收入处理，以减轻企业的负担，促进经济的协调发展。

1. 不征税收入

（1）财政拨款。它是指各级人民政府对纳入预算管理的事业单位、社会团体等组织拨付的财政资金，但国务院和国务院财政、税务主管部门另有规定的除外。

（2）依法收取并纳入财政管理的行政事业性收费、政府性基金。行政事业性收费，是指依照法律法规等有关规定，按照规定程序批准，在实施社会公共管理，以及在向公民、法人或者其他组织提供特定公共服务过程中，向特定对象收取并纳入财政管理的费用。政府性基金，是指企业依照法律、行政法规等有关规定，代政府收取的具有专项用途的财政资金。

（3）国务院规定的其他不征税收入。它是指企业取得的，由国务院财政、税务主管部门规定专项用途并经国务院批准的财政性资金。

2. 免税收入

（1）国债利息收入。为鼓励企业积极购买国债，支援国家建设，税法规定，企业因购买国债所得的利息收入，免征企业所得税。

（2）符合条件的居民企业之间的股息、红利等权益性收益。它是指居民企业直接投资于其他居民企业取得的投资收益。

（3）在中国境内设立机构、场所的非居民企业从居民企业取得与该机构、场所有实际联系的股息、红利等权益性投资收益。该收益都不包括连续持有居民企业公开发行并上市流通的股票不足12个月取得的投资收益。

（4）符合条件的非营利性组织的收入。

二、准予扣除项目

（一）总原则

企业申报的扣除项目和金额要真实、合法。若其他法规规定与税收法规规定不一致，应以税收法规的规定为标准。除税收法规另有规定外，税前扣除一般应遵循以下原则：

（1）权责发生制原则。它是指企业费用应在发生的所属期扣除，而不是在实际支付时确认扣除。

（2）配比原则。它是指企业发生的费用应当与收入配比扣除。除特殊规定外，企业发生的费用不得提前或滞后申报扣除。

（3）相关性原则。企业可扣除的费用从性质和根源上必须与取得应税收入直接相关。

（4）确定性原则。即企业可扣除的费用不论何时支付，其金额必须是确定的。

（5）合理性原则。符合生产经营活动常规应当计入当期损益或者有关资产成本的必要和正常的支出。

（二）一般扣除项目

根据《企业所得税法》的规定，企业实际发生的与取得收入有关的、合理的支出，包括成本、费用、税金、损失和其他支出，都准予在计算应纳税所得额时扣除。实际业务中，计算应纳税所得额时还应注意三方面的内容：①企业发生的支出应当区分收益性支出和资本性支出。收益性支出在发生当期直接扣除；资本性支出应当分期扣除或者计入有关资产成本，不得在发生当期直接扣除。②企业的不征税收入用于支出所形成的费用或者财产，不得扣除或者计算对应的折旧、摊销扣除。③除《企业所得税法》和实施条例另有规定外，企业实际发生的成本、费用、税金、损失和其他支出，不得重复扣除。

（1）成本。成本是指企业在生产经营活动中发生的销售成本、销货成本、业务支出以及其他耗费，即企业销售商品（产品、材料、下脚料、废料、废旧物资等）、提供劳务、转让固定资产、无形资产（包括技术转让）的成本。

企业必须将经营活动中发生的成本合理划分为直接成本和间接成本。直接成本是可直接计入有关成本计算对象或劳务的经营成本中的直接材料、直接人工等。间接成本是指多个部门为同一成本对象提供服务的共同成本，或者同一种投入可以制造、提供两种或两种以上的产品或劳务的联合成本。

直接成本可根据有关会计凭证、记录直接计入有关成本计算对象或劳务的经营成本中。间接成本必须根据与成本计算对象之间的因果关系、成本计算对象的产量等，以合理的方法分配计入有关成本计算对象中。

（2）费用。费用是指企业每一个纳税年度为生产、经营商品和提供劳务等所发生的销售（经营）费用、管理费用和财务费用。已经计入成本的有关费用除外。

销售费用是指应由企业负担的为销售商品而发生的费用，包括广告费、运输费、装卸费、包装费、展览费、保险费、销售佣金（能直接认定的进口佣金调整商品进价成本）、代销手续费、经营性租赁费及销售部门发生的差旅费、工资、福利费等费用。

管理费用是指企业的行政管理部门为管理组织经营活动提供各项支援性服务而发生的费用。

财务费用是指企业筹集经营性资金而发生的费用，包括利息净支出、汇兑净损失、金融机构手续费以及其他非资本化支出。

（3）税金。税金是指企业发生的除企业所得税和允许抵扣的增值税以外的企业缴纳的各项税金及其附加，即企业按规定缴纳的消费税、营业税、城市维护建设税、关税、资源税、土地增值税、房产税、车船使用税、土地使用税、印花税、教育费附加等产品销售税金及附加。这些已纳税金准予税前扣除。扣除的方式有两种：一是在发生当期扣除；二是在发生当期计入相关资产的成本，在以后各期分摊扣除。

（4）损失。损失是指企业在生产经营活动中发生的固定资产和存货的盘亏、毁损、报废损失，转让财产损失，呆账损失，坏账损失，自然灾害等不可抗力因素造成的损失以及其他损失。企业发生的损失减除责任人赔偿和保险赔款后的余额依照国务院财政、税务主管部门的规定扣除。

企业已经作为损失处理的资产，在以后纳税年度又全部收回或者部分收回时，应当计入当期收入。

(5) 扣除的其他支出。其他支出是指除成本、费用、税金、损失外，企业在生产经营活动中发生的与生产经营活动有关的、合理的支出。

（三）部分扣除项目的具体范围和标准

在计算应纳税所得额时，下列项目可按照实际发生额或规定的标准扣除。

1. 利息支出

企业在生产、经营活动中发生的利息费用，按下列规定扣除：

(1) 非金融企业向金融企业借款的利息支出、金融企业的各项存款利息支出和同业拆借利息支出、企业经批准发行债券的利息支出可据实扣除。

(2) 非金融企业向非金融企业借款的利息支出，不超过按照金融企业同期同类贷款利率计算数额的部分可据实扣除，超过部分不允许扣除。

其中，所谓金融机构，是指各类银行、保险公司及经中国人民银行批准从事金融业务的非银行金融机构，包括国家专业银行、区域性银行、股份制银行、外资银行、中外合资银行以及其他综合性银行，还包括全国性保险企业、区域性保险企业、股份制保险企业、中外合资保险企业以及其他专业性保险企业，城市、农村信用社、各类财务公司以及其他从事信托投资、租赁等业务的专业和综合性非银行金融机构。非金融机构，是指除上述金融机构以外的所有企业、事业单位以及社会团体等企业或组织。

2. 借款费用

(1) 企业在生产经营活动中发生的合理的不需要资本化的借款费用，准予扣除。

(2) 企业为购置、建造固定资产、无形资产和经过 12 个月以上的建造才能达到预定可销售状态的存货发生借款的，在有关资产购置、建造期间发生的合理的借款费用，应予以资本化，作为资本性支出计入有关资产的成本。有关资产交付使用后发生的借款利息，可在发生当期扣除。

3. 工资、薪金支出

企业发生的合理的工资、薪金支出准予据实扣除。工资、薪金支出是企业每一纳税年度支付给本企业任职或与其有雇佣关系的员工的所有现金或非现金形式的劳动报酬，包括基本工资、资金、津贴、补贴、年终加薪、加班工资，以及与任职或者是受雇有关的其他支出。

4. 职工福利费、工会经费、职工教育经费

企业发生的职工福利费、工会经费、职工教育经费按标准扣除，未超过标准的按实际数扣除，超过标准的只能按标准扣除。

(1) 企业发生的职工福利费支出，不超过工资、薪金总额 14% 的部分，准予扣除。

(2) 企业拨缴的工会经费，不超过工资、薪金总额 2% 的部分，准予扣除。

(3) 除国务院财政、税务主管部门另有规定外，企业发生的职工教育经费支出，不超过工资、薪金总额 2.5% 的部分，准予扣除，超过部分准予结转以后纳税年度扣除。

5. 社会保险费

（1）企业依照国务院有关主管部门或者省级人民政府规定的范围和标准为职工缴纳的“五险一金”，即基本养老保险费、基本医疗保险费、失业保险费、工伤保险费、生育保险费等基本社会保险费和住房公积金，准予扣除。

（2）企业为投资者或者职工支付的补充养老保险费、补充医疗保险费，在国务院财政、税务主管部门规定的范围和标准内，准予扣除。企业依照国家有关规定为特殊工种职工支付的人身安全保险费和符合国务院财政、税务主管部门规定可以扣除的商业保险费准予扣除。

（3）企业参加财产保险，按照规定缴纳的保险费，准予扣除。企业为投资者或者职工支付的商业保险费，不得扣除。

6. 汇兑损失

企业在货币交易中，以及纳税年度终了时将人民币以外的货币性资产、负债按照期末即期人民币汇率中间价折算为人民币时，产生的汇兑损失除已经计入有关资产成本以及与向所有者进行利润分配相关的部分外，准予扣除。

7. 业务招待费

企业发生的与生产经营活动有关的业务招待费支出，按照发生额的60%扣除，但最高不得超过当年销售（营业）收入的5‰。

8. 广告费和业务宣传费

企业发生的符合条件的广告费和业务宣传费支出除国务院财政、税务主管部门另有规定外，不超过当年销售（营业）收入15%的部分，准予扣除；超过部分，准予结转以后纳税年度扣除。

企业申报扣除的广告费支出应与赞助支出严格区分。企业申报扣除的广告费支出，必须符合下列条件：广告是通过工商部门批准的专门机构制作的；已实际支付费用，并已取得相应发票；通过一定的媒体传播。

9. 环境保护专项资金

企业依照法律、行政法规有关规定提取的用于环境保护、生态恢复等方面的专项资金，准予扣除。上述专项资金提取后改变用途的，不得扣除。

10. 保险费

企业参加财产保险，按照规定缴纳的保险费，准予扣除。

11. 租赁费

企业根据生产经营活动的需要租入固定资产支付的租赁费，按照以下方法扣除：

（1）以经营租赁方式租入固定资产发生的租赁费支出，按照租赁期限均匀扣除。经营性租赁是指所有权不转移的租赁。

（2）以融资租赁方式租入固定资产发生的租赁费支出，按照规定构成融资租入固定资产价值的部分应当提取折旧费用分期扣除。融资租赁是指在实质上转移与一项资产所有权有关的全部风险和报酬的一种租赁。

12. 劳动保护费

企业发生的合理的劳动保护支出，准予扣除。

13. 公益性捐赠支出

公益性捐赠，是指企业通过公益性社会团体或者县级以上人民政府及其部门，用于《中华人民共和国公益事业捐赠法》规定的公益事业的捐赠。

企业发生的公益性捐赠支出，不超过年度利润总额12%的部分，准予扣除。年度利润总额，是指企业依照国家统一会计制度的规定计算的年度会计利润。

企事业单位、社会团体以及其他组织捐赠住房作为廉租住房的，视同公益性捐赠，按上述规定执行。

公益性社会团体，是指同时符合下列条件的基金会、慈善组织等社会团体：

(1) 依法登记，具有法人资格；

(2) 以发展公益事业为宗旨，且不以营利为目的；

(3) 全部资产及其增值为该法人所有；

(4) 收益和营运结余主要用于符合该法人设立目的的事业；

(5) 终止后的剩余财产不归属任何个人或者营利组织；

(6) 不经营与其设立目的无关的业务；

(7) 有健全的财务会计制度；

(8) 捐赠者不以任何形式参与社会团体财产的分配；

(9) 国务院财政、税务主管部门会同国务院民政部门等登记管理部门规定的其他条件。

14. 有关资产的费用

企业转让各类固定资产发生的费用，允许扣除。企业按规定计算的固定资产折旧费、无形资产和递延资产的摊销费，准予扣除。

15. 总机构分摊的费用

非居民企业在中国境内设立的机构、场所，就其中国境外总机构发生的与该机构、场所生产经营有关的费用，能够提供总机构出具的费用汇集范围、定额、分配依据和方法等证明文件，并合理分摊的，准予扣除。

16. 资产损失

企业当期发生的固定资产和流动资产盘亏、毁损净损失，由其提供清查盘存资料经主管税务机关审核后，准予扣除；企业因存货盘亏、毁损、报废等原因不得从销项税金中抵扣的进项税金，应视同企业财产损失，准予与存货损失一起在所得税前按规定扣除。

17. 依照有关法律、行政法规和国家有关税法规定准予扣除的其他项目

如会员费、合理的会议费、差旅费、违约金、诉讼费用等。

(四) 不得扣除的项目

根据企业所得税法规定，企业在计算应纳税所得额时，下列支出不得扣除：

(1) 向投资者支付的股息、红利等权益性投资收益款项；

（2）企业所得税税款；

（3）税收滞纳金，是指纳税人违反税收法规，被税务机关处以的滞纳金；

（4）罚金、罚款和被没收财物的损失，是指纳税人违反国家有关法律、法规规定，被有关部门处以的罚款，以及被司法机关处以的罚金和被没收的财物；

（5）超过规定标准的捐赠支出；

（6）赞助支出，是指企业发生的与生产经营活动无关的各种非广告性质的支出；

（7）未经核定的准备金支出，是指不符合国务院财政、税务主管部门规定的各项资产减值准备、风险准备等准备金支出；

（8）企业之间支付的管理费、企业内营业机构之间支付的租金和特许权使用费，以及非银行企业内营业机构之间支付的利息，不得扣除；

（9）与取得收入无关的其他支出。

（五）亏损弥补

亏损是指企业依照《企业所得税法》和实施条例的规定，将每一纳税年度的收入总额减除不征税收入、免税收入和各项扣除后小于零的数额。税法规定，企业某一纳税年度发生的亏损可以用下一年度的所得弥补，下一年度的所得不足以弥补的，可以逐年延续弥补，但最长不得超过5年。而且，企业在汇总计算缴纳企业所得税时，其境外营业机构的亏损不得抵减境内营业机构的盈利。

三、资产的税务处理

资产是由于资本投资而形成的财产，对于资本性支出以及无形资产的受让、开办、开发费用，不允许作为成本费用从纳税人的收入总额中作一次性扣除，只能采取分次计提折旧或分次摊销的方式予以扣除。即纳税人经营活动中使用的固定资产的折旧费用、无形资产和长期待摊费用的摊销费用可以扣除。税法规定，纳入税务处理范围的资产形式主要有固定资产、生物资产、无形资产、长期待摊费用、投资资产、存货等，均以历史成本为计税基础。历史成本是指企业取得该项资产时实际发生的支出。企业持有各项资产期间资产增值或者减值，除国务院财政、税务主管部门规定可以确认损益外，不得调整该资产的计税基础。

（一）固定资产的税务处理

固定资产是指企业为生产产品、提供劳务、出租或者经营管理而持有的、使用时间超过12个月的非货币性资产，包括房屋、建筑物、机器、机械、运输工具以及其他与生产经营活动有关的设备、器具、工具等。

1. 固定资产计税基础

（1）外购的固定资产，以购买价款和支付的相关税费以及直接归属于使该资产达到预定用途发生的其他支出为计税基础；

（2）自行建造的固定资产，以竣工结算前发生的支出为计税基础；

（3）融资租入的固定资产，以租赁合同约定的付款总额和承租人在签订租赁合同过程中发生的相关费用为计税基础，租赁合同未约定付款总额的，以该资产的公允价值和承租人在签订租赁合同过程中发生的相关费用为计税基础；

（4）盘盈的固定资产，以同类固定资产的重置完全价值为计税基础；

（5）通过捐赠、投资、非货币性资产交换、债务重组等方式取得的固定资产，以该资产的公允价值和支付的相关税费为计税基础；

（6）改建的固定资产除已足额提取折旧的固定资产和租入的固定资产以外的其他固定资产，以改建过程中发生的改建支出增加计税基础。

2. 固定资产折旧的范围

在计算应纳税所得额时，企业按照规定计算的固定资产折旧，准予扣除。下列固定资产不得计算折旧扣除：

（1）房屋、建筑物以外未投入使用的固定资产；

（2）以经营租赁方式租入的固定资产；

（3）以融资租赁方式租出的固定资产；

（4）已足额提取折旧仍继续使用的固定资产；

（5）与经营活动无关的固定资产；

（6）单独估价作为固定资产入账的土地；

（7）其他不得计算折旧扣除的固定资产。

3. 固定资产折旧的计提方法

（1）企业应当自固定资产投入使用月份的次月起计算折旧；停止使用的固定资产，应当自停止使用月份的次月起停止计算折旧。

（2）企业应当根据固定资产的性质和使用情况，合理确定固定资产的预计净残值。固定资产的预计净残值一经确定，不得变更。

（3）固定资产按照直线法计算的折旧，准予扣除。

4. 固定资产折旧的计提年限

除国务院财政、税务主管部门另有规定外，固定资产计算折旧的最低年限如下：

（1）房屋、建筑物，为20年；

（2）飞机、火车、轮船、机器、机械和其他生产设备，为10年；

（3）与生产经营活动有关的器具、工具、家具等，为5年；

（4）飞机、火车、轮船以外的运输工具，为4年；

（5）电子设备，为3年。

从事开采石油、天然气等矿产资源的企业，在开始商业性生产前发生的费用和有关固定资产的折耗、折旧方法，由国务院财政、税务主管部门另行规定。

（二）生物资产的税务处理

生物资产是指有生命的动物和植物。生物资产分为消耗性生物资产、生产性生物资产和公益性生物资产。消耗性生物资产，是指为出售而持有的或在将来收获为农产品的生物资产，包括生长中的农田作物、蔬菜、用材林以及存栏待售的牲畜等。生产性生物资产，是指为产出农产品、提供劳务或出租等目的而持有的生物资产，包括经济林、薪炭林、产畜和役畜等。公益性生物资产，是指以防护、环境保护为主要目的的生物资产，包括防风固沙林、水土保持林和水源涵养林等。

1．生物资产的计税基础

生产性生物资产按照以下方法确定计税基础：

（1）外购的生产性生物资产，以购买价款和支付的相关税费为计税基础；

（2）通过捐赠、投资、非货币性资产交换、债务重组等方式取得的生产性生物资产，以该资产的公允价值和支付的相关税费为计税基础。

2．生物资产的折旧方法和折旧年限

生产性生物资产按照直线法计算的折旧，准予扣除。企业应当自生产性生物资产投入使用月份的次月起计算折旧；停止使用的生产性生物资产，应当自停止使用月份的次月起停止计算折旧。

企业应当根据生产性生物资产的性质和使用情况，合理确定生产性生物资产的预计净残值。生产性生物资产的预计净残值一经确定，不得变更。

生产性生物资产计算折旧的最低年限如下：

（1）林木类生产性生物资产，为10年；

（2）畜类生产性生物资产，为3年。

（三）无形资产的税务处理

无形资产是指企业长期使用但没有实物形态的资产，包括专利权、商标权、著作权、土地使用权、非专利技术、商誉等。

1．无形资产的计税基础

无形资产按照以下方法确定计税基础：

（1）外购的无形资产，以购买价款和支付的相关税费以及直接归属于使该资产达到预定用途发生的其他支出为计税基础。

（2）自行开发的无形资产，以开发过程中该资产符合资本化条件后至达到预定用途前发生的支出为计税基础。

（3）通过捐赠、投资、非货币性资产交换、债务重组等方式取得的无形资产，以该资产的公允价值和支付的相关税费为计税基础。

2．无形资产摊销的范围

在计算应纳税所得额时，企业按照规定计算的无形资产摊销费用，准予扣除。下列无形资产不得计算摊销费用扣除：

（1）自行开发的支出已在计算应纳税所得额时扣除的无形资产；

（2）自创商誉；

（3）与经营活动无关的无形资产；

（4）其他不得计算摊销费用扣除的无形资产。

3．无形资产的摊销方法及年限

无形资产的摊销，采取直线法计算。无形资产的摊销年限不得低于10年。作为投资或者受让的无形资产，有关法律规定或者合同约定了使用年限的，可以按照规定或者约定的使用年限分期摊销。外购商誉的支出，在企业整体转让或者清算时，准予扣除。

（四）长期待摊费用的税务处理

长期待摊费用是指企业发生的应在一个年度以上或几个年度进行摊销的费用。在计算应纳税所得额时，企业发生的下列支出作为长期待摊费用，按照规定摊销的，准予扣除：

（1）已足额提取折旧的固定资产的改建支出；

（2）租入固定资产的改建支出；

（3）固定资产的大修理支出；

（4）其他应当作为长期待摊费用的支出。

企业的固定资产修理支出可在发生当期直接扣除。企业的固定资产改良支出，如果有关固定资产尚未提足折旧，可增加固定资产价值；如有关固定资产已提足折旧，可作为长期待摊费用，在规定的期间内平均摊销。

固定资产的改建支出，是指改变房屋或者建筑物结构、延长使用年限等发生的支出。已足额提取折旧的固定资产的改建支出，按照固定资产预计尚可使用年限分期摊销；租入固定资产的改建支出，按照合同约定的剩余租赁期限分期摊销；改建的固定资产延长使用年限的，除已足额提取折旧的固定资产、租入固定资产的改建支出外，其他的固定资产发生改建支出，应当适当延长折旧年限。

大修理支出，按照固定资产尚可使用年限分期摊销。税法所指固定资产的大修理支出，是指同时符合下列条件的支出：

（1）修理支出达到取得固定资产时的计税基础50%以上；

（2）修理后固定资产的使用年限延长2年以上。

其他应当作为长期待摊费用的支出，自支出发生月份的次月起，分期摊销，摊销年限不得低于3年。

（五）存货的税务处理

存货是指企业持有以备出售的产品或者商品、处在生产过程中的在产品、在生产或者提供劳务过程中耗用的材料和物料等。

1. 存货的计税基础

存货按照以下方法确定成本：

（1）通过支付现金方式取得的存货，以购买价款和支付的相关税费为成本。

（2）通过支付现金以外的方式取得的存货，以该存货的公允价值和支付的相关税费为成本。

（3）生产性生物资产收获的农产品，以产出或者采收过程中发生的材料费、人工费和分摊的间接费用等必要支出为成本。

2. 存货的成本计算方法

企业使用或者销售的存货的成本计算方法，可以在先进先出法、加权平均法、个别计价法中选用一种。计价方法一经选用，不得随意变更。

企业转让以上资产，在计算应纳税所得额时，资产的净值允许扣除。其中，资产的净值是指有关资产、财产的计税基础减除已经按照规定扣除的折旧、折耗、摊销、准备金等后的余额。

除国务院财政、税务主管部门另有规定外，企业在重组过程中，应当在交易发生时确认有关资产的转让所得或者损失，相关资产应当按照交易价格重新确定计税基础。

（六）投资资产的税务处理

投资资产是指企业对外进行权益性投资和债权性投资而形成的资产。

1. 投资资产的成本

投资资产按以下方法确定投资成本：

（1）通过支付现金方式取得的投资资产，以购买价款为成本。

（2）通过支付现金以外的方式取得的投资资产，以该资产的公允价值和支付的相关税费为成本。

2. 投资资产成本的扣除方法

企业对外投资期间，投资资产的成本在计算应纳税所得额时不得扣除，企业在转让或者处置投资资产时，投资资产的成本准予扣除。

第三节　企业所得税的计量

按照《企业所得税法》的规定，应纳税所得额为企业每一个纳税年度的收入总额减除不征税收入、免税收入、各项扣除以及允许弥补的以前年度亏损后的余额。基本公式为：

应纳税额＝应纳税所得额×所得税税率

应纳税所得额＝收入总额－不征税收入－免税收入－各项扣除－以前年度亏损

应纳税所得额＝利润总额±调整项目

应纳所得税额＝上月（季）应纳税所得额×税率

在实际过程中，应纳税所得额的计算一般有两种方法。

（一）直接计算法

在直接计算法下，企业每一纳税年度的收入总额减除不征税收入、免税收入、各项扣除以及允许弥补的以前年度亏损后的余额为应纳税所得额。计算公式与前述相同，即为：

应纳税所得额＝收入总额－不征税收入－免税收入－各项扣除－以前年度亏损

（二）间接计算法

在间接计算法下，在会计利润总额的基础上加或减按照税法规定调整的项目金额后，即为应纳税所得额。计算公式为：

应纳税所得额＝会计利润总额±纳税调整项目金额

纳税调整项目金额包括两方面的内容：一是企业的财务会计处理和税收规定不一致应予以调整的金额；二是企业按税法规定准予扣除的税收金额。

[例1] 某企业为居民企业，201×年发生经营业务如下：

（1）取得产品销售收入4 000万元。

（2）发生产品销售成本2 600万元。

（3）发生销售费用770万元（其中广告费650万元）；管理费用480万元（其中业务招待费25万元）；财务费用60万元。

（4）销售税金160万元（含增值税120万元）。

（5）营业外收入80万元，营业外支出50万元（含通过公益性社会团体向贫困山区捐款30万元，支付税收滞纳金6万元）。

（6）计入成本、费用中的实发工资总额200万元、拨缴职工工会经费5万元、发生职工福利费31万元、发生职工教育经费7万元。

要求：计算该企业201×年度实际应纳的企业所得税。

（1）会计利润总额 $=4\ 000+80-2\ 600-770-480-60-40-50=80$（万元）

（2）广告费和业务宣传费调增所得额 $=650-4\ 000\times15\%=650-600=50$（万元）

（3）业务招待费调增所得额 $=25-25\times60\%=25-15=10$（万元）

$4000\times5‰=20$（万元）$>25\times60\%=15$（万元）

（4）捐赠支出应调增所得额 $=30-80\times12\%=20.4$（万元）

（5）工会经费应调增所得额 $=5-200\times2\%=1$（万元）

（6）职工福利费应调增所得额 $=31-200\times14\%=3$（万元）

（7）职工教育经费应调增所得额 $=7-200\times2.5\%=2$（万元）

（8）应纳税所得额 $=80+50+10+20.4+6+1+3+2=172.4$（万元）

（9）201×年应缴企业所得税 $=172.4\times25\%=43.1$（万元）

第四节　企业所得税的会计处理

财务会计和税法体现着不同的经济关系，分别遵循不同的原则，服务于不同的目的。财务会计核算必须遵循一般会计原则，符合会计的有关概念框架以及会计准则对实务的要求，其目的是为了全面、真实、公允地反映企业的财务状况、经营业绩，以及财务状况变动的全貌，为会计报表的使用者提供有用的财务信息资料，为投资者、债权人、企业管理者等方面进行决策提供可靠的依据。税法是以课税为目的，根据经济合理、公平税负、促进竞争的原则，依据有关的税收法规，确定一定时期内纳税人应交纳的税额。从所得税角度考虑，主要确定企业的应纳税所得额（以下简称应税所得），以对企业的经营所得以及其他所得进行征税。税法还是国家调节经济活动、为宏观经济服务的一种必要手段。

财务会计和税收法规的本质差别在于确认收入实现和费用扣减的时间与标准的不同。由于财务会计是按照会计准则和制度核算收入、费用、利润、资产、负债等，税法是按照税收法规确认收入、费用、利润、资产、负债等，因此，按照财务会计方法计算的利润与按照税法规定计算的应税所得之间结果不一定相同。

所得税会计原理就是研究如何处理按照会计准则确认的资产和负债的账面价值或税前会计利润（Accounting Profit）与按照税法确认的资产和负债计税基础（Tax Basis）或应税所得之间差异的会计理论和方法。这里所指的会计准则是进行财务会计核算的基础，是各类会计法规的统称；税法是有关税收法规的统称。

一、所得税会计的产生和发展

从20世纪50年代初起，企业所得税会计处理就已经成为引起最大争议的课题，争论主要围绕着所得税的分摊问题。有关会计人士提出，为了更好地反映各项收益，所得税能否像其他费用一样在各期间进行分配？如果能够进行分配，其理论基础是什么？如何进行这一分配？

在美国，美国会计师协会中的会计程序委员会1944年发布的第23号公告是第一个建议对实际发生的应付所得税进行期内和跨期分配的权威性会计公告。1954年美国开始关于所得税分配的持久争论，在这一年中，其颁布的收入法案允许出于税法目的采用加速折旧方法（如年限总和法），而出于会计目的计算的折旧一般采用直线法，随之产生了出于会计目的和出于税法目的而记录的折旧之间的重大差异。1967年，美国会计准则委员会（APB，即美国财务会计准则委员会FASB的前身）发布了第11号意见书，取消了所得税会计处理中的“当期计列法”（即应付税款法），并确定采用“全面所得税分摊法”。APB第11号要求采用递延所得税法来核算所得税，目的是将所得税费用和相关的当年的收入与费用相配比。在全面所得税分摊法下，如果在某一年度为会计和税法目的而确认的收入和费用存在时间差异对未来所得税的影响金额，可以在时间性差异转回的时候递延于未来的年度中。APB第11号意见颁布以后，美国会计准则委员会相继公布了一些直接阐述所得税会计的意见、公报和解释。这些声明所阐述的内容，是为了补充第11号意见书中提出的法规或对有关问题作进一步的解释，并对第11号意见书中的一些概念提供具体的运用方法。但是，众多批评家对第11号意见书提出评论，他们认为，运用这种方法，在理解和应用上都十分困难，导致了各种不同的解释，从而在实践中产生很大的分歧。这种处理方法运用时的成本过高，但并未产生更多的利益，即运用这种方法提供的会计信息对会计报表阅读者而言也未产生预期的效果。而且，APB第11号过分强调递延税款贷项的重要性，不符合会计原则中的有关概念。同时，他们认为，APB第11号意见书与国际上的做法不一致。

1982年，美国会计准则委员会重新考虑所得税会计。1986年，委员会发布了《所得税会计征求意见稿》，征求意见稿中建议采用资产和负债法来对当年和以前年度由企业经营活动所产生的所得税的影响进行核算。1987年1月委员会组织了关于对征求意见稿的意见听取会。根据收到的评论和公众听取意见会上的信息，委员会重新考虑了其在征求意见稿中的建议。1987年12月，FASB发布了第96号公告《所得税会计》，该公告应用于1988年12月15日以后的财务年度的会计报表，但是96号公告发布后由于对所得税会计的处理原则以及方法仍然存在不同的意见，FASB曾两次推迟执行时间，并推迟至1992年12月15日以后财务年度的会计报表。1989年3月，FASB发布了特别报告《对实行第96

号公告所得税会计的指导》。第96号公告发布后，委员会收到了一些评论家的意见，要求修改该公告，改变确认和计量递延所得税资产的标准，减少安排未来暂时性差异转回时间方面的复杂性及考虑有前提的税收计划战略的要求。1989年3月，委员会开始对96号公告进行修改。1991年6月，委员会发布了《所得税会计征求意见稿》，该征求意见稿保留了第96号公告中以资产和负债法核算和报告所得税的规定，但是减少了准则的复杂性并改变了确认和计量所得税资产的标准，经过征求意见，于1991年10月最终完成了109号公告。

国际会计准则委员会（IASC）于1979年7月发布了第12号公告《所得税会计》，要求采用纳税影响会计法进行所得税会计处理；1985年国际会计准则委员会成立了课题组，专门研究修改第12号公告；1989年1月，国际会计准则委员会发布了《所得税会计征求意见稿》（E33），建议采用损益表债务法进行所得税会计处理；1994年10月，国际会计准则委员会再次发布了《所得税会计征求意见稿》（E49），该征求意见稿基本上采纳了美国的109号公告所提出的处理办法；1996年国际会计准则委员会正式发布了修订后的《国际会计准则12——所得税》，新发布的准则所采用的方法和原则与E49基本一致。这份经过实质性修订的IAS12，于1998年生效，2000年IASB又根据研究进展，对IAS12作了进一步有限的修订。12号准则强调：企业所得税的期间分配的计算要采用债务法。债务法侧重于资产负债表，以准确、恰当地计算资产和负债为最高目标——尤其是恰当地列报递延所得税资产和负债，使其符合IASB概念框架中资产和负债的定义。

在我国，1994年以前，会计准则与税法在收入、费用、利润、资产、负债等确认和计量方面基本一致，按会计准则规定计算的税前会计利润与按税法规定计算的应税所得基本一致。1992年9月4日第七届全国人民代表大会常务委员会第二十七次会议修订的《中华人民共和国税收征收管理法》第十三条规定：从事生产、经营的纳税人的财务会计制度或者财务会计处理办法与国务院或者国务院财政、税务主管部门有关税收的规定抵触的，应当按照国务院或者国务院财政、税务主管部门有关税收的规定计算纳税。1994年税制改革以后，会计准则与税法中对有关收益、费用或损失等的确认方法产生了较大的差异。随着我国的税法与会计准则在确认收益、费用或损失等方面差异的逐步扩大，为了真实反映企业的财务状况和经营成果，财政部于1994年发布了《企业所得税会计处理暂行规定》，规定中对所得税会计处理作了如下几点调整：

（1）明确企业可以选择采用“应付税款法”或“纳税影响会计法”进行所得税会计核算。采用“纳税影响会计法”核算的企业，可以在递延法和债务法两种方法中选择一种。

（2）确认所得税作为一项费用，在利润表净利润前扣除。

（3）采用纳税影响会计法核算时，确认时间性差异对未来所得税的影响，并将其金额反映在资产负债表的递延借项或递延贷项项目内。

2001年，财政部将所得税会计作为制度正式写入《企业会计制度》，使得所得税账务处理日趋完善，同时对规范我国所得税会计处理起着重要的指导作用。

2007年，为了规范企业所得税的确认、计量和相关信息的列报，财政部推出《企业会计准则第18号——所得税》，并在上市公司实施。准则按照国际框架准则的要求，强调企业采用资产负债表债务法。

二、所得税会计的理论基础

（一）当期计列法与跨期所得税分摊

会计准则与税法在收益、费用、资产、负债等的确认、计量方面的差异所导致的税前会计利润与应税所得之间的差异，在进行所得税会计处理时，是按照应税所得与现行所得税税率计算的所得税金额作为本期所得税费用，还是按照收益与费用配比原则计算的所得税金额作为本期所得税费用；对于发生的时间性差异是否需要在会计报表上作为一项要素予以确认和计量，存在着不同的观点。也就是所得税费用是采用当期计列法，还是采用跨期所得税分摊法。这两种方法从不同的角度分析了所得税费用与税前会计利润或应税所得之间的关系，以及时间性差异的所得税影响是否构成资产或负债的定义，从而形成了在所得税会计处理中理论上争论的一个主要问题。

1. 当期计列法（即应付税款法）

当期计列法，是以企业纳税申报表上所列示的本期应付所得税作为本期所得税费用，列入利润表。采用这种方法，会计准则与税法之间产生的各种差异均于本期确认所得税费用，本期所得税费用等于本期应交所得税。当期计列法的基本观点是，所得税与应税所得存在着必然的联系。所得税只来源于应税所得，即只有当经济事项的所得与确定该期的应税所得结合起来时才产生所得税。会计核算的重点应放在当发生应税所得时，对当期所得税费用才予以确认，而不必将所得税与企业的税前会计利润联系起来。采用跨期所得税分摊，掩盖了真实的经营成果。跨期所得税分摊得出的净利润是虚设的，使其人为地均衡各期收益，它掩盖了管理者试图减轻税负的行为。

2. 跨期所得税分摊

跨期所得税分摊，指将时间性差异所产生的未来所得税影响数分别确认为负债或资产，并将此所得税影响数递延至以后期间分别确认为所得税费用（或利益）。采用这种方法，本期发生的时间性差异在资产负债表上确认为一项负债或一项资产，同时确认本期所得税费用（或利益）。跨期所得税分摊的基本观点是，在交易或事项影响会计报表收益的期间，应当确认同期对所得税费用的纳税影响。所得税是由交易或事项引起的，一个时期的经营成果与所得税有密切的联系，因此，当交易或事项产生会计收益时，应于同期间确认所得税费用，以遵循配比原则。跨期所得税分摊所计算的本期所得税费用直接与本期税前会计利润相联系；能真实反映企业各期的净利润，避免采用当期计列法时造成各期间净利润忽高忽低。

尽管存在不同的意见，但国际会计准则委员会以及国外主要国家均采用跨期所得税分摊。

（二）所得税分摊的程度

跨期所得税分摊的基本理论是，所有时间性差异会产生所得税影响，而这些影响应与产生这些时间性差异的经济事项的会计报告相匹配。尽管目前世界上主要国家都采用跨期所得税分摊，但在如何分摊、分摊到何种程度上，又有不同的选择，主要有部分分摊和全面分摊两种。

1．部分分摊

部分分摊，是指对非重复发生的时间性差异才作跨期所得税分摊，而对那些重复发生的时间性差异则不需要采用跨期所得税分摊。在重复发生时间性差异的情况下，由于那些重复发生的时间性差异在原有时间性差异转回时又对发生新的时间性差异予以抵消，而使原确认的时间性差异对所得税的影响金额永远不需要支付或不可抵减，会计确认今后不能转回的时间性差异对所得税的影响金额是毫无意义的。如，固定资产折旧，会计报表上采用直线法，税法上按年数总和法在应税所得前予以扣除，在资产有效使用期限的前一期间，会产生应纳税时间性差异，而在后一期间转回时会产生应税所得。但在转回应纳税时间性差异时因又购置了新的固定资产，产生新的应纳税时间性差异，抵消了原应转回的时间性差异。因此，主张部分分摊法者认为，此种差异所产生的递延负债是一种或有负债，通常不会产生现金流出，因而不能确认由此产生的所得税影响，即不需要作跨期所得税分摊。采用部分分摊法时，只对那些预期在未来能够转回的时间性差异对所得税的影响予以计量、确认并递延。

2．全面分摊

全面分摊，是指在进行所得税会计处理时，对所有的时间性差异都作跨期所得税分摊，即无论是重复发生的，还是非重复发生的时间性差异，都应确认对未来所得税的影响。主张全面分摊法者认为：根据时间性差异的定义可知，既然是时间性的就不可能是永久性的，每个时间性差异都可以转回，而不应受未来事项的影响。会计应以本期或过去交易或事项作为基础进行计量和确认，而不应将预测的未来可能产生的交易或事项与过去的交易或事项进行抵消。未来可能产生的时间性差异对所得税的影响与已确认的时间性差异对所得税的影响的抵消，并不意味着这种时间性差异的纳税影响不能确切计量，尽管两个经济事项的纳税影响可以互相抵消，但并不影响它们各自独立的确认和计量。部分分摊法是基于经济持续繁荣，并且在不发生任何意外的假设下，当这一假设不成立时，往往导致递延税款账户的部分或全部结算，即可能造成未来所得税的支付或所得税减少，而账户是反映现存事项的经济结果，会计不能建立在有疑问的假设基础上，因此，无论是重复发生的还是非重复发生的时间性差异对所得税的影响，均应作跨期所得税分摊。

就目前所掌握的资料，澳大利亚要求一律采用全面分摊法；加拿大、美国和国际会计准则要求大多数情况下采用全面分摊法，但也允许对少数可个别辨认的时间性差异运用部分分摊法；德国、中国香港则对预计今后不可转回的时间性差异采用部分分摊法。

（三）所得税的性质

另外一个引起争论的问题是，所得税究竟是一项费用，还是收益的分配，确定所得税的性质也是确定是采用当期计列法进行所得税会计处理，还是采用跨期所得税分摊的前提，即所得税如为费用才能递延，而如为收益的分配则不能递延。

1．所得税作为收益的分配

主张所得税作为收益的分配者认为，企业本期利润中负担的所得税是企业纯收入的一部分，其性质是利润的分配，而不是费用，它的性质与利润计算公式中的“收入－费用（或成本）＝利润”中的费用是不一样的，所得税与股利性质相同，股利是支付给股东的，所得税是支付给政府的。

2. 所得税是一项费用

主张所得税是一项费用者认为，企业为最终拥有的净利润而发生的一切支出都是费用，所得税也是为了使企业最终获得净利润而发生的支出，应作为一项费用。他们认为：所得税与企业交纳的房产税、印花税一样，是企业的一项费用支出，区别仅是计税依据不同。所得税是否作为费用，应视其费用的定义。费用通常指企业为了取得一定收入或进行其他生产、经营活动而导致企业经济利益的减少，这种经济利益的减少主要表现为资产的流出或负债的增加，所得税也是企业为取得一定的收益而导致的资产流出，应将其作为费用处理。

尽管各种观点不同，但国际会计准则委员会以及世界上一些主要国家均把所得税作为一项费用看待，在净利润前扣除。

三、时间性差异和永久性差异

（一）时间性差异（Timing Differences）

时间性差异，指税法与会计制度在确认收益、费用或损失时的时间不同而产生的税前会计利润与应纳税所得额的差异。时间性差异发生于某一会计期间，但在以后一期或若干期内能够转回。时间性差异主要有以下几种类型：

（1）企业获得的某项收益，在会计报表上确认为当期收益，但按照税法规定需待以后期间确认为应税所得。如按照会计制度规定，对长期投资采用权益法核算的企业，应在期末按照被投资企业的净利润以及投资比例确认投资收益。但按照税法规定，投资企业投资收益需待被投资企业实际分得利润或于被投资企业宣告分派利润时才计入应税所得，从而产生应纳税时间性差异。这里的应纳税时间性差异是指未来应增加应税所得的时间性差异。

（2）企业发生的某项费用或损失，在会计报表上确认为当期费用或损失，但按照税法规定待以后期间从应税所得中扣减。如产品保修费用，按照权责发生制原则可于产品销售的当期计提，但按照税法规定于实际发生时从应税所得中扣减，从而产生可抵减时间性差异。这里的可抵减时间性差异是指未来可以从应税所得中扣除的时间性差异。

（3）企业获得的某项收益，在会计报表上于以后期间确认收益，但按照税法规定需计入当期应税所得。如某些收益按照税法规定在逾期一定时期后仍然未支付的，应确认为收益，计入应税所得。但按照会计制度确定的原则，可以视具体情况于以后期间确认收益，从而产生可抵减时间性差异。

（4）企业发生的某项费用或损失，在会计报表上于以后期间确认为费用或损失，但按照税法规定可以从当期应税所得中扣减。如固定资产折旧，按照税法规定可以采用加速折旧方法；出于财务会计目的采用直线法，在固定资产使用初期，从应税所得中扣减的折旧金额会大于计入当期损益的折旧金额，从而产生应纳税时间性差异。

时间性差异的基本特征是：某项收益或费用和损失均可计入税前会计利润和应税所得，但计入税前会计利润和应税所得的时间不同。上述（1）、（4）项差异，会使本期税前会计利润大于应税所得，从而产生应纳税时间性差异；而（2）、（3）项差异，会使税前会计利润小于应税所得，从而产生可抵减时间性差异。上述差异是由于会计制度确认损益的时间与税法规定确认损益的时间不同所造成的，所以称其为时间性差异。

（二）永久性差异（Permanent Differences）

永久性差异是指某一会计期间，由于会计制度和税法在计算收益、费用或损失时的口径不同，所产生的税前会计利润与应纳税所得额之间的差异。这种差异在本期发生，不会在以后各期转回。永久性差异有以下几种类型：

（1）按会计制度规定核算时作为收益计入会计报表，在计算应税所得时不确认为收益。会计制度与税法对收益的确认标准不同，在某些情况下，会计制度将其作为收益计入利润表，但在计算应税所得时则不作为收益。如我国税收法规规定，企业购买的国债利息收入不计入应税所得，不交纳所得税，但按照会计规定，企业购买国债产生的利息收入，计入当期损益。

（2）按会计制度规定核算时不作为收益计入会计报表，在计算应税所得时作为收益，需要交纳所得税。某些收益按照税法规定应计入应税所得，但按会计制度规定的原则不确认为收益，不计入利润表。如企业以自己生产的产品用于工程项目，税法上规定按该产品的售价与成本的差额计入应税所得，但按会计制度规定则按成本转账，不产生利润，不计入当期损益。

（3）按会计规定核算时确认为费用或损失计入会计报表，在计算应税所得时则不允许扣减。如各种赞助费，按会计制度规定计入当期利润表，减少当期利润，但在计算应税所得时则不允许扣减。

（4）按会计制度规定核算时不确认为费用或损失，在计算应税所得时则允许扣减，如加计扣除费用，按照会计要求，这些费用或损失不能计入利润表，但在计算应税所得时允许抵减。

从产生永久性差异的四种情况看，可归结为两类，一类是作为税前会计利润的收益和可在税前会计利润中扣除的费用或损失，但不作为计算应税所得的收益和不能在应税所得前扣除的费用或损失；另一类是不作为税前会计利润的收益和不能在税前会计利润中扣除的费用或损失，但在计算应税所得时作为收益和可在应税所得前扣除的费用或损失。由此产生两种结果：一是税前会计利润大于应税所得［即上述（1）、（4）情况］；二是税前会计利润小于应税所得［即上述（2）、（3）情况］。在第一种结果下，产生的永久性差异不需要交所得税，在计算应税所得时，从税前会计利润中扣除永久性差异，将税前会计利润调整为应税所得；在第二种结果下，产生的永久性差异需要交纳所得税，永久性差异产生的应交所得税应在当期确认所得税费用。在计算应税所得时，应将税前会计利润调整为应税所得。在仅存在永久性差异的情况下，按照税前会计利润加减永久性差异调整为应税所得，按照应税所得和现行所得税税率计算的应交所得税作为当期所得税费用。

四、会计处理方法

会计制度与税法在收益、费用或损失的确认和计量原则方面的不同，导致按照会计制度计算的税前会计利润与按照税法规定计算的应税所得之间的差异，在会计核算中可以采用两种不同的方法进行处理，即应付税款法和纳税影响会计法。

（一）科目设置

在进行所得税会计核算时，需要设置以下会计科目：

（1）“所得税费用”（Tax Expense）科目，核算企业从本期损益中扣除的所得税费用，其借方发生额反映企业计入本期损益的所得税费用；贷方发生额反映转入“本年利润”科目的所得税费用。期末结转本年利润后，“所得税费用”科目即无余额。

（2）“递延税款”（Deferred Tax）科目，核算企业由于时间性差异产生的影响所得税费用的金额，以及以后各期转回的金额。其贷方发生额反映企业本期时间性差异所产生的未来应交的所得税费用金额，以及本期转回原已确认的可抵减本期应税所得的时间性差异的所得税金额；其借方发生额反映企业本期时间性差异所产生的未来可抵减的所得税金额，以及本期转回原已确认的本期应计入应税所得的时间性差异的所得税金额；期末贷方（或借方）余额反映已确认但尚未转回的时间性差异对未来所得税的影响金额。

采用债务法时，“递延税款”的贷方（或借方）发生额还反映税率变动或开征新税调整的递延税款金额。

（3）“递延所得税资产”（Deferred Tax Asset）科目，核算企业确认的可抵扣暂时性差异产生的递延所得税资产。本科目应按可抵扣暂时性差异等项目进行明细核算。根据税法规定可用以后年度税前利润弥补的亏损及税款抵减产生的所得税资产，也在本科目核算。本科目期末借方余额反映企业确认的递延所得税资产。具体核算参见“资产负债表债务法”部分。

（4）“递延所得税负债”（Deferred Tax Liability）科目，核算企业确认的应纳税暂时性差异产生的所得税负债。本科目可按应纳税暂时性差异的项目进行明细核算。

本科目期末贷方余额反映企业确认的递延所得税负债。具体核算参见“资产负债表债务法”部分。

（5）“应交税费”（Tax Payable）科目，核算企业按照税法等规定计算应交纳的各种税费，包括增值税、消费税、营业税、所得税、资源税、土地增值税、城市维护建设税、房产税、土地使用税、车船使用税、教育费附加、矿产资源补偿费等。企业代扣代缴的个人所得税等，也通过本科目核算。

对于一个企业而言，若根据企业会计制度规定，所得税费用的会计处理只能选择一种方法进行核算，即一个企业或者采用应付税款法进行核算，或者采用纳税影响会计法进行核算。在选择采用应付税款法进行所得税费用会计处理时，由于不核算时间性差异对未来所得税费用的影响金额，只需要设置“所得税费用”科目，不需要设置“递延税款”科目。在选择采用纳税影响会计法进行所得税费用会计处理时，由于需要核算时间性差异对未来所得税的影响金额，因而需要设置“所得税费用”和“递延税款”两个科目。

（二）应付税款法

应付税款法是将本期税前会计利润与应税所得之间产生的差异均在当期确认所得税费用。这种核算方法的特点是：本期所得税费用按照本期应税所得与适用的所得税税率计算的应交所得税，即本期从净利润中扣除的所得税费用等于本期应交的所得税。时间性差异产生的影响所得税的金额均在本期确认所得税费用，或在本期抵减所得税费用，时间性差异产生的影响所得税的金额，在会计报表中不反映为一项负债或一项资产。例如，按照我国税法规定，企业实际支付给职工的工资可以全部计入成本费用，但同时又给企业规定一个合理计税的工资总额，即无论企业实际支出多少工资，都可计入成本费用，但在计算应税所得时只能按不超过合理计税工资总额的金额从应税所得中扣除。在这种情况下，按合理计税工资总额计算的应税所得和按实际发放的工资总额计算的税前会计利润之间则可能产生一个差额。又如，企业采用的会计折旧方法如与税法规定不一致，可能产生税前会计利润与应税所得不一致的问题。在采用应付税款法进行处理时，应按税法规定，对本期税前会计利润进行调整，调整为应税所得。按照应税所得计算的本期应交所得税，作为本期的所得税费用。

［例1］A企业确定的全年合理计税工资总额为100 000元，201×年实际发放的工资为120 000元。该企业固定资产折旧采用直线法，本年折旧额为50 000元，按照税法规定采用双倍余额递减法，本年折旧额为65 000元。该企业201×年利润表上反映的税前会计利润为150 000元，所得税税率为25%。该企业本期应交所得税和本期所得税费用如下：

（1）税前会计利润　150 000

加：永久性差异　20 000

减：时间性差异　15 000

应税所得　155 000

所得税税率　25%

本期应交所得税　38 750

本期所得税费用　38 750

（2）201×年会计分录：

借：所得税费用（所得税）　38 750

贷：应交税费——应交所得税　38 750

（3）实际上交所得税：

借：应交税费——应交所得税　38 750

贷：银行存款　38 750

本期发生会计折旧50 000元，按税法规定可在应税所得前扣除的折旧费用65 000元，差异15 000元，如按照现行所得税税率25%计算，影响当期所得税费用的金额为3 750元。本期计税工资总额为100 000元，实际发放工资为120 000元，差异20 000元，影响当期所得税费用的金额为5 000元。

可见，在应付税款法下，本期发生的时间性差异不单独核算，与本期发生的永久性差异同样处理。也就是说，不管税前会计利润是多少，在计算交纳所得税时均应按税法规定对税前会计利润进行调整，调整为应税所得，再按应税所得计算出本期应交的所得税，作为本期所得税费用，即本期所得税费用等于本期应交所得税。

（三）纳税影响会计法

纳税影响会计法，是将本期时间性差异的所得税影响金额，递延和分配到以后各期。采用纳税影响会计法，所得税被视为企业在获得收益时发生的一项费用，并应随同有关的收入和费用计入同一期内，以达到收入和费用的配比。时间性差异影响的所得税金额，包括在利润表的所得税项目内，以及资产负债表中的递延税款余额里。

纳税影响会计法与应付税款法的主要区别是：应付税款法不确认时间性差异的所得税影响金额，时间性差异的所得税影响金额确认为本期所得税费用或抵减本期所得税费用；纳税影响会计法确认时间性差异的所得税影响金额，并将确认的时间性差异的所得税影响金额计入递延税款的借方或贷方，同时确认所得税费用或抵减所得税费用。例如，企业本期折旧费用3 000 元，税法允许的在应税所得前扣除的折旧费用为4 000 元，所得税税率25%，在采用纳税影响会计法核算时，这项时间性差异的所得税影响金额为250 元[(4 000 - 3 000) × 25%]，计入“递延税款”科目的贷方，表明在未来计入损益的折旧费用大于税法允许在应税所得前扣除的折旧费用时应交的所得税。同时，由于本期折旧费用为3 000 元，小于允许在应税所得前扣除的折旧费用（在不存在其他因素的情况下），会使税前会计利润大于应税所得，为使本期实现的税前会计利润与所得税费用相配比，时间性差异1 000 元产生的所得税影响金额250 元，作为本期所得税费用，计入本期损益。在采用应付税款法核算时，时间性差异1 000 元产生的所得税影响金额250 元，作为减少本期所得税费用的因素。

纳税影响会计法与应付税款法的共同点是：按会计规定计算的税前会计利润与按税法规定计算的应税所得之间产生的永久性差异，均在产生的当期确认为所得税费用或抵减所得税费用。

1. 税率不变情况下的会计处理

在采用纳税影响会计法核算所得税时，假如所得税税率保持不变，则本期发生的时间性差异对未来所得税的影响，表明今后转回时间性差异时应付或可抵减的所得税。下面以例子说明在所得税税率不变的情况下，采用纳税影响会计法的核算方法。

[例2] A 企业核定的全年合理计税工资总额为100 000 元，年实际发放的工资为120 000元。该企业固定资产折旧采用直线法，本年折旧额为50 000 元，按照税法规定采用双倍余额递减法，本年折旧额为65 000 元。该企业201×年利润表上反映的税前会计利润为150 000 元，所得税税率为25%。该企业本期应交所得税和本期所得税费用如下(注：本例与上例采用应付税款法核算的例子相同)：

(1) 税前会计利润　150 000
　　加：永久性差异　20 000
　　减：时间性差异　15 000
　　应税所得　155 000
　　所得税税率　25%
　　本期应交所得税　38 750
　　应纳税时间性差异的所得税影响金额　3 750 (15 000 × 25%)
　　本期所得税费用　42 500 (38 750 + 3 750)

(2) 201×年会计分录：
　　借：所得税费用　42 500
　　　　贷：应交税费——应交所得税　38 750
　　　　　　递延税款　3 750

从上述例子可见：

(1) 采用应付税款法时，不确认本期发生的时间性差异对未来所得税的影响金额，按照本期应税所得计算的应交所得税作为本期所得税费用；在采用纳税影响会计法时，需要确认时间性差异对未来所得税的影响金额，并作为本期所得税费用的组成部分。在本例中，按照应付税款法计算的本期所得税费用为38 750元，按照纳税影响会计法计算的本期所得税费用为42 500元，两种计算方法对本期所得税费用的影响金额为3 750元，即为应纳税时间性差异对未来所得税的影响金额。也就是说，在其他条件不变的情况下，未来就该项固定资产折旧上的差异需要交纳3 750元的所得税。

（2）采用应付税款法或纳税影响会计法核算时，对永久性差异的处理方法是一致的，即永久性差异确认为本期所得税费用或抵减本期所得税费用。当本期发生的永久性差异已从税前会计利润中扣除，但不能在应税所得前扣除时，本期发生的永久性差异则构成本期所得税费用。例如，某企业本期实现的税前会计利润为350 000元，本期发生的违反税收的罚款10 000元，这10 000元已经从税前会计利润中扣除，但在计算应税所得时不允许扣除，假如该企业所得税税率为25%。该企业计算的应税所得为360 000元（350 000 + 10 000），大于税前会计利润10 000元，这10 000元应交的所得税2 500元，确认为本期所得税费用；当本期发生的永久性差异未从税前会计利润中扣除，但能够从本期应税所得前扣除时，则本期发生的永久性差异成为抵减本期所得税费用的因素。例如，某企业本期实现的税前会计利润为300 000元，原未计入税前会计利润的支出20 000元，可从应税所得前扣除，假如该企业所得税税率为25%。该企业计算的应税所得为280 000元（300 000 − 20 000），小于税前会计利润20 000元，这20 000元可抵减本期所得税费用的金额为5 000元（20 000 × 25%）。虽然采用应付税款法和采用纳税影响会计法对永久性差异的处理方法是一致的，但是，两者的核算基础不同，应付税款法是在收付实现制基础上进行的会计处理，而纳税影响会计法是在权责发生制基础上进行的会计处理。

（3）采用纳税影响会计法核算时，在不存在永久性差异和其他某些特殊情况时，本期所得税费用是按照会计制度计算的本期税前会计利润所应承担的所得税费用，符合配比原则，即一定时期的收益与一定时期的所得税费用相配比。例如，某企业本期实现的税前会计利润为500 000元，本期发生的应纳税时间性差异为50 000元，假如该企业所得税税率为25%，并无其他纳税调整事项，则该企业本期应交所得税为112 500元（450 000 × 25%），本期递延税款贷方发生额为12 500元（50 000 × 25%），本期所得税费用为125 000元（112 500 + 12 500）。这样处理的结果，使本期所得税费用反映现行的所得税税率为25%（125 000 ÷ 500 000）。

2. 税率变动情况下的会计处理

在具体运用纳税影响会计法核算时，有两种可供选择的方法，即递延法和债务法。在所得税税率不变的情况下，无论是采用递延法还是债务法核算，其结果都相同；但在所得税税率变动的情况下，两种处理方法的结果不完全相同。

（1）递延法。递延法是将本期时间性差异产生的影响所得税的金额，递延和分配到以后各期，并同时转回原已确认的时间性差异对本期所得税的影响金额。

递延法的特点在于：①采用递延法核算时，资产负债表上反映的递延税款余额，并不代表收款的权利或付款的义务。采用递延法进行会计处理时，递延税款的账面余额是按照产生时间性差异的时期所适用的所得税税率计算确认，而不是用现行税率计算的。在税率变动或开征新税时，对递延税款的账面余额不作调整。即递延税款账面余额不符合负债和资产的定义，不能完全反映为企业的一项负债或一项资产。例如，一项固定资产折旧在第1年产生应纳税时间性差异200 000元，当时的所得税税率为25%，则产生递延税款贷方金额50 000元（200 000×25%）。第2年又产生200 000元应纳税时间性差异，但第2年的税率改为20%，第2年产生的递延税款贷方金额为40 000元（200 000×20%），第2年年末递延税款的累计贷方余额为90 000元（50 000+40 000），不完全是企业未来应交的所得税，而未来应付的所得税为80 000元。所以，在递延法下，资产负债表上反映的递延税款余额，不代表收款的权利或付款的义务，只能视其为一项借项或贷项。②本期发生的时间性差异影响所得税的金额，用现行税率计算，以前的税率差额不在当期进行调整，转回的各项时间性差异影响所得税的金额，一般用当初的原有税率计算，当原有税率的时间性差异影响所得税金额转完后，再用变动后的新税率继续结转。如上例，如果该项固定资产的折旧所产生的时间性差异在第3年转回100 000元，虽然所得税税率已经改为20%，仍然应按照第1年25%的所得税税率计算转回，即第3年转回的递延税款金额为25 000元（100 000×25%）。

采用递延法时，一定时期的所得税费用包括：①本期应交所得税；②本期发生或转回的时间性差异所产生的递延税款贷项或借项。

上述本期应交所得税，是指按照应税所得和现行所得税税率计算的本期应交所得税；本期发生或转回的时间性差异所产生的递延税款贷项或借项，是指本期发生的时间性差异用现行所得税税率计算的未来应交的所得税和未来可抵减的所得税会计税金额，以及本期转回原确认的递延税款借项或贷项。按照上述本期所得税费用的构成内容，可列示公式如下：

本期所得税费用＝本期应交所得税＋本期发生的时间性差异所产生的递延税款贷项金额－本期发生的时间性差异所产生的递延税款借项金额＋本期转回的前期确认的递延税款借项金额－本期转回的前期确认的递延税款贷项金额

本期发生的时间性差异所产生的递延税款贷项金额＝本期发生的应纳税时间性差异×现行所得税税率本期发生的时间性差异所产生的递延税款借项金额＝本期发生的可抵减时间性差异×现行所得税税率

本期转回的前期确认的递延税款借项金额＝本期转回的可抵减本期应税所得的时间性差异(即前期确认本期转回的可抵减时间性差异)×前期确认递延税款时的所得税税率

本期转回的前期确认的递延税款贷项金额＝本期转回的增加本期应税所得的时间性差异(即前期确认本期转回的应纳税时间性差异)×前期确认递延税款时的所得税税率

［例3］假如A企业第二年所得税税率改为20%，本年实现的税前会计利润与上一年相同，上一年的会计处理同例2。其他资料如例1。该企业第二年所作的会计处理如下：

税前会计利润	150 000
加：永久性差异	20 000
减：时间性差异	15 000
应税所得	155 000
所得税税率	20%
本期应交所得税	31 000

应纳税时间性差异的所得税影响金额　　3 000（15 000×20%）

本期所得税费用　　34 000（31 000+3 000）

借：所得税费用　　34 000

　贷：应交税费——应交所得税　　31 000

　　　递延税款　　3 000

（2）债务法。债务法是指本期由于时间性差异产生的影响所得税的金额，递延和分配到以后各期，并同时转回已确认的时间性差异的所得税影响金额，在税率变动或开征新税时，需要调整递延税款的账面余额。

债务法的特点在于：①本期的时间性差异预计对未来所得税的影响金额，在资产负债表上作为未来应付税款的债务，或者作为代表预付未来税款的资产。采用债务法进行会计处理时，递延税款的账面余额按照现行所得税税率计算，而不是按照产生时间性差异的时期所适用的所得税税率计算。因此，在税率变动或开征新税时，递延税款的账面余额要进行相应的调整。例如，一项固定资产折旧在第 1 年产生的应纳税时间性差异为 300 000 元，当时的所得税税率为 25%，则产生递延税款贷方发生额为 75 000 元（300 000×25%）。第 2 年又产生 300 000 元的应纳税时间性差异，但第 2 年的税率改为 20%，第 2 年产生的应纳税时间性差异所形成的递延税款贷方发生额为 60 000 元（300 000×20%）；同时，由于第 1 年发生的应纳税时间性差异所形成的递延税款贷方余额，是按照原 25% 的所得税税率计算的结果，如果以后年度所得税税率均为 20%，则第 2 年年末累计应纳税时间性差异的所得税影响金额应为 120 000 元（600 000×20%），即递延税款账面余额在第 2 年年末应为 120 000 元。但是，由于该企业第 1 年应纳税时间性差异是按照 25% 的所得税税率计算的，至第 2 年年末时，递延税款账面余额实际为 135 000 元（300 000×25% +300 000×20%）。在采用债务法时，应将原多计的 15 000 元（300 000×5%）调整本期所得税费用，表明原计入损益的所得税费用多计了 15 000 元，使递延税款的账面余额等于累计时间性差异与现行所得税税率的乘积。所以，从理论上讲，债务法比递延法更科学，即按照债务法计算的递延税款账面余额，在资产负债表上反映为一项负债或一项资产。②在采用债务法时，本期发生或转回的时间性差异的所得税影响金额，均应用现行税率计算确定。

采用债务法时，一定时期的所得税费用包括：①本期应交所得税；②本期发生或转回的时间性差异所产生的递延所得税负债或递延所得税资产；③由于税率变更或开征新税，对以前各期确认的递延所得税负债或递延所得税资产账面余额的调整数。

按照上述本期所得税费用的构成内容，可列示公式如下：

本期所得税费用 = 本期应交所得税 + 本期发生的时间性差异所产生的递延所得税负债 − 本期发生的时间性差异所产生的递延所得税资产 + 本期转回的前期确认的递延所得税资产 − 本期转回的前期确认的递延所得税负债 + 本期由于税率变动或开征新税调减的递延所得税资产或调增的递延所得税负债 − 本期由于税率变动或开征新税调增的递延所得税资产或调减的递延所得税负债。

本期由于税率变动或开征新税调增或调减的递延所得税资产或递延所得税负债 = 累计应纳税时间性差异或累计可抵减时间性差异 ×（现行所得税税率 − 前期确认应纳税时间性差异或可抵减时间性差异时适用的所得税率）

［例4］仍以例3为例。企业作如下会计处理：

（1）201×年会计处理同例2。

（2）第二年税前会计利润	150 000
加：永久性差异	20 000
减：时间性差异	15 000
应税所得	155 000
所得税税率	20%
本期应交所得税	31 000
应纳税时间性差异的所得税影响金额	3 000（15 000×20%）
应调减的递延所得税负债	750（15 000×5%）
本期所得税费用	33 250（31 000+3 000－750）

借：所得税费用　　33 250

　贷：应交税费——应交所得税　　31 000

　　　递延税款　　2 250（3 000－750）

从上述例子可见，递延法的目的是使所得税费用与在计算税前会计利润时而确认的所得相配比。因此，本期时间性差异的所得税影响是递延的，并且被看作是今后转回时间性差异时期的所得税费用（或利益）。债务法的目的是将时间性差异的所得税影响看作资产负债表中的一项资产或一项负债，从而符合会计概念框架中的资产或负债的定义，因此，时间性差异预计的所得税影响被定义和报告为未来应交或应收的所得税。递延法和债务法的本质区别在于：运用债务法时，由于税率变更或开征新税需要对原已确认的递延所得税负债或递延所得税资产的余额进行相应的调整，而递延法则不需要对此进行调整。由此可见，递延法更注重利润表，即利润表上的所得税费用与其相关期间税前会计利润的配比；债务法更注重资产负债表，即债务法计算确认的递延所得税负债和递延所得税资产更符合负债或资产的定义。企业某一时期应交的所得税是按应税所得和现行所得税税率计算的结果，是构成本期所得税费用的主要内容。递延税款是对本期所得税费用的调整。

五、资产负债表债务法

（一）资产负债表债务法概述

债务法根据侧重导向的不同，可分为利润表债务法和资产负债表债务法。其中，利润表债务法是将时间性差异对未来所得税的影响看作对本期所得税费用的调整。利润表债务法以利润表为基础。注重时间性差异。采用利润表债务法，一定时期的所得税费用包括三部分内容：一是本期应交所得税；二是本期发生或转回的时间性差异所产生的递延所得税款金额；三是因税率变动等，对以前各期确认的递延所得税负债或递延所得税资产账面价值余额的调整数。前述介绍的债务法主要侧重于利润表债务法。而根据2007《企业会计准则18号——所得税》规定：我国所得税会计采用了资产负债表债务法，要求企业从资产负债表出发，通过比较资产负债表上列示的资产、负债，按照会计准则规定确定的账面价值与按照税法规定确定的计税基础，对于两者之间的差异分别应纳税暂时性差异与可抵扣暂时性差异，确认相关的递延所得税负债与递延所得税资产，并在此基础上确定每一会计期间利润表中的所得税费用。

1. 资产负债表债务法的理论基础

资产负债表债务法在所得税的会计核算方面贯彻了资产、负债的界定。从资产负债角度考虑，资产的账面价值代表的是某项资产在持续持有及最终处置的一定期间内为企业带来未来经济利益的总额，而其计税基础代表的是该期间内按照税法规定就该项资产可以税前扣除的总额。资产的账面价值小于其计税基础的，表明该项资产于未来期间产生的经济利益流入低于按照税法规定允许税前扣除的金额，产生可抵减未来期间应纳税所得额的因素，减少未来期间以应交所得税的方式流出企业的经济利益，应确认为递延所得税资产。反之，一项资产的账面价值大于其计税基础的，两者之间的差额会增加企业于未来期间应纳税所得额及应交所得税，对企业形成经济利益流出的义务，应确认为递延所得税负债。

2. 资产负债表下所得税会计的一般程序

采用资产负债表债务法核算所得税的情况下，企业一般应于每一资产负债表日进行所得税的核算。企业合并等特殊交易或事项发生时，在确认因交易或事项取得的资产、负债时即应确认相关的所得税影响。企业进行所得税核算一般应遵循以下程序：

（1）按照相关会计准则规定确定资产负债表中除递延所得税资产和递延所得税负债以外的其他资产和负债项目的账面价值。资产、负债的账面价值，是指企业按照相关会计准则的规定进行核算后在资产负债表中列示的金额。对于计提了减值准备的各项资产，是指其账面余额减去已计提的减值准备后的金额。例如，企业持有的应收账款账面余额为1 000万元，企业对该应收账款计提了50万元的坏账准备，其账面价值为950万元。

（2）按照会计准则中对于资产和负债计税基础的确定方法，以适用的税收法规为基础，确定资产负债表中有关资产、负债项目的计税基础。应予说明的是，资产、负债的计税基础，是会计上的定义，但其确定应当遵循税法的规定进行。

（3）比较资产、负债的账面价值与其计税基础，对于两者之间存在差异的，分析其性质，除准则中规定的特殊情况外，分别应纳税暂时性差异与可抵扣暂时性差异，确定资产负债表日递延所得税负债和递延所得税资产的应有金额，并与期初递延所得税资产和递延所得税负债的余额相比，确定当期应予进一步确认的递延所得税资产和递延所得税负债金额或应予转销的金额，作为递延所得税。

（4）就企业当期发生的交易或事项，按照适用的税法规定计算确定当期应纳税所得额，将应纳税所得额与适用的所得税税率计算的结果确认为当期应交所得税，作为当期所得税。

（5）确定利润表中的所得税费用。利润表中的所得税费用包括当期所得税（当期应交所得税）和递延所得税两个组成部分，企业在计算确定了当期所得税和递延所得税后，两者之和（或之差）就是利润表中的所得税费用。

（二）资产负债的计税基础及暂时性差异

所得税会计的关键在于确定资产、负债的计税基础。在确定资产、负债的计税基础时，应严格遵循税收法规中对于资产的税务处理以及可税前扣除的费用等的规定进行。

1. 资产的计税基础

资产的计税基础，是指企业收回资产账面价值过程中，计算应纳税所得额时按照税法规定可以自应税经济利益中抵扣的金额，即某一项资产在未来期间计税时按照税法规定可以税前扣除的金额。

资产在初始确认时，其计税基础一般为取得成本，即企业为取得某项资产支付的成本在未来期间准予税前扣除。在资产持续持有的过程中，其计税基础是指资产的取得成本减去以前期间按照税法规定已经税前扣除的金额后的余额。如固定资产、无形资产等长期资产在某一资产负债表日的计税基础是指其成本扣除按照税法规定已在以前期间税前扣除的累计折旧额或累计摊销额后的金额。

现举例说明部分资产项目计税基础的确定。

（1）固定资产。以各种方式取得的固定资产，初始确认时按照会计准则规定确定的入账价值基本上是被税法认可的，即取得时其账面价值一般等于计税基础。

固定资产在持有期间进行后续计量时，由于会计于税收规定就折旧方法、折旧年限以及固定资产减值准备的提取等处理的不同，可能造成固定资产的账面价值与计税基础的差异。

①折旧方法、折旧年限的差异。会计准则规定，企业应当根据与固定资产有关的经济利益的预期实现方式合理选择折旧方法。如可以按年限平均法计提折旧，也可以按双倍余额递减法、年数总和法等计提折旧。税法中除某些按照规定可以加速折旧的情况外，基本上可以税前扣除的是按照年限平均法计提的折旧。另外税法还就每一类固定资产的折旧年限作出了规定，而会计处理时按照准则规定折旧年限是由企业根据固定资产的性质和使用情况合理确定的。如企业进行会计处理时确定的折旧年限与税法规定不同，也会产生固定资产持有期间账面价值与计税基础的差异。

②因计提固定资产减值准备产生的差异。持有固定资产的期间内，在对固定资产计提了减值准备以后，因税法规定企业计提的资产减值准备在发生实质性损失前不允许税前扣除，也会造成固定资产的账面价值与计税基础的差异。

［例5］甲企业于2010年12月20日取得的某项环保用固定资产，原价为750万元，使用年限为10年，会计上采用年限平均法计提折旧，净残值为零。税法规定该类（由于技术进步，产品更新换代快的）固定资产采用加速折旧法计提的折旧可予税前扣除，该企业在计税时采用双倍余额递减法计提折旧，净残值为零。2012年12月31日，企业估计该项固定资产的可收回金额为550万元。

分析：

2012年12月31日，该项固定资产的账面余额 $=750-75\times2=600$（万元），该账面余额大于其可收回金额550万元，两者之间的差额应计提50万元的固定资产减值准备。

2012年12月31日，该项固定资产的账面价值 $=750-75\times2-50=550$（万元）

其计税基础 $=750-750\times20\%-600\times20\%=480$（万元）

该项固定资产的账面价值550万元与其计税基础480万元之间的70万元差额，将于未来期间计入企业的应纳税所得额。

［例6］乙企业于2011年末以750万元购入一项生产用固定资产，按照该项固定资产的预计使用情况，乙企业在会计核算时估计其使用寿命为5年，计税时，按照适用税法规定，其最低折旧年限为10年，该企业计税时按照10年计算确定可税前扣除的折旧额。假

定会计与税收均按年限平均法计提折旧，净残值均为零。2012 年该项固定资产按照 12 个月计提折旧。本例中假定固定资产未发生减值。

分析：

该项固定资产在 2012 年 12 月 31 日的账面价值 = 750 − 750 ÷ 5 = 600（万元）

该项固定资产在 2012 年 12 月 31 日的计税基础 = 750 − 750 ÷ 10 = 675（万元）

该项固定资产的账面价值 600 万元与其计税基础 675 万元之间产生的 75 万元差额，在未来期间会减少企业的应纳税所得额。

（2）无形资产。除内部研究开发形成的无形资产以外，其他方式取得的无形资产，初始确认时按照会计准则规定确定的入账价值与按照税法规定确定的计税成本之间一般不存在差异。无形资产的差异主要产生于内部研究开发形成的无形资产以及使用寿命不确定的无形资产。

①内部研究开发形成的无形资产，其成本为开发阶段符合资本化条件以后至达到预定用途前发生的支出，除此之外，研究开发过程中发生的其他支出应予费用化计入损益；税法规定，自行开发的无形资产，以开发过程中该资产符合资本化条件后至达到预定用途前发生的支出为计税基础。另外，对于研究开发费用的加计扣除，税法中规定企业为开发新技术、新产品、新工艺发生的研究开发费用，未形成无形资产计入当期损益的，在按照规定据实扣除的基础上，按照研究开发费用的 50% 加计扣除；形成无形资产的，按照无形资产成本的 150% 摊销。

对于内部研究开发形成的无形资产，一般情况下初始确认时按照会计准则规定确定的成本与计税基础应当是相同的。对于享受税收优惠的研究开发支出，在形成无形资产时，按照会计准则规定确定的成本为研究开发过程中符合资本化条件后至达到预定用途前发生的支出，而因税法规定按照无形资产成本的 150% 摊销，则其计税基础应在会计上入账价值的基础上加计 50%，因而产生账面价值与计税基础在初始确认时的差异，但如该无形资产的确认不是产生于合并交易，同时在确认时既不影响会计利润也不影响应纳税所得额，则按照所得税会计准则的规定，不确认有关暂时性差异的所得税影响。

［例 7］甲企业当期为开发新技术发生研究开发支出计 2 000 万元，其中研究阶段支出 400 万元，开发阶段符合资本化条件前发生的支出为 400 万元，符合资本化条件后至达到预定用途前发生的支出为 1 200 万元。税法规定，企业为开发新技术、新产品、新工艺发生的研究开发费用，未形成无形资产计入当期损益的，按照研究开发费用的 50% 加计扣除；形成无形资产的，按照无形资产成本的 150% 摊销。假定开发形成的无形资产在当期期末已达到预定用途（尚未开始摊销）。

甲企业当期发生的研究开发支出中，按照会计准则规定应予费用化的金额为 800 万元，形成无形资产的成本为 1 200 万元，即期末所形成无形资产的账面价值为 1 200 万元。

甲企业当期发生的 2 000 万元研究开发支出，按照税法规定可在当期税前扣除的金额为 1 200 万元。所形成无形资产在未来期间可予税前扣除的金额为 1 800 万元，其计税基础为 1 800 万元，形成暂时性差异 600 万元。

②无形资产在后续计量时，会计与税收的差异主要产生于是否需要摊销及无形资产减值准备的提取。

会计准则规定，应根据无形资产的使用寿命情况，区分为使用寿命有限的无形资产与使用寿命不确定的无形资产。对于使用寿命不确定的无形资产，不要求摊销，但持有期间每年应进行减值测试。税法规定，企业取得的无形资产成本（外购商誉除外），应在一定期限内摊销。对于使用寿命不确定的无形资产，会计处理时不予摊销，但计税时按照税法规定确定的摊销额允许税前扣除，造成该类无形资产账面价值与计税基础的差异。

在对无形资产计提减值准备的情况下，因税法规定计提的无形资产减值准备在转变为实质性损失前不允许税前扣除，即无形资产的计税基础不会随减值准备的提取发生变化，从而造成无形资产的账面价值与计税基础的差异。

［例 8］乙企业于 201×年 1 月 1 日取得的某项无形资产，取得成本为 1 500 万元，取得该项无形资产后，根据各方面情况判断，乙企业无法合理预计其使用期限，将其作为使用寿命不确定的无形资产。201×年 12 月 31 日，对该项无形资产进行减值测试表明其未发生减值。企业在计税时，对该项无形资产按照 10 年的期限摊销，摊销金额允许税前扣除。

分析：

会计上将该项无形资产作为使用寿命不确定的无形资产，因未发生减值，其在 201×年 12 月 31 日的账面价值为取得成本 1 500 万元。

该项无形资产在 201×年 12 月 31 日的计税基础为 1 350 万元（成本 1 500 万元－按照税法规定可予税前扣除的摊销额 150 万元）。

该项无形资产的账面价值 1 500 万元与其计税基础 1 350 万元之间的差额 150 万元将计入未来期间的应纳税所得额。

（3）以公允价值计量且其变动计入当期损益的金融资产。按照《企业会计准则第 22 号——金融工具确认和计量》的规定，以公允价值计量且其变动计入当期损益的金融资产于某一会计期末的账面价值为公允价值。税法规定，企业以公允价值计量的金融资产、金融负债以及投资性房地产等，持有期间公允价值的变动不计入应纳税所得额，在实际处置或结算时，处置取得的价款扣除其历史成本后的差额应计入处置或结算期间的应纳税所得额。按照该规定，以公允价值计量的金融资产在持有期间市价的波动在计税时不予考虑，有关金融资产在某一会计期末的计税基础为其取得成本，从而造成在公允价值变动的情况下，对以公允价值计量的金融资产账面价值与计税基础之间的差异。

企业持有的可供出售金融资产计税基础的确定，与以公允价值计量且其变动计入当期损益的金融资产类似，可比照处理。

［例 9］201×年 10 月 20 日，甲公司自公开市场取得一项权益性投资，支付价款 2 000 万元，作为交易性金融资产核算。201×年 12 月 31 日，该投资的市价为 2 200 万元。

分析：

该项交易性金融资产的期末市价为 2 200 万元，其按照会计准则规定进行核算的、在 201×年资产负债表日的账面价值为 2 200 万元。

因税法规定交易性金融资产在持有期间的公允价值变动不计入应纳税所得额，其在 201×年资产负债表日的计税基础应维持原取得成本不变，为 2 000 万元。

该交易性金融资产的账面价值 2 200 万元与其计税基础 2 000 万元之间产生了 200 万元的暂时性差异，该暂时性差异在未来期间转回时会增加未来期间的应纳税所得额。

[例10] 201×年11月8日，甲公司自公开市场上取得一项基金投资，作为可供出售的金融资产核算。该投资的成本为1 500万元。201×年12月31日，其市价为1 575万元。

分析：

按照会计准则规定，该项金融资产在会计期末应以公允价值计量，其账面价值应为期末公允价值1 575万元。

因税法规定资产在持有期间公允价值变动不计入应纳税所得额，则该项可供出售金融资产的期末计税基础应维持其原取得成本不变，为1 500万元。

该金融资产在201×年资产负债表日的账面价值1 575万元与其计税基础1 500万元之间产生的75万元暂时性差异，将会增加未来该资产处置期间的应纳税所得额。

（4）其他资产。因会计准则规定与税收法规规定不同，企业持有的其他资产，可能造成其账面价值与计税基础之间存在差异，如：

①投资性房地产，企业持有的投资性房地产进行后续计量时，会计准则规定可以采用两种模式，一种是成本模式，采用该种模式计量的投资性房地产，其账面价值与计税基础的确定与固定资产、无形资产相同；另一种是在符合规定条件的情况下，可以采用公允价值模式对投资性房地产进行后续计量。对于采用公允价值模式进行后续计量的投资性房地产，其计税基础的确定类似于以公允价值计量且其变动计入当期损益的金融资产。

[例11] 甲公司于201×年1月1日将某自用房屋用于对外出租，该房屋的成本为750万元，预计使用年限为20年。转为投资性房地产之前，已使用4年，企业按照年限平均法计提折旧，预计净残值为零。转为投资性房地产核算后，能够持续可靠取得该投资性房地产的公允价值，甲公司采用公允价值对该投资性房地产进行后续计量。假定税法规定的折旧方法、折旧年限及净残值与会计规定相同。同时，税法规定资产在持有期间公允价值的变动不计入应纳税所得额，待处置时一并计算确定应计入应纳税所得额的金额。该项投资性房地产在201×年12月31日的公允价值为900万元。

分析：

该投资性房地产在201×年12月31日的账面价值为其公允价值900万元，其计税基础为取得成本扣除按照税法规定允许税前扣除的折旧额后的金额，即其计税基础 $=750-750\div20\times5=562.5$（万元）。

该项投资性房地产的账面价值900万元与其计税基础562.5万元之间产生了337.5万元的暂时性差异，会增加企业在未来期间的应纳税所得额。

②其他计提了资产减值准备的各项资产。有关资产计提了减值准备后，其账面价值会随之下降，而税法规定资产在发生实质性损失之前，不允许税前扣除，即其计税基础不会因减值准备的提取而变化，造成在计提资产减值准备以后，资产的账面价值与计税基础之间的差异。

[例12] 甲公司2010年购入原材料成本为5 000万元，因部分生产线停工，当年未领用任何原材料，2013年资产负债表日估计该原材料的可变现净值为4 000万元。假定该原材料在2012年的期初余额为零。

分析：

该项原材料因期末可变现净值低于成本，应计提的存货跌价准备 $=5\ 000-4\ 000=$

1 000（万元）。计提该存货跌价准备后，该项原材料的账面价值为4 000万元。

该项原材料的计税基础不会因存货跌价准备的提取而发生变化，其计税基础为5 000万元不变。

该存货的账面价值4 000万元与其计税基础5 000万元之间产生了1 000万元的暂时性差异，该差异会减少企业在未来期间的应纳税所得额。

［例13］甲公司201×年12月31日应收账款余额为6 000万元，该公司期末对应收账款计提了600万元的坏账准备。税法规定，不符合国务院财政、税务主管部门规定的各项资产减值准备不允许税前扣除。假定该公司期初应收账款及坏账准备的余额均为零。

该项应收账款在201×年资产负债表日的账面价值为5 400（6 000－600）万元，因有关的坏账准备不允许税前扣除，其计税基础＝6 000万元，该计税基础与其账面价值之间产生600万元暂时性差异，在应收账款发生实质性损失时，会减少未来期间的应纳税所得额和应交所得税。

2. 负债的计税基础

负债的计税基础，是指负债的账面价值减去未来期间计算应纳税所得额时按照税法规定可予抵扣的金额。用公式表示即为：

负债的计税基础＝账面价值－未来期间按照税法规定可予税前扣除的金额

负债的确认与偿还一般不会影响企业的损益，也不会影响其应纳税所得额，未来期间计算应纳税所得额时按照税法规定可予抵扣的金额为零，计税基础即为账面价值。但是，某些情况下，负债的确认可能会影响企业的损益，进而影响不同期间的应纳税所得额，使得其计税基础与账面价值之间产生差额。如按照会计规定确认的某些预计负债。

（1）企业因销售商品提供售后服务等原因确认的预计负债。

按照或有事项准则规定，企业对于预计提供售后服务将发生的支出在满足有关确认条件时，销售当期即应确认为费用，同时确认预计负债。如果税法规定，与销售产品相关的支出应于发生时税前扣除，因该类事项产生的预计负债在期末的计税基础为其账面价值与未来期间可税前扣除的金额之间的差额，即为零；如果税法规定对于费用支出按照权责发生制原则确定税前扣除时点，则所形成负债的计税基础等于账面价值。

其他交易或事项中确认的预计负债，应按照税法规定的计税原则确定其计税基础。某些情况下，因有些事项确认的预计负债，税法规定其支出无论是否实际发生均不允许税前扣除，即未来期间按照税法规定可予抵扣的金额为零，账面价值等于计税基础。

［例14］甲企业201×年因销售产品承诺提供3年的保修服务，在当年度利润表中确认了500万元的销售费用，同时确认为预计负债，当年度未发生任何保修支出。假定按照税法规定，与产品售后服务相关的费用在实际发生时允许税前扣除。

分析：

该项预计负债在甲企业201×年12月31日资产负债表中的账面价值为500万元。

该项预计负债的计税基础＝账面价值－未来期间计算应纳税所得额时按照税法规定可予抵扣的金额＝500万元－500万元＝0

（2）预收账款。

企业在收到客户预付的款项时，因不符合收入确认条件，会计上将其确认为负债。税法中对于收入的确认原则一般与会计规定相同，即会计上未确认收入时，计税时一般亦不计入应纳税所得额，该部分经济利益在未来期间计税时可予税前扣除的金额为零，计税基础等于账面价值。

某些情况下，因不符合会计准则规定的收入确认条件，未确认为收入的预收款项，按照税法规定应计入当期应纳税所得额时，有关预收账款的计税基础为零，即因其产生时已经计算交纳所得税，未来期间可全额税前扣除。

［例15］甲公司于201×年12月20日自客户收到一笔合同预付款，金额为2 500万元，作为预收账款核算。按照适用税法的规定，该款项应计入取得当期应纳税所得额计算交纳所得税。

分析：

该预收账款在甲公司201×年12月31日资产负债表中的账面价值为2 500万元。

该预收账款的计税基础＝账面价值2 500万元－未来期间计算应纳税所得额时按照税法规定可予抵扣的金额2 500万元＝0。

该项负债的账面价值2 500万元与其计税基础零之间产生的2 500万元暂时性差异，会减少企业于未来期间的应纳税所得额。

（3）应付职工薪酬。

会计准则规定，企业为获得职工提供的服务给予的各种形式的报酬以及其他相关支出均应作为企业的成本费用，在未支付之前确认为负债。税法中对于合理的职工薪酬基本允许税前扣除，但税法中明确规定了税前扣除标准的，按照会计准则规定计入成本费用支出的金额超过规定标准部分，应进行纳税调整。因超过部分在发生当期不允许税前扣除，在以后期间也不允许税前扣除，即该部分差额对未来期间计税不产生影响，所产生应付职工薪酬负债的账面价值等于计税基础。

［例16］甲企业201×年12月计入成本费用的职工工资总额为4 000万元，至201×年12月31日尚未支付。按照适用税法规定，当期计入成本费用的4 000万元工资支出中，可予税前扣除的合理部分为3 000万元。

分析：

该项应付职工薪酬负债的账面价值为4 000万元。

该项应付职工薪酬负债的计税基础＝账面价值4 000万元－未来期间计算应纳税所得额时按照税法规定可予抵扣的金额0＝4 000万元。

该项负债的账面价值4 000万元与其计税基础4 000万元相同，不形成暂时性差异。

（4）其他负债。

其他负债如企业应交的罚款和滞纳金等，在尚未支付之前按照会计规定确认为费用，同时作为负债反映。税法规定，罚款和滞纳金不得税前扣除，即该部分费用无论是在发生当期还是在以后期间均不允许税前扣除，其计税基础为账面价值减去未来期间计税时可予税前扣除的金额零之间的差额，即计税基础等于账面价值。

其他交易或事项产生的负债，其计税基础的确定应当遵从适用税法的相关规定确定。

[例 17] 甲公司 201×年 12 月因违反当地有关环保法规的规定，接到环保部门的处罚通知，要求其支付罚款 500 万元。税法规定，企业因违反国家有关法律法规支付的罚款和滞纳金，计算应纳税所得额时不允许税前扣除。至 201×年 12 月 31 日，该项罚款尚未支付。

分析：

应支付罚款产生的负债账面价值为 500 万元。

该项负债的计税基础 = 账面价值 500 万元 - 未来期间计算应纳税所得额时按照税法规定可予抵扣的金额 0 = 500 万元

该项负债的账面价值 500 万元与其计税基础 500 万元相同，不形成暂时性差异。

3. 特殊交易或事项中产生的资产、负债计税基础的确定

除企业在正常生产经营活动过程中取得的资产和负债以外，对于某些特殊交易中产生的资产、负债，其计税基础的确定应遵从税法规定，如企业合并过程中取得资产、负债计税基础的确定。

《企业会计准则第 20 号——企业合并》中，视参与合并各方在合并前后是否为同一方或相同的多方最终控制，分为同一控制下的企业合并与非同一控制下的企业合并两种类型。同一控制下的企业合并，合并中取得的有关资产、负债基本上维持其原账面价值不变，合并中不产生新的资产和负债；对于非同一控制下的企业合并，合并中取得的有关资产、负债应按其在购买日的公允价值计量，企业合并成本大于合并中取得可辨认净资产公允价值的份额部分确认为商誉，企业合并成本小于合并中取得可辨认净资产公允价值的份额部分计入合并当期损益。

对于企业合并的税务处理，通常情况下被合并企业应视为按公允价值转让、处置全部资产，计算资产的转让所得，依法交纳所得税。合并企业接受被合并企业的有关资产，计税时可以按经评估确认的价值确定计税成本。另外，在考虑有关企业合并是应税合并还是免税合并时，某些情况下还需要考虑在合并中涉及的非股权支付额的比例，具体划分标准和条件应遵从税法规定。

由于会计与税收法规对企业合并的划分标准不同、处理原则不同，某些情况下，会造成企业合并中取得的有关资产、负债的入账价值与其计税基础的差异。

4. 暂时性差异

暂时性差异是指资产、负债的账面价值与其计税基础不同产生的差额。因资产、负债的账面价值与其计税基础不同，产生了在未来收回资产或清偿负债的期间内，应纳税所得额增加或减少并导致未来期间应交所得税增加或减少的情况，形成企业的资产和负债，在有关暂时性差异发生当期，符合确认条件的情况下，应当确认相关的递延所得税负债或递延所得税资产。

根据暂时性差异对未来期间应纳税所得额的影响，分为应纳税暂时性差异和可抵扣暂时性差异。

除因资产、负债的账面价值与其计税基础不同产生的暂时性差异以外，按照税法规定可以结转以后年度的未弥补亏损和税款抵减，也视同可抵扣暂时性差异处理。

(1) 应纳税暂时性差异。

应纳税暂时性差异，是指在确定未来收回资产或清偿负债期间的应纳税所得额时，将

导致产生应税金额的暂时性差异，即在未来期间不考虑该事项影响的应纳税所得额的基础上，由于该暂时性差异的转回，会进一步增加转回期间的应纳税所得额和应交所得税金额，在其产生当期应当确认相关的递延所得税负债。

应纳税暂时性差异通常产生于以下情况：

①资产的账面价值大于其计税基础。资产的账面价值代表的是企业在持续使用或最终出售该项资产时将取得的经济利益的总额，而计税基础代表的是资产在未来期间可予税前扣除的总金额。资产的账面价值大于其计税基础，该项资产未来期间产生的经济利益不能全部税前抵扣，两者之间的差额需要交税，产生应纳税暂时性差异。例如，一项无形资产账面价值为500万元，计税基础如为375万元，两者之间的差额会造成未来期间应纳税所得额和应交所得税的增加，在其产生当期，应确认相关的递延所得税负债。

②负债的账面价值小于其计税基础。负债的账面价值为企业预计在未来期间清偿该项负债时的经济利益流出，而其计税基础代表的是账面价值在扣除税法规定未来期间允许税前扣除的金额之后的差额。负债的账面价值与其计税基础不同产生的暂时性差异，实质上是税法规定就该项负债在未来期间可以税前扣除的金额（即与该项负债相关的费用支出在未来期间可予税前扣除的金额）。负债的账面价值小于其计税基础，则意味着就该项负债在未来期间可以税前抵扣的金额为负数，即应在未来期间应纳税所得额的基础上调增，增加应纳税所得额和应交所得税金额，产生应纳税暂时性差异，应确认相关的递延所得税负债。

（2）可抵扣暂时性差异。

可抵扣暂时性差异是指在确定未来收回资产或清偿负债期间的应纳税所得额时，将导致产生可抵扣金额的暂时性差异。该差异在未来期间转回时会减少转回期间的应纳税所得额，减少未来期间的应交所得税。在可抵扣暂时性差异产生当期，符合确认条件时，应当确认相关的递延所得税资产。

可抵扣暂时性差异一般产生于以下情况：

①资产的账面价值小于其计税基础，意味着资产在未来期间产生的经济利益少，按照税法规定允许税前扣除的金额多，两者之间的差额可以减少企业在未来期间的应纳税所得额并减少应交所得税，符合有关条件时，应当确认相关的递延所得税资产。例如，一项资产的账面价值为500万元，计税基础为650万元，则企业在未来期间就该项资产可以在其自身取得经济利益的基础上多扣除150万元，未来期间应纳税所得额会减少，应交所得税也会减少，形成可抵扣暂时性差异。

②负债的账面价值大于其计税基础，负债产生的暂时性差异实质上是税法规定就该项负债可以在未来期间税前扣除的金额。即：

负债产生的暂时性差异＝账面价值－计税基础＝账面价值－（账面价值－未来期间计税时按照税法规定可予税前扣除的金额）＝未来期间计税时按照税法规定可予税前扣除的金额

负债的账面价值大于其计税基础，意味着未来期间按照税法规定与负债相关的全部或部分支出可以自未来应税经济利益中扣除，减少未来期间的应纳税所得额和应交所得税；符合有关确认条件时，应确认相关的递延所得税资产。

（3）特殊项目产生的暂时性差异。

①未作为资产、负债确认的项目产生的暂时性差异。某些交易或事项发生以后，因为不符合资产、负债确认条件而未体现为资产负债表中的资产或负债，但按照税法规定能够确定其计税基础的，其账面价值与计税基础之间的差异也构成暂时性差异。如企业发生的符合条件的广告费和业务宣传费支出，除另有规定外，不超过当年销售收入15%的部分，准予扣除；超过部分准予在以后纳税年度结转扣除。该类费用在发生时按照会计准则规定即计入当期损益，不形成资产负债表中的资产，但按照税法规定可以确定其计税基础，两者之间的差异也形成暂时性差异。

［例18］A公司在201×年发生了2 000万元广告费支出，发生时已作为销售费用计入当期损益。税法规定，该类支出不超过当年销售收入15%的部分允许当期税前扣除，超过部分允许向以后年度结转税前扣除。A公司201×年实现销售收入10 000万元。

该广告费支出因按照会计准则规定在发生时已计入当期损益，不体现为期末资产负债表中的资产，如果将其视为资产，其账面价值为0。

因按照税法规定，该类支出税前列支有一定的标准限制，根据当期A公司销售收入15%计算，当期可予税前扣除1 500（10 000×15%）万元，当期未予税前扣除的500万元可以向以后年度结转，其计税基础为500万元。

该项资产的账面价值0与其计税基础500万元之间产生了500万元的暂时性差异，该暂时性差异在未来期间可减少企业的应纳税所得额，为可抵扣暂时性差异，符合确认条件时，应确认相关的递延所得税资产。

②可抵扣亏损及税款抵减产生的暂时性差异。按照税法规定可以结转以后年度的未弥补亏损及税款抵减，虽不是因资产、负债的账面价值与计税基础不同产生的，但与可抵扣暂时性差异具有同样的作用，均能够减少未来期间的应纳税所得额，进而减少未来期间的应交所得税，会计处理上视同可抵扣暂时性差异，符合条件的情况下，应确认与其相关的递延所得税资产。

［例19］甲公司于201×年因政策性原因发生经营亏损2 000万元，按照税法规定，该亏损可用于抵减以后5个年度的应纳税所得额。该公司预计于未来5年期间能够产生足够的应纳税所得额弥补该亏损。

分析：

该经营亏损不是资产、负债的账面价值与其计税基础不同产生的，但从性质上看可以减少未来期间的应纳税所得额和应交所得税，属于可抵扣暂时性差异。企业预计未来期间能够产生足够的应纳税所得额利用该可抵扣亏损时，应确认相关的递延所得税资产。

（三）递延所得税负债及递延所得税资产的确认

企业在计算确定了应纳税暂时性差异与可抵扣暂时性差异后，应当按照所得税会计准则规定的原则确认相关的递延所得税负债以及递延所得税资产。

1. 递延所得税负债的确认和计量

（1）递延所得税负债的确认。

企业在确认因应纳税暂时性差异产生的递延所得税负债时，应遵循以下原则：

①除所得税准则中明确规定可不确认递延所得税负债的情况以外，企业对于所有的应纳税暂时性差异均应确认相关的递延所得税负债。除与直接计入所有者权益的交易或事项以及企业合并中取得资产、负债相关的以外，在确认递延所得税负债的同时，应增加利润表中的所得税费用。

[例20] 甲企业于201×年12月6日购入某项环保设备，取得成本为500万元，会计上采用年限平均法计提折旧，使用年限为10年，净残值为零，因该资产常年处于强震动状态，计税时按双倍余额递减法计提折旧，使用年限及净残值与会计相同。甲企业适用的所得税率为25%。假定该企业不存在其他会计与税收处理的差异。

分析：

201×年资产负债表日，该项固定资产按照会计规定计提的折旧额为50万元，计税时允许扣除的折旧额为100万元，则该固定资产的账面价值450万元与其计税基础400万元的差额构成应纳税暂时性差异，企业应确认相关的递延所得税负债。

[例21] 甲公司于2006年12月底购入一台机器设备，成本为525 000元，预计使用年限为6年，预计净残值为零。会计上按直线法计提折旧，因该设备符合税法规定的税收优惠条件，计税时可采用年数总和法计提折旧，假定税法规定的使用年限及净残值均与会计相同。本例中假定该公司各会计期间均未对固定资产计提减值准备，除该项固定资产产生的会计与税收之间的差异外，不存在其他会计与税收的差异。

该公司每年因固定资产账面价值与计税基础不同应予确认的递延所得税情况如表5－1所示：

表5－1　甲公司2007—2012年递延所得税情况　　单位：元

年　份	2007	2008	2009	2010	2011	2012
实际成本	525 000	525 000	525 000	525 000	525 000	525 000
累计会计折旧	87 500	175 000	262 500	350 000	437 500	525 000
账面价值	437 500	350 000	262 500	175 000	87 500	0
累计计税折旧	150 000	275 000	375 000	450 000	500 000	525 000
计税基础	375 000	250 000	150 000	75 000	25 000	0
暂时性差异	62 500	100 000	112 500	100 000	62 500	0
适用税率	25%	25%	25%	25%	25%	25%
递延所得税负债余额	15 625	25 000	28 125	25 000	15 625	0

分析：

该项固定资产各年度账面价值与计税基础确定如下：

(1) 2007年资产负债表日：

账面价值＝实际成本－会计折旧＝525 000－87 500＝437 500（元）

计税基础＝实际成本－税前扣除的折旧额＝525 000－150 000＝375 000（元）

因账面价值437 500大于其计税基础375 000，两者之间产生的62 500元差异会增加未来期间的应纳税所得额和应交所得税，属于应纳税暂时性差异，应确认与其相关的递延所得税负债（62 500×25%）15 625 元，账务处理如下：

借：所得税费用　　15 625

　贷：递延所得税负债　　15 625

（2）2008 年资产负债表日：

账面价值 = 525 000 − 87 500 − 87 500 = 350 000（元）

计税基础 = 实际成本 − 累计已税前扣除的折旧额

　　　　= 525 000 − 275 000 = 250 000（元）

因资产的账面价值 350 000 大于其计税基础 250 000，两者之间的差异为应纳税暂时性差异，应确认与其相关的递延所得税负债 25 000 元，但递延所得税负债的期初余额为 15 625元，当期应进一步确认递延所得税负债 9 375 元，账务处理如下：

借：所得税费用　　9 375

　贷：递延所得税负债　　9 375

（3）2009 年资产负债表日：

账面价值 = 525 000 − 262 500 = 262 500（元）

计税基础 = 525 000 − 375 000 = 150 000（元）

因账面价值 262 500 大于其计税基础 150 000，两者之间为应纳税暂时性差异，应确认与其相关的递延所得税负债 28 125 元，但递延所得税负债的期初余额为 25 000 元，当期应进一步确认递延所得税负债 3 125 元，账务处理如下：

借：所得税费用　　3 125

　贷：递延所得税负债　　3 125

（4）2010 年资产负债表日：

账面价值 = 525 000 − 350 000 = 175 000（元）

计税基础 = 525 000 − 450 000 = 75 000（元）

因其账面价值 175 000 大于其计税基础 75 000，两者之间为应纳税暂时性差异，应确认与其相关的递延所得税负债 25 000 元，但递延所得税负债的期初余额为 28 125 元，当期应转回原已确认的递延所得税负债 3 125 元，账务处理如下：

借：递延所得税负债　　3 125

　贷：所得税费用　　3 125

（5）2011 年资产负债表日：

账面价值 = 525 000 − 437 500 = 87 500（元）

计税基础 = 525 000 − 500 000 = 25 000（元）

因其账面价值 87 500 大于其计税基础 25 000，两者之间的差异为应纳税暂时性差异，应确认与其相关的递延所得税负债 15 625 元，但递延所得税负债的期初余额为 25 000 元，当期应转回递延所得税负债 9 375 元，账务处理如下：

借：递延所得税负债　　9 375

　贷：所得税费用　　9 375

（6）2012 年资产负债表日：

该项固定资产的账面价值及计税基础均为零，两者之间不存在暂时性差异，原已确认的与该项资产相关的递延所得税负债应予全额转回，账务处理如下：

借：递延所得税负债　　15 625

　　贷：所得税费用　　15 625

②不确认递延所得税负债的特殊情况。

有些情况下，虽然资产、负债的账面价值与其计税基础不同，产生了应纳税暂时性差异，但出于各方面考虑，所得税准则中规定不确认相应的递延所得税负债，主要包括：

第一，商誉的初始确认。非同一控制下的企业合并中，企业合并成本大于合并中取得的被购买方可辨认净资产公允价值份额的差额，按照会计准则规定应确认为商誉。因会计与税收的划分标准不同，会计上作为非同一控制下的企业合并但按照税法规定计税时作为免税合并的情况下，商誉的计税基础为零，其账面价值与计税基础形成应纳税暂时性差异，准则中规定不确认与其相关的递延所得税负债。

［例22］甲企业以增发市场价值为15 000万元的自身普通股为对价购入乙企业100%的净资产，对乙企业进行吸收合并，合并前甲企业与乙企业不存在任何关联方关系。假定该项合并符合税法规定的免税合并条件，购买日乙企业各项可辨认资产、负债的公允价值及其计税基础如表5－2所示：

表5－2　乙企业可辨认资产、负债的公允价值及其计税基础　　单位：万元

	公允价值	计税基础	暂时性差异
固定资产	6 750	3 875	2 875
应收账款	5 250	5 250	—
存　货	4 350	3 100	1 250
其他应付款	750	0	750
应付账款	3 000	3 000	0
不包括递延所得税的可辨认资产、负债的公允价值	12 600	9 225	3 375

乙企业适用的所得税率为25%，预期在未来期间不会发生变化，该项交易中应确认递延所得税负债及商誉的金额计算如下：

可辨认净资产公允价值　　12 600

递延所得税资产　　（750×25%）187.5

递延所得税负债　　（4 125×25%）1 031.25

考虑递延所得税后

可辨认资产、负债的公允价值　　11 756.25

商誉　　3 243.75

企业合并成本　　15 000

因该项合并符合税法规定的免税合并条件，当事各方选择进行免税处理的情况下，购买方在免税合并中取得的被购买方有关资产、负债应维持其原计税基础不变。被购买方原账面上未确认商誉，即商誉的计税基础为零。

该项合并中所确认的商誉金额3 243.75万元与其计税基础零之间产生的应纳税暂时性差异，按照准则的规定，不再进一步确认相关的所得税影响。

应予以说明的是，按照会计准则规定，在非同一控制下企业合并中确认了商誉，并且按照所得税法规的规定商誉在初始确认时计税基础等于账面价值的，该商誉在后续计量过程中因会计准则与税法规定不同产生暂时性差异的，应当确认相关的所得税影响。

第二，除企业合并以外的其他交易或事项中，如果该项交易或事项发生时既不影响会计利润，也不影响应纳税所得额，则所产生的资产、负债的初始确认金额与其计税基础不同，形成应纳税暂时性差异的，交易或事项发生时不确认相应的递延所得税负债。该规定主要是考虑到由于交易发生时既不影响会计利润，也不影响应纳税所得额，确认递延所得税负债的直接结果是增加有关资产的账面价值或是降低所确认负债的账面价值，使得资产、负债在初始确认时，违背历史成本原则，影响会计信息的可靠性。

第三，与子公司、联营企业、合营企业投资等相关的应纳税暂时性差异，一般应确认相应的递延所得税负债，但同时满足以下两个条件的除外：一是投资企业能够控制暂时性差异转回的时间；二是该暂时性差异在可预见的未来很可能不会转回。满足上述条件时，投资企业可以运用自身的影响力决定暂时性差异的转回，如果不希望其转回，则在可预见的未来该项暂时性差异即不会转回，从而无须确认相应的递延所得税负债。

（2）计量。

所得税准则规定，资产负债表日，对于递延所得税负债，应当根据适用税法规定，按照预期收回该资产或清偿该负债期间的适用税率计量。即递延所得税负债应以相关应纳税暂时性差异转回期间按照税法规定适用的所得税税率计量。无论应纳税暂时性差异的转回期间如何，相关的递延所得税负债不要求折现。

2. 递延所得税资产的确认和计量

（1）递延所得税资产的确认。

①确认的一般原则。

递延所得税资产产生于可抵扣暂时性差异。确认因可抵扣暂时性差异产生的递延所得税资产应以未来期间可能取得的应纳税所得额为限。在可抵扣暂时性差异转回的未来期间内，企业无法产生足够的应纳税所得额用以利用可抵扣暂时性差异的影响，使得与可抵扣暂时性差异相关的经济利益无法实现的，不应确认递延所得税资产；企业有明确的证据表明其于可抵扣暂时性差异转回的未来期间能够产生足够的应纳税所得额，进而利用可抵扣暂时性差异的，则应以可能取得的应纳税所得额为限，确认相关的递延所得税资产。

在判断企业于可抵扣暂时性差异转回的未来期间是否能够产生足够的应纳税所得额时，应考虑企业在未来期间通过正常的生产经营活动能够实现的应纳税所得额以及以前期间产生的应纳税暂时性差异在未来期间转回时将增加的应纳税所得额。

对与子公司、联营企业、合营企业的投资相关的可抵扣暂时性差异，同时满足下列条件的，应当确认相关的递延所得税资产：一是暂时性差异在可预见的未来很可能转回；二是未来很可能获得用来抵扣可抵扣暂时性差异的应纳税所得额。

对联营企业和合营企业等的投资产生的可抵扣暂时性差异，主要产生于权益法下的被投资单位发生亏损时，投资企业按照持股比例确认应予承担的部分相应减少长期股权投资的账面价值，但税法规定长期股权投资的成本在持有期间不发生变化，造成长期股权投资的账面价值小于其计税基础，产生可抵扣暂时性差异。

对于按照税法规定可以结转以后年度的未弥补亏损和税款抵减，应视同可抵扣暂时性差异处理。在有关的亏损或税款抵减金额得到税务部门的认可或预计能够得到税务部门的认可且预计可利用可弥补亏损或税款抵减的未来期间内能够取得足够的应纳税所得额时，除准则中规定不予确认的情况外，应当以很可能取得的应纳税所得额为限，确认相应的递延所得税资产，同时减少确认当期的所得税费用。

②不确认递延所得税资产的情况。

某些情况下，企业发生的某项交易或事项不属于企业合并，并且交易的发生既不影响会计利润也不影响应纳税所得额，且该项交易中产生的资产、负债的初始确认金额与其计税基础不同，产生可抵扣暂时性差异的，所得税准则中规定在交易或事项发生时不确认相应的递延所得税资产。

[例23] 沿用例7，甲企业进行内研究开发所形成的无形资产成本为1 200万元，因按照税法规定可于未来期间税前扣除的金额为1 800万元，其计税基础为1 800万元。

该项无形资产并非产生于企业合并，同时在初始确认时既不影响会计利润也不影响应纳税所得额，确认其账面价值与计税基础之间产生暂时性差异的所得税影响需要调整该项资产的历史成本，准则规定该种情况下不确认相关的递延所得税。

（2）计量。

同递延所得税负债的计量原则相一致，确认递延所得税资产时，应当以预期收回该资产期间的适用所得税税率为基础进行计算确定。无论相关的可抵扣暂时性差异转回期间如何，递延所得税资产均不要求折现。

企业在确认了递延所得税资产以后，资产负债表日，应当对递延所得税资产的账面价值进行复核。如果未来期间很可能无法取得足够的应纳税所得额用以利用可抵扣暂时性差异带来的利益，应当减记递延所得税资产的账面价值。减记的递延所得税资产，除原确认时计入所有者权益的，其减记金额亦应计入所有者权益外，其他的情况均应增加所得税费用。

因无法取得足够的应纳税所得额利用可抵扣暂时性差异减记递延所得税资产账面价值的，以后期间根据新的环境和情况判断能够产生足够的应纳税所得额利用可抵扣暂时性差异，使得递延所得税资产包含的经济利益能够实现的，应相应恢复递延所得税资产的账面价值。

另外，无论是递延所得税资产还是递延所得税负债的计量，均应考虑资产负债表日企业预期收回资产或清偿负债方式的所得税影响，在计量递延所得税资产和递延所得税负债时，应当采用与收回资产或清偿债务的预期方式相一致的税率和计税基础。例如，企业持有的某项固定资产，一般情况下是为企业的正常生产经营活动提供必要的生产条件，但在某一时点上，企业决定将该固定资产对外出售，实现其为企业带来的未来经济利益，且假定税法规定长期资产处置时适用的所得税税率与一般情况有所不同，则企业在计量因该资产产生的应纳税暂时性差异或可抵扣暂时性差异的所得税影响时，应考虑该资产带来的经济利益预期实现方式的影响。

3. 适用税率变化对已确认递延所得税资产和递延所得税负债的影响

因税收法规的变化，导致企业在某一会计期间适用的所得税税率发生变化的，企业应对已确认的递延所得税资产和递延所得税负债按照新的税率进行重新计量。递延所得税资产和递延所得税负债的金额代表的是有关可抵扣暂时性差异或应纳税暂时性差异于未来期间转回时导致企业应交所得税金额的减少或增加的情况。在适用税率变动的情况下，应对原已确认的递延所得税资产及递延所得税负债的金额进行调整，反映税率变化带来的影响。

除直接计入所有者权益的交易或事项产生的递延所得税资产及递延所得税负债，相关的调整金额应计入所有者权益以外，其他情况下产生的调整金额应确认为税率变化当期的所得税费用（或收益）。

（四）所得税费用的确认和计量

所得税会计的主要目的之一是为了确定当期应交所得税以及利润表中的所得税费用。在按照资产负债表债务法核算所得税的情况下，利润表中的所得税费用包括当期所得税和递延所得税两个部分。

1．当期所得税

当期所得税是指企业按照税法规定计算确定的针对当期发生的交易和事项，应交纳给税务部门的所得税金额，即当期应交所得税。

企业在确定当期应交所得税时，对于当期发生的交易或事项，会计处理与税收处理不同的，应在会计利润的基础上，按照税收法规的规定进行调整，计算出当期应纳税所得额，按照应纳税所得额与适用所得税税率计算确定当期应交所得税。一般情况下，应纳税所得额可在会计利润的基础上考虑会计与税收之间的差异，按照以下公式计算确定：

应纳税所得额＝会计利润＋按照会计准则规定计入利润表但计税时不允许税前扣除的费用±计入利润表的费用与按照税法规定可予税前抵扣的金额之间的差额±计入利润表的收入与按照税法规定应计入应纳税所得的收入之间的差额－税法规定的不征税收入±其他需要调整的因素。

2．递延所得税

递延所得税是指按照所得税准则规定当期应予确认的递延所得税资产和递延所得税负债金额，即递延所得税资产及递延所得税负债当期发生额的综合结果，但不包括计入所有者权益的交易或事项的所得税影响。用公式表示即为：

递延所得税＝（递延所得税负债的期末余额－递延所得税负债的期初余额）－（递延所得税资产的期末余额－递延所得税资产的期初余额）

应予以说明的是，企业因确认递延所得税资产和递延所得税负债产生的递延所得税，一般应当计入所得税费用，但以下两种情况除外：

一是某项交易或事项按照会计准则规定应计入所有者权益的，由该交易或事项产生的递延所得税资产或递延所得税负债及其变化亦应计入所有者权益，不构成利润表中的递延所得税费用。

［例24］甲企业持有的某项可供出售金融资产，成本为500万元，会计期末，其公允价值为600万元，该企业适用的所得税税率为25%。除该事项外，该企业不存在其他会计与税收之间的差异，且递延所得税资产和递延所得税负债不存在期初余额。

会计期末在确认100万元的公允价值变动时，账务处理为：

借：可供出售金融资产　　1 000 000

　贷：资本公积——其他资本公积　　1 000 000

确认应纳税暂时性差异的所得税影响时，账务处理为：

借：资本公积——其他资本公积　　250 000

　贷：递延所得税负债　　250 000

二是企业合并中取得的资产、负债，因其账面价值与计税基础不同，应确认相关递延所得税的，该递延所得税的确认影响合并中产生的商誉或是计入当期损益的金额，不影响所得税费用。有关举例见例22。

3. 所得税费用

计算确定了当期所得税及递延所得税以后，利润表中应予确认的所得税费用为两者之和，即：

所得税费用＝当期所得税＋递延所得税

［例25］甲公司201×年度利润表中利润总额为3 000万元，该公司适用的所得税税率为25%。递延所得税资产及递延所得税负债不存在期初余额。与所得税核算有关的情况如下：

201×年发生的有关交易和事项中，会计处理与税收处理存在差别的有：

（1）201×年1月开始计提折旧的一项固定资产，成本为1 500万元，使用年限为10年，净残值为0。会计处理按双倍余额递减法计提折旧，税收处理按直线法计提折旧。假定税法规定的使用年限及净残值与会计规定相同。

（2）向关联母公司支付管理费用500万元。假定按照税法规定，该项支出不允许税前扣除。

（3）当期取得作为交易性金融资产核算的股票投资成本为800万元，201×年12月31日的公允价值为1 200万元。税法规定，以公允价值计量的金融资产持有期间市价变动不计入应纳税所得额。

（4）违反环保法规定应支付罚款250万元。

（5）期末对持有的存货计提了75万元的存货跌价准备。

分析：

（1）201×年度当期应交所得税：

应纳税所得额＝3 000＋150＋500－400＋250＋75＝3 575（万元）

应交所得税＝3 575×25%＝893.75（万元）

（2）201×年度递延所得税：

递延所得税资产＝225×25%＝56.25（万元）

递延所得税负债＝400×25%＝100（万元）

递延所得税＝100－56.25＝43.75（万元）

（3）利润表中应确认的所得税费用：

所得税费用＝893.75＋43.75＝937.50（万元），确认所得税费用的账务处理如下：

借：所得税费用　　9 375 000
　　递延所得税资产　　562 500
　贷：应交税费——应交所得税　　8 937 500
　　　递延所得税负债　　1 000 000

该公司201×年资产负债表相关项目金额及其计税基础如表5－3所示：

表5－3　201×年资产负债表相关项目金额及其计税基础　　单位：万元

项　目	账面价值	计税基础	差　异	
			应纳税暂时性差异	可抵扣暂时性差异
存货	2 000	2 075		75
固定资产				
固定资产原价	1 500	1 500		
减：累计折旧	300	150		
减：固定资产减值准备	0	0		
固定资产账面价值	1 200	1 350		150
交易性金融资产	1 200	800	400	
其他应付款	250	250		
总　计			400	225

［例26］沿用例25中有关资料，假定甲公司201×年当期应交所得税为1 155万元。资产负债表中有关资产、负债的账面价值与其计税基础相关资料如表5－4所示，除所列项目外，其他资产、负债项目不存在会计和税收的差异。

分析：

（1）当期所得税＝当期应交所得税＝1 155（万元）

（2）递延所得税：

①期末递延所得税负债　　（675×25%）168.75

期初递延所得税负债　　100

递延所得税负债增加　　68.75

②期末递延所得税资产　　（740×25%）185

期初递延所得税资产　　56.25

递延所得税资产增加　　128.75

递延所得税＝68.75－128.75＝－60（万元）

（3）确认所得税费用：

所得税费用＝1 155－60＝1 095（万元），确认所得税费用的账务处理如下：

借：所得税费用　　10 950 000
　　递延所得税资产　　1 287 500
　贷：递延所得税负债　　687 500
　　　应交税费——应交所得税　　11 550 000

表5-4 资产负债表中的有关资产、负债的账面价值与其计税基础 单位：万元

项 目	账面价值	计税基础	差 异	
			应纳税暂时性差异	可抵扣暂时性差异
存 货	4 000	4 200		200
固定资产				
固定资产原价	1 500	1 500		
减：累计折旧	540	300		
减：固定资产减值准备	50	0		
固定资产账面价值	910	1 200		290
交易性金融资产	1 675	1 000	675	
预计负债	250	0		250
总 计			675	740

4. 所得税的列报

企业对所得税的核算结果，除利润表中列示的所得税费用外，在资产负债表中形成的应交税费（应交所得税）以及递延所得税资产的递延所得税负债应当遵循准则规定列报。其中，递延所得税资产和递延所得税负债一般应当分别作为非流动资产和非流动负债在资产负债表中列示，所得税费用应当在利润表中单独列示，同时还应在附注中披露与所得税有关的信息。

六、与所得税相关的其他会计处理

（一）接受捐赠资产所得税会计处理

根据会计制度规定，企业接受捐赠的资产，应当作为资本公积处理。考虑到企业接受的非现金资产捐赠和现金捐赠在核算内容和资本公积的用途上有所不同，企业会计制度规定将其分开核算，并在“资本公积”科目下分别设置“接受现金捐赠”和“接受捐赠非现金资产准备”两个明细科目进行账务处理。

根据税法规定，企业接受捐赠的货币性资产，须并入当期的应纳税所得，依法计算缴纳企业所得税，会计处理是借记“银行存款”等科目，计算应交的所得税，贷记“应交税费——应交所得税”科目；按接受捐赠的现金资产的价值减去应交所得税后的差额，贷记“资本公积——接受现金捐赠”科目；年度终了时，企业根据年终清算的结果，按实际应交所得税的差额，借记“应交税费——应交所得税”科目，贷记“银行存款”科目。

企业接受捐赠的非货币性资产，须按接受捐赠时资产的入账价值确认捐赠收入，并入当期应纳税所得，依法计算缴纳企业所得税。

企业接受非现金资产捐赠时，其入账价值的确定应区分情况进行处理：

①捐赠方提供了有关凭据的，应按凭据上标明的金额加上应支付的相关税费，作为入账价值；

②捐赠方没有提供有关凭据的，应按如下顺序确定入账价值：同类或类似非现金资产存在活跃市场的，按同类或类似非现金资产的市场价格估计的金额，加上应支付的相关税费，作为入账价值；同类或类似非现金资产不存在活跃市场的，按该接受捐赠的非现金资产的预计未来现金流量现值，作为入账价值。

接受捐赠非现金资产的账务处理：企业接受捐赠固定资产、原材料、库存商品等非现金资产，应当按照确定的价值，借记“固定资产”、“无形资产”、“原材料”、“库存商品”等科目，按照确定的价值扣除其与现行所得税税率计算的未来应交的所得税后的余额，贷记“应交税费——应交所得税”；按两者的差额，贷记“资本公积——其他资本公积”科目。

根据2008年财政部颁布的《企业会计准则解释第2号》的第九点规定：企业自投资者取得的货币或非货币性资产捐赠，应当按照接受捐赠资产的公允价值确认相关资产和资本公积（资本溢价）；从其他方面取得的货币或非货币性资产捐赠，应于取得时确认为当期损益。根据该规定，接受捐赠的账务处理与上述的区别是，若企业从其他方面取得货币或非货币性资产捐赠，则在取得时扣除应计缴的所得税金额，记入“营业外收入”科目。

（二）减免所得税的账务处理

根据税法规定，符合减免所得税条件的纳税人，可以提出申请，按照规定程序办理审批手续。要求减免所得税的企业，除特殊情况外，对其应纳税款一定要坚持“先征后退”的原则，按时计提所得税，并向主管税务机关报送纳税申报表和财务会计报表及其他有关资料。企业在接到减免所得税批复后，才能办理退库手续。

先征后退的会计处理：

① 计提所得税时：

借：所得税费用

　贷：应交税费——应交所得税

② 实际收到减免返还的所得税时：

借：银行存款

　贷：所得税费用

（三）年终汇算清缴的纳税调整

1. 年终汇算清缴的计算与核算

（1）企业所得税实行按年计征、分期（分月或分季）预缴、年终汇算交清，多退少补的办法。计算公式为：

$$应纳所得税额 = 应纳税所得额 \times 适用税率$$

（2）预缴所得税额的计算。

企业预缴所得税时，应按纳税期限的实数预缴。按实际数预缴有困难的，可以按上一年度应纳税所得额的1/12或1/4计算所得税，或者由当地税务机关认可的其他方法分期预缴所得税，预缴方法一经确定，不得随意改变。

年度内计算本期应纳所得税的计算公式为：

本期累计应纳所得税税额 = 本期累计应纳税所得额 × 适用税率（25%）

本期应纳所得税税额 = 本期累计应纳所得税税额 − 累计已缴纳所得税税额

［例27］某企业8月末计算本月应预交的所得税额。该企业截至8月末已累计实现利润总额3 000万元，1～7月累计已预交所得税650万元。则计算步骤如下：

第一步，计算1～8月累计应纳所得税税额：

累计应纳所得税税额 = 3 000 × 25% = 750（万元）；

第二步，确定1～7月累计已缴纳所得税税额，根据已知条件，1～7月累计已交所得税650万元；

第三步，计算8月份应预交的所得税税额：

8月份应纳所得税税额 = 750 − 650 = 100（万元）。

在年度内预缴时，因为不便取得完全符合税法要求的应纳税所得额数字，所以可以用截至某期已经实现的利润总额近似地代替，以便计算应预缴的所得税额，待到年终汇算清缴时再统一调整。

会计处理：

借：应交税费——应交所得税　　　　1 000 000

　贷：银行存款　　　　1 000 000

企业所得税以年为单位进行汇算清缴。在计算全年应缴纳的所得税税额时，应注意应纳税的年度所得额和会计上的利润总额之间的差异。如果企业没有发生税法不准列支的支出或不纳税的经营所得时，根据会计核算资料计算的会计利润总额就是应纳税的年度所得额；否则，就应该按照税法的规定把会计利润调整为应纳税所得额，再据以计征所得税。

2. *以前年度损益调整*

为了核算本年度发生的以前年度损益调整事项，会计上应设置“以前年度损益调整”科目，该科目属损益类，主要核算企业本年度发生的调整以前年度损益的事项。企业在年度资产负债表日至财务会计报告批准报出日之间发生的需要调整报告年度损益的事项，以及本年度发生的以前年度重大会计差错的调整，也在本科目核算。

企业调整增加的以前年度利润或调整减少的以前年度亏损，借记有关科目，贷记本科目；企业调整减少的以前年度利润或调整增加的以前年度亏损，借记本科目，贷记有关科目。

企业由于调整增加或减少以前年度利润或亏损而相应增加的所得税，借记本科目，贷记“应交税费——应交所得税”科目；由于调整减少或增加以前年度利润或亏损而相应减少的所得税，作相反会计分录。

经上述调整后，应同时将本科目的余额转入“利润分配——未分配利润”科目。本科目如为贷方余额，借记本科目，贷记“利润分配——未分配利润”科目；如为借方余额，作相反会计分录。结转后本科目应无余额。

企业因调整以前年度损益影响企业缴纳所得税的，可视为本年损益，进行所得税会计调整。

CPA 在 201×年 2 月对某公司 201×年所得税进行汇算清缴时，查出该公司有超过税法限定标准的费用开支 30 万元。公司在 201×年应作如下会计分录：

（1）计算应补缴所得税时：

借：以前年度损益调整　　（300 000×25%）75 000

　贷：应交税费——应交所得税　　75 000

（2）实际补缴所得税时：

借：应交税费——应交所得税　　75 000

　贷：银行存款　　75 000

（3）反映以前年度损益调整时：

借：利润分配——未分配利润　　75 000

　贷：以前年度损益调整　　75 000

“应交税费——应交所得税”账户的借贷方之差，即为公司 201×年应退或应补缴的税额。如果所得税税率发生变动，按债务法调整，企业还应设置“递延所得税资产（负债）”备查账簿。

［例 28］CPA 201×年在对某企业进行审计时，发现该企业前一年度有一笔销售业务未入账，共计销售收入 500 000 元，相应的成本为 360 000 元。要求企业调账（假设不考虑其他税种），该企业作如下账务处理：

（1）将未入账的收入、成本调整过来，作分录：

① 借：银行存款　　500 000

　　贷：以前年度损益调整　　500 000

② 借：以前年度损益调整　　360 000

　　贷：库存商品　　360 000

（2）计算漏缴的所得税：

企业隐瞒的利润 = 500 000 − 360 000 = 140 000（元）

少交所得税税额 = 140 000×25% = 35 000（元）

①补提时：

借：以前年度损益调整　　35 000

　贷：应交税费——应交所得税　　35 000

②补交税款时：

借：应交税费——应交所得税　　35 000

　贷：银行存款　　35 000

③实际支付滞纳金时：

借：营业外支出

　贷：银行存款

第五节 企业所得税报表编制

表5－5 中华人民共和国企业所得税年度纳税申报表（A类）

税款所属期间： 年 月 日至 年 月 日 纳税人名称：

纳税人识别号：□□□□□□□□□□□□□□□□□□□□ 金额单位：元（列至角分）

类 别	行 次	项 目	金 额
利润总额计算	1	一、营业收入（填附表一）	
	2	减：营业成本（填附表二）	
	3	营业税金及附加	
	4	销售费用（填附表二）	
	5	管理费用（填附表二）	
	6	财务费用（填附表二）	
	7	资产减值损失	
	8	加：公允价值变动损益	
	9	投资收益	
	10	二、营业利润	
	11	加：营业外收入（填附表一）	
	12	减：营业外支出（填附表二）	
	13	三、利润总额（10＋11－12）	
应纳税所得额计算	14	加：纳税调整增加额（填附表三）	
	15	减：纳税调整减少额（填附表三）	
	16	其中：不征税收入	
	17	免税收入	
	18	减计收入	
	19	减：免税项目所得	
	20	加计扣除	
	21	抵扣应纳税所得额	
	22	加：境外应税所得弥补境内亏损	
	23	纳税调整后所得（13＋14－15＋22）	
	24	减：弥补以前年度亏损（填附表四）	
	25	应纳税所得额（23－24）	

（续上表）

类　别	行　次	项　　　　目	金　额
应纳税额计算	26	税率（25%）	
	27	应纳所得税额（25×26）	
	28	减：减免所得税额（填附表五）	
	29	减：抵免所得税额（填附表五）	
	30	应纳税额（27－28－29）	
	31	加：境外所得应纳所得税额（填附表六）	
	32	减：境外所得抵免所得税额（填附表六）	
	33	实际应纳所得税额（30＋31－32）	
	34	减：本年累计实际已预缴的所得税额	
	35	其中：汇总纳税的总机构分摊预缴的税额	
	36	汇总纳税的总机构财政调库预缴的税额	
	37	汇总纳税的总机构所属分支机构分摊的预缴税额	
	38	合并纳税（母子体制）成员企业就地预缴比例	
	39	合并纳税企业就地预缴的所得税额（33×38）	
	40	本年应补（退）的所得税额（33－34）	
附列资料	41	以前年度多缴的所得税在本年抵减额	
	42	以前年度应缴未缴在本年入库所得税额	
纳税人公章： 经办人： 申报日期：　　年　月　日		代理申报中介机构公章： 经办人及执业证件号码： 代理申报日期：　　年　月　日	主管税务机关 受理专用章： 受理人： 受理日期： 　　年　月　日

《企业所得税年度纳税申报表（A类）》填报说明（附表省略）：

一、适用范围

本表适用于实行查账征收的企业所得税居民纳税人填报。

二、填报依据及内容

根据《中华人民共和国企业所得税法》及其实施条例的规定计算填报，并依据企业会计制度、企业会计准则等企业的利润表以及纳税申报表相关附表的数据填报。

三、有关项目填报说明

（一）表头项目。

1.“税款所属期间”正常经营的纳税人填报公历当年1月1日至12月31日；纳税人年度中间开业的，填报实际生产经营之日的当月1日至同年12月31日；纳税人年度中间发生合并、分立、破产、停业等情况的，填报公历当年1月1日至实际停业或法院裁定并宣告破产之日的当月月末；纳税人年度中间开业且年度中间又发生合并、分立、破产、停业等情况的，填报实际生产经营之日的当月1日至实际停业或法院裁定并宣告破产之日的当月月末。

2.“纳税人识别号”填报税务机关统一核发的税务登记证号码。

3.“纳税人名称”填报税务登记证所载纳税人的全称。

（二）表体项目在企业会计利润总额的基础上，加减纳税调整额后计算出“纳税调整后所得”（应纳税所得额）。会计与税法的差异（包括收入类、扣除类、资产类等一次性和暂时性差异）通过纳税调整明细表（附表三）集中体现。本表包括利润总额的计算、应纳税所得额的计算、应纳税额的计算和附列资料四个部分。

1.“利润总额计算”中的项目，适用《企业会计准则》的企业，其数据直接取自利润表；实行《企业会计制度》、《小企业会计制度》等会计制度的企业，其利润表中项目与本表不一致的部分，应当按照本表要求对利润表中的项目进行调整后填报。

该部分的收入、成本费用明细项目，适用《企业会计准则》、《企业会计制度》或《小企业会计制度》的纳税人，通过附表一（1）“收入明细表”、附表二（1）“成本费用明细表”反映；适用《企业会计准则》、《金融企业会计制度》的纳税人填报附表一（2）“金融企业收入明细表”、附表二（2）“金融企业成本费用明细表”的相应栏次；适用《事业单位会计准则》、《民间非营利组织会计制度》的事业单位、社会团体、民办非企业单位、非营利组织，填报附表一（3）“事业单位、社会团体、民办非企业单位收入项目明细表”和附表一（3）“事业单位、社会团体、民办非企业单位支出项目明细表”。

2.“应纳税所得额计算”和“应纳税额计算”中的项目，除根据主表逻辑关系计算出的指标外，其余数据来自附表。

3.“附列资料”包括用于税源统计分析的上年度税款在本年入库金额。

（三）行次说明。

1. 第1行“营业收入”填报纳税人主要经营业务和其他业务所确认的收入总额。本项目应根据“主营业务收入”和“其他业务收入”科目的发生额分析填列。一般企业通过附表一（1）“收入明细表”计算填列；金融企业通过附表一（2）“金融企业收入明细表”计算填列；事业单位、社会团体、民办非企业单位、非营利组织应填报附表一（3）“事业单位、社会团体、民办非企业单位收入项目明细表”的“收入总额”，包括按税法规定的不征税收入。

2. 第2行“减：营业成本”项目，填报纳税人经营主要业务和其他业务发生的实际成本总额。本项目应根据“主营业务成本”和“其他业务成本”科目的发生额分析填列。一般企业通过附表二（1）“成本费用明细表”计算填列；金融企业通过附表二（2）“金融企业成本费用明细表”计算填列；事业单位、社会团体、民办非企业单位、非营利组织应按填报附表一（3）“事业单位、社会团体、民办非企业单位收入项目明细表”和附表二（3）“事业单位、社会团体、民办非企业单位支出项目明细表”分析填报。

3. 第3行“营业税金及附加”填报纳税人经营业务应负担的营业税、消费税、城市维护建设税、资源税、土地增值税和教育费附加等。本项目应根据“营业税金及附加”科目的发生额分析填列。

4. 第4行“销售费用”填报纳税人在销售商品过程中发生的包装费、广告费等费用和为销售本企业商品而专设的销售机构的职工薪酬、业务费等经营费用。本项目应根据“销售费用”科目的发生额分析填列。

5. 第5行“管理费用”填报纳税人为组织和管理生产经营发生的管理费用。本项目应根据“管理费用”科目的发生额分析填列。

6. 第6行“财务费用”填报纳税人为筹集生产经营所需资金等而发生的筹资费用。本项目应根据“财务费用”科目的发生额分析填列。

7. 第7行“资产减值损失”填报纳税人各项资产发生的减值损失。本项目应根据“资产减值损失”科目的发生额分析填列。

8. 第8行“加：公允价值变动损益”填报纳税人按照相关会计准则规定应当计入当期损益的资产或负债公允价值变动损益，如交易性金融资产当期公允价值的变动额。本项目应根据“公允价值变动损益”科目的发生额分析填列，如为损失，本项目以“－”号填列。

9. 第9行“投资收益”填报纳税人以各种方式对外投资所取得的收益。本行应根据“投资收益”科目的发生额分析填列，如为损失，用“－”号填列。企业持有的交易性金融资产处置和出让时，处置收益部分应当自“公允价值变动损益”项目转出，列入本行，包括境外投资应纳税所得额。

10. 第10行“营业利润”填报纳税人当期的营业利润。根据上述行次计算填列。

11. 第11行“加：营业外收入”填报纳税人发生的与其经营活动无直接关系的各项收入。

除事业单位、社会团体、民办非企业单位外，其他企业通过附表一（1）“收入明细表”相关行次计算填报；金融企业通过附表一（2）“金融企业收入明细表”相关行次计算填报。

12. 第12行“减：营业外支出”填报纳税人发生的与其经营活动无直接关系的各项支出。一般企业通过附表二（1）“成本费用明细表”相关行次计算填报；金融企业通过附表二（2）“金融企业成本费用明细表”相关行次计算填报。

13. 第13行“利润总额”填报纳税人当期的利润总额。根据上述行次计算填列，金额等于第10＋11－12行。

14. 第14行“加：纳税调整增加额”填报纳税人未计入利润总额的应税收入项目、税收不允许扣除的支出项目、超出税收规定扣除标准的支出金额，以及资产类应纳税调整的项目，包括房地产开发企业按本期预售收入计算的预计利润等。纳税人根据附表三“纳税调整项目明细表”“调增金额”列下计算填报。

15. 第15行“减：纳税调整减少额”填报纳税人已计入利润总额但税收规定可以暂不确认为应税收入的项目，以及在以前年度进行了纳税调增，根据税收规定从以前年度结转过来在本期扣除的项目金额。包括不征税收入、免税收入、减计收入以及房地产开发企业已转销售收入的预售收入按规定计算的预计利润等。纳税人根据附表三“纳税调整项目明细表”“调减金额”列下计算填报。

16. 第16行“其中：不征税收入”填报纳税人计入营业收入或营业外收入中的属于税收规定的财政拨款、依法收取并纳入财政管理的行政事业性收费、政府性基金，以及国务院规定的其他不征税收入。

17. 第17行“免税收入”填报纳税人已并入利润总额中核算的符合税收规定免税条件的收入或收益，包括：国债利息收入；符合条件的居民企业之间的股息、红利等权益性投资收益；在中国境内设立机构、场所的非居民企业从居民企业取得与该机构、场所有实际联系的股息、红利等权益性投资收益；符合条件的非营利组织的收入。本行应根据“主营业务收入”、“其他业务收入”和“投资净收益”科目的发生额分析填列。

18. 第18行“减计收入”填报纳税人以《资源综合利用企业所得税优惠目录》规定的资源作为主要原材料，生产销售国家非限制和禁止并符合国家和行业相关标准的产品按1.0%的规定比例减计的收入。

19. 第19行“减：免税项目所得”填报纳税人按照税收规定应单独核算的减征、免征项目的所得额。

20. 第20行“加计扣除”填报纳税人当年实际发生的开发新技术、新产品、新工艺发生的研究开发费用，以及安置残疾人员和国家鼓励安置的其他就业人员所支付的工资。符合税收规定条件的计算应纳税所得额按一定比例的加计扣除金额。

21. 第21行“抵扣应纳税所得额”填报创业投资企业采取股权投资方式投资于未上市的中小高新技术企业2年以上的，可以按照其投资额的70%在股权持有满2年的当年抵扣该创业投资企业的应纳税所得额；当年不足抵扣的，可以在以后纳税年度结转抵扣。

22. 第22行“加：境外应税所得弥补境内亏损”依据《境外所得计征企业所得税暂行管理办法》的规定，纳税人在计算缴纳企业所得税时，其境外营业机构的盈利可以弥补境内营业机构的亏损。即当“利润总额”加“纳税调整增加额”减“纳税调整减少额”为负数时，该行填报企业境外应税所得用于弥补境内亏损的部分，最大不得超过企业当年的全部境外应税所得；如为正数时，如以前年度无亏损额，本行填零；如以前年度有亏损额，取应弥补以前年度亏损额的最大值，最大不得超过企业当年的全部境外应税所得。

23. 第23行“纳税调整后所得”填报纳税人当期经过调整后的应纳税所得额。金额等于本表第13+14-15+22行。当本行为负数时，即为可结转以后年度弥补的亏损额（当年可弥补的所得额）；如为正数，应继续计算应纳税所得额。

24. 第24行“减：弥补以前年度亏损”填报纳税人按税收规定可在税前弥补的以前年度亏损额。金额等于附表四“企业所得税弥补亏损明细表”第6行第10列，但不得超过本表第23行“纳税调整后所得”。

25. 第25行“应纳税所得额”金额等于本表第23-24行。本行不得为负数，本表第23行或者依上述顺序计算结果为负数，本行金额填零。

26. 第26行“税率”填报税法规定的税率25%。

27. 第27行“应纳所得税额”金额等于本表第25×26行。

28. 第28行“减：减免所得税额”填列纳税人按税收规定实际减免的企业所得税额。包括小型微利企业、国家需要重点扶持的高新技术企业、享受减免税优惠过渡政策的企业，其实际执行税率与法定税率的差额，以及经税务机关审批或备案的其他减免税优惠。金额等于附表五“税收优惠明细表”第33行。

29. 第29行“减：抵免所得税额”填列纳税人购置用于环境保护、节能节水、安全生产等专用设备的投资额，其设备投资额的10%可以从企业当年的应纳税额中抵免；当年不足抵免的，可以在以后5个纳税年度结转抵免。金额等于附表五“税收优惠明细表”第40行。

30. 第30行“应纳税额”填报纳税人当期的应纳所得税额，根据上述有关的行次计算填列。金额等于本表第27-28-29行。

31. 第31行“加：境外所得应纳所得税额”填报纳税人来源于中国境外的应纳税所得额（如分得的所得为税后利润应还原计算），按税法规定的税率（居民企业25%）计算的应纳所得税额。金额等于附表六“境外所得税抵免计算明细表”第10列合计数。

32. 第32行“减：境外所得抵免所得税额”填报纳税人来源于中国境外的所得，依照税法规定计算的应纳所得税额，即抵免限额。

企业已在境外缴纳的所得税额，小于抵免限额的，“境外所得抵免所得税额”按其在境外实际缴纳的所得税额填列；大于抵免限额的，按抵免限额填列，超过抵免限额的部分，可以在以后五个年度内，用每年度抵免限额抵免当年应抵税额后的余额进行抵补。

可用境外所得弥补境内亏损的纳税人，其境外所得应纳税额公式中“境外应纳税所得额”项目和境外所得税税款扣除限额公式中“来源于某外国的所得”项目，为境外所得，不含弥补境内亏损部分。

33. 第33行“实际应纳所得税额”填报纳税人当期的实际应纳所得税额。金额等于本表第30+31-32行。

34. 第34行“减：本年累计实际已预缴的所得税额”填报纳税人按照税收规定本年已在月（季）累计预缴的所得税额。

35. 第35行"其中：汇总纳税的总机构分摊预缴的税额"填报汇总纳税的总机构1~12月份（或1~4季度）分摊的在当地入库预缴税额。附报"中华人民共和国汇总纳税分支机构分配表"。

36. 第36行"汇总纳税的总机构财政调库预缴的税额"填报汇总纳税的总机构1~12月份（或1~4季度）分摊的缴入财政调节入库的预缴税额。附报"中华人民共和国汇总纳税分支机构分配表"。

37. 第37行"汇总纳税的总机构所属分支机构分摊的预缴税额"填报分支机构就地分摊预缴的税额。附报"中华人民共和国汇总纳税分支机构分配表"。

38. 第38行"合并纳税（母子体制）成员企业就地预缴比例"填报经国务院批准的实行合并纳税（母子体制）的成员企业按规定就地预缴的比例。

39. 第39行"合并纳税企业就地预缴的所得税额"填报合并纳税的成员企业就地应预缴的所得税额。根据"实际应纳税额"和"预缴比例"计算填列。金额等于本表第33×38行。

40. 第40行"本年应补（退）的所得税额"填报纳税人当期应补（退）的所得税额。金额等于本表第33－34行。

41. 第41行"以前年度多缴的所得税在本年抵减额"填报纳税人以前年度汇算清缴多缴的税款尚未办理退税的金额，且在本年抵缴的金额。

42. 第42行"以前年度应缴未缴在本年入库所得税额"填报纳税人以前年度损益调整税款、上一年度第4季度或第12月份预缴税款和汇算清缴的税款，在本年入库金额。

四、表内及表间关系

1. 第1行＝附表一（1）第2行或附表一（2）第1行或附表一（3）第3行至7行合计。

2. 第2行＝附表二（1）第2行或附表二（2）第1行或附表二（3）第14行。

3. 第10行＝第1－2－3－4－5－6－7＋8＋9行。

4. 第11行＝附表一（1）第17行或附表一（2）第42行或附表一（3）第9行。

5. 第12行＝附表二（1）第16行或附表二（2）第45行。

6. 第13行＝第10＋11－12行。

7. 第14行＝附表三第52行第3列合计。

8. 第15行＝附表三第52行第4列合计。

9. 第16行＝附表三第14行第4列。

10. 第17行＝附表五第1行。

11. 第18行＝附表五第6行。

12. 第19行＝附表五第14行。

13. 第20行＝附表五第9行。

14. 第21行＝附表五第39行。

15. 第22行＝附表六第7列合计。（当第13＋14－15行≥0时，本行＝0）

16. 第23行＝第13＋14－15＋22行。（当第13＋14－15行＜0时，则加22行的最大值）

17. 第24行＝附表四第6行第10列。

18. 第25行＝第23－24行。（当本行＜0时，则先调整第21行的数据，使其本行≥0；当第21行＝0时，第23－24行≥0）

19. 第26行填报25%　。

20. 第27行＝第25×26行。

21. 第28行＝附表五第33行。

22. 第29行=附表五第40行。
23. 第30行=第27-28-29行
24. 第31行=附表六第10列合计。
25. 第32行=附表六第14列合计+第16列合计或附表六第17列合计。
26. 第33行=第30+31-32行。
27. 第40行=第33-34行。

【案例分析】

某服装公司主要生产经营各式童装且已执行新会计准则，201×年12月底CTA对该公司201×年所得税纳税情况进行审核。CPA对该公司的“销售费用”账户进行了检查，从摘要栏中看到201×年4月份和9月份分别支付广告费30 000元和62 000元。继而审核了“销售费用——广告费”明细账户，并进一步核实了有关记账凭证和原始凭证，发现该企业为了扩大销售市场，发展关系户，当本市某服装商店和某百货市场5月1日和10月1日开业之前，发生的赞助费和广告费，赞助费已支付而广告费尚欠，然后将赞助费用视为广告费计入销售费用。假设该公司201×符合税法的销售收入为40万元。所得税采用资产负债表债务法核算，适用的所得税税率为25%。甲公司按净利润的10%提取法定盈余公积，按净利润的5%提取任意盈余公积。

201×年4月：

借：销售费用　30 000

　贷：银行存款　30 000

201×年9月：

借：销售费用　62 000

　贷：其他应付款　62 000

要求：对服装公司上述交易事项进行分析判断。(假设该笔业务达到重要性要求)

案例分析如下：

根据企业所得税税法规定：纳税人支付的各种赞助支出，不得在应纳税所得额中扣除。而该公司将赞助费30 000元计入了销售费用，另多计列当期广告费，挤占了该公司的销售利润，且是主观为之。故应调整计税利润32 000元，补缴所得税8 000元。服装公司上述交易事项会计处理不正确。账务调整处理为：

(1) 借：营业外支出　30 000

　　贷：销售费用　30 000

(2) 借：所得税费用　7 500

　　　递延所得税资产　500

　　贷：应交税费——应交所得税　8 000

(3) 借：盈余公积——法定盈余公积　750

　　　　　　——任意盈余公积金　375

　　贷：利润分配——未分配利润　1 125

【本章小结】

企业所得税是非常重要的一个税种，因此企业所得税会计核算是税务会计的一个非常重要的内容。

所得税会计原理就是研究如何处理按照会计准则确认的资产和负债的账面价值或税前会计利润与按照税法确认的资产和负债计税基础或应税所得之间差异的会计理论和方法。

会计制度与税法在收益、费用或损失的确认和计量原则方面的不同，而导致按照会计制度计算的税前会计利润与按照税法规定计算的应税所得之间的差异，在会计核算中可以采用两种不同的方法进行处理，即应付税款法和纳税影响会计法。

《企业会计准则第 18 号——所得税》规定：我国所得税会计采用了资产负债表债务法，要求企业从资产负债表出发，通过比较资产负债表上列示的资产、负债，按照会计准则规定确定的账面价值与按照税法规定确定的计税基础，对于两者之间的差异区分应纳税暂时性差异与可抵扣暂时性差异，确认相关的递延所得税负债与递延所得税资产，并在此基础上确定每一会计期间利润表中的所得税费用。

【关键术语和概念】

所得税会计　应付税款法　纳税影响会计法　递延法　债务法　资产负债表
递延所得税资产　递延所得税负债　永久性差异　时间性差异　暂时性差异

第六章　个人所得税会计

【学习要点】

◆ 个人所得税原理
◆ 个人所得税确认与计量
◆ 个人所得税会计核算类型
◆ 个人所得税会计处理特点

第一节　个人所得税概述

个人所得税是对个人（自然人）取得的各项应税所得征收的一种所得税。它是国家直接调节个人之间收入水平的一种形式。

个人所得税是世界各国普遍征收的一种税。我国在 1980 年 9 月颁布《中华人民共和国个人所得税法》，开征了个人所得税，该税主要对我国境内外籍人员征收。1986 年国务院根据我国社会经济发展的状况，为了有效调节社会成员之间收入水平的差距，分别颁布并实施了《中华人民共和国城乡个体工商业户所得税暂行条例》和《中华人民共和国个人收入调节税暂行条例》。

我国建立了社会主义市场经济体制后，为了进一步深化税制改革，简化税制，公平税负，1993 年 10 月 31 日八届人大常委会第九次会议通过了《关于修改〈中华人民共和国个人所得税法〉的决定》，同时颁布了修改后的《中华人民共和国个人所得税法》，并于 1994 年 1 月 1 日起施行。1999 年 8 月 30 日、2005 年 10 月 27 日、2007 年 6 月 29 日和 2007 年 12 月 29 日全国人民代表大会常务委员会又对《个人所得税法》进行了四次修订，国务院相应地对《个人所得税法实施条例》进行了修订，并于 2008 年 2 月 18 日进行了第二次修订。

另外，2000 年 9 月，财政部、国家税务总局根据《国务院关于个人独资企业和合伙企业征收所得税问题的通知》有关“对个人独资企业和合伙企业停征企业所得税，只对其投资者的经营所得征收个人所得税”的规定，制定了《关于个人独资企业和合伙企业投资者征收个人所得税的规定》。《规定》明确规定从 2000 年 1 月 1 日起，个人独资企业和合伙企业投资者将依法缴纳个人所得税。多年来通过六次修改，目前适用的是 2011 年 6 月 30 日，由第十一届全国人大第二十一次会议通过的《个人所得税法》，自 2011 年 9 月 1 日起施行。

现行的个人所得税法，有以下五方面特点：

（1）实行分类征收。

世界各国的个人所得税制大体可分为三种类型：分类所得税制、综合所得税制和混合所得税制。这三种税制各有所长，各国可根据本国具体情况选择、运用。我国现行个人所得税采用的是分类所得税制，即将个人取得的各种所得划分为11类，分别适用不同的费用减除规定、不同的税率和不同的计税方法。实行分类课征制度，可以广泛采用源泉扣缴办法，加强源泉控管，简化纳税手续，方便征纳双方。同时，还可以对不同所得实行不同的征税方法，便于体现国家的政策。

（2）累进税率与比例税率并用。

分类所得税制一般采用比例税率，综合所得税制通常采用累进税率。比例税率计算简便，便于实行源泉扣缴；累进税率可以合理调节收入分配，体现公平。我国现行个人所得税根据各类个人所得的不同性质和特点，将这两种形式的税率综合运用于个人所得税制。其中，对工资、薪金所得，个体工商户的生产、经营所得，对企事业单位的承包经营、承租经营所得，采用累进税率，实行量能负担。对劳务报酬、稿酬等其他所得，采用比例税率，实行等比负担。

（3）费用扣除额较宽。

各国的个人所得税均有费用扣除的规定，只是扣除的方法及额度不尽相同。我国本着费用扣除从宽、从简的原则，采用费用定额扣除和定率扣除两种方法。对工资、薪金所得，每月减除费用2 000元（2008年3月1日前，减除费用为1 600元）；对劳务报酬等所得，每次收入不超过4 000元的减除800元，每次收入4 000元以上的减除20%的费用。按照这样的标准减除费用，实际上等于对绝大多数的工资、薪金所得予以免税或只征很少的税款，也使得大多提供一般劳务、取得中低劳务报酬所得的个人不用负担个人所得税。

（4）计算简便。

我国个人所得税的费用扣除采取总额扣除法，免去了对个人实际生活费用支出逐项计算的麻烦；各种所得项目实行分类计算，并且具有明确的费用扣除规定，费用扣除项目及方法易于掌握，计算比较简单，符合税制的简便原则。

（5）采取课源制和申报制两种征纳方法。

我国《个人所得税法》规定，对纳税人的应纳税额分别采取由支付单位源泉扣缴和纳税人自行申报两种方法。对凡是可以在应税所得的支付环节扣缴个人所得税的，均由扣缴义务人履行代扣代缴义务；对于没有扣缴义务人的，个人在两处以上取得工资、薪金所得的，以及个人所得超过国务院规定数额（即年所得12万元以上）的，由纳税人自行申报纳税。此外，对其他不便于扣缴税款的，亦规定由纳税人自行申报纳税。

第二节　个人所得税的确认

一、个人所得税的纳税人

个人所得税的纳税人，包括在中国境内有住所，或者虽无住所但在境内居住满1年，以及无住所又不居住或居住不满1年但有从中国境内取得所得的个人。包括中国公民、个体工商户、外籍个人和香港、澳门、台湾同胞等。上述纳税人依据住所和居住时间两个标准，区分为居民纳税人和非居民纳税人，分别承担不同的纳税义务。

（1）居民纳税人。

税法规定：居民纳税人是指在中国境内有住所，或者无住所而在境内居住满1年的个人，属于我国的居民纳税人，应就其来源于中国境内和境外的所得，向我国政府履行全面纳税义务，依法缴纳个人所得税。

所谓在中国境内有住所的个人，是指因户籍、家庭、经济利益关系，而在中国境内习惯性居住的个人。“习惯性居住”是指个人因学习、工作、探亲等原因消除后，没有理由在其他地方继续居留时，所要回到的地方，而不是指实际居住或在某一个特定时期内的居住地。

所谓在境内居住满1年，是指一个纳税年度（即公历1月1日起至12月31日止，下同）内，在中国境内住满365日。在居住期间内临时离境的，即在一个纳税年度中一次离境不超过30日或多次离境累计不超过90日的，不扣减日数，连续计算。

为了便于人员的国际交流，本着从宽、从简的原则，对于在中国境内无住所，但居住1年以上而未超过5年的个人，其来源于中国境内的所得应全部依法缴纳个人所得税。对于其来源于中国境外的各种所得，经主管税务机关批准，可以只就由中国境内公司、企业及其他经济组织或个人支付的部分缴纳个人所得税。如果上述个人在居住期间临时离境，在临时离境工作期间的工资、薪金所得，仅就由中国境内企业或个人雇主支付的部分纳税。

对于居住满5年的个人，从第6年起，以后的各年度中，凡在境内居住满1年的，就其来源于中国境内、境外的全部所得缴纳个人所得税。

所谓个人在中国境内居住满5年，是指个人在中国境内连续居住满5年，即在连续5年中的每一个纳税年度内均居住满1年。个人在从第6年起以后的各年度中，凡在境内居住满1年的，应当就其来源于境内、境外的所得申报纳税；凡在境内居住不满1年的，仅就其该年内来源于境内的所得申报纳税，如某一个纳税年度内在境内居住不足90日，其来源于中国境内的所得，由境外雇主支付且不由该雇主在中国境内的机构、场所负担的部分，免予缴纳个人所得税，并从再次居住满1年的年度起计算5年期限。

在中国境内有住所的居民纳税人不适用上述规定。

（2）非居民纳税人。

根据《个人所得税法》规定，非中国居民的个人，即在中国境内无住所又不居住，或者无住所而在境内居住不满1年的个人，属于我国税法中的非居民纳税人，只就其来源于中国境内的所得向我国政府履行有限纳税义务，依法缴纳个人所得税。

二、个人所得税的征收对象

个人所得税以个人取得的所得为课征对象，《个人所得税法》列举征税的个人所得共有11项。《个人所得税法实施条例》及相关法规具体确定了各项个人所得的征税范围。个人所得的形式包括现金、实物、有价证券和其他形式的经济利益。具体规定如下：

（一）工资、薪金所得

工资、薪金所得是指个人因任职或受雇而取得的工资、薪金、奖金、年终加薪、劳动分红、津贴、补贴以及与任职或受雇有关的其他所得。

一般来说，工资、薪金所得属于非独立个人劳动所得。所谓非独立个人劳动，是指个人所从事的是由他人指定、安排并接受管理的劳动、工作，或服务于公司、工厂、行政、事业单位（私营企业主除外）。非独立劳动者从上述单位取得的劳动报酬，是以工资、薪金的形式体现的。在这类报酬中工资和薪金的收入主体略有差异。通常情况下，把直接从事生产、经营或服务的劳动者（工人）的收入称为工资，即所谓“蓝领阶层”所得；而将从事社会公职或管理活动的劳动者（公职人员）的收入称为薪金，即所谓“白领阶层”所得。但在实际立法过程中，各国都从简便易行的角度考虑，将工资、薪金合并为一个项目计征个人所得税。

除工资、薪金以外，奖金、年终加薪、劳动分红、津贴、补贴也被确定为工资、薪金范畴。其中，年终加薪、劳动分红不分种类和取得情况，一律按工资、薪金所得课税；津贴、补贴等则有例外。

根据我国目前个人收入的构成情况，规定对于一些不属于工资、薪金性质的补贴、津贴或不属于纳税人本人工资、薪金所得项目的收入，不予征税，这些项目包括：

（1）独生子女补贴。

（2）执行公务员工资制度未纳入基本工资总额的补贴、津贴差额和家属成员的副食品补贴。

（3）托儿补助费。

（4）差旅费津贴、误餐补助。其中，误餐补助是指按照财政部规定，个人因公在城区、郊区工作，不能在工作单位或返回就餐的，根据实际误餐顿数，按规定的标准领取的误餐费。单位以误餐补助名义发给职工的补助、津贴不包括在内。

奖金是指所有具有工资性质的奖金，免税奖金的范围在税法中另有规定。

关于企业减员增效和行政、事业单位、社会团体在机构改革过程中实行内部退养办法人员取得收入的征税问题：

实行内部退养的个人在其办理内部退养手续后至法定离退休年龄之间从原任职单位取得的工资、薪金，不属于离退休工资，应按“工资、薪金所得”项目计征个人所得税。

个人在办理内部退养手续后从原任职单位取得的一次性收入，应按办理内部退养手续后至法定离退休年龄之间的所属月份进行平均，并与领取当月的“工资、薪金所得”合并后减除当月费用扣除标准，以余额为基数确定适用税率，再将当月工资、薪金加上取得的一次性收入，减去费用扣除标准，按适用税率计征个人所得税。

个人在办理内部退养手续后至法定离退休年龄之间重新就业取得的“工资、薪金所得”，应与其从原任职单位取得的同一月份的“工资、薪金所得”合并，并依法自行向主管税务机关申报缴纳个人所得税。

退休人员再任职取得的收入，在减除按税法规定的费用扣除标准后，按“工资、薪金所得”应税项目缴纳个人所得税。

参照国税函〔2001〕832号批复的规定，公司职工取得的用于购买企业国有股权的劳动分红，按“工资、薪金所得”项目计征个人所得税。

出租汽车经营单位对出租车驾驶员采取单车承包或承租方式运营，出租车驾驶员从事客货营运取得的收入，按“工资、薪金所得”项目计征个人所得税。

自2004年1月20日起，对商品营销活动中，企业和单位对营销业绩突出的雇员以培训班、研讨会、工作考察等名义组织旅游活动，通过免收差旅费、旅游费对个人实行的营销业绩奖励（包括实物、有价证券等），应根据所发生费用的全额并入营销人员当期的工资、薪金所得，按照“工资、薪金所得”项目征收个人所得税，并由提供上述费用的企业和单位代扣代缴。

（二）个体工商户的生产、经营所得

个体工商户的生产、经营所得是指：

（1）个体工商户从事工业、手工业、建筑业、交通运输业、商业、饮食业、服务业、修理业及其他行业生产、经营取得的所得。

（2）个人经政府有关部门批准，取得执照，从事办学、医疗、咨询及其他有偿服务活动取得的所得。

（3）上述个体工商户和个人取得的与生产、经营有关的各项应税所得。

（4）其他个人从事个体工商业生产、经营取得的所得。

从事个体出租车运营的出租车驾驶员取得的收入，按“个体工商户的生产、经营所得”项目缴纳个人所得税。个人因从事彩票代销业务而取得的所得，应按照“个体工商户的生产、经营所得”项目计征个人所得税。

出租车属个人所有，但挂靠出租汽车经营单位或企事业单位，驾驶员向挂靠单位缴纳管理费的，或出租汽车经营单位将出租车所有权转移给驾驶员的，出租车驾驶员从事客货运营取得的收入比照“个体工商户的生产、经营所得”项目征税。

个体工商户和从事生产、经营的个人，取得与生产、经营活动无关的其他各项应税所得，应分别按照有关规定，计算征收个人所得税。如取得银行存款的利息所得、对外投资取得的股息所得，应按“利息、股息、红利所得”税目的规定单独计征个人所得税。

（三）对企事业单位的承包经营、承租经营所得

对企事业单位的承包经营、承租经营所得是指个人承包经营、承租经营以及转包、转租取得的所得，还包括个人按月或按次取得的工资、薪金性质的所得。个人对企事业单位的承包经营、承租经营形式较多，分配方式也不尽相同，大体上可以分为两类：

（1）个人对企事业单位承包、承租经营后，工商登记改变为个体工商户的。这类承包、承租经营所得，实际上属于个体工商户的生产、经营所得，应按“个体工商户的生产、经营所得”项目征收个人所得税，不再征收企业所得税。

（2）个人对企事业单位承包、承租经营后，工商登记仍为企业的，不论其分配方式如何，均应先按照企业所得税的有关规定缴纳企业所得税。然后根据承包、承租经营者按合同（协议）规定取得的所得，依照《个人所得税法》的有关规定缴纳个人所得税，具体为：

①承包、承租人对企业经营成果不拥有所有权，仅按合同（协议）规定取得一定所得的，应按“工资、薪金所得”项目征收个人所得税。

②承包、承租人按合同（协议）规定只向发包方、出租人缴纳一定的费用，缴纳承包、承租费后的企业的经营成果归承包、承租人所有的，其取得的所得，按“对企事业单位承包、承租经营所得”项目征收个人所得税。

外商投资企业采取发包、出租经营且经营人为个人的，对经营人从外商投资企业分享的收益或取得的所得，亦按照个人对企事业单位的承包、承租经营所得征收个人所得税。

（四）劳务报酬所得

劳务报酬所得是指个人从事设计、装潢、安装、制图、化验、测试、医疗、法律、会计、咨询、讲学、新闻、广播、翻译、审稿、书画、雕刻、影视、录音、录像、演出、表演、广告、展览、技术服务、介绍服务、经纪服务、代办服务以及其他劳务报酬的所得。

个人担任董事职务所取得的董事费收入，属于劳务报酬性质，按“劳务报酬所得”项目征税。

上述各项所得一般属于个人独立从事自由职业取得的所得或属于独立个人劳动所得。是否存在雇佣与被雇佣关系，是判断一种收入是属于劳务报酬所得，还是属于工资、薪金所得的重要标准。劳务报酬所得是个人独立从事某种技艺，独立提供某种劳务而取得的所得；工资、薪金所得则是个人从事非独立劳动，从所在单位领取的报酬。后者存在雇佣与被雇佣的关系，而前者则不存在这种关系。如果从事某项劳务活动取得的报酬是以工资、薪金形式体现的，如演员从剧团领取工资，教师从学校领取工资，就属于工资、薪金所得项目，而不属于劳务报酬所得范围。如果从事某项劳务活动取得的报酬不是来自聘用、雇佣或工作的单位，如演员自己“走穴”或与他人组合“走穴”演出取得的报酬，教师自行举办学习班、培训班取得的办班收入或课酬收入，就属于劳务报酬所得的范围。

在校学生因参与勤工俭学活动（包括参与学校组织的勤工俭学活动）而取得属于《个人所得税法》规定的应税所得项目的所得，应依法缴纳个人所得税。

自2004年1月20日起，对商品营销活动中，企业和单位对营销业绩突出的非雇员以培训班、研讨会、工作考察等名义组织旅游活动，通过免收差旅费、旅游费对个人实行的营销业绩奖励（包括实物、有价证券等），应根据所发生费用的全额作为该营销人员当期的劳务收入，按照“劳务报酬所得”项目征收个人所得税，并由提供上述费用的企业和单位代扣代缴。个人兼职取得的收入，应按照“劳务报酬所得”项目缴纳个人所得税。

（五）稿酬所得

稿酬所得是指个人因其作品以图书、报刊形式出版、发表而取得的所得。这里所说的作品，包括文学作品、书画作品、摄影作品，以及其他作品。作者去世后财产继承人取得的遗作稿酬，亦应缴纳个人所得税。

稿酬所得具有特许权使用费、劳务报酬等的性质。在原个人所得税和个人收入调节税中，曾把稿酬所得列入特许权使用费所得或投稿、翻译所得。修订后的《个人所得税法》将稿酬所得单列为一个独立征税项目，不仅因为稿酬所得有着不完全等同于特许权使用费所得和一般劳务报酬所得的特点，而且，对稿酬所得单列征税，有利于单独制定征税办法，体现国家的优惠、照顾政策。

根据国税函〔2002〕146号文件，对报纸、杂志、出版等单位的职员在本单位的刊物上发表作品、出版图书取得所得征税的问题明确如下：

（1）任职、受雇于报纸、杂志等单位的记者、编辑等专业人员，因在本单位的报纸、杂志上发表作品取得的所得，属于因任职、受雇而取得的所得，应与其当月工资收入合并，按“工资、薪金所得”项目缴纳个人所得税。

除上述专业人员以外，其他人员在本单位的报纸、杂志上发表作品取得的所得，应按“稿酬所得”项目缴纳个人所得税。

（2）出版社的专业作者撰写、编写或翻译的作品，由本社以图书形式出版而取得的稿费收入，应按“稿酬所得”项目计算缴纳个人所得税。

（六）特许权使用费所得

特许权使用费所得是指个人提供专利权、商标权、著作权、非专利技术以及其他特许权的使用权取得的所得。特许权主要涉及以下四种权利：

（1）专利权。

专利权是指由国家专利主管机关依法授予专利申请人在一定的时期内对某项发明创造享有的专有利用的权利，它是工业产权的一部分，具有专有性（独占性）、地域性和时间性。

（2）商标权。

商标权是指商标注册人依法律规定而取得的对其注册商标在核定商品上使用的独占使用权。商标权也是一种工业产权，可以依法取得、转让、许可使用、继承、丧失和请求排除侵害。

（3）著作权。

著作权即版权，是指作者对其创作的文学、科学和艺术作品依法享有的某些特殊权利。著作权是公民的一项民事权利，既具有民法中的人身权性质，也具有民法中的财产权性质。主要包括发表权、署名权、修改权、保护权、使用权和获得报酬权。

（4）非专利技术。

非专利技术即专利技术以外的专有技术。这类技术大多尚处于保密状态，仅为特定人知晓并占有。

上述四种权利及其他权利由个人提供或转让给他人使用时，会取得相应的收入。这类收入不同于一般所得，所以单独列为一类征税项目。对特许权使用费所得的征税办法，各国不尽一致。如有的国家对转让专利权所得征收资本利得税，而我国是将提供和转让合在一起，一并列入个人所得税的征税范围。

根据税法规定，提供著作权和使用权取得的所得，不包括稿酬的所得，对于作者将自己的文字作品手稿原件或复印件公开拍卖（竞价）取得的所得，属于提供著作权的使用所得，故应按“特许权使用费所得”项目征收个人所得税。

个人取得特许权的经济赔偿收入，应按“特许权使用费所得”项目缴纳个人所得税，税款由支付赔款的单位或个人代扣代缴。

从2002年5月1日起，编剧从电视剧的制作单位取得的剧本使用费，不再区分剧本的使用方是否为其任职单位，统一按“特许权使用费所得”项目计征个人所得税。

（七）利息、股息、红利所得

利息、股息、红利所得是指个人拥有债权、股权而取得的利息、股息、红利所得。其中：利息一般是指存款、贷款和债券的利息。股息、红利是指个人拥有股权取得的公司、企业分红，按照一定的比率派发的每股息金，称为股息；根据公司、企业应分配的、超过股息部分的利润，按股派发的红股，称为红利。有关具体规定如下：

（1）除国家规定外的其他专户存款。

个人从银行及其他储蓄机构开设的用于支付电话、水、电、煤气等有关费用，或者用于购买股票等方面的投资、生产经营业务往来结算及其他用途，取得的利息收入，属于储蓄存款利息所得性质，应依法缴纳个人所得税，税款由结付利息的储蓄机构代扣代缴。

（2）职工个人取得的量化资产。

根据国家有关规定允许集体所有制企业在改制为股份合作制企业时，可以将有关资产量化给职工个人。为了支持企业改组改制的顺利进行，对于企业在改革过程中个人取得量化资产的征税问题按以下规定处理：

①对职工个人以股份形式取得的仅作为分红依据，不拥有所有权的企业量化资产，不征收个人所得税。

②对职工个人以股份形式取得的企业量化资产参与企业分配而获得的股息、红利，应按“利息、股息、红利所得”项目征收个人所得税。

（3）外籍居民个人的储蓄存款利息。

①根据国家税务总局关于外籍个人和港澳台居民个人储蓄存款利息所得个人所得税有关问题的通知，外籍居民个人可凭其护照或其他有效证件及居民国税务主管当局为其签发的居民证明，直接向储蓄机构办理享受税收协定待遇手续。

②外籍居民个人在银行首次开户取得利息时，凡能提供居民证明的，由县级以上储蓄机构报送同级税务机关审核确认后准予享受税收协定待遇。

③外籍居民个人在过渡期间再次存款取得利息时，可凭护照、其他有效证件或经税务机关审核确认的居民证明复印件享受税收协定待遇，不必再提供居民证明原件。

④凡储蓄机构不能认定的护照或其他证件，应会同税务机关审核确认后按有关规定办理。

（4）个人银行结算账户利息。

个人在个人银行结算账户的存款自2003年9月1日起孳生的利息，应按“利息、股息、红利所得”项目计征个人所得税，税款由办理个人银行结算账户业务的储蓄机构在结付利息时代扣代缴。自2008年10月9日起暂免征收储蓄存款利息的个人所得税。

（八）财产租赁所得

财产租赁所得是指个人出租建筑物、土地使用权、机器设备、车船以及其他财产取得的所得。

个人取得的财产转租收入，属于“财产租赁所得”的征税范围。在确定纳税义务人时，应以产权凭证为依据，对无产权凭证的，由主管税务机关根据实际情况确定；产权所有人死亡，在未办理产权继承手续期间，该财产出租而有租金收入的，以领取租金的个人为纳税义务人。

房地产开发企业与商店购买者个人签订协议，以优惠价格出售其开发的商店给购买者个人，购买者个人在一定期限内必须将购买的商店无偿提供给房地产开发企业对外出租使用。该行为实质上是购买者个人以所购商店交由房地产开发企业出租而取得的房屋租赁收入支付了部分购房价款。根据《个人所得税法》的有关规定，对购买者个人少支出的购房价款，应视同个人财产租赁所得，按照“财产租赁所得”项目征收个人所得税。每次财产租赁所得的收入额按照少支出的购房价款和协议规定的租赁月份数平均计算确定。

（九）财产转让所得

财产转让所得是指个人转让有价证券、股权、建筑物、土地使用权、机器设备、车船以及其他财产取得的所得。

在现实生活中，个人进行的财产转让主要是个人财产所有权的转让。财产转让实际上是一种买卖行为，当事人双方通过签订、履行财产转让合同，形成财产买卖的法律关系，使出让财产的个人从对方取得价款（收入）或其他经济利益。财产转让所得因其性质的特殊性，需要单独列举项目征税。对个人取得的各项财产转让所得，除股票转让所得外，都要征收个人所得税。具体规定为：

1. 股票转让所得

根据《个人所得税法实施条例》的规定，对股票转让所得征收个人所得税的办法，由财政部另行制定，报国务院批准施行。鉴于我国证券市场发育还不成熟，股份制还处于试点阶段，对股票转让所得的计算、征税办法和纳税期限的确认等都需要作深入的调查研究，因此，经国务院批准，对股票转让所得暂不征收个人所得税。

2. 量化资产股份转让

集体所有制企业在改制为股份合作制企业时，对职工个人以股份形式取得的拥有所有权的企业量化资产，暂缓征收个人所得税；待个人将股份转让时，就其转让收入额，减除个人取得该股份时实际支付的费用支出和合理转让费用后的余额按“财产转让所得”项目计征个人所得税。

3. 个人租售自有住房

为促进我国居民住宅市场的健康发展，经国务院批准，对个人租售住房所得征收个人所得税的有关问题规定如下：

（1）根据《个人所得税法》的规定，个人出售自有住房取得的所得应按照“财产转让所得”项目征收个人所得税。

（2）个人出售除已购公有住房以外的其他自有住房，其应纳税所得额按照《个人所得税法》的有关规定确定。

（3）为鼓励个人换购住房，对出售自有住房并拟在现住房出售后 1 年内按市场价重新购房的纳税人，其出售现住房所应缴纳的个人所得税，视其重新购房的价值可全部或部分予以免税。

（4）对个人转让自用 5 年以上，并且是家庭唯一生活用房取得的所得，继续免征个人所得税。

（5）对个人出租住房取得的所得按 10% 的税率征收个人所得税。

（十）偶然所得

偶然所得是指个人得奖、中奖、中彩以及其他偶然性质的所得。其中，得奖是指参加各种有奖竞赛活动，取得名次而获得的奖金；中奖、中彩是指参加各种有奖活动，如有奖销售、有奖储蓄或购买彩票，经过规定程序，抽中、摇中号码而取得的奖金。

个人因参加企业的有奖销售活动而取得的赠品所得，应按“偶然所得”项目计征个人所得税。赠品所得为实物的，应以《个人所得税法实施条例》第十条规定的方法确定应纳税所得额，计算缴纳个人所得税。税款由举办有奖销售活动的企业（单位）代扣代缴。

实际上，税法列举的偶然性所得是个人在非正常情况下得到的不确定性收入。我国过去对个人所得的征税都没有明确规定对个人偶然所得征税。自 1988 年 9 月起，才有关于对中奖收入征收个人收入调节税的规定。偶然所得的不确定性、不可预见性、偶然性和多样性，会对确定征税范围带来困难。因此，除了《个人所得税法实施条例》规定的得奖、中奖、中彩等所得外，其他偶然性所得的征税问题，还需要由税务机关依法具体认定。

（十一）其他所得

上述 10 项个人应税所得是根据所得的不同性质划分的。除此以外，对于今后可能出现的需要征税的新项目，以及个人取得的难以界定应税项目的个人所得，由国务院财政部门确定征收个人所得税。例如，银行和其他金融机构以超过中国人民银行规定的存款利率和保值贴补率计算的利息额支付给储户的部分，不管是以利息、奖金，还是以其他名义支付，均不属于税法规定的免税利息所得，必须依法缴纳个人所得税。根据财政部、国家税务总局的规定，对这种超过国家利率支付给储户的揽储奖金，应按“其他所得”项目征税。

根据《财政部、国家税务总局关于企业为个人购买房屋或其他财产征收个人所得税问题的批复》（财税〔2008〕83 号）的有关规定，符合以下情形的房屋或其他财产，不论所有权人是否将财产无偿或有偿交付企业使用，其实质均为企业对个人进行了实物性质的分配，应依法计征个人所得税：

（1）企业出资购买房屋及其他财产，将所有权登记为投资者个人、投资者家庭成员或企业其他人员的。

（2）企业投资者个人、投资者家庭成员或企业其他人员向企业借款用于购买房屋及其他财产，将所有权登记为投资者、投资者家庭成员或企业其他人员，且借款年度终了后未归还借款的。

具体征税办法：

（1）对个人独资企业、合伙企业的个人投资者或其家庭成员取得的上述所得，视为企业对个人投资者的利润分配，按照“个体工商户的生产、经营所得”项目计征个人所得税。

（2）对除个人独资企业、合伙企业以外的其他企业个人投资者或其家庭成员取得的上述所得，视为企业对个人投资者的红利分配，按照“利息、股息、红利所得”项目计征个人所得税。

（3）对企业其他人员取得的上述所得，按照“工资、薪金所得”项目计征个人所得税。

三、个人所得税的税率和计税依据

1. 税率

个人所得税的税率是按照所得项目的不同分别确定的，实行分项计算。

（1）工资、薪金所得，采用七级超额累进税率，税率为3%～45%。具体见表6－1。

（2）个体工商户生产、经营所得和对企事业单位承包经营、承租经营所得，实行五级超额累进税率，税率为5%～35%。具体见表6－2。

（3）稿酬所得，适用比例税率，税率为20%，并按应纳税额减征30%。故其实际税率为14%。

（4）劳务报酬所得，特许使用费所得，利息、股息、红利所得，财产租赁所得，财产转让所得，偶然所得和其他所得，适用比例税率，税率为20%。其中，对劳务报酬所得一次收入畸高的，可以实行加成征收，适用三级超额累进税率。具体见表6－3；对储蓄存款利息，从2007年8月15日起减按5%的税率征收，自2008年10月9日（含）起，暂免征收储蓄存款利息所得税；为了配合国家住房制度改革，支持住房租赁市场的健康发展，从2008年3月1日起，对个人出租住房取得的所得暂减按10%的税率征收个人所得税。

2. 计税依据

个人所得税的计税依据是个人应纳税所得额。由于个人所得税的应税项目不同，并且取得某项所得所需费用也不同，因此，个人所得税的计税依据是以某项应税项目减去税法规定的扣除项目或扣除金额之后的余额。

四、个人所得税的减免税规定

1. 个人所得税的免税规定

以下项目免征个人所得税：

（1）省级人民政府、国务院部委和中国人民解放军军以上单位，以及外国组织颁发的科学、教育、技术、文化、体育、卫生、环境保护等方面的奖金。

（2）国债和国家发行的金融债券利息。

（3）按照国家统一规定发给的补贴、津贴。

（4）福利费、抚恤金、救济金。

（5）保险赔款。

（6）军人转业费、复员费。

（7）按照国家统一规定发给干部、职工的安家费、退职费、退休工资、离休工资、离休生活补助。

（8）依照我国有关法律规定应予免税的各国驻华使馆、领事馆的外交代表、领事官员和其他人员的所得。

（9）中国政府参加国际公约，签订的协议中规定免税的所得。

（10）经国务院财政部门批准免税的所得。

2. 个人所得税的减征规定

有下列情形之一的，均可申请减税：

（1）残疾、孤老人员和烈属的所得。

（2）因严重自然灾害造成重大损失的。

（3）其他经国务院财政部门批准减税的。

3. 个人所得税的其他减免规定

除以上免税优惠和减税的优惠外，根据国际惯例，对如下情形还可以给予优惠：

（1）在中国境内无住所，但居住 1 年以上 5 年以下的个人，其来源于中国境外的所得，经主管税务机关批准，可以只就由中国境内的公司、企业以及其他经济组织或个人支付的部分缴纳个人所得税；居住期超过 5 年的个人，从第 6 年起，应当就其来源于中国境外的全部所得缴纳个人所得税（注：5 年期限是指个人在中国境内连续 5 年中的每一纳税年度内居住满 1 年）。

（2）在中国境内无住所，但在一个纳税年度在中国境内连续或累计居住不超过 90 日的个人，其来源于中国境内所得，由境外雇主支付并且不由该雇主在中国境内机构、场所负担的部分，免缴个人所得税。

五、个人所得的纳税地点和纳税期限

个人所得税的纳税办法，有自行申报纳税和代扣代缴纳税两种。

1. 自行申报纳税

自行申报纳税，是由纳税人自行在税法规定的纳税期限内，向税务机关申报取得的应税所得项目和数额，如实填写个人所得税纳税申报表，并按照税法规定计算应纳税额，据此缴纳个人所得税的一种方法。

（1）自行申报纳税的纳税人。

税法规定，凡有下列情形之一的，纳税人必须自行向税务机关申报所得并缴纳税款：

① 年所得 12 万元以上的；

②在两处或两处以上取得工资、薪金所得的；

③从中国境外取得所得的；

④取得应纳税所得，没有扣缴义务人的，如个体工商户从事生产、经营的所得；

⑤国务院规定的其他情形。

（2）自行申报纳税的申报地点。

申报纳税地点一般应为收入来源地的税务机关。但是，纳税人在两处或两处以上取得工资、薪金所得的，可选择并固定在一地税务机关申报纳税；从境外取得所得的，应向境内户籍所在地或经常居住地税务机关申报纳税。纳税人要求变更申报纳税地点的，须经原主管税务机关批准。

（3）自行申报纳税的纳税期限。

除特殊情况外，纳税人应在取得应纳税所得的次月 7 日内向主管税务机关申报所得并缴纳税款。具体规定如下：

①工资、薪金所得的应纳税款，按月计征，由纳税人在次月 7 日内缴入国库，并向税务机关报送个人所得税纳税申报表。采掘业、远洋运输业、远洋捕捞业等特定行业的纳税人，其工资、薪金所得应纳的税款，考虑其工作的特殊性，可以实行按年计算，分月预缴

的方式计征，自年度终了之日起30日内，合计全年工资、薪金所得，再按12个月平均并计算实际应纳的税款，多退少补。

②对于账册健全的个体工商户其生产、经营所得应纳的税款实行按年计算、分月预缴，由纳税人在次月7日内申报预缴，年度终了后3个月汇算清缴，多退少补。对账册不健全的个体工商户其生产、经营所得的应纳税款，由税务机关依据《税收征管法》自行确定征收方式。

③纳税人年终一次性取得承包经营、承租经营所得的，自取得收入之日起30日内申报纳税；在一年内分次取得承包经营、承租经营所得的，应在取得每次所得后的7日内预缴税款，年度终了后3个月内汇算清缴，多退少补。

④劳务报酬、稿酬、特许权使用费、利息、股息、红利、财产租赁、财产转让所得和偶然所得等，按次计征。取得所得的纳税人应当在次月7日内将应纳税款缴入国库，并向税务机关报送个人所得税纳税申报表。

⑤个人从中国境外取得所得的，其来源于中国境外的应纳税所得，在境外以纳税年度计算缴纳个人所得税的应在所得来源国的纳税年度终了、结清税款后的30日内，向中国主管税务机关申报纳税；在取得境外所得时结清税款的，或者在境外按所得来源国税法规定免予缴纳个人所得税的，应当在次年1月1日起30日内，向中国主管税务机关申报纳税。

（4）申报纳税方式。

个人所得税的申报纳税方式主要有三种，即由本人直接申报纳税、委托他人代为申报纳税，以及采用邮寄方式在规定的申报期内申报纳税。其中，采取邮寄申报纳税的，以寄出地的邮戳日期为实际申报日期。

2. 代扣代缴纳税

代扣代缴纳税，是指按照税法规定负有扣缴税款义务的单位或个人，在向个人支付应纳税所得时，应计算应纳税额，从其所得中扣除并缴入国库，同时向税务机关报送扣缴个人所得税报告表。这种方法有利于控制税源，防止漏税和逃税。

根据《个人所得税法》及其实施条例以及《税收征收管理法》及其实施细则的有关规定，国家税务总局制定下发了《个人所得税代扣代缴暂行办法》。自1995年4月1日起执行的《暂行办法》明确规定：

（1）扣缴义务人和代扣代缴的范围。

① 扣缴义务人。凡支付个人应纳税所得的企业（公司）、事业单位、机关、社团组织、军队、驻华机构、个体户等单位或个人，为个人所得税的扣缴义务人。

这里所说的驻华机构，不包括外国驻华使领馆和联合国及其他依法享有外交特权和豁免的国际组织驻华机构。

② 代扣代缴的范围。扣缴义务人向个人支付下列所得，应代扣代缴个人所得税：

A. 工资、薪金所得；

B. 对企事业单位的承包经营、承租经营所得；

C. 劳务报酬所得；

D. 稿酬所得；

E. 特许权使用费所得；

F. 利息、股息、红利所得；

G. 财产租赁所得；

H. 财产转让所得；

I. 偶然所得；

J. 经国务院财政部门确定征税的其他所得。

扣缴义务人向个人支付应纳税所得（包括库存现金、实物和有价证券）时，不论纳税人是否属于本单位人员，均应代扣代缴其应纳的个人所得税税款。

（2）代扣代缴期限。

扣缴义务人每月所扣的税款，应当在次月 7 日内缴入国库，并向主管税务机关报送“扣缴个人所得税报告表”、代扣代收税款凭证和包括每一纳税人姓名、单位、职务、收入、税款等内容的支付个人收入明细表以及税务机关要求报送的其他有关资料。

扣缴义务人违反上述规定不报送或报送虚假纳税资料的，一经查实，其未在支付个人收入明细表中反映的向个人支付的款项，在计算扣缴义务人应纳税所得额时不得作为成本费用扣除。

扣缴义务人因有特殊困难不能按期报送“扣缴个人所得税报告表”及其他有关资料的，经县级税务机关批准，可以延期申报。

第三节　个人所得税的计量

一、个人所得税应纳税所得额的计算

1. 费用减除标准

（1）工资、薪金所得以个人每月收入额固定减除 3 500 元费用后的余额为应纳税所得额。

（2）对于实行查账征收的个体工商户，其生产、经营所得或应纳税所得额是每一纳税年度的收入总额，减除成本、费用以及损失后的余额为应纳税所得额。

成本、费用是指纳税义务人直接从事生产经营所发生的各项直接支出和分配计入成本的间接费用以及销售费用、管理费用、财务费用等期间费用；这里所说的损失，是指纳税义务人在生产、经营过程中发生的营业外支出。

（3）对企业、事业单位承包经营、承租经营所得，以每一纳税年度的收入总额减除必要费用后的余额为应纳税所得额。收入总额是指纳税义务人按照承包经营、承租经营合同规定分得的经营利润以及在承包期间的工资、薪金性质所得；这里所说的减除必要费用是指每月减除 3 500 元。

（4）劳务报酬所得、稿酬所得、特许权使用费所得和财产租赁所得，每次收入不超过 4 000 元的，定额减除费用 800 元；每次收入超过 4 000 元的，定率减除 20% 的费用，其余额为应纳税所得额。

以上所说的“一次”，个人所得税法实施条例规定：

① 劳务报酬所得，属于一次性收入的，应以每次提供劳务取得收入为一次；属于同一项目连续性收入的，以1个月取得的收入加计一起为一次。

② 稿酬所得，以每次出版、发表取得收入为预付或分次支付稿酬或加印该作品支付稿酬计算一次。出版单位均应合并为一次。

（5）财产转让所得，以转让财产的收入额减除财产原值和合理费用（指卖出财产时按照规定支付的有关费用）后的余额，为应纳税所得额。财产原值是指：

① 有价证券，其原值为买入价以及买入时按规定缴纳的有关费用。一般地，转让债权采用“加权平均法”确定其应予减除的财产原值和合理费用；

② 建筑物，其原值为建造费或购进价格以及其他有关税费；

③ 土地使用权，其原值为取得土地使用权所支付的金额、开发土地的费用以及其他有关税费；

④ 机器设备、车船，其原值为购进价格、运输费、安装费及其他有关费用；

⑤ 其他财产，其原值参照以上方法确定。如果纳税人未提供完整、准确的财产原值凭证，不能正确计算财产原值，由主管税务机关核定其财产原值。

（6）财产租赁所得。财产租赁所得一般以个人每次取得的收入，定额或定率减除规定费用后的余额为应纳税所得额。每次收入不超过4 000元的，定额减除费用800元；每次收入在4 000元以上的，定率减除20%的费用。财产租赁所得以一个月内取得的收入为一次。

（7）偶然所得和其他所得。偶然所得和其他所得以个人每次取得的收入额为应纳税所得额，不扣除任何费用。除有特殊规定外，每次收入额就是应纳税所得额，以每次取得该项收入为一次。

2. 附加减除费用的适用范围和标准

《个人所得税法》对工资、薪金所得规定的普遍适用的减除费用标准为每月3 500元。但是，对在中国境内无住所而在中国境内取得工资、薪金所得的纳税义务人和在中国境内有住所而在中国境外取得工资、薪金所得的纳税义务人，税法根据其平均收入水平、生活水平以及汇率变化情况，确定每月再附加减除费用1 300元。

3. 应纳个人所得税计算的其他规定

（1）个人将其所得通过中国境内的社会团体和机关，对教育和其他社会公益事业以及遭受严重自然灾害地区、贫困地区捐赠，捐赠额未超过纳税义务人申报的应纳税所得额的30%部分，可以在计税前从应纳税所得额中扣除。

原则上规定，属哪项所得捐赠的，就从哪项所得应纳税所得额中扣除捐赠款项，然后再乘以适用税率计算缴纳个人所得税。

（2）个人取得的应纳税所得，包括库存现金、实物和有价证券。

（3）纳税义务人个人所得用于资助非关联的科研机构和高等学校研究开发新产品、新技术、新工艺所发生的研究开发经费，经主管税务机关确定，可以全额在下月或下次或当年计征个人所得税时，从应纳税所得额中扣除，不足抵扣的，不得结转抵扣。

(4) 纳税义务人从中国境外取得的所得，已在境外缴纳了个人所得税的，准予从按照中国税法计算的应纳所得税额范围内抵免。该应纳税额即为抵免扣除额，应当分国分项计算。如果在境外缴纳的税款超过扣除额的，不得给予抵免，但可以在以后年度扣除额的余额内补扣，补扣期限最长不得超过5年。

二、个人所得税应纳税额的计算

依据税法规定的适用税率和费用减除标准，各项所得的应纳税额应分别计算如下：

1．工资、薪金所得

工资、薪金所得应纳税额的计算公式为：

应纳税额 = 应纳税所得额 × 适用税率 − 速算扣除数

= (每月收入总额 − 3 500或4 800元) × 适用税率 − 速算扣除数

= ∑(每级距应纳税所得额 × 适用档次税率)

工资、薪金所得适用的税率和速算扣除数见表6－1。

表6－1　个人所得税税率表（适用于纳税人负担税款）

级 数	全月应纳税所得额（含税）	税率（%）	速算扣除数（元）
1	不超过1 500元的部分	3	0
2	超过1 500元至4 500元的部分	10	105
3	超过4 500元至9 000元的部分	20	555
4	超过9 000元至35 000元的部分	25	1 005
5	超过35 000元至55 000元的部分	30	2 755
6	超过55 000元至80 000元的部分	35	5 505
7	超过80 000元的部分	45	13 505

注：本表所称全月应纳税所得额是指依照税法的规定，以每月收入额减除费用3 500元后的余额或减除附加减除费用后的余额。

[例1] 某纳税人月薪4 200元，该纳税人不适用附加减除费用的规定，计算其应纳个人所得税税款。

应纳税所得额 = 4 200 − 3 500 = 700（元）

700元的应纳税所得适用第一档3%的税率，速算扣除数为0元，所以

应纳税额 = 700 × 3% − 0 = 21（元）

[例2] 某外商投资企业的外国专家（假设为非居民纳税人）某年3月份取得工资收入15 000元人民币，计算应纳个人所得税税款。

应纳税所得额 = 15 000 − (2 000 + 2 800) = 10 200（元）

应纳税额 = 10 200 × 25% − 1 005 = 1 545（元）

2. 个体工商户的生产、经营所得

个体工商户的生产、经营所得应纳税额的计算公式为：

应纳税额 = 应纳税所得额 × 适用税率 − 速算扣除数

= (全年收入总额 − 成本、费用及损失) × 适用税率 − 速算扣除数

= ∑(每级距应纳税所得额 × 适用档次税率)

个体工商户的生产、经营所得适用的税率和适用的速算扣除数见表6－2。

表6－2　个体工商户个人所得税税率表（适用于纳税人负担税款）

级　数	全年应纳税所得额	税率（%）	速算扣除数（元）
1	不超过15 000元的部分	5	0
2	超过15 000元至30 000元的部分	10	750
3	超过30 000元至60 000元的部分	20	3 750
4	超过60 000元至100 000元的部分	30	9 750
5	超过100 000元的部分	35	14 750

注：本表所称全年应纳税所得额，对个体工商户的生产、经营所得来源，是指以每一纳税年度的收入总额减除成本、费用以及损失后的余额；对企事业单位承包经营、承租经营所得来源，是指以每一纳税年度的收入总额减除必要费用后的余额。

［例3］某个体工商户某年度营业收入总额为200 000元，本年度营业成本140 000元，发生费用10 000元，损失8 000元，计算该个体工商户应纳个人所得税额。

应纳税额 = (全年收入总额 − 成本、费用及损失) × 适用税率 − 速算扣除数

= [200 000 − (140 000 + 10 000 + 8 000)] × 20% − 3 750 = 4 650（元）

3. 对企事业单位承包经营、承租经营所得

对企事业单位承包经营、承租经营所得，其个人所得税应纳税额的计算公式为：

应纳税额 = 应纳税所得额 × 适用税率 − 速算扣除数

= (纳税年度收入总额 − 必要费用) × 适用税率 − 速算扣除数

其中：

(1) 对企事业单位承包经营、承租经营所得中的应纳税所得额为每一年纳税年度的收入总额减除必要费用后的余额。

在一个纳税年度中，承包经营或承租经营期限不足一年的，以其实际经营期为纳税年度。

(2) 对企事业单位的承包经营、承租经营所适用的速算扣除与个体工商户的生产、经营所得适用的速算扣除数相同。

［例4］假定2012年3月1日，某个人与事业单位签订承包合同经营招待所，承包期

为3年。2013年招待所实现承包经营利润150 000元，按合同规定承包人每年应从承包经营利润中上缴承包费30 000元。计算承包人2013年应纳个人所得税税额。

（1）2013年应纳税所得额 = 承包经营利润 - 上缴费用 - 每月必要费用扣减合计
= 150 000 - 30 000 - 42 000 = 78 000（元）

（2）该承包人2013应缴纳个人所得税税额 = 78 000 × 30% - 9 750 = 13 650（元）

4. 劳务报酬所得、特许权使用费所得和财产租赁所得

劳务报酬所得、特许权使用费所得和财产租赁所得，其个人所得税应纳税额的计算公式为：

（1）每次收入不足4 000元的，减除费用800元：

应纳税额 = 应纳税所得额 × 适用税率 =（每次收入额 - 800）× 20%

（2）每次收入在4 000元以上的：

应纳税额 = 应纳税所得额 × 适用税率 = 每次收入额 ×（1 - 20%）× 20%

（3）对每次收入畸高，即应税所得额超过20 000元以上的，采用加成方法计算征收，具体见表6-3。

应纳税额 = 应纳税所得额 × 适用税率 - 速算扣除数
= 每次收入额 ×（1 - 20%）× 适用税率 - 速算扣除数

表6-3　劳务报酬个人所得税税率表（适用于纳税人负担税款）

级　数	每次应纳税所得额	税率（%）	速算扣除数（元）
1	不超过20 000元的部分	20	0
2	超过20 000元至50 000元的部分	30	2 000
3	超过50 000元的部分	40	7 000

注：本表中的每次应纳税所得额是指每次收入额减除费用800元（每次收入额不超过4 000元时）或减除20%的费用（每次收入额超过4 000元时）后的余额。

［例5］某教师一次从某学校取得讲学收入3 000元，计算教师的应纳个人所得税税额。

应纳税额 =（3 000 - 800）× 20% = 440（元）

［例6］某高级工程师在专利局申请一项专利，被A企业采用，收取该企业特许权使用费38 000元，计算该工程师应纳个人所得税税额。

应纳税所得额 = 38 000 ×（1 - 20%）= 30 400（元）

应纳税额 = 30 400 × 30% - 2 000 = 7 120（元）

或应纳税额 = 30 400 × 20% +（30 400 - 20 000）× 20% × 50% = 7 120（元）

［例7］某人将其房屋租给某公司使用，每月租金3 500元，该公司按月支付，计算其应纳个人所得税税额。

应纳税额 =（3 500 - 800）× 20% = 540（元）

需要注意的是，有些个人会有多种劳务报酬所得，凡出现该种情况，则应分项计算，分项扣除。

［例 8］某说唱团演员，在某年 5 月份从说唱团取得工资收入 1 400 元，参加晚会演出收入 27 000 元，担任电视剧某角色收入 6 000 元，计算该演员 5 月份应纳个人所得税税额。

（1）（1 400 - 800）× 10% - 25 = 35（元）

（2）27 000 ×（1 - 20%）× 30% - 2 000 = 4 480（元）

（3）6 000 ×（1 - 20%）× 20% = 960（元）

应纳个人所得税税额 = 35 + 4 480 + 960 = 5 475（元）

5. 财产转让所得

财产转让所得应纳所得额的计算公式为：

$$
\begin{aligned}
\text{应纳税额} &= \text{应纳税所得额} \times \text{适用税率} \\
&= (\text{收入总额} - \text{财产原值} - \text{合理费用}) \times 20\%
\end{aligned}
$$

［例 9］某居民将私房转让给某公司，转让收入 180 000 元；该房产原值为 100 000 元，修缮费 10 000 元，转让过程中发生其他费用 5 000 元。计算该居民应纳个人所得税税额。

应纳税所得额 = 180 000 - 100 000 - 10 000 - 5 000 = 65 000（元）

应纳税额 = 65 000 × 20% = 13 000（元）

6. 稿酬所得

稿酬所得应纳税额的计算公式为：

（1）每次收入不足 4 000 元的：

$$
\begin{aligned}
\text{应纳税额} &= \text{应纳税所得额} \times \text{适用税率} \times (1 - 30\%) \\
&= (\text{每次收入额} - 800) \times 20\% \times (1 - 30\%)
\end{aligned}
$$

（2）每次收入在 4 000 元以上的：

$$
\begin{aligned}
\text{应纳税额} &= \text{应纳税所得额} \times \text{适用税率} \times (1 - 30\%) \\
&= \text{每次收入额} \times (1 - 20\%) \times 20\% \times (1 - 30\%)
\end{aligned}
$$

［例 10］某教授在人民出版社出版一部专著，获稿酬收入 25 000 元，计算该教授应纳个人所得税税额。

应纳税额 = 每次收入额 ×（1 - 20%）× 20% ×（1 - 30%）
= 25 000 ×（1 - 20%）× 20% ×（1 - 30%）
= 2 800（元）

7. 利息、股息、红利所得、偶然所得和其他所得

利息、股息、红利所得、偶然所得和其他所得计算公式为：

$$
\begin{aligned}
\text{应纳税额} &= \text{应纳税所得额} \times \text{适用税率} \\
&= \text{每次收入额} \times 20\%
\end{aligned}
$$

8．纳税义务人从中国境外取得所得

纳税义务人从中国境外取得的所得，准予其在从应纳税额中扣除已在境外所缴纳的个人所得税额。但扣除额不得超过该纳税义务人境外所得依据中国税法规定计算的应纳税额。

［例11］某中国公民从A国取得特许权使用费，折合成人民币为50 000元，该所得已在A国缴纳个人所得税，折合成人民币为6 000元。从B国取得股息，折合成人民币为35 000元，被扣缴的个人所得税折合成人民币为7 800元，该公民向国内主管税务机关提供了境外的完税凭证原件，经审核正确无误。计算该纳税人在国内应补缴的个人所得税。

（1）A国收入按我国税法规定计算的应纳税额（即抵扣限额）：

应纳税额 $=50\ 000\times(1-20\%)\times 20\%=8\ 000$（元）

该纳税人在A国实际缴纳的税款低于抵扣限额，因此，可以完全抵扣，并需在我国补缴个人所得税款2 000元（8 000－6 000）。

（2）B国收入按我国税法规定计算的应纳税额（即抵扣限额）：

应纳税额 $=35\ 000\times 20\%=7\ 000$（元）

该纳税人在B国实际缴纳的税款7 800元，抵扣限额为7 000元，超出抵扣限额800元，不能在本年度扣除，但可在以后5个纳税年度的扣除限额的余额中补扣。

第四节　个人所得税的会计核算

一、账户设置

根据个人所得税法规定，以所得人为纳税义务人，以支付所得的单位为个人所得税的扣缴义务人。

根据个人所得税政策，企业为税务部门代扣代缴职工的个人所得税有两种情况：一是企业职工自己承担的个人所得税，企业只负有扣缴义务；另一种是企业既承担职工的个人所得税，又负有扣缴义务。其中企业承担又分为企业定额承担、企业全额承担和按照一定比例承担。企业代扣代缴个人所得税，一般设置“应交税费——应交代扣个人所得税”账户核算，贷方反映企业向个人支付工资的同时代扣的税金，借方反映企业实际解缴的税金。期末余额一般在贷方，表示期末累计已代扣尚未解缴的个人所得税。

对由个人负担的个人所得税通常由企业计发工资时扣缴，通过“应付职工薪酬”或“应付工资”账户反映；而由企业为职工负担的个人所得税一般计入企业“管理费用”账户。

二、账务处理

1. 企业对工资、薪金代扣代缴个人所得税的账务处理

[例1] 某公司总经理5月份工资收入为7 500元，该公司为其代扣代缴税款。

应纳税所得额 =(7 500 − 3 500) =4 000 (元)

应纳税额 =4 000 ×10% − 105 =295 (元)

借：应付职工薪酬（或应付工资）　　295

　贷：应交税费——应交代扣个人所得税　　295

上缴时：

借：应交税费——应交代扣个人所得税　　295

　贷：库存现金（或银行存款）　　295

[例2] 某公司高管王某月工资为12 000元，企业为其负担全额个人所得税款。计算王某应纳的个人所得税并作扣缴处理。

对企业负担的代扣代缴的个人所得税的计算，企业应先将纳税人取得的不含税收入核算为应纳税所得，然后再计算其应纳税额。适用的不含税档次税率和适用的速算扣除数见表6－4。

表6－4　工资、薪金不含税收入适用税率表

级　数	全月不含税收入级距	税率（%）	速算扣除数（元）
1	不超过1 455元的部分	3	0
2	超过1 455元至4 155元的部分	10	105
3	超过4 155元至7 755元的部分	20	555
4	超过7 755元至27 255元的部分	25	1 005
5	超过27 255元至41 255元的部分	30	2 755
6	超过41 255元至57 505元的部分	35	5 505
7	超过57 505元的部分	45	13 505

应纳税所得额 =(不含税收入 − 费用扣除标准 − 速算扣除数) ÷(1 − 税率)

=(12 000 − 3 500 − 1 005) ÷(1 −25%) =9 993. 33 (元)

应纳税额 =9 993. 33 ×25% −1 005 =1 493. 33 (元)

借：管理费用　　1 493. 33

　贷：应交税费——应交代扣个人所得税　　1 493. 33

上缴时：

借：应交税费——应交代扣个人所得税　　1 493. 33

　贷：库存现金（或银行存款）　　1 493. 33

2. 企业对承包经营、承租经营所得代扣代缴税款的账务处理

税法规定：承包经营、承租经营所得是以每一纳税年度扣除必要费用进行计算的。由于平时的工资已经发放，年终汇算清缴时，可从其应分得的利润中将应缴的个人所得税一并扣除。

承包经营、承租经营所得应纳代扣代缴个人所得税的计算，同工资、薪金所得代扣代缴所得税的计算一样。应先将纳税人取得的不含税收入核算为应纳税所得，然后再计算其应纳税额。承包经营、承租经营所得适用的税率和适用的速算扣除数见表6－5。

表6－5　个人所得税税率表（适用于他人或单位代扣税款）

级　数	不含税劳务报酬收入额	税率（%）	速算扣除数（元）
1	未超过14 250元的部分	5	0
2	超过14 250元至27 750元的部分	10	750
3	超过27 750元至51 750元的部分	20	3 750
4	超过51 750元至79 750元的部分	30	9 750
5	超过79 750元的部分	35	14 750

［例3］承包人张某承包经营一皮鞋厂，根据合同规定，年终从该厂经营利润中分得不含税利润45 000元，同时，每月还从该厂领取工资1 200元，该厂为代扣代缴人。计算张某应纳的个人所得税并作扣缴处理。

应纳税所得额＝（不含税收入－费用扣除标准－速算扣除数）÷（1－税率）
＝（45 000＋1 200×12－3 500×12－750）÷（1－10%）
＝18 500（元）

应纳税额＝应纳税所得额×适用税率－速算扣除数
＝18 500×10%－750
＝1 100（元）

（1）企业在分配利润时：

借：利润分配——应付利润　18 500
　贷：应付利润　18 500

（2）企业分配利润及计算应缴纳的个人所得税时：

借：应付利润　1 100
　贷：应交税费——应交代扣个人所得税　1 100

（3）付给承包人利润时：

借：应付利润　45 000
　贷：库存现金　45 000

（4）上缴代扣税款时：

借：应交税费——应交代扣个人所得税　1 100
　贷：银行存款　1 100

3. 个体工商业户、独资企业、合伙企业所得的会计处理

借：所得税费用

　贷：应交税费——应缴个人所得税

借：应交税费——应缴个人所得税

　贷：银行存款

借：本年利润

　贷：所得税费用

4. 企业对劳务报酬等项所得代扣代缴税款的账务处理

支付劳务报酬、稿酬、特许权使用费、财产租赁、财产转让及利息、股息、红利等税法规定所得的企业、事业单位，应按税法规定代扣代缴个人所得税，其账务处理如下：

（1）计算代扣个人所得税额时：

　借：管理费用

　　贷：其他应付款——代扣个人所得税

（2）上缴税款时：

　借：应交税费——代扣个人所得税

　　贷：银行存款

（3）企业按代扣个人所得税额计算收到代扣手续费时：

　借：银行存款

　　贷：营业外收入

此项收入在计征企业所得税时，可以不计入应纳税所得额。

（4）企业缴纳滞纳金或罚款时（应在税后利润中列支）：

　借：营业外支出

　　贷：银行存款

【案例分析】

某机械厂主要从事机械加工、汽车零配件业务，据对该企业 201×年度个人所得税情况进行审查，CTA 发现该企业 201×年 6 月 12 日收取个人集资款 1 584 000 元，在“财务费用”账户中发现 201×年 12 月 20 日兑现个人集资利息 142 560 元。经核实，为集资款利息。该企业未履行代扣代缴义务。

该企业应补缴个人所得税：

142 560×20% =28 512（元）

借：其他应收款	28 512	
贷：应交税费——应交个人所得税		28 512
借：应交税费——应交个人所得税	28 512	
贷：银行存款		28 512

【本章小结】

个人所得税是对个人（自然人）取得的各项应税所得征收的一种所得税。它是国家直接调节个人之间收入水平的一种形式。

个人所得税个人应税项目的会计核算主要通过“应付职工薪酬”账户进行反映和监督。

企业为职工负担的个人所得税一般计入企业“管理费用”账户。

【关键术语和概念】

个人所得税会计确认　个人所得税计量　个人所得税会计核算特点

第七章　其他税种会计

【学习要点】

◈ 本章各税种的基本内涵
◈ 本章各税种的会计确认原理
◈ 本章各税种的会计计量特点
◈ 本章各税种的会计账务处理

第一节　资源税会计

一、资源税概述

资源，一般是指自然界存在的天然物质财富，它包括的范围很广，如矿产资源、土地资源、动物资源、植物资源、海洋资源、太阳能资源、空气、阳光等。矿产资源又包括能源矿产、金属矿产、非金属矿产、水汽矿产，再细分能源矿产又包括煤、石油、天然气等。

我国地大物博，自然资源比较丰富，资源分布情况却不均衡。资源的自然条件和社会条件差别很大，开采者的盈利水平也因此相差悬殊。以采矿业为例，开采条件好，矿石品位高的矿，开采的费用低，获利大；开采条件不好，矿石品位低的矿，开采的费用高，获利亦小。为了防止开采者追逐利大资源而放弃利小资源，促进国家资源合理、有效地开发，有必要设置资源税，调节因开采条件的差异而产生的级差收入，同时也为了促进企业加强经济核算，使企业的盈利能真正反映其经营成果，1984 年 8 月 18 日国务院发布《中华人民共和国资源税条例（草案）》对我国资源正式征税。

进入 20 世纪 90 年代，随着我国社会主义市场经济的建立，配合 1994 年全面的税制改革，我国于 1993 年 12 月 25 日在废止原来草案的基础上，又发布了《中华人民共和国资源税暂行条例》，并于 1994 年 1 月 8 日由财政部颁布了《中华人民共和国资源税实施细则》，于 1994 年 1 月 1 日起施行。现行资源税的基本规范是按照 2011 年 9 月 30 日国务院公布的《资源税暂行条例》及 2011 年 10 月 28 日财政部、国家税务总局公布的《资源税实施细则》执行。

开征资源税对我国具有以下重要意义：

（1）有利于促进国有资源合理开采，节约使用，有效配置；

（2）合理地调节因条件差异形成的资源级差收入，促进企业在同一起跑线上公平竞争；

（3）为国家取得一定的财政收入；

（4）有利于正确处理国家、企业和个人之间的分配关系。

二、资源税的确认

资源税是对在中国境内从事资源开发条件差异形成的级差收入征收的一种税。其基本要素包括：

1. 资源税的纳税义务人

资源税的纳税义务人是指在中华人民共和国境内开采应税资源的矿产品或生产盐的单位和个人。

中华人民共和国境内是指实际税收管理行政范围内。单位是指国有企业、集体企业、私营企业、股份制企业、外商投资企业、外国企业、其他企业、行政单位、事业单位、军事单位和社会团体等。个人是指个体工商户以及其他有经营行为的中国公民和外国公民。

中外合作开采石油、天然气，按照现行征收矿区使用费，暂不征收资源税。

独立矿山、联合企业和其他收购未税矿产品的单位为资源税的扣缴义务人。

2. 资源税的征收范围

（1）原油，是指开采的天然原油，不包括人造石油；

（2）天然气，是指专门开采或与原油同时开采的天然气；

（3）煤炭，是指原煤，不包括洗煤、选煤及其他煤炭制品；

（4）其他非金属矿原矿，是指上列产品和井矿盐以外的非金属矿原矿；

（5）黑色金属矿原矿，是指黑色的铁矿石、锰矿石、铬矿石等金属矿原矿；

（6）有色金属矿原矿，是指除黑色金属以外的各种有色金属矿原矿，如铜矿石、铅锌矿石、钨矿石等；

（7）盐，包括固体盐和液体盐。

其中固体盐是指海盐原盐、湖盐原盐和井矿盐。液体盐是指卤水。

3. 资源税的税目和税率

资源税共有7个税目，在7个税目下面又设有若干个子目。税率采用比例税率及幅度定额税率形式。

表7－1　资源税税目、税率表

税　目		税　率
一、原油		销售额的5%～10%
二、天然气		销售额的5%～10%
三、煤炭	焦　煤	每吨8～20元
	其他煤炭	每吨0.3～5元
四、其他非金属矿原矿	普通非金属矿原矿	每吨或者每立方米0.5～20元
	贵重非金属矿原矿	每千克或者每克拉0.5～20元

（续上表）

税目		税率
五、黑色金属矿原矿		每吨2～30元
六、有色金属矿原矿	稀土矿	每吨0.4～60元
	其他有色金属矿原矿	每吨0.4～30元
七、盐	固体盐	每吨10～60元
	液体盐	每吨2～10元

本决定自2011年11月1日起施行。

其中，扣缴义务人适用的税额按如下规定执行：

（1）独立矿山、联合企业收购未税矿产品的单位，按照本单位应税产品税额标准，依据收购的数量代扣代缴资源税。

（2）其他收购单位收购的未税矿产品，按税务机关核定的应税产品税额标准，依据收购的数量代扣代缴资源税。

4. 资源税的减免税规定

资源税贯彻普遍征收、级差调节的原则思想，因此规定的减免税项目较少。

（1）开采原油过程中用于加热、修井的原油免税。

（2）纳税人开采或生产应税产品过程中因意外事故或自然灾害等原因遭受重大损失的，由省、自治区、直辖市人民政府酌情决定减免税。

（3）从2007年1月1日起，对地面抽采煤层暂不征收资源税。

（4）纳税人的减税、免税项目，应当单独核算课税数量；未单独核算或不能准确提供课税数量的，不予减税或免税。

（5）自2007年2月1日起，北方海盐资源税暂减按每吨15元征收；南方海盐、湖盐、井矿盐资源税暂减按每吨10元征收；液体盐资源税暂减按每吨2元征收。

（6）自2007年1月1日起，对地面抽采煤层气暂不征收资源税。

5. 资源税纳税义务发生时间

纳税义务发生时间是纳税人必须履行纳税义务的开始，资源税纳税义务的发生时间有三种情况：

（1）纳税人销售应税产品，其纳税义务的发生时间：①纳税人采取分期收款结算方式的，其纳税义务的发生时间为销售合同规定的收款日期的当天。②纳税人采取预收货款结算方式的，其纳税义务的发生时间为发出应税产品的当天。③纳税人采取其他结算方式的，其纳税义务的发生时间为收讫销售款或取得销售款凭据的当天。

（2）纳税人自产自用应税产品的纳税义务发生时间为移送使用应税产品的当天。

（3）扣缴义务人代扣代缴税款的纳税义务发生时间为支付货款的当天。

6. 资源税的纳税期限

纳税期限是纳税人发生纳税义务后缴纳税款的期限。资源税的纳税期限分别为1日、3日、5日、10日、15日或者1个月。纳税人的具体纳税期限，由主管税务机关根据纳税人的实际情况具体核定；不能按照固定期限纳税的，可以按次纳税。

纳税人以1个月为一期纳税的，自期满之日起10天内申报纳税；以1日、3日、5日、10日或者15日为一期纳税的，自期满之日起5天内预缴税款，于次月1日起10日内申报纳税并结清上月应纳税款。

扣缴义务人的解缴税款期限，按照上述规定执行。

7. 资源税纳税地点

凡是缴纳资源税的纳税人，都应当向应税产品的开采或生产所在地主管税务机关缴纳。

如果纳税人在本省、自治区、直辖市范围开采或生产应税产品，其纳税地点需要调整的，由所在地省、自治区、直辖市税务机关决定。

如果纳税人应纳的资源税属于跨省开采，其下属生产单位与核算单位不在同一省、自治区、直辖市的，对其开采的矿产品一律在开采地纳税，其应纳税额由独立核算、自负盈亏的单位，按照开采地的实际销售数量（或者自用量）及适用的单位税额计算划拨。

扣缴义务人代扣代缴的资源税，也应当向收购地主管税务机关缴纳。

三、资源税的计量

（一）资源税的计算规定

资源税的应纳税额，按照应税产品的课税数量规定的单位税额计算。计算公式为：

应纳税额＝课税数量×单位税额

其中：课税数量的基本确定方法如下：

1. 原油、天然气

（1）纳税人直接对外销售的，以实际销售数量为课税数量；

（2）纳税人自产自用的，以自用量为课税数量；

（3）因无法准确掌握纳税人的销售数量或自用量的，以其产量为课税数量；

（4）原油中的稠油、高凝油与稀油划分不清楚的及不易划分的，不再区分稠油量、高凝油量，按原油稀油的数量课税。

2. 原煤

（1）纳税人直接对外销售的，以实际销售数量为课税数量；

（2）纳税人以月产原煤连续加工洗煤、选煤或用于炼焦、发电、机车及生产生活等用煤，均以动用时的用煤量为课税数量；

（3）对于连续加工前无法准确计算原煤动用量的，可按加工产品的综合回收率，将加工产品的实际销量和自用量折算为原煤数量作为课税数量。

3. 金属矿产品和非金属矿产品原矿

（1）纳税人对外直接销售的，以实际销售数量为课税数量；

（2）纳税人自产自用的，以实际移送使用数量为课税数量；

（3）因无法准确掌握纳税人销售的或移送使用金属和非金属矿产品原矿数量的，可将其精矿按选矿比折算成原矿数量作为课税数量。

选矿比 = 精矿数量 ÷ 耗用原矿数量

4．盐

（1）纳税人直接销售海盐原盐、湖盐原盐、盐的，以其销售数量为课税数量；井矿盐和液体盐，以实际销售数量为课税数量；

（2）纳税人以自产的盐加工精制盐后销售或直接用于制碱及加工其他产品的，均以自用时移送使用量为课税数量；

（3）纳税人以自产的液体盐加工固体盐的，按固体盐税额征税，以加工的固体盐数量为课税数量。纳税人以外购的液体盐加工成固体盐，其加工固体盐所耗用液体盐的已纳税额准予抵扣。

对于纳税人开采或生产不同税目应税产品的，应当分别核算，如不能准确提供不同税目应税产品的课税数量的，从高适用税额。

（二）资源税计算的举例

［例1］某油田10月份销售原油20万元，取得增值税专用发票，查“资源税税目税率表”，其适用的税率为8%，则该油田本月应纳税额为：

应纳税额 = 课税数量 × 单位税额 = 200 000 × 8% = 16 000（元）

［例2］某铁矿某月销售铁矿石4万吨，另外自用入选铁精矿的铁矿石原矿6万吨，按规定该矿属于入选露天矿，资源等级是4等，适用15元/吨的单位税额，该矿本月应纳税额为：

应纳税额 = 课税数量 × 单位税额 = 40 000 × 15 + 60 000 × 15 = 1 500 000（元）

［例3］某铜矿山某月销售铜矿石原矿20 000吨，入选精矿4 000吨，选矿比为20%，该矿山铜矿属于5等，适用1.2元/吨的单位税额。则该矿山本月应纳税额为：

（1）外销铜矿石原矿的应纳税额：

应纳税额 = 课税数量 × 单位税额 = 20 000 × 1.2 = 24 000（元）

（2）因无法准确掌握入选精矿石的原矿数量，按选矿比计算应纳税额：

应纳税额 = 入选精矿 ÷ 选矿比 × 单位税额 = 4 000 ÷ 20% × 1.2 = 24 000（元）

（3）合计应纳税额为：

应纳税额 = 24 000 + 24 000 = 48 000（元）

四、资源税的会计处理

1．资源税的会计处理规定

根据《中华人民共和国资源税暂行条例》及其他有关规定，为了全面反映和监督资源税的计算和缴纳情况，纳税人应纳的资源税，应在“应交税费——应交资源税”科目中核算。

当企业销售的应税产品应交纳资源税时，作会计分录：

借：营业税金及附加

　贷：应交税费——应交资源税

实际交纳资源税时，作会计分录：

借：应交税费——应交资源税

　　贷：银行存款

当企业计算出自用的应税产品应交纳的资源税时，作会计分录：

借：生产成本

　　制造费用

　贷：应交税费——应交资源税

企业开出支票交纳时，作会计分录：

借：应交税费——应交资源税

　贷：银行存款

对企业外购液体盐加工固体盐的会计处理，当企业购入液体盐时，按所允许抵扣的资源税，借记“应交税费——应交资源税”科目，按外购价款扣除允许抵扣资源税后的数额，借记“材料采购”等科目，按应支付的全部价款，贷记“银行存款”、“应付账款”等科目，企业加工成固体盐后，在销售时，按计算出的销售固体盐应交的资源税，借记“营业税金及附加”科目，贷记“应交税费——应交资源税”科目；将销售固体盐应纳资源税扣抵液体盐已纳资源税后的差额上交时，借记“应交税费——应交资源税”科目，贷记“银行存款”科目。

2. 资源税会计处理举例

［例4］某煤炭生产企业本月销售煤炭1 000吨，每吨售价100元，该企业每吨煤炭应交的资源税税额为0.5元/吨。要求计算企业本月应交的资源税（税款已经付清）并作出分录。

计算应纳资源税额：

应纳税额 = 1 000 × 0.5 = 500（元）

根据计算结果，作出相应的会计分录：

借：营业税金及附加	500	
贷：应交税费——应交资源税		500
借：应交税费——应交资源税	500	
贷：银行存款		500

［例5］某企业将自产的煤炭1 000吨用于产品生产，每吨应交资源税5元。根据这项业务，企业应作会计分录：

应交资源税 = 1 000 × 5 = 5 000（元）

借：生产成本	5 000	
贷：应交税费——应交资源税		5 000

［例6］某物资企业收购未税矿产品，实际支付的收购款为25万元，代扣代缴的资源税5万元。根据这项业务作出会计分录（假设不考虑增值税因素）：

借：材料采购	300 000	
贷：银行存款		250 000
应交税费——应交资源税		50 000

［例7］某盐厂本月外购液体盐2 000吨，每吨含增值税价款58.5元，液体盐资源税税额为3元/吨，该盐厂将全部液体盐加工成固体盐500吨，每吨含增值税售价为468元，固体盐适用资源税税额25元/吨。作出账务处理：

（1）购入液体盐：

借：材料采购 94 000

应交税费——应交资源税 6 000

应交税费——应交增值税（进项税额） 17 000

贷：银行存款 117 000

（2）验收入库：

借：原材料 94 000

贷：材料采购 94 000

（3）销售固体盐：

借：银行存款 234 000

贷：主营业务收入 200 000

应交税费——应交增值税（销项税额） 34 000

（4）计算固体盐应缴资源税：

借：营业税金及附加 12 500

贷：应交税费——应交资源税 12 500

借：应交税费——应交资源税 6 500

贷：银行存款 6 500

3. 资源税业务案例分析

［例8］2012 年 12 月 15 日查，某矿山 2012 年 11 月底有两笔业务：

（1）用稀土矿 50 吨等价交换铜矿石，互开普通发票。会计处理：

借：原材料（成本价） 30 000

贷：库存商品（成本价） 30 000

（资源税单位税额 10 元/吨，销售稀土矿每吨不含税增值税售价 1 000 元）

（2）有一笔库存商品减少 300 吨的会计处理：

借：银行存款 351 000

贷：库存商品 180 000

其他应付款 171 000

（凭证记录：企业销售稀土矿 300 吨）

案例分析如下：

第 1 笔，调整分录：

借：原材料 9 000

贷：应交税费——应交增值税（销项税额） 8 500

应交税费——应交资源税 500

借：应交税费——应交资源税 500

贷：银行存款 500

第 2 笔，调整分录：

（1）借：其他应付款 171 000

库存商品 180 000

贷：主营业务收入 300 000

应交税费——应交增值税（销项税额） 51 000

（2）借：主营业务成本 180 000

贷：库存商品 180 000

（3）借：营业税金及附加 3 000

贷：应交税费——应交资源税 3 000

（4）借：应交税费——应交资源税 3 000

贷：银行存款 3 000

（5）结转以上2笔应补缴增值税税金：

借：应交税费——应交增值税（转出未交增值税） 59 500

贷：应交税费——未缴增值税 59 500

（6）补缴增值税：

借：应交税费——未交增值税 59 500

贷：银行存款 59 500

［例9］某煤矿某笔业务为：

借：应付职工薪酬 40 000

贷：生产成本 40 000

（经核实：企业将宿舍区锅炉用煤直接冲减基本生产成本。续查：共查出职工生活用煤500吨，均以实际成本80元/吨入账，该批煤不含增值税售价100元/吨，适用的单位税额为12元/吨）

案例分析如下：

（1）借：应付职工薪酬 9 100

贷：应交税费——应交增值税（销项税额） 8 500

应交税费——应交资源税 600

（2）实际上缴：

借：应交税费——应交增值税（转出未交增值税） 8 500

贷：应交税费——未交增值税 8 500

借：应交税费——应交资源税 600

——未交增值税 8 500

贷：银行存款 9 100

［例10］某工业企业所用煤炭不是从煤炭公司或煤矿外购的，而是从农民自开的小煤窑收购的，均未交纳资源税。经核实，当期企业收购煤炭1 000吨，每吨收购价为60元，该地区煤炭单位税额为2.4元/吨。

借：材料采购 60 000

贷：银行存款 60 000

验收入库后：

借：原材料 60 000

贷：材料采购 60 000

分析如下：

收购未税矿产品未履行代扣代缴义务，应补税：

借：原材料	2 400	
贷：应交税费——应交资源税		2 400
借：应交税费——应交资源税	2 400	
贷：银行存款		2 400

第二节　土地增值税会计

一、土地增值税概述

1993 年 12 月 13 日国务院颁布了《中华人民共和国土地增值税暂行条例》，并于 1994 年 1 月 1 日起施行。1995 年 1 月 27 日财政部又发布了《中华人民共和国土地增值税暂行条例实施细则》，并自条例颁布之日起实施。

土地增值税是对转让国有土地使用权、地上建筑物及其附着物并取得收入的单位和个人，就其转让房地产所取得的增值额征收的一种税。我国开征土地增值税的主要目的是：

（1）征收土地增值税，是适应改革开放的新形式，进一步改革和完善税制，增强国家对房地产开发和房地产市场调控力度的客观需要；

（2）征收土地增值税，主要是为了抑制炒买炒卖土地投机获取暴利的行为；

（3）开征土地增值税，是为了规范国家参与土地增值收益的分配方式，增加国家财政收入。

二、土地增值税的确认

（一）土地增值税的纳税义务人

土地增值税的纳税义务人为转让国有土地使用权、地上的建筑物及其附着物并取得收入的单位和个人。单位包括各类企业、事业单位，国家机关和社会团体及其他组织。个人包括个体工商户。该税亦适用于外商投资企业、外国企业及外籍纳税人。

（二）土地增值税的征收范围

1. 征收范围

根据《土地增值税暂行条例》及其实施细则的规定，土地增值税的征税范围包括：

（1）转让国有土地使用权。其中“国有土地”是指按国家规定属于国家所有的土地。

（2）地上的建筑物及其附着物连同国有土地使用权一并转让。这里所说的“地上建筑物”是指建于土地上的一切建筑物，包括地上地下的各种附属设施。这里所说的“附着物”是指附着于土地上的不能移动或一经移动即遭受损坏的物品。

实际工作中，准确界定土地增值税的征收范围对正确进行土地增值税的会计核算具有重要的意义。

通常，我们可以通过以下三条标准来判断：

（1）土地增值税是对转让国有土地使用权及其地上建筑物和附着物的行为征税。所以，转让的土地，其使用权是否为国家所有，是判断是否属于土地增值税征收范围的标准之一。

（2）土地增值税是对国有土地使用权及其地上建筑物和附着物转让行为征税。所以，土地使用权、地上建筑物及其附着物的产权是否发生转让，是判断是否属于土地增值税征收范围的标准之二。

（3）土地增值税是对转让房地产并取得收入的行为征税。所以，是否取得收入是判断是否属于土地增值税征收范围的标准之三。

2. 对若干具体情况的判定

根据以上三条判定标准，我们就可对以下若干具体情况是否属于土地增值税的征税范围进行判定：

（1）以出售方式转让国有土地使用权、地上的建筑物及附着物的。

这种情况因其同时符合上述三个标准，所以属于土地增值税的征税范围。这里又分为三种情况：

①出售国有土地使用权的。这种情况是指土地使用者通过出让方式，向政府交纳了土地出让金，有偿受让土地使用权后，仅对土地进行通水、通电、通路和平整地面等土地开发，不进行房产开发，即所谓“将生地变熟地”，然后直接将空地出售出去。这属于国有土地使用权的有偿转让，应纳入土地增值税的征税范围。

②取得国有土地使用权后进行房屋开发建造然后出售的。这种情况即是一般所说的房地产开发。虽然这种行为通常被称作卖房，但按照国家有关房地产法律和法规的规定，卖房的同时，土地使用权也随之发生转让。由于这种情况既发生了产权的转让又取得了收入，所以应纳入土地增值税的征税范围。

③存量房地产的买卖。这种情况是指已经建成并已投入使用的房地产，其房屋所有人将房屋产权和土地使用权一并转让给其他单位和个人。这种行为按照国家有关的房地产法律和法规，应当到有关部门办理房产产权和土地使用权的转移变更手续；原土地使用权属于无偿划拨的，还应到土地管理部门补交土地出让金。这种情况既发生了产权的转让又取得了收入，应纳入土地增值税的征税范围。

（2）以继承、赠与方式转让房地产的。

这种情况因其只发生房地产产权的转让，没有取得相应的收入，属于无偿转让房地产的行为，所以不能将其纳入土地增值税的征税范围。这里又可分为两种情况：

①房地产的继承。房地产的继承是指房产的原产权所有人、依照法律规定取得土地使用权的土地使用人死亡以后，由其继承人依法承受死者房产产权和土地使用权的民事法律行为。这种行为虽然发生了房地产的权属变更，但作为房产产权、土地使用权的原所有人（即被继承人）并没有因为权属的转让而取得任何收入。因此，这种房地产的继承不属于土地增值税的征税范围。

②房地产的赠与。房地产的赠与是指房产所有人、土地使用权所有人将自己所拥有的房地产无偿地交给其他人的民事法律行为。但这里的“赠与”仅指以下情况：

房产所有人、土地使用权所有人将房屋产权、土地使用权赠与直系亲属或承担直接赡养义务人的。

房产所有人、土地使用权所有人通过中国境内非营利的社会团体、国家机关将房屋产权、土地使用权赠与教育、民政和其他社会福利、公益事业的。

上述社会团体是指中国青少年发展基金会、希望工程基金会、宋庆龄基金会、减灾委员会、中国红十字会、中国残疾人联合会、全国老年基金会、老区促进会以及经民政部门批准成立的其他非营利的公益性组织。

房地产的赠与虽发生了房地产的权属变更，但作为房产所有人、土地使用权的所有人并没有因为权属的转让而取得任何收入。因此，房地产的赠与不属于土地增值税的征税范围。

（3）房地产的出租。

房地产的出租是指房产的产权所有人、依照法律规定取得土地使用权的土地使用人，将房产、土地使用权租赁给承租人使用，由承租人向出租人支付租金的行为。房地产的出租，出租人虽取得了收入，但没有发生房产产权、土地使用权的转让，因此，不属于土地增值税的征税范围。

（4）房地产的抵押。

房地产的抵押是指房地产的产权所有人、依法取得土地使用权的土地使用人作为债务人或第三人向债权人提供不动产作为清偿债务的担保而不转移权属的法律行为。这种情况由于房产的产权、土地使用权在抵押期间产权并没有发生权属的变更，房产的产权所有人、土地使用权人仍能对房地产行使占有、使用、收益等权利，房产的产权所有人、土地使用权人虽然在抵押期间取得了一定的抵押贷款，但实际上这些贷款在抵押期满后是要连本带利偿还给债权人的。因此，对房地产的抵押，在抵押期间不征收土地增值税。待抵押期满后，视该房地产是否转移占有而确定是否征收土地增值税。对于以房地产抵债而发生房地产权属转让的，应列入土地增值税的征税范围。

（5）房地产的交换。

这种情况是指一方以房地产与另一方的房地产进行交换的行为。由于这种行为既发生了房产产权、土地使用权的转移，交换双方又取得了实物形态的收入，按《土地增值税暂行条例》规定，它属于土地增值税的征税范围。但对个人之间互换自有居住用房地产的，经当地税务机关核实，可以免征土地增值税。

（6）以房地产进行投资、联营。

对于以房地产进行投资、联营的，投资、联营的一方以土地（房地产）作价入股进行投资或作为联营条件，将房地产转让到所投资、联营的企业中时，暂免征收土地增值税。对投资、联营企业将上述房地产再转让的，应征收土地增值税。

（7）合作建房。

对于一方出地，一方出资金，双方合作建房，建成后按比例分房自用的，暂免征收土地增值税；建成后转让的，应征收土地增值税。

（8）企业兼并转让房地产。

在企业兼并中，对被兼并企业将房地产转让到兼并企业中的，暂免征收土地增值税。

（9）房地产的代建房行为。

这种情况是指房地产开发公司代客户进行房地产的开发，开发完成后向客户收取代建收入的行为。对于房地产开发公司而言，虽然取得了收入，但没有发生房地产权属的转移，其收入属于劳务收入性质，故不属于土地增值税的征税范围。

（10）房地产的重新评估。

这主要是指国有企业在清产核资时对房地产进行重新评估而使其升值的情况。这种情况房地产虽然有增值，但其既没有发生房地产权属的转移，房产产权、土地使用权人也未取得收入，所以不属于土地增值税的征税范围。

（11）因国家收回国有土地使用权、征用地上的建筑物及其附着物而使房地产权属发生转让的，这种情况发生了房地产权属的变更，原房产所有人、土地使用权人也取得了一定的收入（补偿金），但可以免征土地增值税。

（三）土地增值税的税率

土地增值税实行四级超率累进税率：

（1）增值额未超过扣除项目金额50%的部分，税率为30%。

（2）增值额超过扣除项目金额50%，未超过扣除项目金额100%的部分，税率为40%。

（3）增值额超过扣除项目金额100%，未超过扣除项目金额200%的部分，税率为50%。

（4）增值额超过扣除项目金额200%的部分，税率为60%。

上述所列四级超率累进税率，每级“增值额超过扣除项目金额”的比例，均包括本比例数。

（四）土地增值税的减免税优惠政策

（1）对建造普通标准住宅的减免税优惠。

根据《土地增值税暂行条例》的规定，纳税人建造普通标准住宅出售，增值额未超过扣除项目金额的20%的，免征土地增值税。

（2）对国家征用收回的房地产的减免税优惠。

根据《土地增值税暂行条例》的规定，因国家建设需要依法征用、收回的房地产，免征土地增值税。

（3）对个人转让房地产的减免税优惠。

《土地增值税暂行条例实施细则》规定：个人因工作调动或改善居住条件而转让原自用住房的，经税务机关核准，凡居住满5年或5年以上的，免征土地增值税；居住满3年未满5年的，减半征收土地增值税；居住未满3年的，按规定计征土地增值税。

（五）土地增值税的纳税期限

土地增值税的纳税人应在转让房地产合同签订后的7日内，到房地产所在地主管税务机关办理纳税申报，并向税务机关提交房屋及建筑物产权、土地使用权证书，土地转让、房产买卖合同，房地产评估报告及其他与转让房地产有关的资料。纳税人因经常发生房地产转让而难以在每次转让后申报的，经主管税务机关审核同意后，可以定期进行纳税申报，具体期限由税务机关根据情况确定。

（六）土地增值税的纳税地点

土地增值税的纳税人应向房地产所在地主管税务机关办理纳税申报，并在税务机关核定的期限内缴纳土地增值税。

此处所说的“房地产所在地”是指房地产的坐落地。纳税人转让的房地产坐落在两个或两个以上地区的，应按房地产所在地分别申报纳税。

三、土地增值税的计量

（一）土地增值税的计税依据

土地增值税的计税依据是纳税人转让房地产所取得的土地增值额。而土地增值额为纳税人转让房地产所取得的收入减除《土地增值税暂行条例》规定扣除项目金额后的余额。其中：

（1）纳税人转让房地产取得的收入包括货币收入、实物收入和其他收入，包括以下几个内容：

①货币收入。货币收入是指纳税人转让房地产而取得的库存现金、银行存款、支票、银行本票、汇票等各种信用票据和国库券、金融债券、企业债券、股票等有价证券。这些类型的收入其实质是因转让土地使用权、房屋产权而向取得方收取的价款。

②实物收入。实物收入是指纳税人转让房地产而取得的各种实物形态的收入，如钢材、水泥等建材，房屋、土地等不动产。

③其他收入。其他收入是指纳税人转让房地产而取得的无形资产收入或具有财产价值的权利，如专利权、商标权、著作权、专有技术使用权、土地使用权、商誉权等。

（2）纳税人从转让收入中减除的扣除项目，包括以下几个内容：

①取得土地使用权所支付的金额。它包括两个方面内容：一是纳税人为取得土地使用权所支付的地价款。如果是以协议、招标、拍卖等出让方式取得土地使用权的，地价款为纳税人所支付的土地出让金；如果是以行政划拨方式取得土地使用权的，地价款为按照国家有关规定补交的土地出让金；如果是以转让方式取得土地使用权的，地价款为向原土地使用者实际支付的地价款。二是纳税人在取得土地使用权时按国家统一规定交纳的有关费用。

②房地产开发成本。它是指纳税人房地产开发项目实际发生的成本。包括土地的征用及拆迁补偿费、前期工程费、建筑安装工程费、基础设施费、公共配套设施费、开发间接费用等。其中：

土地的征用及拆迁补偿费。包括土地的征用费、耕地占用税、劳动力安置费及有关地上、地下附着物拆迁补偿的净支出、安置动迁用房支出等。

前期工程费。包括规划、设计、项目可行性研究和水文、地质、勘察、测绘、“七通一平”等发生的支出。

建筑安装工程费。指以出包方式支付给承包单位的建筑安装工程，以自营方式发生的建筑安装工程。

基础设施费。包括开发小区内道路、供水、供电、供气、排污、排洪、通信、照明、环卫、绿化等工程发生的支出。

公共配套设施费。包括不能有偿转让的开发小区内公共配套设施发生的支出。

开发间接费用。指直接组织、管理开发项目发生的费用，包括工资、职工福利费、折旧费、修理费、办公费、水电费、劳动保护费、周转房摊销等。

③房地产开发费用。房地产开发费用，是指与房地产开发项目有关的销售费用、管理费用和财务费用。根据现行财务会计制度的规定，这三项费用作为期间费用，直接计入当期损益，不按成本核算对象进行分摊。故作为土地增值税扣除项目的房地产开发费用，不按纳税人房地产开发项目实际发生的费用进行扣除，而按《实施细则》的标准进行扣除。

《实施细则》规定，财务费用中的利息支出，凡能够按转让房地产项目计算分摊并提供金融机构证明的，允许据实扣除，但最高不能超过按商业银行同类同期贷款利率计算的金额。其他房地产开发费用，按《实施细则》第七条中规定的取得土地使用权所支付的金额和房地产开发成本之和的5%以内计算扣除。凡不能按转让房地产项目计算分摊利息支出或不能提供金融机构证明的房地产开发费用，按《实施细则》第七条中规定的取得土地使用权所支付的金额和房地产开发成本之和的10%以内计算扣除。计算扣除的具体比例，由省、自治区、直辖市人民政府规定。

对专门从事房地产开发的纳税人，《实施细则》规定可按第七条中规定的取得土地使用权所支付的金额和房地产开发成本之和，加计20%扣除。

④与转让房地产有关的税金。与转让房地产有关的税金是指在转让房地产时缴纳的营业税、城市维护建设税、印花税。因转让房地产交纳的教育费附加，也可视为税金予以扣除。

值得注意的是，房地产开发企业按照《施工、房地产开发企业财务制度》有关规定，其在转让时缴纳的印花税因列入管理费用中，故在此不允许扣除。其他纳税人缴纳的印花税按5‰的税额允许在此抵扣。

⑤旧房及建筑物的评估价格。它是指在转让已使用的房屋及建筑物时，由政府批准设立的房地产评估机构评定的重置成本价乘以成新度折扣率后的价格。评估价格须经当地税务机关确认。

［例1］一栋房屋已使用近10年，建造时的等价造价为2 000万元，按转让时的建材及人工费用计算，同样的新房屋需花费7 000万元，该房有五成新，则该房的评估价格为：

7 000×50%＝3 500（万元）

（二）土地增值税应纳税额的计算

《土地增值税暂行条例》规定，土地增值税按照纳税人转让房地产所取得的增值额和规定的税率计算征收。土地增值税的计算公式是：

$$应纳税额=\sum(每级距的土地增值额\times适用税率)$$

但在实际工作中，为简化计算工作，可采用速算扣除法计算。具体公式如下：

（1）增值额未超过扣除项目金额50%：

$$土地增值税税额=增值额\times30\%$$

（2）增值额超过扣除项目金额50%，未超过100%：

$$土地增值税税额 = 增值额 \times 40\% - 扣除项目金额 \times 5\%$$

（3）增值额超过扣除项目金额100%，未超过200%：

$$土地增值税税额 = 增值额 \times 50\% - 扣除项目金额 \times 15\%$$

（4）增值额超过扣除项目金额200%：

$$土地增值税税额 = 增值额 \times 60\% - 扣除项目金额 \times 35\%$$

其中：公式中的5%、15%、35%分别为二、三、四级的速算扣除系数。

（三）土地增值税计算举例

［例2］某纳税人为工业企业，本年发生转让国有土地使用权所取得的收入为600万元，其扣除项目金额为150万元，试计算其应纳土地增值税税额。

方法1：第一步，先计算增值额。

增值额 = 600 - 150 = 450（万元）

第二步，再计算增值额与扣除项目金额之比。

450 ÷ 150 = 300%

第三步，计算应纳税额。

应纳土地增值税税额 = 75 × 30% + 75 × 40% + 150 × 50% + 150 × 60%

= 22.5 + 30 + 75 + 90 = 217.5（万元）

方法2：第一步，先计算增值额。

增值额 = 600 - 150 = 450（万元）

第二步，再计算增值额与扣除项目金额之比。

450 ÷ 150 = 300%

第三步，计算应纳税额土地增值税税额。

增值额 × 60% - 扣除项目金额 × 35%

= 450 × 60% - 150 × 35%

= 270 - 52.5

= 217.5（万元）

从上可知，两种方法的计算结果相同。

［例3］某单位兼营房地产业务，该单位建造并出售一栋写字楼，取得销售收入2 000万元（营业税税率为5%，城市维护建设税税率为7%，印花税税率为0.5‰，教育费附加征收率3%）。该单位为建造此楼支付地价款为300万元；房地产开发成本为400万元；房地产开发费用中的利息支出为200万元（能够按转让房地产项目计算分摊并提供工商银行证明），但其中有30万元的加罚利息。单位所在地政府规定的其他房地产开发费用的计算扣除比为5%。请计算该单位应纳土地增值税税额。

（1）计算增值额。

收入额 = 2 000（万元）

扣除项目金额

$= 300 + 400 + (300 + 400) \times 5\% + (200 - 30) + 2\ 000 \times 5\% \times (1 + 7\% + 3\%) + 2\ 000 \times 0.5‰$

$= 1\ 016$（万元）

增值额 $= 2\ 000 - 1\ 016 = 984$（万元）

增值额与扣除项目金额的比率为 $984 \div 1\ 016 = 96.9\%$

（2）应纳土地增值税额为：

$984 \times 40\% - 1\ 016 \times 5\% = 342.8$（万元）

［例4］某房地产开发公司建造并出售了一栋写字楼，取得销售收入1 000万元（营业税税率为5%，城市维护建设税税率为7%，教育费附加征收率3%）。该公司为建造该写字楼支付的地价款为100万元，建造该写字楼花费的房地产开发成本为200万元（注：该公司因同时建造别的商品房不能按该写字楼计算分摊银行贷款利息支出）。该公司所在地政府确定的费用扣除比例为10%。请计算该公司转让该写字楼应纳的土地增值税税额。

（1）确定转让房地产收入为1 000万元。

确定扣除项目金额

$= 100 + 200 + (100 + 200) \times 10\% + 1\ 000 \times 5\% \times (1 + 7\% + 3\%) + (100 + 200) \times 20\%$

$= 445$（万元）

（2）计算增值额 $= 1\ 000 - 445 = 555$（万元）

确定增值额与扣除项目金额之比 $= 555 \div 445 = 124.7\%$

（3）应纳土地增值税税额 $= 555 \times 50\% - 445 \times 15\% = 210.75$（万元）

四、土地增值税的会计处理

（一）账户设置

为了反映和监督土地增值额的计算和缴纳情况，会计核算上应设立“应交税费”科目，下设“应交土地增值税”明细科目进行核算。

（二）会计处理规定

对转让国有土地使用权、地上建筑物及附着物并取得收入的企业，按规定计算应交纳的土地增值税，应区分以下情况进行会计处理：

（1）主营房地产业务的企业，应由当期营业收入负担的土地增值税，借记“营业税金及附加”（房地产开发企业）、“营业税金”（外商投资房地产企业）、“营业税金及附加”（股份制企业）、“营业税金”（对外经济合作企业）等科目，贷记“应交税费——应交土地增值税”科目。

（2）兼营房地产业务的企业，应由当期营业收入负担的土地增值税，借记“其他业务成本”（工业、商业、农业、运输、邮电、施工企业、外商投资工业、农业、交通、施工企业）、“其他营业支出”（金融企业）、“营业税金及附加”（旅游、饮食服务、保险企业、股份制企业）、“营业税金”（对外经济合作企业、外商投资租赁、旅游企业）、“内部供应和销售支出”（铁路运输企业）、“其他营业税金”（外商投资银行）等科目，贷记

“应交税费——应交土地增值税”科目。

(3) 企业转让的国有土地使用权连同地上建筑物及其附着物一并在“固定资产”或“在建工程”、“专项工程支出”、“固定资产购建支出”等科目核算的，转让时应交纳的土地增值税，借记“固定资产”、“在建工程”、“专项工程支出”、“固定资产购建支出”等科目，贷记“应交税费——应交土地增值税”科目。

企业实际交纳土地增值税时，借记“应交税费——应交土地增值税”科目，贷记“银行存款”等科目。

对于企业在项目全部竣工结算前转让房地产取得的收入按税法规定预交土地增值税，借记“应交税费——应交土地增值税”科目，贷记“银行存款”等科目，待该房地产营业收入实现时，再按有关规定进行会计处理；该项目全部竣工、办理结算后进行清算，收到退回多交的土地增值税，借记“银行存款”等科目，贷记“应交税费——应交土地增值税”科目，补交的土地增值税作相反的会计分录。

(三) 土地增值税会计处理举例

[例5] 如例1，作会计分录（单位为万元）：

借：固定资产清理　　217.5

　贷：应交税费——应交土地增值税　　217.5

[例6] 如例2，作会计分录（单位为万元）：

借：其他业务成本　　342.8

　贷：应交税费——应交土地增值税　　342.8

[例7] 如例3，作会计分录（单位为万元）：

借：经营税金及附加　　210.75

　贷：应交税费——应交土地增值税　　210.75

(四) 土地增值税案例分析

2010年注册税务师（Certified Tax Agents 下文简称 CTA）受托对某房地产开发公司土地增值税纳税情况进行审核，了解到该房地产开发公司本期转让土地一块，销售收入1 200万元，申报缴纳土地增值税时，申报取得土地使用权及开发投资400万元，缴纳营业税、城市维护建设税及教育费附加66万元，开发费按购地款和开发成本10%扣除40万元，加计扣除20%即80万元，合计扣除项目金额586万元。应缴土地增值税219.1万元，已缴150万元，欠缴69.1万元。要求：请帮助CTA进行案例分析，并计算调整土地增值税。

案例分析如下：

CTA经调查发现该房地产开发公司存在如下问题：

(1) 取得13 000平方米土地使用权，支付金额500万元，未曾进行任何开发，便将7 000平方米转让取得收入1 200万元。

(2) 因为转让的土地没有开发，计征土地增值税时不能享受20%加计扣除。根据以上两点，核实其扣除项目金额：

①取得土地使用权支付金额为：$500 \div 13\,000 \times 7\,000 = 269.230\,8$（万元）

②其开发费按购地款和开发成本 10% 予以扣除 26.923 1 万元

③核实扣除项目金额 = 269.230 8 + 66 + 26.923 1 = 362.153 9（万元）

④增值额 = 1 200 − 362.153 9 = 837.846 1（万元）

⑤增值额占扣除项目金额的比例 = 837.846 1 ÷ 362.153 9 = 231%

⑥应缴纳土地增值税 = 837.846 1 × 60% − 362.153 9 × 35%

= 502.707 7 − 126.753 9 = 375.954（万元）

⑦企业已缴纳土地增值税 150 万元。

⑧应补缴土地增值税 = 375.954 − 150 = 225.954（万元）

⑨企业少计提土地增值税 = 375.954 − 219.1 = 156.854（万元）

企业应作相关调账分录：

借：营业税金及附加　　1 568 540

　贷：应交税费——应交土地增值税　　1 568 540

第三节　印花税会计

一、印花税概述

印花税是对经济活动和经济交往中书立、使用、领受具有法律效力的凭证的单位和个人征收的一种税。

新中国成立后，我国政务院于 1950 年 12 月公布了《印花税暂行条例》，它包括 25 个税目。1958 年税制改革时，印花税并入工商统一税，印花税停征。改革开放以后，随着经济的发展，国家先后颁布了一系列的经济法规，在经济活动和经济交往中书立的各种凭证已成为客观需要。于是，国务院于 1988 年 8 月 6 日颁布了《中华人民共和国印花税暂行条例》，决定从 1988 年 10 月 1 日起在全国范围内恢复征收印花税。而后，国家税务总局规定从 1994 年 1 月 1 日起，印花税暂行条例同样适用于外商投资企业和外国企业。印花税收入列入地方预算。

印花税具有以下特点：

（1）兼有凭证税和行为税性质。印花税是对单位和个人书立、领受的应税凭证征收的一种税，具有凭证税性质。另外，任何一种应税经济凭证反映的都是某种特定的经济行为，因此，对凭证征税，实质上是对经济行为的课税。

（2）征税范围广泛。印花税的征税对象包括了经济活动和经济交往中的各种应税凭证，凡书立和领受这些凭证的单位和个人都要缴纳印花税，其征税范围是极其广泛的。随着市场经济的发展和经济法制的逐步健全，依法书立经济凭证的现象将会越来越普遍。因此，印花税的征收面将更加广阔。

（3）税率低、税负轻。印花税与其他税种相比较，税率要低得多，税负较轻，具有广集资金、积少成多的财政效应。

（4）由纳税人自行完成纳税义务。纳税人通过自行计算、购买并粘贴印花税票的方法完成纳税义务并在印花税票和凭证的骑缝处自行盖戳注销或画销。这也与其他税种的缴纳方法有较大区别。

二、印花税的确认

（一）印花税的纳税义务人

在中华人民共和国境内书立、领受《中华人民共和国印花税暂行条例》所列举凭证的单位和个人，都是印花税的纳税义务人，应当按本条例规定缴纳印花税。

根据书立、使用、领受应纳税凭证不同，纳税人可以分别确定为立合同人、立据人、立账簿人、领受人和使用人。对合同、书据等由两方或两方以上当事人共同书立的凭证，其当事人各方都是纳税人，各自就所持凭证的金额纳税。对政府部门发给的权力许可证照，领受人为纳税人。对某些应税凭证由当事人的代理人代为书立，则代理人有代为纳税的义务。

（二）印花税的征收范围

（1）购销、加工承揽、建设工程承包、财产租赁、货物运输、仓储保管、借款、财产保险、技术合同或具有合同性质的凭证。

（2）产权转移书据。指单位和个人产权的买卖、继承、赠与、交换、分割等所立的书据。包括财产所有权、版权、商标专用权、专利权、专有技术使用权等转移书据。

（3）营业账簿。指单位或个人记载生产经营活动的财务会计核算账簿。营业账簿按其反映内容的不同，可分为记载资金的账簿和其他账簿。税率税目表中的记载资金的账簿，是指载有固定资产原值和自有流动资金的总分类账簿；其他账簿，是指除上述账簿以外的账簿，包括日记账簿和各明细分类账簿。

（4）权利、许可证照。包括政府部门发给的房屋产权证、工商营业执照、商标注册证、专利证、土地使用证。

（5）经财政部确定征税的其他凭证。

（三）印花税的税率

印花税有两种税率：一是比例税率，二是定额税率。

（1）比例税率。在印花税的13个税目中，各类合同及具有合同性质的凭证、产权转移书据、营业账簿中记载资金的账簿，适用比例税率。印花税的比例税率分为4个档次，分别是0.5‱、3‱、5‱、1‰。

（2）定额税率。在印花税的13个税目中，“权利、许可证照”和“营业账簿”税目中的其他账簿适用定额税率，均为按件贴花，税额为5元。

（四）计税依据

1. 计税依据的一般规定

印花税的计税依据为各种应税凭证上所记载的计税金额。具体规定为：

（1）购销合同的计税依据为合同记载的购销金额。

（2）加工承揽合同的计税依据是加工或承揽收入的金额。具体规定为：

①对于由受托方提供原材料的加工、定做合同，凡在合同中分别记载加工费金额和原

材料金额的，应分别按"加工承揽合同"、"购销合同"计税，两项税额相加数，即为合同应贴印花；若合同中未分别记载，则应就全部金额依照"加工承揽合同"计税贴花。

②对于由委托方提供主要材料或原料，受托方只提供辅助材料的加工合同，无论加工费和辅助材料金额是否分别记载，均以辅助材料与加工费的合计数，依照"加工承揽合同"计税贴花。对委托方提供的主要材料或原料金额不计税贴花。

（3）建设工程勘察设计合同的计税依据为收取的费用。

（4）建筑安装工程承包合同的计税依据为承包金额。

（5）财产租赁合同的计税依据为租赁金额。经计算，税额不足1元的，按1元贴花。

（6）货物运输合同的计税依据为取得的运输费金额（即运费收入），不包括所运货物的金额、装卸费和保险费等。

（7）仓储保管合同的计税依据为收取的仓储保管费用。

（8）借款合同的计税依据为借款金额。针对实际借贷活动中不同的借款形式，税法规定了不同的计税方法：

①凡是一项信贷业务既签订借款合同，又一次或分次填开借据的，只以借款合同所载金额为计税依据计税贴花；凡是只填开借据并作为合同使用的，应以借据所载金额为计税依据计税贴花。

②借贷双方签订的流动资金周转性借款合同，一般按年（期）签订，规定最高限额，借款人在规定的期限和最高限额内随借随还。为避免加重借贷双方的负担，对这类合同只以其规定的最高额为计税依据，在签订时贴花一次，在限额内随借随还不签订新合同的，不再另贴印花。

③对借款方以财产作抵押，从贷款方取得一定数量抵押贷款的合同，应按借款合同贴花；在借款方因无力偿还借款而将抵押财产转移给贷款方时，应再就双方书立的产权书据，按产权转移书据的有关规定计税贴花。

④对银行及其他金融组织的融资租赁业务签订的融资租赁合同，应按合同所载租金总额，暂按借款合同计税。

⑤在贷款业务中，如果贷方是由若干银行组成的银团，银团各方均承担一定的贷款数额。借款合同由借款方与银团各方共同书立，各执一份合同正本。对这类合同借款方与贷款银团各方应分别在所执的合同正本上，按各自的借款金额计税贴花。

⑥在基本建设贷款中，如果按年度用款计划分年签订借款合同，在最后一年按总概算签订借款总合同，且总合同的借款金额包括各个分合同的借款金额的，对这类基建借款合同，应按分合同分别贴花，最后签订的总合同，只就借款总额扣除分合同借款金额后的余额计税贴花。

（9）财产保险合同的计税依据为支付（收取）的保险费，不包括所保财产的金额。

（10）技术合同的计税依据为合同所载的价款、报酬或使用费。为了鼓励技术研究开发，对技术开发合同，只就合同所载的报酬金额计税，研究开发经费不作为计税依据。单对合同约定按研究开发经费一定比例作为报酬的，应按一定比例的报酬金额贴花。

（11）产权转移书据的计税依据为所载金额。

（12）营业账簿税目中记载资金的账簿的计税依据为"实收资本"与"资本公积"两

项的合计金额。实收资本，包括库存现金、实物、无形资产和材料物资。

库存现金按实际收到或存入纳税人开户银行的金额确定。实物，指房屋、机器等，按评估确认的价值或合同、协议约定的价格确定。无形资产和材料物资，按评估确认的价值确定。

资本公积，包括接受捐赠、法定财产重估增值、资本折算差额、资本溢价等。如果是实物捐赠，则按同类资产的市场价格或有关凭据确定。

其他账簿的计税依据为应税凭证件数。

（13）权利、许可证照的计税依据为应税凭证件数。

2. 计税依据的特殊规定

（1）上述凭证以“金额”、“收入”、“费用”作为计税依据的，应当全额计税，不得作任何扣除。

（2）同一凭证，载有两个或两个以上经济事项而适用不同税目税率的，如分别记载金额的，应分别计算应纳税额，相加后按合计税额贴花；如未分别记载金额的，按税率高的计税贴花。

（3）按金额比例贴花的应税凭证，未标明金额的，应按照凭证所载数量及国家牌价计算金额；没有国家牌价的，按市场价格计算金额，然后按规定税率计算应纳税额。

（4）应税凭证所载金额为外国货币的，应按照凭证书立当日国家外汇管理局公布的外汇牌价折合成人民币，然后计算应纳税额。

（5）应纳税额不足 1 角的，免纳印花税；1 角以上的，其税额尾数不满 5 分的不计，满 5 分的按 1 角计算。

（6）有些合同，在签订时无法确定计税金额，如技术转让合同中的转让收入，是按销售收入的一定比例收取或按实现利润分成的；财产租赁合同，只是规定了月（天）租金标准而无租赁期限的，对这类合同，可在签订时先按定额 5 元贴花，以后结算时再按实际金额计税，补贴印花。

（7）应税合同在签订时纳税义务即已产生，应计算应纳税额并贴花。所以，不论合同是否兑现或是否按期兑现，均应贴花。

对已履行并贴花的合同，所载金额与合同履行后实际结算金额不一致的，只要双方未修改合同金额，一般不再办理完税手续。

（8）对有经营收入的事业单位，凡属由国家财政拨付事业经费，实行差额预算管理的单位，其记载经营业务的账簿，按其他账簿定额贴花，不记载经营业务的账簿不贴花；凡属经费来源实行自收自支的单位，其营业账簿，应对记载资金的账簿和其他账簿分别计算应纳税额。

跨地区经营的分支机构使用的营业账簿，应由各分支机构于其所在地计算贴花。对上级单位核拨资金的分支机构，其记载资金的账簿按核拨的账面资金额计税贴花，其他账簿按定额贴花；对上级单位不核拨资金的分支机构，只就其他账簿按件定额贴花。为避免对同一资金重复计税贴花，上级单位记载资金的账簿，应按扣除拨给下属机构资金数额后的剩余部分计税贴花。

企业发生分立、合并和联营等变更后，凡依法办理法人登记的新企业所设立的资金账簿，应于启用时计税贴花；凡无须重新进行法人登记的企业原有资金账簿，已贴印花继续有效。

（9）商品购销活动中，采用以货换货方式进行商品交易签订的合同，是反映既购又销双重经济行为的合同。对此，应按合同所载的购、销合计金额计税贴花。合同未列明金额的，应按合同所载购、销数量依照国家牌价或市场价格计算应纳税额。

（10）施工单位将自己承包的建设项目，分包或转包给其他施工单位所签订的分包合同或转包合同，应按新的分包合同或转包合同所载金额计算应纳税额。这是因为印花税是一种具有行为税性质的凭证税，尽管总承包合同已依法计税贴花，但新的分包或转包合同是一种新的凭证，又发生了新的纳税义务。

（11）对股票交易征收印花税，始于深圳和上海两地证券交易的不断发展。现行印花税法规定，股份制试点企业向社会公开发行的股票，因购买、继承、赠与所书立的股权转让书据，均依书立时证券市场当日实际成交价格计算的金额，由立据双方当事人分别按1‰的税率缴纳印花税。

（12）外商投资企业、外国企业和其他经济组织及其在华机构（以下简称企业）除执行现行印花税法外，还有以下情况需要明确：

①企业 1993 年 12 月 31 日以前书立、领受的各种应税凭证，包括合同、产权转移书据、营业账簿以及权利、许可证照等，不缴纳印花税。

②企业 1993 年 12 月 31 日以前签订的应税合同，在 1994 年 1 月 1 日以后修改合同增加金额或原合同到期续签合同的，按规定贴花。

③企业记载资金的账簿，1994 年 1 月 1 日以后实收资本和资本公积增加的，就其增加部分贴花；对启用的新账簿，实收资本和资本公积未增加的，免贴印花；对 1994 年 1 月 1 日以后启用的其他账簿，按规定贴花。企业记载资金的账簿一次贴花数额较大，经主管税务机关批准，可允许 3 年内分次贴足印花；经营期不足 3 年的企业，应在经营期内贴足印花。

④企业 1993 年 12 月 31 日以前取得的产权转移书据和权利、许可证照，在 1994 年 1 月 1 日以后有更改、换证、换照、转让行为的，按规定贴花。

对国内各种形式的货物联运，凡在起运地统一结算全程运费的，应以全程运费作为计税依据，由起运地运费结算双方缴纳印花税；凡分程结算运费的，应以分程的运费作为计税依据，分别由办理运费结算的各方缴纳印花税。

对国际货运，凡由我国运输企业运输的，不论在我国境内、境外起运或中转分程运输，我国运输企业所持的一份运费结算凭证，均按本程运费计算应纳税额；托运方所持的一份运输结算凭证，按全程运费计算应纳税额。由外国运输企业运输进出口货物的，外国运输企业所持的一份运费结算凭证免纳印花税；托运方所持的一份运费结算凭证应缴纳印花税。国际货运运费结算凭证在国外办理的，应在凭证转回我国境内时按规定缴纳印花税。印花税税目税率及计税依据参见表 7－2。

表7－2　印花税税目税率表

税　目	范　围	税　率	纳税人	说　明
1. 购销合同	包括供应、预购、采购、购销结合及协作、调剂、补偿、易货等合同	按购销金额3‰贴花	立合同人	
2. 加工承揽合同	包括加工、定做、修缮、修理、印刷、广告、测绘、测试等合同	按加工或承揽收入5‰贴花	立合同人	
3. 建设工程勘察设计合同	包括勘察、设计合同	按收取费用5‰贴花	立合同人	
4. 建筑安装工程承包合同	包括建筑、安装工程承包合同	按承包金额3‰贴花	立合同人	
5. 财产租赁合同	包括租赁房屋、船舶、飞机、机动车辆、机械、器具、设备等合同	按租赁金额1‰贴花。税额不足1元按1元贴花	立合同人	
6. 货物运输合同	包括民用航空运输、铁路运输、海上运输、内河运输、公路运输和联运合同	按运输收取的费用5‰贴花	立合同人	单据作为合同使用的，按合同贴花
7. 仓储保管合同	包括仓储、保管合同	按仓储收取的保管费用1‰贴花	立合同人	仓单或栈单作为合同使用的，按合同贴花
8. 借款合同	银行及其他金融组织和借款人（不包括银行同业拆借）所签订的借款合同	按借款金额0.5‰贴花	立合同人	单据作为合同使用的，按合同贴花
9. 财产保险合同	包括财产、责任、保证、信用等保险合同	按收取的保险费收入1‰贴花	立合同人	单据作为合同使用的，按合同贴花
10. 技术合同	包括技术开发、转让、咨询、服务等合同	按所记载金额3‰贴花	立合同人	
11. 产权转移书据	包括财产所有权和版权、商标专用权、专利权、专有技术使用权等转移书据，土地使用权出让合同，土地使用权转让合同，商品房销售合同	按所记载金额5‰贴花	立据人	
12. 营业账簿	生产、经营用账册	记载资金的账簿。按实收资本和资本公积的合计金额5‰贴花。其他账簿按件贴花5元	立账簿人	
13. 权利、许可证照	包括政府部门发给的房屋产权证、工商营业执照、商标注册证、专利证、土地使用证	按件贴花5元	领受人	

应明确的是，印花税票为有价证券，其票面金额以人民币为单位，分为1角、2角、5角、1元、2元、5元、10元、50元、100元9种。

（五）印花税的减免税规定

下列凭证免征印花税：

（1）已缴纳印花税凭证的副本或抄本。

（2）财产所有人将财产赠给政府、社会福利单位（指抚养孤老伤残的社会福利单位）、学校所立的书据。

（3）财政部批准免税的其他凭证：

①国家指定的收购部门与村民委员会、农民个人书立的农副产品收购合同；

②无息、贴息贷款合同；

③外国政府或国际金融组织向我国政府及国家金融机构提供优惠贷款所书立的合同。

（六）纳税办法的规定

印花税的纳税办法，根据税额大小、贴花次数以及税收征收管理的需要，分别采用以下三种纳税办法。

1．自行贴花办法

这种办法一般适用于应税凭证较少或贴花次数较少的纳税人。纳税人书立、领受或使用印花税法列举的应税凭证的同时，纳税义务即已产生，应当根据应纳税凭证的性质和适用的税目税率，自行计算应纳税额，自行购买印花税票，自行一次贴足印花税票并加以注销或画销，纳税义务才算全部履行完毕。值得注意的是，纳税人购买了印花税票，支付了税款，国家就取得了财政收入。但就印花税来说，纳税人支付了税款并不等于已履行了纳税义务。纳税人必须自行贴花并注销或画销，这样才算完整地完成了纳税义务。这也就是通常所说的“三自”纳税办法。

对已贴花的凭证，修改后所载金额增加的，其增加部分应当补贴印花税票。凡多贴印花税票者，不得申请退税或抵用。

2．汇贴或汇缴办法

这种办法一般适用于应纳税额较大或贴花次数频繁的纳税人。

一份凭证应纳税额超过500元的，应向当地税务机关申请填写缴款书或完税证，将其中一联粘贴在凭证上或由税务机关在凭证上加注完税标记代替贴花。这就是通常所说的“汇贴”办法。

同一种类应纳税凭证，需频繁贴花的，应向当地税务机关申请按期汇总缴纳印花税。获准汇总缴纳印花税的纳税人，应持有税务机关发给的汇缴许可证。汇总缴纳的限期限额由当地税务机关确定，但最长期限不得超过1个月。

实行印花税按期汇总缴纳的单位，对征税凭证和免税凭证汇总时，凡分别汇总的，按本期征税凭证的汇总金额计算缴纳印花税；凡确属不能分别汇总的，应按本期全部凭证的实际汇总金额计算缴纳印花税。

凡汇总缴纳印花税的凭证，应加注税务机关指定的汇缴戳记、编号并装订成册后，将已贴印花或缴款书的一联黏附册后，盖章注销，保存备查。经税务机关核准，持有代售许可证的代售户，代售印花税票取得的税款须专户存储，并按照规定的期限，向当地税务机关结报，或者填开专用缴款书直接向银行缴纳，不得逾期不缴或挪作他用。代售户领存的印花税票及所售印花税票的税款，如有损失，应负责赔偿。

3. 委托代征办法

这一办法主要是通过税务机关的委托，经由发放或办理应纳税凭证的单位代为征收印花税税款。税务机关应与代征单位签订代征委托书。所谓发放或办理应纳税凭证的单位，是指发放权利、许可证照的单位和办理凭证的鉴证、公证及其他有关事项的单位。如按照印花税法规定，工商行政管理机关核发各类营业执照和商标注册证的同时，负责代售印花税票，征收印花税税款，并监督领受单位或个人负责贴花。税务机关委托工商行政管理机关代售印花税票，按代售金额5%的比例支付代售手续费。

纳税人不论采用哪一种纳税办法，均应对纳税凭证妥善保存。凭证的保存期限，凡国家已有明确规定的，按规定办理；其余凭证均应在履行完毕后保存1年。

（七）纳税环节的规定

印花税应当在书立或领受时贴花。具体是指，在合同签订时、账簿启用时和证照领受时贴花。如果合同是在国外签订，并且不便在国外贴花的，应在将合同带入境时办理贴花纳税手续。

（八）纳税地点的规定

印花税一般实行就地纳税。对于全国性商品物资订货会（包括展销会、交易会等）上所签订合同应纳的印花税，由纳税人回其所在地后及时办理贴花完税手续；对地方主办、不涉及省际关系的订货会、展销会上所签合同的印花税，其纳税地点由各省、自治区、直辖市人民政府自行确定。

三、印花税的计量

纳税人的应纳税额，根据应纳税凭证的性质，分别按比例税率或定额税率计算。

（1）适用比例税率的应税凭证，计税依据为凭证上所记载的金额，计税公式为：

应纳税额 = 应税凭证计税金额 × 适用的比例税率

［例1］企业甲乙双方签订钢材购销合同一份，合同金额为350 000元，则甲乙双方分别应纳印花税计算如下：

应纳税额 = 350 000 × 3‰ = 105（元）

（2）适用定额税率的应税凭证，计税依据为凭证件数，计税公式为：

应纳税额 = 应税凭证件数 × 固定税额（5元）

［例2］某公司201×年3月开业，领受工商营业执照及商标注册证各一件，则应纳印花税计算如下：

应纳税额 = 2 × 5 = 10（元）

［例3］某企业201×年一季度有购销合同金额50 000 000元，借款合同4 000 000元，

有经营账册 20 本，其中“实收资本”30 000 000 元和“资本公积”7 000 000 元，计算该企业的应纳印花税税额。

根据印花税暂行条例，购销合同适用税率为 3‱，借款合同为 0.5‱，记载资金的账簿为 5‱，其他账簿每册 5 元。

应纳印花税

$$=50\,000\,000\times3‱+4\,000\,000\times0.5‱+(30\,000\,000+7\,000\,000)\times5‱+(20-2)\times5$$

$$=15\,000+200+18\,500+90=33\,790\text{（元）}$$

四、印花税的会计处理

企业缴纳的印花税，一般不通过“应交税费”账户核算，直接在“管理费用”账户中列支。如果一次购买印花税和一次缴纳税额较大时，需分期摊入成本，可通过“待摊费用（执行会计制度的企业）”或“长期待摊费用”账户。

仍以例 3 为例，企业购买印花税税票时：

借：管理费用——印花税　　33 790

　贷：银行存款或库存现金　　33 790

如采用“待摊费用”的会计核算（分 12 个月摊销）：

借：待摊费用——印花税　　33 790

　贷：银行存款　　33 790

以后各期摊销时：

借：管理费用——印花税　　2 815.83

　贷：待摊费用　　2 815.83

第四节　房产税会计

一、房产税的概述

房产税是以房产为征税对象，依据房产的计税价值或房产租金收入向房产所有人或经营人征收的一种财产税。房产税是在 1950 年开征的，1951 年国家公布了《城市房地产税暂行条例》，该税种与地产税合并，称为“城市房地产税”。1973 年税制改革时，把对国营企业和集体企业征收的城市房地产税并入工商税，只对房产的个人、外商独资企业和房地产管理部门继续征收城市房地产税。1984 年 10 月第二步利改税和工商税制改革时，决定恢复征收房产税，将城市房地产税分为房产税和土地使用税两个税种。1986 年 9 月 15 日国务院颁布了《中华人民共和国房产税暂行条例》，并从 1986 年 10 月 1 日开始施行。从此，对国内的单位和个人在全国范围内全面征收房产税。原城市房地产税只对涉外企业和外籍人员征收。2008 年 12 月 31 日国务院决定，自 2009 年 1 月 1 日起，外商投资企业、外国企业和组织及外籍个人，依照《中华人民共和国房产税暂行条例》缴纳房产税。至此，房产税在我国实现了内外资企业的统一征收。

房产税有如下特点：

(1) 房产税是地方税，不仅收入归地方财政，而且地方政府有权据其实际情况或客观需要制定细则、解释税法和选用适当税率。

(2) 房产属于不动资产，是对纳税人拥有的各类财产实行综合课征的税收，税源稳定，易于征收管理。

(3) 征收面广，同时随着房地产业的兴起，潜在的税源大。

二、房产税的确认

1. 房产税的纳税义务人

凡在中华人民共和国境内拥有房屋产权的单位或个人都是房产税的纳税义务人。

我国房产的产权所有人，主要分为国家（全民）、集体和个人。产权属于国家所有的，由经营管理的单位缴纳；产权属于集体和个人所有的，由集体单位和个人缴纳。

2. 房产税的征收范围

房产税的征收对象是房屋。房产税的征收范围为城市、县城、建制镇和工矿区。

(1) 城市，是指经国务院批准设立的市。其征税范围为市区、郊区和市辖县县城，不包括农村。

(2) 县城，是指未设立建制镇的县人民政府所在地的地区。

(3) 建制镇，是指经省、自治区、直辖市人民政府批准设立的建制镇。其征税范围为镇人民政府所在地的地区，不包括镇政府所辖的行政村。

(4) 工矿区，是指工商业比较发达、人口比较集中、符合国务院规定的建制镇标准，但尚未设立镇建制的大中型工矿企业所在地。

3. 税率和计税依据

我国现行房产税采用的是比例税率。由于房产税的计税依据分为从价计征和从租计征两种形式，所以，房产税的税率也有两种。一种是按房产原值一次扣除10% ~30%后的余值计征的，税率为1.2%；一种是按房产出租的租金收入计征的，税率为12%。

其中，房产原值是指纳税人按照会计制度规定，在账簿“固定资产”科目中记载的房屋原价。因此，凡按会计制度规定在账簿中记载有房屋原价的，应以房屋原价按规定减除一定比例后作为房产余值计征房产税；没有记载房屋原价的，按照上述原则，并参照同类房屋，确定房产原值，按规定计征房产税。

房产原值应包括与房屋不可分割的各种附属设备或一般不单独计算价值的配套设施。主要有暖气、卫生、通风、照明、煤气等设备；各种管线，如蒸气、压缩空气、石油、给水排水等管道及电力、电信、电缆导线；电梯、升降机、过道、晒台等。属于房屋附属设备的水管、下水道、暖气管、煤气管等应从最近的探视井或三通管起，计算原值；电灯网、照明线从进线盒连接管起，计算原值；纳税人对原有房屋进行改建、扩建的，要相应增加房屋的原值。

4. 房产税的减免税规定

依照税法的规定，下列房产免缴房产税：

（1）国家机关、人民团体、军队自用的房产免征房产税；

（2）由国家财政部门拨给事业经费的单位自用的房产免征房产税；

（3）宗教寺庙、公园、名胜古迹自用的房产免征房产税；

（4）个人所有非经营用房免征房产税；

（5）经财政部批准的其他房产：①毁损不堪使用的房屋和危险房屋；②大修停用期间的房屋；③企业办的各类学校、医院、托儿所、幼儿园自用的房屋；④基建工地的临时性房屋；⑤微利、亏损、停产、撤销企业的房屋。

5. 纳税义务发生时间和纳税期限

（1）纳税人将原有房产用于生产经营，从生产经营之月起，缴纳房产税。

（2）纳税人自行新建房屋用于生产经营，从建成之次月起，缴纳房产税。

（3）委托施工企业建设的房屋，从办理验收手续之日的次月起计征房产税。对于在办理验收手续前已使用或出租、出借的新建房屋，应从使用或出租、出借的当月起按规定计征房产税。

（4）购置新建商品房，自房屋交付使用之次月起计征房产税。

（5）购置存量房，自办理房屋权属转移、变更登记手续，房地产权属登记机关签发房屋权属证书之次月起计征房产税。

（6）出租、出借房产，自交付出租、出借房产之次月起计征房产税。

（7）房地产开发企业自用、出租、出借本企业建造的商品房，自房屋使用或交付之次月起计征房产税。

（8）自2009年1月1日起，纳税人因房产的实物或权利状态发生变化而依法终止房产税纳税义务的，其应纳税款的计算应截至房产的实物或权利状态发生变化的当月末。

房产税实行按年计算、分期缴纳的征收方法，具体纳税期限由省、自治区、直辖市人民政府确定。

三、房产税的计量

房产税的计税依据有房产的价值和房产出租的租金收入两种。按房产价值征税的叫从价计征，按房产出租租金征税的叫从租计征。

1. 从价计征的计算

按房产的原值减除一定比例后的余值计征，其公式为：

$$应纳税额=房产原值\times(1-扣除比例)\times1.2\%$$

房产原值是“固定资产”账户中记载的房屋原价；扣除比例是省、自治区、直辖市人民政府规定的10%～30%。

［例1］某公司拥有经营用房原价为60 000 000元，当地规定允许减除20%后计税，适用税率为1.2%，计算该企业应缴纳的房产税税额。

年应纳房产税税额＝60 000 000×（1－20%）×1.2%＝576 000（元）

2. 从租计征的计算

按房产的租金收入（指房屋产权所有人出租房产使用权所得的报酬，包括货币收入和实物收入）计征，其公式为：

$$应纳税额 = 租金收入 \times 12\%$$

［例 2］某公民出租房屋 4 间，年租金收入为 50 000 元，适用税率为 12%。其应纳房产税税额计算如下：

应纳税额 = 50 000 × 12% = 6 000（元）

四、房产税的账务处理

企业应按现行会计规定，设置“应交税费——应交房产税”账户和“管理费用”账户进行核算。

月末，企业计提应缴纳房产税税额，作分录如下：

借：管理费用

　贷：应交税费——应交房产税

按期限交纳房产税时，作分录如下：

借：应交税费——应交房产税

　贷：银行存款

［例 3］某公司 201×年 1 月 1 日“固定资产——房产”账面原价为 3 000 000 元，2 月 1 日，企业将房产原价为 1 500 000 元的房屋租给其他单位使用，每年收取租金收入 140 000元。当地政府规定，按房产原值扣除 30% 后作为房产余值，适用税率 1.2% 纳税；租金收入按年税率 12% 纳税；房产税按月计算，按季缴纳。试计算该年 1 ~ 3 月应纳房产税税额并作有关的账务处理。

（1）1 月份按房产余值计算全年应纳税额为：

年应纳税额 = 3 000 000 ×（1 – 30%）× 1.2% = 25 200（元）

月应纳税额 = 25 200 ÷ 12 = 2 100（元）

1 月末计提时，作会计分录如下：

借：管理费用——房产税　　2 100

　贷：应交税费——应交房产税　　2 100

（2）2 月份按房产余值和租金收入分别计算应纳税款：

按房产余值计算：

年应纳税额 =（3 000 000 – 1 500 000）×（1 – 30%）× 1.2% = 12 600（元）

月应纳税额 = 12 600 ÷ 12 = 1 050（元）

按租金收入计算：

年应纳税额 = 140 000 × 12% = 16 800（元）

月应纳税额 = 16 800 ÷ 12 = 1 400（元）

则 2 月份、3 月份每月应纳税额为：1 050 + 1 400 = 2 450（元）

2 月末、3 月末作分录如下：

借：管理费用——房产税　　2 450

　贷：应交税费——应交房产税　　2 450

4 月初企业交纳一季度税款：

借：应交税费——应交房产税　　7 000

　贷：银行存款　　7 000

第五节　契税会计

契税是国家对房产在买卖、典当、赠与（包括有奖储蓄中的中奖房产）或交换而发生产权转移时，就当事人双方所订立的契约，向承受人（一般为公民）征收的一种税。具体分为买契税、典契税、赠与契税三种。

契税是一种古老的税种，它起源于东晋时期的“估税”。新中国成立后，政务院于 1950 年 4 月 3 日发布了《契税暂行条例》。1954 年 6 月对《契税暂行条例》的部分条文进行了修改，缩小了契税的课征范围。至 1956 年，契税征收工作大量减少，有的地方停征此税。改革开放以后，旧契税已不能适应经济发展的要求，因此，1997 年 7 月 7 日国务院重新颁布了《中华人民共和国契税暂行条例》，并于 1997 年 10 月 1 日起实施。

契税是一种财产税，它的特点是：

（1）契税属于财产转移税。

契税以发生转移的不动产，即土地和房屋为征税对象，具有财产转移课税性质。土地、房屋产权未发生转移的，不征契税。

（2）契税由财产承受人缴纳。

一般税种都确定销售者为纳税人，即卖方纳税。契税则属于土地、房屋产权发生交易过程中的财产税，由承受人纳税，即买方纳税。对买方征税的主要目的，在于承认不动产转移生效，承受人纳税以后，便可拥有转移过来的不动产产权或使用权，法律保护纳税人的合法权益。

一、契税的确认

（一）契税的纳税人

契税的纳税义务人是指中国境内转移土地、房屋权属，承受的单位和个人。

境内是指中华人民共和国实际税收行政管辖范围内。土地、房屋权属是指土地使用权和房屋所有权。单位是指企业单位、事业单位、国家机关、军事单位和社会团体以及其他组织。个人是指个体工商户及其他个人，包括中国公民和外籍人员。

（二）契税的征收对象

契税的征收对象是境内转移的土地、房屋权属。具体包括：

（1）国有土地使用权出让。国有土地使用权出让是指土地使用者向国家交付土地使用权出让费用，国家将国有土地使用权在一定年限内让与土地使用者的行为。

（2）土地使用权的转让。土地使用权的转让是指土地使用者以出售、赠与、交换或其他方式将土地使用权转移给其他单位和个人的行为。土地使用权转让不包括农村集体土地承包经营权的转移。

（3）房屋买卖。即以货币为媒介，出卖者向购买者过渡房产所有权的交易行为。以下几种特殊情况，视同买卖房屋：

①以房产抵债或实物交换房屋。

经当地政府和有关部门批准，以房抵债和实物交换房屋均视同房屋买卖，应由产权承受人按房屋现值缴纳契税。例如：甲某因无力偿还乙某债务，而以自有的房产折价抵偿债务。经双方同意，有关部门批准，乙某取得甲某的房屋产权，在办理产权过户手续时，按房产折价款缴纳契税。如以实物（金银首饰等等价物品）交换房屋，应视同以货币购买房屋。

②以房产作投资或作股权转让。

这种交易业务属房屋产权转移，应根据国家房地产管理的有关规定，办理房屋产权交易和产权变更登记手续，视同房屋买卖，由产权承受方按契税税率计算缴纳契税。例如：甲某以自有房产投资于乙某企业。其房屋产权变为乙某企业所有，故产权所有人发生变化，因此，乙某企业在办理产权登记手续后，按甲某入股房产现值（国有企事业房产须经国有资产管理部门评估核价）缴纳契税。如丙某以股份方式购买乙某企业房屋产权，丙某在办理产权登记后，按取得房产买价缴纳契税。

以自有房产作股投入本人独资经营企业，免纳契税。因为以自有的房地产投入本人独资经营的企业，产权所有人和使用权使用人未发生变化，不需办理房产变更手续，也不办理契税手续。

③买房拆料或翻建新房，应照章征收契税。

例如：甲某购买乙某房产，不论其目的是取得该房产的建筑材料或是翻建新房，实际已构成房屋买卖。甲某应首先办理房屋产权变更手续，并按买价缴纳契税。

（4）房屋赠与。

房屋赠与是指房屋产权所有人将房屋无偿转让给他人所有。其中，将自己的房屋转交给他人的法人和自然人，称作房屋赠与人，接受他人房屋的法人和自然人，称为受赠人。房屋赠与的前提是产权无纠纷，赠与人和受赠人双方自愿。

由于房屋是不动产，价值较大，故法律要求赠与房屋应有书面合同（契约），并到房地产管理机关或农村基层政权机关办理登记过户手续，才能生效。

如果房屋赠与行为涉及涉外关系，还需公证处证明和外事部门认证，才能有效。房屋的受赠人要按规定缴纳契税。

以获奖方式取得房屋产权的，其实质是接受赠与房产，应照章缴纳契税。

（5）房屋交换。

房屋交换是指房屋所有者之间互相交换房屋的行为。

随着经济形势的发展，有些特殊方式转移土地、房屋权属的，也将视同土地使用权转让、房屋买卖或房屋赠与。一是以土地、房屋权属作价投资、入股；二是以土地、房屋权属抵债；三是以获奖方式承受土地、房屋权属；四是以预购方式或预付集资建房款方式承受土地、房屋权属。

（6）承受国有土地使用权支付的土地出让金。

承受国有土地使用权支付的土地出让金，要计征契税。不得因减免土地出让金而减免契税。

另外，随着社会主义市场经济的深入发展，企业改革逐步深化，企业改组、改制的情况比较普遍。对此，契税也作出明确规定。

（1）公司制改造。

公司制改造是指非公司制企业按照《公司法》要求，改建为有限责任公司或股份有限公司，或经批准由有限责任公司变更为股份有限公司。在公司制改造中，对不改变投资主体和出资比例改建成的公司制企业承受原企业土地、房屋权属的，不征收契税；对独立发起、募集设立的股份有限公司承受发起人土地、房屋权属的，免征契税；对国有、集体企业改建成全体职工持股的有限责任公司或股份有限公司承受原企业土地、房屋权属的，免征契税；对其余涉及土地、房屋权属转移的，征收契税。

（2）企业合并。

企业合并是指两个或两个以上的企业，依照法律规定，合同约定合并为一个企业的行为。合并有吸收合并和新设合并两种形式。一个企业存续，其他企业解散的，为吸收合并；设立一个新企业，原各方企业解散的，为新设合并。

企业合并中，新设方或存续方承受被解散方土地、房屋权属，如合并前各方为相同投资主体的，则不征契税，其余征收契税。

（3）企业分立。

企业分立是指企业依照法律规定、合同约定分设为两个或两个以上投资主体相同的企业的行为。分立有存续分立和新设分立两种形式。原企业存续，而其一部分分出、派生设立为一个或数个新企业的，为存续分立；原企业解散，分立出的各方分别设立为新企业的，为新设分立。

企业分立中，对派生方、新设方承受原企业土地、房屋权属的，不征契税。

（4）股权重组。

股权重组是指企业股东持有的股份或出资发生变更的行为。股权重组主要包括股权转让和增资扩股两种形式。股权转让是指企业的股东将其持有的股份或出资部分或全部转让给他人；增资扩股是指公司向社会公众或特定单位、个人募集出资、发行股票。

在股权转让中，单位、个人承受企业股权，企业的土地、房屋权属不发生转移，不征契税；在增资扩股中，对以土地、房屋权属作价入股或作为出资投入企业的，征收契税。

（5）企业破产。

企业破产是指企业因经营管理不善造成严重亏损，不能清偿到期债务而依法宣告破产的法律行为。

企业破产清算期间，对债权人（包括破产企业职工）承受破产企业土地、房屋权属以抵偿债务的，免征契税；对非债权人承受破产企业土地、房屋权属的，征收契税。

（三）契税的税率和计税依据

1. 税率

契税实行3% ~5%的幅度比例税率。由省、自治区、直辖市人民政府在规定的3% ~5%幅度内按照本地区的实际情况确定，并报财政部和国家税务总局备案。

2. 计税依据

契税的计税依据为不动产的价格。由于土地、房屋权属转移方式不同，定价方法不同，因而具体计税依据不同情况而定。

（1）国有土地使用权出让、土地使用权出售、房屋买卖，以成交价格为计税依据。成交价格是指土地、房屋权属转移合同确定的价格，包括承受者应交付的货币、实物、无形资产或其他经济利益。

（2）土地使用权赠与、房屋赠与，由征收机关参照土地使用权出售、房屋买卖的市场价格核定。

（3）土地使用权交换、房屋交换，为所交换的土地使用权、房屋的价格的差额。即交换价格相等时，免征契税；交换价格不等时，由多交付的货币、实物、无形资产或其他经济利益的一方交纳契税。

对于成交价格明显低于市场价格且无正当理由的，或者所交换的土地使用权、房屋的价格差额明显不合理且无正当理由的，由征收机关参照市场价格核定。其目的是为了防止纳税人隐瞒、虚报成交价格。

（4）出让国有土地使用权的，其契税计税价格为承受人为取得该土地使用权而支付的全部经济利益。

①以协议方式出让的，其契税计税价格为成交价格。成交价格包括土地出让金、土地补偿费、安置补助费、地上附着物和青苗补偿费、拆迁补偿费、市政建设配套费等承受者应支付的货币、实物、无形资产及其他经济利益。

②以竞价方式出让的，其契税计税价格一般应确定为竞价的成交价格，土地出让金、市政建设配套费及各种补偿费用应包括在内。

③先以划拨方式取得土地使用权，后经批准改为出让方式取得该土地使用权的，应依法缴纳契税，其计税依据为应补缴的土地出让金和其他出让费用。

④已购公有住房经补缴土地出让金和其他出让费用成为完全产权住房的，免征土地权属转移的契税。

（5）房屋买卖的契税计税价格为房屋买卖合同的总价款，买卖装修的房屋，装修费用应包括在内。

（四）契税的减免税规定

契税规定下列情形之一可减征或免征契税：

（1）国家机关、事业单位、社会团体、军事单位承受土地、房屋用于办公、教学、医疗、科研和军事设施的，免征契税；

（2）城镇职工按规定第一次购买公有住房的，免征契税；

（3）因不可抗力灭失住房而重新购买住房的，酌情准予减免；

（4）财政部规定的其他减征、免征契税的项目，如法定继承人继承土地、房屋权属，不征收契税。

以上经批准减免契税的纳税人改变有关土地、房屋的用途，不再属于减免契税范围的，应当补缴已经减征、免征的税款。

（五）契税的纳税义务发生时间、纳税期限和纳税地点

契税的纳税义务发生时间是纳税人签订土地、房屋权属转移合同的当天，或者纳税人取得其他具有土地、房屋权属转移合同性质凭证的当天。

纳税人应当自纳税义务发生之日起 10 日内，向土地、房屋所在地的契税征收机关办理纳税申报，并在契税征收机关核定的期限内缴纳税款。契税在土地、房屋所在地的征收机关缴纳。

二、契税的计算

契税采取比例税率，当计税依据确定后，契税应纳税额的计算公式如下：

应纳税额 = 计税依据 × 适用税率

［例 1］华侨李某将自己的一幢楼房赠与某公司，经评估确认其价值为人民币 450 万元，适用税率为 4%，计算李某应纳契税税额。

应纳契税税额 = 4 500 000 × 4% = 180 000（元）

［例 2］居民甲有两套住房，将一套出售给居民乙，成交价格为 200 000 元，将另一套两室住房与居民丙交换成两处一室住房，并支付给丙换房差价款 60 000 元。试计算甲、乙、丙相关行为应缴纳的契税（假定税率为 4%）。

（1）甲应缴纳契税 = 60 000 × 4% = 2 400（元）

（2）乙应缴纳契税 = 200 000 × 4% = 8 000（元）

（3）丙不缴纳契税。

三、契税的账务处理

企业计算、缴纳契税时，应设置“应交税费——应交契税”账户核算。企业的房屋属于固定资产的范围。按会计政策规定，购入的固定资产，按照买价加上支付的运输费、保险费、包装费、安装费、调试费和缴纳的税金等计价，因此，企业交纳的契税应通过“固定资产”账户进行核算。如果契税为一次性征收，就不存在与税务机关结算清缴的问题，可不通过“应交税费”账户核算，当企业交纳契税时，借记“固定资产”账户，贷记“银行存款”账户。

（1）借：固定资产

　　　贷：应交税费——应交契税

（2）交纳契税时，作会计分录：

借：应交税费——应交契税

　贷：银行存款

第六节　车船税会计

一、车船税概述

车船税是指在中华人民共和国境内，车辆、船舶（以下简称车船）的所有人或管理人依照中华人民共和国车船税暂行条例应缴的一种税。1951 年，我国就颁布了《车船使用牌照税暂行条例》，1973 年税制改革时，将国营企业、集体企业缴纳的车船使用牌照税并入工商税。至此，仅对个人和外侨以及外资企业和中外合资、中外合作经营企业的车船继续征收此税。1984 年第二步利改税和工商税制改革时确立了“车船使用税”这一税种。1986 年 9 月 15 日国务院颁布了《中华人民共和国车船使用税暂行条例》，并从 1986 年 10 月 1 日起施行。这样，车船使用牌照税属涉外税种，对涉外企业和外籍人员征收；车船使用税则对内资企业和中国公民征收。2006 年 12 月 29 日，国务院颁布第 482 号令，公布了《中华人民共和国车船税暂行条例》（以下简称《车船税暂行条例》），从 2007 年 1 月 1 日起施行。现行车船税法的基本规范，是 2011 年 2 月 25 日由中华人民共和国第十一届全国人民代表大会常务委员会第十九次会议通过的《中华人民共和国车船税法》，于 2012 年 1 月 1 日起施行。该法是在原车船使用税和车船使用牌照税的基础上合并修订而成的。该法的出台，对于统一税制、公平税负、拓宽税基，增加地方财政收入，加强地方税征管都具有重要意义。

车船税是一种地方税，它不仅收入归地方所有，而且地方政府有权在“车船税额表”规定的幅度内确定税额。

二、车船税的确认

（一）车船税的纳税人

车船税的纳税人是指在中华人民共和国境内，车船的所有人或管理人为车船税的纳税人，应当依照规定缴纳车船税。其中，车船管理部门是指公安、交通、农业、渔业、军事等依法具有车船管理职能的部门。

（二）车船税的征税范围

车船税的征税范围是指依法应当在车船管理部门登记的车船。主要包括以下两大部分：

（1）应税车辆，包括应税机动车和非机动车。其中：机动车，指依靠燃油、电力等能源作为动力运行的车辆，如汽车、拖拉机等；非机动车，是指以人力或畜力驱动的车辆，以及符合国家有关标准的残疾人机动轮椅车、电动自行车等。

（2）应税船舶，包括应税机动船和非机动船。其中：机动船，指依靠燃料等能源作为动力运行的船舶，如客轮、货船等；非机动船，是指自身没有动力装置，依靠外力驱动的船舶；非机动驳船是指在船舶管理部门登记为驳船的非机动船。

（三）车船税的税率和计税依据

1. 税率

车船税实行定额税率。国务院财政、税务主管部门可以根据实际情况，在“车船税税目税额表”规定的税目范围和税额幅度内划分子税目，并明确车辆的子税目税额幅度和船舶的具体适用税额。车辆的具体适用税额由省、自治区、直辖市人民政府在规定的子税目税额幅度内确定，详见表7－3。

表7－3　车船税税目税额表

税　目		计税单位	年基准税额	备　注
乘用车［按发动机汽缸容量（排气量）分档］	1.0升（含）以下的	每　辆	60元至360元	核定载客人数9人（含）以下
	1.0升以上至1.6升（含）的		300元至540元	
	1.6升以上至2.0升（含）的		360元至660元	
	2.0升以上至2.5升（含）的		660元至1 200元	
	2.5升以上至3.0升（含）的		1 200元至2 400元	
	3.0升以上至4.0升（含）的		2 400元至3 600元	
	4.0升以上的		3 600元至5 400元	
商用车	客　车	每　辆	480元至1 440元	核定载客人数9人以上，包括电车
	货　车	整备质量每吨	16元至120元	包括半挂牵引车、三轮汽车和低速载货汽车等
挂　车	—	整备质量每吨	按照货车税额的50%计算	—
其他车辆	专用作业车	整备质量每吨	16元至120元	不包括拖拉机
	轮式专用机械车			
摩托车	—	每　辆	36元至180元	—
船　舶	机动船舶	净吨位每吨	3元至6元	拖船、非机动驳船分别按照机动船舶税额的50%计算
	游　艇	艇身长度每米	600元至1 800元	

A. 机动船舶，具体适用税额为：

①净吨位小于或者等于200吨的，每吨3元；

②净吨位 201～2 000 吨的，每吨 4 元；

③净吨位 2 001～10 000 吨的，每吨 5 元；

④净吨位 10 001 吨及以上的，每吨 6 元。

拖船按照发动机功率每 2 马力折合净吨位 1 吨计算车船税税额。

B. 游艇，具体适用税额为：

①艇身长度不超过 10 米的游艇，每米 600 元；

②艇身长度超过 10 米但不超过 18 米的游艇，每米 900 元；

③艇身长度超过 18 米但不超过 30 米的游艇，每米 1 300 元；

④艇身长度超过 30 米的游艇，每米 1 800 元；

⑤辅助动力帆艇，每米 600 元。

游艇艇身长度是指游艇的总长。

C. 车辆整备质量尾数不超过 0.5 吨的，按照 0.5 吨计算；超过 0.5 吨的，按照 1 吨计算。整备质量不超过 1 吨的车辆，按照 1 吨计算。

D. 船舶净吨位尾数不超过 0.5 吨的不予计算，超过 0.5 吨的，按照 1 吨计算。净吨位不超过 1 吨的船舶，按照 1 吨计算。

2. 计税依据

车船税的计税依据一般按车船类别确定，实行从量定额征收。其中载客汽车和摩托车以辆数为计税依据；规定的载货汽车和三轮汽车以自重吨位为计税依据；船舶以净吨位为计税依据。

（四）车船税的减免税规定

下列车船免征车船税：

（1）非机动车船（不包括非机动驳船）；

（2）拖拉机；

（3）捕捞、养殖渔船；

（4）军队、武警专用的车船；

（5）警用车船；

（6）按照有关规定已经缴纳船舶吨税的船舶；

（7）依照我国有关法律和我国缔结或者参加的国际条约的规定应当予以免税的外国驻华使馆、领事馆和国际组织驻华机构及其有关人员的车船。

省、自治区、直辖市人民政府可以根据当地实际情况，对城市、农村公共交通车船给予定期减税、免税。

（五）车船税的纳税期限和纳税地点

纳税人未按照规定到车船管理部门办理应税车船登记手续的，以车船购置发票所载开具时间的当月作为车船税的纳税义务发生时间。对未办理车船登记手续且无法提供车船购置发票的，由主管地方税务机关核定纳税义务发生时间。

在一个纳税年度内，已完税的车船被盗抢、报废、灭失的，纳税人可以凭有关管理机关出具的证明和完税证明，向纳税所在地的主管地方税务机关申请退还自被盗抢、报废、灭失月份起至该纳税年度终了期间的税款。

已办理退税的被盗抢车船，失而复得的，纳税人应当从公安机关出具相关证明的当月起计算缴纳车船税。

三、车船税的计量

车船税应纳税额的计算，可分为以下三种情况：

购置的新车船，购置当年的应纳税额自纳税义务发生的当月起按月计算。计算公式为：

$$应纳税额 = 年应纳税额 \div 12 \times 应纳税月份数$$

[例1] 某运输公司拥有载货汽车15辆（货车自重全部为10吨）；乘人大客车20辆；小客车10辆。计算该公司应纳车船使用税。（注：载货汽车按自重每吨年税额80元，乘人大客车每辆年税额800元，小客车每辆年税额700元）

（1）载货汽车应纳税额 $=15\times10\times80=12\,000$（元）

（2）乘人汽车应纳税额 $=20\times800+10\times700=23\,000$（元）

（3）全年应纳车船税额 $=12\,000+23\,000=35\,000$（元）

[例2] 某航运公司拥有机动船30艘，其中净吨位为180吨的12艘，2 000吨的8艘，5 000吨的10艘，180吨的单位税额3元，2 000吨的单位税额4元。5 000吨的单位税额5元。计算该航运公司的年应纳车船税税额。

该公司应纳车船税税额 $=12\times180\times3+8\times2\,000\times4+10\times5\,000\times5$

$=320\,480$（元）

四、车船税的会计处理

企业应设置“应交税费——应交车船税”账户，以反映车船税的计提和缴纳情况。企业计提车船税时，应借记“管理费用”账户，贷记本账户。企业缴纳车船税时，应借记本账户，贷记“银行存款”账户。

[例3] 承前例1，该公司全年应缴车船税26 000元，作会计分录如下：

借：管理费用——车船税　　26 000

　贷：应交税费——应交车船税　　26 000

缴纳时，作会计分录如下：

借：应交税费——应交车船税　　26 000

　贷：银行存款　　26 000

第七节 车辆购置税会计

一、车辆购置税概述

1. 车辆购置税

车辆购置税是以在中国境内购置规定的车辆为课税对象、在特定的环节向车辆购置者征收的一种税。就其性质而言，属于直接税的范畴。

车辆购置税于2001年1月1日起在我国实施，是一个新的税种，是在原交通部门收取的车辆购置附加费的基础上，通过“费改税”方式演变而来的。车辆购置税基本保留了原车辆购置附加费的特点。

2. 车辆购置税的特点

车辆购置税作为一个特殊税种，除具有税收的共同特点外，还有其自身独立的特点：

（1）征收范围单一。车辆购置税以购置的特定车辆为课税对象，而不是对所有的财产或消费财产征税，范围窄，属于特种财产税。

（2）征收环节单一。车辆购置税实行一次性课征制，它不是在生产、经营和消费的每个环节道道征收，而是在消费领域中的特定环节一次征收。

（3）税率单一。车辆购置税只确定一个统一比例税率征收，税率具有不随课税对象数额变动的特点，计征简便、负担稳定，有利于依法治税。

（4）征收方法单一。车辆购置税根据纳税人购置应税车辆的计税价格实行从价计征，以价格为计税标准，课税与价值直接发生关系，价值大者多征税，价值小者少征税。

（5）征税具有特定目的。车辆购置税为中央税，它取之于应税车辆，用之于交通建设，其征税具有专门用途，不准挪作他用，由中央财政根据国家交通建设投资计划，统筹安排。这种特定目的的税收，可以保证国家财政支出的需要，既有利于统筹合理地安排资金，又有利于保证特定事业和建设支出的需要。

（6）价外征收，不转嫁税负。也就是说，征收车辆购置税的商品价格中不含车辆购置税税额，车辆购置税是附加在价格之外的，且税收的缴纳者即为最终的税收负担者，税负没有转嫁性。

3. 开征车辆购置税的作用

（1）有利于合理筹集建设资金，积累国家财政收入，促进交通基础设施建设事业的健康发展。

（2）有利于规范政府行为，理顺税费关系，深化和完善财税制度改革。

（3）有利于调节收入差别，缓解社会分配不公的矛盾。

二、车辆购置税的确认

（一）车辆购置税纳税义务人

车辆购置税的纳税义务人是指在中华人民共和国境内购置应税车辆的单位和个人。其中，车辆购置税的应税行为是指在中华人民共和国境内购置应税车辆的行为。具体来讲，这种应税行为包括以下几种情况：购买使用行为；进口使用行为；受赠使用行为；自产自用行为；获奖使用行为以及拍卖、抵债、走私、罚没等方式取得并使用的行为。

（二）征税对象和征税范围

1．车辆购置税的征税对象

车辆购置税以列举的车辆为征税对象。未列举的不纳税。

2．车辆购置税的征税范围

车辆购置税的征收范围包括汽车、摩托车、电车、挂车、农用运输车。具体范围按“车辆购置税征收范围表”执行，详见表7－4。

表7－4　车辆购置税征收范围表

一、汽车：包括各类汽车。

二、摩托车

1．轻便摩托车：最高设计时速不大于50 km/h，发动机气缸总排量不大于50 cm^3 的两个或三个车轮的机动车；

2．二轮摩托车：最高设计车速大于50 km/h，或者发动机气缸总排量大于50 cm^3 的两个车轮的机动车；

3．三轮摩托车：最高设计车速大于50 km/h，或发动机气缸总排量大于50 cm^3，空车质量不大于400 kg的三个车轮的机动车。

三、电车

1．无轨电车：以电能为动力，由专用输电电缆线供电的轮式公共车辆；

2．有轨电车：以电能为动力，在轨道上行驶的公共车辆。

四、挂车

1．全挂车：无动力设备，独立承载，由牵引车辆牵引行驶的车辆；

2．半挂车：无动力设备，与牵引车共同承载，由牵引车辆牵引行驶的车辆。

五、农用运输车

1．三轮农用运输车：柴油发动机，功率不大于7.4 kW，载重量不大于500 kg，最高车速不大于40 km/h的三个车轮的机动车；

2．四轮农用运输车：柴油发动机，功率不大于28 kW，载重量不大于1 500 kg，最高车速不大于50 km/h的四个车轮的机动车。

为了体现税法的统一性、固定性、强制性和法律的严肃性特征，车辆购置税征收范围的调整由国务院决定，其他任何部门、单位和个人只能认真执行政策规定，无权擅自扩大或缩小车辆购置税的征税范围。

（三）税率与计税依据

1．车辆购置税的税率

我国车辆购置税实行统一比例税率（指一个税种只设计一个比例的税率），税率为10%。

2. 车辆购置税的计税依据

车辆购置税以应税车辆为征税对象，考虑到我国车辆市场供求的矛盾，价格差异变化，计量单位不规范以及征收车辆购置附加费时的做法，实行从价定率、价外征收的方法计算应纳税额，应税车辆的价格即计税价格就成为车辆购置税的计税依据。但是，由于应税车辆购置的来源不同，应税行为的发生不同，计税价格的组成也就不一样。因此，车辆购置税计税依据的构成也就不同。

(1) 购买自用应税车辆计税依据的确定。

纳税人购买自用的应税车辆以计税价格为计税依据。计税价格的组成为纳税人购买应税车辆而支付给销售者的全部价款和价外费用（不包括增值税税款）。换言之，计税价格是由销货方销售应税车辆向购买者收取的、除增值税税款以外的全部价款和价外费用组成的。全部价款即为销售发票上注明的不含增值税税款的实际销售价格。

这里的“购买自用的应税车辆”，包括购买自用的国产应税车辆和购买自用的进口应税车辆，如从国内汽车市场、汽车贸易公司购买自用的进口应税车辆等。

“价外费用”是指销售方价外向购买方收取的手续费、基金、违约金、包装费、运输费、保管费、代收款项、代垫款项和其他各种性质的价外收费，但不包括增值税税款。

由于纳税人购买自用的应税车辆是按不含增值税的计税价格征收车辆购置税的，因此，当纳税人购车发票的价格未扣除增值税税款，或者因不得开具机动车辆销售统一发票（或开具其他普通票据）而发生价款与增值税税款合并收取的，在确定车辆购置税计税依据时，应将其换算为不含增值税的销售价格。其换算公式为：

$$计税价格 = 含增值税的销售价格 \div (1 + 17\%)$$

(2) 进口自用的应税车辆计税依据的确定。

纳税人进口自用的应税车辆以组成计税价格为计税依据。计税价格的计算公式为：

$$计税价格 = 关税完税价格 + 关税 + 消费税$$

这里的“进口自用的应税车辆”，是指纳税人直接从境外进口或委托代理进口自用的应税车辆，即非贸易方式进口自用的应税车辆。

公式中的“关税完税价格”，是指海关核定的关税计税价格。

公式中的“关税”，是指由海关课征的进口车辆的关税。计算公式为：

$$应纳关税 = 关税完税价格 \times 关税税率$$

公式中的“消费税”，是指进口车辆应由海关代征的消费税。计算公式为：

$$应纳消费税 = 组成计税价格 \times 消费税税率$$

$$组成计税价格 = (关税完税价格 + 关税) \div (1 - 消费税税率)$$

进口自用应税车辆的计税价格，应根据纳税人提供的，经海关审查确认的有关完税证明资料确定。

（3）其他自用应税车辆计税依据的确定。

按现行政策规定，纳税人自产、受赠、获奖和以其他方式取得并自用的应税车辆的计税价格，凡不能或不能准确提供车辆价格的，由主管税务机关参照国家税务总局规定不同类型应税车辆的最低计税价格核定。因此，纳税人自产自用、受赠使用、获奖使用和以其他方式取得并自用的应税车辆以核定的最低计税价格为计税依据。

（4）以最低计税价格为计税依据的确定。

现行政策规定："纳税人购买自用或者进口自用应税车辆，申报的计税价格低于同类型应税车辆的最低计税价格，又无正当理由的，按照最低计税价格征收车辆购置税。"这就是说，纳税人购买和进口自用的应税车辆，首先应分别按前述计税价格、组成计税价格计税，当申报的计税价格偏低，又提不出正当理由的，应以最低计税价格为计税依据，按照核定的最低计税价格征税。实际工作中，通常是当纳税人申报的计税价格等于或高于最低计税价格时，按申报的价格计税；当纳税人申报的计税价格低于最低计税价格时，按最低计税价格计税。

根据纳税人购置应税车辆的不同情况，国家税务总局对以下几种特殊情形应税车辆的最低计税价格规定如下：

①对已缴纳车辆购置税并办理了登记注册手续的车辆，其底盘发生更换的（包括单一更换底盘，或底盘与发动机同时更换），其最低计税价格按同类型新车最低计税价格的70%计算。

②免税、减税条件消失的车辆，其最低计税价格的确定方法为：

$$最低计税价格=同类型新车最低计税价格\times[1-(已使用年限\div规定使用年限)]\times100\%$$

其中，规定使用年限为：国产车辆按10年计算；进口车辆按15年计算。超过使用年限的车辆，不再征收车辆购置税。

③非贸易渠道进口车辆的最低计税价格，为同类型新车最低计税价格。

（5）车辆购置税计税依据使用统一货币单位计算。

不同来源取得并自用的应税车辆价款的结算，有按人民币结算的，也有按外汇结算的。人民币是我国的法定货币，因此，车辆购置税的计税依据和应纳税款应以人民币计算。根据现行政策规定，纳税人以外汇结算应税车辆价款的，按照申报纳税之日中国人民银行公布的人民币基准汇价折合成人民币计算应纳税额。

（四）税收优惠

1. 车辆购置税减免税的具体规定

我国车辆购置税实行法定减免税。减免税范围的具体规定是：

（1）外国驻华使馆、领事馆和国际组织驻华机构及其外交人员自用车辆免税；

（2）中国人民解放军和中国人民武装警察部队列入军队武器装备订货计划的车辆免税；

（3）设有固定装置的非运输车辆免税；

(4) 有国务院规定予以免税或减税的其他情形的，按照规定免税或减税。

根据现行政策规定，上述“其他情形”的车辆，目前主要有以下几种：

①防汛部门和森林消防部门用于指挥、检查、调度、报汛（警）、联络的由指定厂家生产的设有固定装置的指定型号的车辆。

②回国服务的在外留学人员用现汇购买1辆个人自用国产小汽车。

③长期来华定居专家进口1辆自用小汽车。

2. 车辆购置税的退税

纳税人已经缴纳车辆购置税但在办理车辆登记注册手续前，因下列原因需要办理退还车辆购置税的，由纳税人申请，原代征机构审查后办理退还车辆购置税手续。

(1) 公安机关车辆管理机构不予办理车辆登记注册手续的，凭公安机关车辆管理机构出具的证明办理退税手续。

(2) 因质量等原因发生退回所购车辆的，凭经销商的退货证明办理退税手续。

已经办理了车辆登记注册手续的车辆，不论出于何种原因，均不得退还已缴纳的车辆购置税。

（五）车辆购置税的纳税环节、纳税地点和纳税期限

1. 车辆购置税的纳税环节

车辆购置税是对应税车辆的购置行为课征的，因此，征税环节应选择在使用环节（即最终消费环节）。现行政策规定，纳税人应当在向公安机关等车辆管理机构办理车辆登记注册手续前，缴纳车辆购置税，即车辆购置税是在应税车辆上牌登记注册前的使用环节征收。

2. 车辆购置税的纳税地点

车辆购置税的纳税地点为应税车辆登记注册地（即上牌照落户地）或居住地。需办理牌照的应税车辆在哪里注册上牌落户，纳税人就向哪里的主管税务机关申报纳税；不需注册上牌的应税车辆（如民航机场的专用车辆、矿山专用车辆等），就地向主管税务机关申报纳税。

3. 车辆购置税纳税期限

纳税人购买自用的应税车辆，自购买之日起60日内申报纳税；进口自用的应税车辆，应当自进口之日起60日内申报纳税；自产、受赠、获奖和以其他方式取得并自用应税车辆的，应当在投入使用前60日内申报纳税。

车辆购置税税款于纳税人办理纳税申报时一次缴清。

三、车辆购置税的计量

车辆购置税实行从价定率的办法计算应纳税额。应纳税额的计算公式为：

$$应纳税额 = 计税依据 \times 税率$$

由于应税车辆购置来源、应税行为发生以及计税依据组成的不同，车辆购置税应纳税额的计算方法也有区别。

1. 购买自用应税车辆应纳税额的计算

纳税人购买自用的应税车辆，其计税价格由纳税人支付给销售者的全部价款（不包括增值税税款）和价外费用组成。

在应纳税额的计算中，应注意以下费用的计税规定：

①购买者购买车辆支付的工具件和零部件价款应作为购车价款的一部分，并入计税依据中征收车辆购置税。

②支付的车辆装饰费应作为价外费用并入计税依据中计税。

③代收款项应区别征税。凡使用代收单位（受托方）票据收取的款项，应视为代收单位价外收费，购买者支付的价费款，应并入计税依据中一并征税；凡使用委托方票据收取，受托方只履行代收义务和收取代收手续费的款项，应按其他税收政策规定征税。

④销售单位开给购买者的各种发票金额中包含增值税税款，因此，计算车辆购置税时，应换算为不含增值税的计税价格。

⑤购买者支付的控购费，是政府部门的行政性收费，不属于销售者的价外费用范围，不应并入计税价格计税。

⑥销售单位开展优质销售活动所开票收取的有关费用，应属于经营性收入。

［例1］某公司于200×年11月8日从上海大众汽车有限公司购买一辆厂牌型号为桑塔纳330K8B LOL的轿车供企业使用，支付含增值税车价款106 000元，另支付代收临时牌照费150元，代收保险费352元，支付购买工具件和零配件价款2 035元，车辆装饰费250元。支付的各项价费款均由上海大众汽车有限公司开具“机动车销售统一发票”和有关票据。计算车辆购置税应纳税额。

车辆购置税税额计算：

（1）计税价格＝(106 000＋150＋352＋2 035＋250)÷(1＋17%)＝92 980.34（元）

（2）应纳税额＝92 980.34×10%＝9 298.03（元）

［例2］某环保局于201×年12月19日从江南汽车贸易中心（增值税一般纳税人）购买日本本田公司生产的5座极品ACVRA轿车一辆，该车型号为ACVRA2.5TL，排量2 451毫升。该环保局按江南汽车贸易中心开具的“机动车销售统一发票”金额支付价款371 000元，支付控购部门控购费44 520元，并取得收款收据。江南汽车贸易中心开展“一条龙”销售服务，代环保局办理车辆上牌等事宜，并向环保局开票收取新车登记费、上牌办证费、代办手续费、仓储保管费、送车费等共计36 000元。计算车辆购置税应纳税额。

车辆购置税税额计算：

应纳税额＝(371 000＋36 000)÷(1＋17%)×10%＝347 863.25×10%

　　　　＝34 786.33（元）

2. 进口自用应税车辆应纳税额的计算

纳税人进口自用的应税车辆以组成计税价格为计税依据。计税价格的计算公式为：

计税价格＝关税完税价格＋关税＋消费税

［例3］某外贸进出口公司于201×年11月12日从国外进口10辆宝马公司生产的宝马BMW3181型小轿车，气缸容量为1 800毫升。该公司报关进口这批小轿车时，经报关地口岸海关对有关报关资料的审查，确定关税计税价格为198 000元/辆（人民币），海关按关税政策规定课征关税217 800元/辆，并按消费税、增值税有关规定分别代征进口消费税21 884元/辆，增值税74 406元/辆。由于业务工作的需要，该公司将两辆小轿车用于本单位使用。试根据纳税人提供的有关报关进口资料和经海关审查确认的有关完税证明资料，计算应纳车辆购置税。

车辆购置税税额计算：

（1）组成计税价格＝（关税完税价格＋关税＋消费税）

＝(198 000＋217 800＋21 884)＝437 684（元）

（2）应纳税额＝自用数量×组成计税价格×税率

＝2×437 684×10%＝87 536.80（元）

3. 其他自用应税车辆应纳税额的计算

纳税人自产自用、受赠使用、获奖使用和以其他方式取得并自用应税车辆的，以国家税务总局核定的最低计税价格为计税依据计算征收车辆购置税。

［例4］某客车制造厂将自产的一辆19座“三湘”牌CK6560型客车用于本厂后勤生活服务，该厂在办理车辆上牌落籍前，出具该车的发票注明金额为44 300元，并按此金额向主管税务机关申报纳税。经审核，国家税务总局对该车同类型车辆核定的最低计税价格为47 000元。该厂对作价问题提不出正当理由。计算该车应纳的车辆购置税。

车辆购置税税额计算：

应纳税额＝47 000×10%＝4 700（元）

［例5］某中美合资公司将一辆富豪公司生产的富豪VOLVO牌240GLE型小轿车赠送给我国某儿童基金会，该车排量为2 300毫升，经国家税务总局核定的最低计税价格为380 000元。计算应纳车辆购置税。

车辆购置税税额计算：

应纳税额＝最低计税价格×税率

＝380 000×10%＝38 000（元）

［例6］申某在某公司举办的有奖销售活动中，中奖一辆昌河CH6328型微型汽车，举办公司开具的销售发票金额为68 700元。申某申报纳税时，经主管税务机关审核，国家税务总局核定该车型的最低计税价格为73 500元。计算申某应缴纳的车辆购置税。

车辆购置税税额计算：

应纳税额＝最低计税价格×税率

＝73 500×10%＝7 350（元）

四、车辆购置税的账务处理

企业应设置“应交税费——应交车船税”账户，以反映车辆购置税的计提和缴纳情况。企业计提车辆购置税时，应借记“固定资产”账户，贷记本账户。企业缴纳车辆购置税时，应借记本账户，贷记“银行存款”账户。

承上例2：

环保局应作会计分录如下：

借：固定资产　　　　34 786.33

　贷：应交税费——应缴车辆购置税　　　　34 786.33

实际上缴时：

借：应交税费——应缴车辆购置税　　　　34 786.33

　贷：银行存款　　　　34 786.33

例1、3、4分录同上。

承上例5：

某儿童基金会接受捐赠应作会计分录如下：

借：固定资产　　　　380 000

　贷：应交税费——应缴车辆购置税　　　　38 000

　　营业外收入——接受捐赠非现金资产准备　　　　342 000

实际上缴税款时：

借：应交税费——应缴车辆购置税　　　　38 000

　贷：银行存款　　　　38 000

第八节　城镇土地使用税会计

城镇土地使用税，是以国有土地为征税对象，对拥有土地使用权的单位和个人征收的一种税。

我国在1988年9月，国务院发布了《中华人民共和国城镇土地使用税暂行条例》，并规定从1988年11月1日起执行。2006年12月31日，国务院修改并颁布《中华人民共和国城镇土地使用税暂行条例》。这一税种的开征并修订完善，在保护土地资源，调节土地的级差收入，促进土地的合理开发和利用等方面起了一定的作用。

城镇土地使用税是一种行为税，归地方财政收入。它的特点是：征税对象是国有土地，征收范围广；实行差别幅度税额，税率较灵活，可由地方确定单位税额。

一、城镇土地使用税的确认

（一）城镇土地使用税的纳税人

城镇土地使用税的纳税人是凡在中国境内的城市、县城、建制镇、工矿区范围内使用土地的单位和个人。为确保将城镇土地使用税及时、足额地征收入库，税法根据用地者的不同情况，对纳税人作了如下具体规定：

（1）城镇土地使用税由拥有土地使用权的单位或个人缴纳；

（2）土地使用权未确定或权属纠纷未解决的，由实际使用人纳税；

（3）土地使用权共有的，由共有各方分别纳税。例如，某城市的甲与乙共同拥有一块土地的使用权，这块土地面积为1 500平方米，甲实际使用1/3，乙实际使用2/3，则甲应是其所占的土地500平方米（1 500×1/3）的城镇土地使用税的纳税人，乙是其所占的土地1 000平方米（1 500×2/3）的城镇土地使用税的纳税人。

需要说明的是，从2007年1月1日起，国家将外商投资企业、外国企业列为城镇土地使用税的纳税人。

（二）城镇土地使用税的征收范围

城镇土地使用税对在城市、县城、建制镇、工矿区内的国家所有和集体所有的土地开征。在国家规定范围以外的工矿企业则不需要缴纳城镇土地使用税。

另自2009年1月1日起，公园、名胜古迹内的索道公司经营用地，应按规定缴纳城镇土地使用税。

（三）城镇土地使用税的税率和计税依据

1. 税率

土地使用税采用定额税率，即采用有幅度的差别税额征收。税额按大、中、小城市和县城、建制镇、工矿区分别规定，土地使用税每平方米年应纳税额具体规定如下：

（1）大城市1.5元至30元；

（2）中等城市1.2元至24元；

（3）小城市0.9元至18元；

（4）县城、建制镇、工矿区0.6元至12元。

上述大、中、小城市是以登记在册的非农业正式户口人数为依据，其中，市区及郊区非农业人口在50万以上的，称为大城市；市区及郊区非农业人口在20万至50万的，称为中等城市；市区及郊区非农业人口在20万以下的，称为小城市。

2. 计税依据

土地使用税实行从量定额征税，以纳税人实际占用的土地面积为计税依据，按照每平方米规定的年纳税定额计算征税。纳税人实际占用的土地面积的测量和单位平方米税额由各省、市、自治区人民政府确定。

（四）土地使用税的减免税规定

1. 下列用地免征土地使用税

（1）国家机关、人民团体、军队自用的土地。

（2）由国家财政部门拨付事业经费的单位自用的土地。

（3）宗教寺庙、公园、名胜古迹自用的土地。

（4）市政街道、广场、绿化地带等公共用地。

（5）直接用于农、林、牧、渔业的生产用地。

（6）经批准开山填海整治的土地和改造的废弃土地，从使用的月份起免缴土地使用税5年至10年。

（7）对非营利性医疗机构、疾病预防控制机构和妇幼保健机构等卫生机构自用的土地，免征城镇土地使用税。对营利性医疗机构自用的土地自2000年起免征城镇土地使用税3年。

（8）企业办的学校、医院、托儿所、幼儿园，其用地能与企业其他用地明确区分的，免征城镇土地使用税。

（9）免税单位无偿使用纳税单位的土地（如公安、海关等单位使用铁路、民航等单位的土地），免征城镇土地使用税。纳税单位无偿使用免税单位的土地，纳税单位应照章缴纳城镇土地使用税。纳税单位与免税单位共同使用、共有使用权土地上的多层建筑，对纳税单位可按其占用的建筑面积占建筑总面积的比例计征城镇土地使用税。

（10）对行使国家行政管理职能的中国人民银行总行（含国家外汇管理局）所属分支机构自用的土地，免征城镇土地使用税。

（11）为了体现国家的产业政策，支持重点产业的发展，对石油、电力、煤炭等能源用地，民用港口、铁路等交通用地和水利设施用地，三线调整企业、盐业、采石场、邮电等一些特殊用地划分了征免税界限和给予政策性减免税照顾。具体规定如下：

①对企业的铁路专用线、公路等用地，在厂区以外、与社会公用地段未加隔离的，暂免征收城镇土地使用税。

②对企业厂区以外的公共绿化用地和向社会开放的公园用地，暂免征收城镇土地使用税。

（12）财政部另行规定免征的能源、交通、水利设施用地和其他用地。

2. 对下列土地是否免税，由各省、自治区、直辖市税务局确定

（1）个人所有居住房屋及院落用地。

（2）房产管理部门在房租调整改革前经租的居民住房用地。

（3）免税单位职工家属的宿舍用地。

（4）民政部门举办的安置残疾人员占一定比例的社会福利生产企业的用地。

（5）集体和个人办的各类学校、医院、托儿所、幼儿园用地。

（6）城镇内的集贸市场（农贸市场）用地，按规定应征收城镇土地使用税。为了促进集贸市场的发展及照顾各地的不同情况，各省、自治区、直辖市地方税务局可根据具体情况自行确定对集贸市场用地征收或免征城镇土地使用税。

（7）房地产开发公司建造商品房的用地，原则上应按规定计征城镇土地使用税。但在商品房出售之前纳税确有困难的，其用地是否给予缓征或减征、免征照顾，可由各省、自治区、直辖市地方税务局根据从严的原则结合具体情况确定。

（五）土地使用税的纳税期限和纳税地点

城镇土地使用税实行按年计算、分期缴纳的征收方法，具体纳税期限由省、自治区、直辖市人民政府确定。

城镇土地使用税在土地所在地缴纳。

二、城镇土地使用税的计算

城镇土地使用税的应纳税额可通过纳税人实际占用的土地面积乘以该土地所在地段的适用税额求得。其应纳税额的计算公式如下：

$$\text{年应纳税额}=\text{实际占用土地面积}\times\text{年适用税额（每平方米税额）}$$

［例1］某企业在某大城市占用土地面积为7 000平方米，在县城占用土地面积为4 000平方米；经该市人民政府和税务机关核定，该企业城镇土地使用税适用年税额为每平方米15元，县城每平方米年纳税额为3元。其全年应纳的土地使用税应纳税额计算如下：

年应纳城镇土地使用税税额 = 7 000 × 15 + 4 000 × 3 = 117 000（元）

三、城镇土地使用税的账务处理

企业为了正确核算城镇土地使用税的应纳税额，应设置“管理费用”账户和“应交税费”账户，并在“应交税费”账户下设置“应交城镇土地使用税”二级明细科目。当企业计算出应纳城镇土地使用税时，应进行账务处理。

（1）月末计提土地使用税时：

借：管理费用——城镇土地使用税

贷：应交税费——应交土地使用税

（2）下月初解缴入库时：

借：应交税费——应交土地使用税

贷：银行存款

（3）如果出现错、漏缴税款时，应及时补税款：

①补缴错、漏税款入库

借：应交税费——应交城镇土地使用税

贷：银行存款

②结转错、漏税款：

a. 当补缴的错、漏税金属当年度时：

借：管理费用——城镇土地使用税

贷：应交税费——应交土地使用税

b. 当补缴的错、漏税金属以前年度时：

借：以前年度损益调整

贷：应交税费——应交土地使用税

由于应缴的土地使用税可以在交纳所得税前列支，故必须计算调减以往年度应缴的企业所得税，应冲减应缴所得税，账务处理为：

借：应交税费——应交所得税

贷：以前年度损益调整

在收到退还税款时：

借：银行存款

贷：应交税费——应交所得税

（4）企业因多交或免税等原因而收到退回的已纳税款时的账务处理：

收到所退的城镇土地使用税税款：

借：银行存款

贷：应交税费——应交城镇土地使用税

a. 多缴的税金属当年度的，则：

借：应交税费——应交城镇土地使用税

贷：管理费用——城镇土地使用税

b. 多缴的税金属以往年度的，则：

借：应交税费——应交城镇土地使用税

贷：以前年度损益调整

同样，也应计算调增应缴的企业所得税，账务处理为：

借：以前年度损益调整

贷：应交税费——应交所得税

上交企业所得税时：

借：应交税费——应交所得税

贷：银行存款

（5）如果企业偷税、被处罚款，加收滞纳金时：

借：营业外支出

贷：银行存款

承前例 1，应作如下会计分录：

借：管理费用——城镇土地使用税　　117 000

贷：应交税费——应交城镇土地使用税　　117 000

解缴入库时：

借：应交税费——应交土地使用税　　117 000

贷：银行存款　　117 000

第九节　耕地占用税会计

耕地占用税是对占用耕地建房或从事其他非农业建设的单位和个人，就其实际占用的耕地面积征收的一种税，它属于对特定土地资源占用课税。

为了合理利用土地资源，加强土地管理，保护耕地，1987 年 4 月 1 日国务院发布了《中华人民共和国耕地占用税暂行条例》，2008 年 12 月 1 日，为了进一步加强耕地占用的管理，国务院重新修订颁布了《中华人民共和国耕地占用税暂行条例》。

耕地占用税是一种行为税，是对特定的土地资源课征的税种，它具有以下特点：①兼具资源税与特定行为税的性质；②采用地区差别比例税率；③在占用耕地环节一次性课税；④税收收入专用于耕地开发与改良。

一、耕地占用税的确认

（一）耕地占用税的纳税人和征收范围

占用耕地建房或从事非农业建设的单位或个人，为耕地占用税的纳税人，应当依照条例规定缴纳耕地占用税。

前款所称耕地，是指用于种植农作物的土地。而单位则包括国有企业、集体企业、私营企业、股份制企业、外商投资企业、外国企业以及其他企业和事业单位、社会团体、国家机关、部队以及其他单位；所称个人，包括个体工商户以及其他个人。

（二）耕地占用税的计税依据和税率

耕地占用税以纳税人占用耕地的面积为计税依据，以每平方米为计量单位。

考虑到不同地区之间客观条件的差别以及与此相关的税收调节力度和纳税人负担能力方面的差别，耕地占用税在税率设计上采用了地区差别定额税率。税率规定如下：

（1）人均耕地不超过 1 亩的地区（以县级行政区域为单位，下同），每平方米为 10 元至 50 元；

（2）人均耕地超过 1 亩但不超过 2 亩的地区，每平方米为 8 元至 40 元；

（3）人均耕地超过 2 亩但不超过 3 亩的地区，每平方米为 6 元至 30 元；

（4）人均耕地超过 3 亩的地区，每平方米为 5 元至 25 元。

国务院财政、税务主管部门根据人均耕地面积和经济发展情况确定各省、自治区、直辖市的平均税额。

各地适用税额，由省、自治区、直辖市人民政府在规定的税额幅度内，根据本地区情况核定。各省、自治区、直辖市人民政府核定的适用税额的平均水平，不得低于规定的平均税额。

对于经济特区、经济技术开发区和经济发达且人均耕地特别少的地区，适用税额可以适当提高，但是提高的部分最高不得超过上述规定的当地适用税额的 50%。

占用基本农田的，适用税额应当在条例规定的当地适用税额的基础上提高 50%。

（三）耕地占用税的减免税规定

1. 免征耕地占用税

下列情形免征耕地占用税：

（1）军事设施占用耕地。

（2）学校、幼儿园、养老院、医院占用耕地。

2. 特殊规定

（1）铁路线路、公路线路、飞机场跑道、停机坪、港口、航道占用耕地，减按每平方米 2 元的税额征收耕地占用税。

根据实际需要，国务院财政、税务主管部门商国务院有关部门并报国务院批准后，可以对前款规定的情形免征或减征耕地占用税。

（2）农村居民占用耕地新建住宅，按照当地适用税额减半征收耕地占用税。农村烈士家属、残疾军人、鳏寡孤独以及革命老根据地、少数民族聚居区和边远贫困山区生活困难的农村居民，在规定用地标准以内新建住宅缴纳耕地占用税确有困难的，经所在地乡（镇）人民政府审核，报经县级人民政府批准后，可以免征或减征耕地占用税。

（3）依照规定免征或减征耕地占用税后，纳税人改变原占地用途，不再属于免征或减征耕地占用税情形的，应当按照当地适用税额补缴耕地占用税。

（4）纳税人临时占用耕地，应当依照本条例的规定缴纳耕地占用税。纳税人在批准临时占用耕地的期限内恢复所占用耕地原状的，全额退还已经缴纳的耕地占用税。

（5）占用林地、牧草地、农田水利用地、养殖水面以及渔业水域、滩涂等其他农用地建房或从事非农业建设的，比照本条例的规定征收耕地占用税。

建设直接为农业生产服务的生产设施占用前款规定的农用地的，不征收耕地占用税。

（四）耕地占用税的纳税义务发生时间、纳税期限和纳税地点

土地管理部门在通知单位或个人办理占用耕地手续时，应当同时通知耕地所在地同级地方税务机关。获准占用耕地的单位或个人应当在收到土地管理部门的通知之日起30日内缴纳耕地占用税。土地管理部门凭耕地占用税完税凭证或免税凭证和其他有关文件发放建设用地批准书。耕地占用税由地方税务机关负责征收。

二、耕地占用税的计算

耕地占用税以纳税人实际占用耕地面积为计税依据，以每平方米为计税单位，按适用定额税率计税，计算公式如下：

$$应纳税额 = 实际占用耕地面积(平方米) \times 适用定额税率$$

［例1］某企业新占用19 800平方米耕地用于工业建设，所占耕地适用的定额税率为20元/平方米。计算该企业应纳的耕地占用税。

应纳税额 = 19 800 × 20 = 396 000（元）

三、耕地占用税的账务处理

企业计算、缴纳耕地占用税时，应设置“在建工程”或“固定资产”，若占用耕地不是用于工程建设，也可设置“管理费用”账户，按规定计缴耕地占用税时，若一次清缴，可不通过“应交税费”，直接通过“银行存款”。

［例2］某企业占用符合国家规定的耕地8 000平方米建造生产车间，该地区适用的耕地占用税单位税额是10元/平方米。要求计算耕地占用税并作出会计处理。

耕地占用税 = 8 000 × 10 = 80 000（元）

借：在建工程　　80 000

　贷：银行存款　　80 000

第十节　城市维护建设税和教育费附加会计

一、城市维护建设税的确认

城市维护建设税是对缴纳增值税、消费税、营业税的单位和个人，以其实际缴纳的增值税、消费税、营业税的税额为计税依据征收的一种税。

现行的城市维护建设税，是1985年2月国务院发布的。

2010年12月1日起，为了进一步统一税制、公平税负，创造平等竞争的外部环境，根据第八届全国人民代表大会常务委员会第五次会议通过的《全国人民代表大会常务委员会关于外商投资企业和外国企业适用增值税、消费税、营业税等税收暂行条例的决定》，国务院决定统一内外资企业和个人城市维护建设税和教育费附加制度，具体规定如下：自2010年12月1日起，外商投资企业、外国企业及外籍个人适用国务院1985年发布的《中华人民共和国城市维护建设税暂行条例》和1986年发布的《征收教育费附加的暂行规定》。1985年及1986年以来国务院及国务院财税主管部门发布的有关城市维护建设税和教育费附加的法规、规章、政策同时适用于外商投资企业、外国企业及外籍个人。凡与本决定相抵触的各项规定同时废止。

城市维护建设税属于特定目的税，是国家为加强城市的维护建设，扩大和稳定城市维护建设资金的来源而采取的一项税收措施，该税具有以下两个显著特点：

（1）它是一种附加税。它以纳税人实际缴纳的增值税、消费税和营业税税额为计税依据，附加于“三税”税额，本身并没有特定的、独立的征税对象。

（2）具有特定目的。城市维护建设税专门用于城市的公用事业和公共设施的维护建设。

（3）根据城镇规模设计不同的比例税率。

（4）征收范围较广。城市维护建设税以增值税、消费税、营业税税额作为税基，从这个意义上看，城市维护建设税几乎对所有纳税人征税，因此，其征税范围比其他任何税种的征税范围都要广。

（一）城市维护建设税的纳税人

城市维护建设税的纳税人，是指负有缴纳增值税、消费税、营业税义务的单位和个人。但海关进口产品代征的增值税、消费税、营业税，不征收城市维护建设税，对外商投资企业和外国企业也暂不征收城市维护建设税。

（二）城市维护建设税的征收范围

城市维护建设税的征收范围，重点是在城市、县城或镇，但纳税人所在地不在城市、县城或镇的，也必须缴纳一定数额的城市维护建设税，可以说，城市维护建设税的征收范围遍及全国各地。

（三）城市维护建设税的税率

城市维护建设税的税率采用地区差别比例税率，按纳税人所在地的不同设置税率，即：①纳税人所在地为市区的，其税率为7%；②纳税人所在地为县城、镇的，其税率为5%；③纳税人所在地不在市区、县城或镇的，其税率为1%。

城市维护建设税的适用税率，应当按纳税人所在地的规定税率执行。但是，对下列两种情况，可按缴纳“三税”所在地的规定税率就地缴纳城市维护建设税：

第一种情况是：由受托方代征代扣“三税”的单位和个人，其代征代扣的城市维护建设税按受托方所在地适用税率执行；

第二种情况是：流动经营等无固定纳税地点的单位和个人，在经营地缴纳“三税”的，其城市维护建设税的缴纳按经营地适用税率执行。

（四）计税依据

城市维护建设税的计税依据是纳税人实际缴纳的增值税、消费税、营业税税额。对纳税人违反增值税、消费税、营业税有关税法而加收的滞纳金和罚款，是税务机关对纳税人违法行为的经济制裁，不作为城市维护建设税的计税依据，但纳税人在被查补增值税、消费税、营业税和被处以罚款时，应同时对其偷漏的城市维护建设税进行补税和罚款。

城市维护建设税以“三税”税额为计税依据并同时征收，如果要免征或减征“三税”，也就要同时免征或减征城市维护建设税。

自 1997 年 1 月 1 日起，供货企业向出口企业和市县外贸企业销售出口产品时，以增值税当期销项税额抵扣进项税额后的余额，计算缴纳城市维护建设税。

但对出口产品退还增值税、消费税的，不退还已缴纳的城市维护建设税。

（五）税收优惠

城市维护建设税原则上不单独减免，但因城市维护建设税又具有附加税性质，当主税发生减免时，城市维护建设税相应发生税收减免。城市维护建设税的税收减免具体有以下几种情况：

（1）城市维护建设税按减免后实际缴纳的“三税”税额计征，即随“三税”的减免而减免。

（2）对于因减免税而需进行“三税”退库的，城市维护建设税也可同时退库。

（3）海关对进口产品代征的增值税、消费税，不征收城市维护建设税。

（4）对“三税”实行先征后返、先征后退、即征即退办法的，除另有规定外，对随“三税”附征的城市维护建设税和教育费附加，一律不予退（返）还。

（六）纳税环节和纳税地点

城市维护建设税的纳税环节，是指城市维护建设税法规定的纳税人应当缴纳城市维护建设税的环节。城市维护建设税的纳税环节，实际就是纳税人缴纳“三税”的环节。纳税人只要发生“三税”的纳税义务，就要在同样的环节，分别计算缴纳城市维护建设税。

城市维护建设税以纳税人实际缴纳的增值税、消费税、营业税税额为计税依据，分别与“三税”同时缴纳。所以，纳税人缴纳“三税”的地点就是该纳税人缴纳城市维护建设税的地点。

二、城市维护建设税的计算

城市维护建设税是根据纳税人实际缴纳的增值税、消费税、营业税的税额和适用的税率进行计算的，其计算公式是：

应纳城市维护建设税额 =（实纳的增值税 + 实纳的消费税 + 实纳的营业税）× 适用税率

［例 1］某公司某月实际缴纳的增值税 40 000 元，消费税 25 000 元，营业税 3 000 元。适用税率 7%。计算该企业应缴纳的城市维护建设税的税额。

应纳城市维护建设税税额 =（40 000 + 25 000 + 3 000）× 7% = 4 760（元）

三、城市维护建设税的账务处理

城市维护建设税的核算，需设置“应交税费——应交城市维护建设税”账户，缴纳的税金应从产品（商品）销售收入或经营收入中补偿。工业企业可设置“产品销售税金及附加”账户；商品流通企业设置“商品销售税金及附加”账户；金融企业、旅游饮食服务企业、邮电通信企业、民航企业、农业企业等设置“营业税金及附加”账户；交通运输企业设置“营运税金及附加”账户。若为执行新会计准则的企业，则设置“营业税金及附加”等账户。

计算出应缴税金时，作会计分录：

借：产品销售税金及附加

　　商品销售税金及附加

　　营业税金及附加

　　其他业务成本

　贷：应交税费——应交城市维护建设税

缴纳税款时，作会计分录：

借：应交税费——应交城市维护建设税

　贷：银行存款

四、教育费附加和地方教育附加的原理及账务处理

为了加快教育事业的发展，提高人民的文化素质，扩大我国教育经费的资金来源，国务院于1986年4月28日发布了《征收教育费附加的暂行规定》，于1986年7月1日起施行。2010年财政部下发了《关于统一地方教育附加政策有关问题的通知》对地方教育附加进行了统一。

教育费附加是指按照纳税人实际缴纳的增值税、消费税和营业税额的一定比例征收的附加费。

（一）教育费附加的基本要素

1. 教育费附加的纳税人及征收范围

凡是缴纳增值税、消费税和营业税的纳税人都应依照规定缴纳教育费附加。对个体商贩及个人在集市上出售商品，是否按实际缴纳的临时经营营业税等税额征收教育费附加，由各省、自治区、直辖市人民政府决定。

2. 教育费附加的计税依据及征收率

教育费附加以各单位和个人实际缴纳的增值税、消费税、营业税的税额为计征依据。

教育费附加的征收率也称为附加率，根据1994年2月7日《国务院关于教育费附加征收问题的紧急通知》规定，教育费附加率为3%。地方教育附加征收率统一为2%。

3. 教育费附加的减免规定

（1）对海关进口的产品征收的增值税、消费税，不征收教育费附加。

（2）对由于减免增值税、消费税和营业税而发生退税的，可同时退还已征收的教育费

附加。但对出口产品退还增值税、消费税的，不退还已征收的教育费附加。

（二）教育费附加的计算

纳税人缴纳的教育费附加，应当按照其实际缴纳的增值税、消费税、营业税的税额之和的3%计征。其计算公式为：

应纳教育费附加=（实纳的增值税+实纳的消费税+实纳的营业税）×附加率

地方教育附加的计算公式与教育费附加一样，只是附加率为2%。

［例2］某企业2013年3月份实际缴纳增值税200 000元，缴纳消费税300 000元，缴纳营业税100 000元。计算该企业应缴纳的教育费附加和地方教育附加。

应纳教育费附加=（实纳的增值税+实纳的消费税+实纳的营业税）×附加率
=（200 000+300 000+100 000）×3%=600 000×3%
=18 000（元）

应纳地方教育附加=（实纳的增值税+实纳的消费税+实纳的营业税）×附加率
=（200 000+300 000+100 000）×2%=600 000×2%
=12 000（元）

（三）教育费附加的账务处理

教育费附加的核算应通过“应交税费（执行新会计准则的企业）”或“其他应交款——应交教育费附加（非执行新会计准则的企业）”账户进行反映和监督。

企业按规定计算当月教育费附加时，作会计分录：

借：营业税金及附加
　　其他业务成本
　贷：应交税费——应交教育费附加

缴纳税款时，作会计分录：

借：应交税费——应交教育费附加
　贷：银行存款

第十一节　烟叶税会计

2006年4月28日，国务院颁布了《中华人民共和国烟叶税暂行条例》，并自公布之日起施行。此举主要为农业税取消后针对烟叶征收税费提供了法律依据。改征烟叶税，不会影响烟草价格。理由是原烟叶特产农业税是在烟叶收购环节由烟草收购公司缴纳的。这次改征烟叶税后，纳税人、纳税环节、计税依据等都保持了原烟叶特产农业税的规定不变。另外，烟叶税的税率与原烟叶特产农业税的税率相同，也是20%，税率没有改变。因此，征收烟叶税不会增加农民负担。

一、烟叶税的确认

（一）烟叶税的纳税人及征收范围

中华人民共和国境内收购烟叶的单位为烟叶税的纳税人。纳税人应当依照条例规定缴纳烟叶税。其中，烟叶，是指晾晒烟叶（包括列入名晾晒烟名录的晾晒烟叶和未列入名晾晒烟名录的其他晾晒烟叶）、烤烟叶；而收购烟叶的单位，是指依照《中华人民共和国烟草专卖法》的规定有权收购烟叶的烟草公司或受其委托收购烟叶的单位。

依照《中华人民共和国烟草专卖法》查处没收的违法收购烟叶，由收购罚没烟叶的单位按照购买金额计算缴纳烟叶税。

（二）烟叶税的计税依据及征收率

（1）烟叶税是以纳税人收购烟叶的收购金额为计税依据的，包括纳税人支付给烟叶销售者的烟叶收购价款和价外补贴。按照简化手续、方便征收的原则，对价外补贴统一暂按烟叶收购价款的10%计入收购金额征税。收购金额计算公式如下：

$$收购金额 = 收购价款 \times (1 + 10\%)$$

（2）烟叶税实行比例税率，税率为20%。烟叶税税率的调整，由国务院决定。

（三）烟叶税的纳税时间、纳税期限和纳税地点

烟叶税的纳税义务发生时间为纳税人收购烟叶的当天。当天是指纳税人向烟叶销售者付讫收购烟叶款项或开具收购烟叶凭据的当天。纳税人应当自纳税义务发生之日起30日内申报纳税。具体纳税期限由主管税务机关核定。

纳税人收购烟叶，应当向烟叶收购地的主管税务机关申报纳税。

二、烟叶税的计算

（一）烟叶税计算的规定

纳税人缴纳的烟叶税，应当按照纳税人收购烟叶的收购金额和条例规定的税率计算。应纳税额的计算公式为：

$$应纳税额 = 烟叶收购金额 \times 税率$$

另外，根据（财税〔2006〕140号）规定，对烟叶税纳税人按规定缴纳的烟叶税，准予并入烟叶产品的买价计算增值税的进项税额，并在计算缴纳增值税时予以抵扣。即购进烟叶准予抵扣的增值税进项税额，按照《中华人民共和国烟叶税暂行条例》及《财政部 国家税务总局印发〈关于烟叶税若干具体问题的规定〉的通知》（财税〔2006〕64号）规定的烟叶收购金额和烟叶税及法定扣除率（13%）计算。用公式表示：

$$烟叶准予抵扣的进项税额 = (烟叶收购金额 + 烟叶税) \times 13\%$$

（二）应纳税额计算举例

［例1］某卷烟八厂向烟农收购烟叶，支付款项70 000元，其中含按照烟草专卖局规

定的价款支付的收购价款 60 000 元、价外补贴费 8 000 元，向保险公司支付烟叶的保费 2 000元。要求计算此卷烟八厂的烟叶税。

该企业应交的烟叶税计算如下：

应交烟叶税 =60 000 ×（1 +10%）×20% =13 200（元）

［例 2］某烟厂向烟农收购烟叶，符合税务局规定的收购凭证上注明收购价款 40 000 元，则该企业应交的烟叶税和可抵扣的进项税额计算如下：

烟叶收购价格 =40 000 ×（1 +10%）=44 000（元）

应纳烟叶税税额 =44 000 ×20% =8 800（元）

烟厂可计算抵扣进项税额 =（44 000 +8 800）×13% =6 864（元）

三、烟叶税的账务处理

（一）账务处理规定

按现行的企业会计制度规定，涉及核算烟叶收购环节业务的会计科目主要有“在途物资”或“材料采购”、“库存商品”、“银行存款”和“应交税费”等。由于烟草公司从烟农那里收购烟叶时无法取得增值税专用发票，因此烟草公司在进行会计处理时要注意：进项税额是根据烟叶收购金额和烟叶税及法定扣除率（13%）加以确定的。企业按规定计算当月烟叶税时，作会计分录：

借：在途物资

　贷：应交税费——应交烟叶税

（二）账务处理举例

［例 3］某烟草公司是增值税一般纳税人，7 月末收购烟叶 20 000 斤，烟叶收购价格 3.5 元/斤（含支付价外补贴 10%），总计 70 000 元，货款已全部支付。8 月初商品提回并验收入库，则相关账务处理如下：

烟叶准予抵扣的增值税进项税额 =［70 000 +70 000 ×20%］×13% =10 920（元）

7 月末，烟叶尚未提回时，根据有关收购凭证作账务处理：

借：在途物资	73 080	
应交税费——应交增值税（进项税额）	10 920	
贷：银行存款		70 000
应交税费——烟叶税		14 000

8 月初，烟叶提回入库时，根据收货单等凭证作账务处理：

借：库存商品	73 080	
贷：在途物资		73 080

【本章小结】

资源税是对在中国境内从事资源开发条件差异形成的级差收入征收的一种税。

土地增值税是对转让国有土地使用权、地上建筑物及其附着物并取得收入的单位和个人，就其转让房地产所取得的增值额征收的一种税。

企业计提印花税、房产税、车船税时，应记入“管理费用”账户的借方。

企业计提契税、车辆购置税时，应记入“固定资产”账户的借方。

城镇土地使用税是一种行为税，归地方财政收入。它的特点是：征税对象是国有土地，征收范围广；实行差别幅度税额，税率较灵活，可由地方确定单位税额。

企业计算、缴纳耕地占用税时，应设置“在建工程”或“固定资产”账户，若占用耕地不是用于工程建设，也可设置“管理费用”账户。

城市维护建设税和教育费附加是对缴纳增值税、消费税、营业税的单位和个人，以其实际缴纳的增值税、消费税、营业税的税额为计税依据征收的一种税。

纳税人缴纳的烟叶税，应当按照纳税人收购烟叶的收购金额和相关条例规定的税率计算。

【关键术语和概念】

资源税会计　土地增值税会计　印花税会计　房产税会计　车船税会计
车辆购置税会计　城镇土地使用税会计　耕地占用税会计　契税会计
城市维护建设税和教育费附加会计　烟叶税会计

第八章　关税会计

【学习要点】

◆ 关税基本原理
◆ 关税的确认
◆ 关税计量的特点
◆ 关税会计记录的规定
◆ 关税会计的应用

第一节　关税概述

关税是海关依法对进出境货物、物品征收的一种税。所谓“境”指关境，又称“海关境域”或“关税领域”，是国家《海关法》全面实施的领域。在通常情况下，一国关境与国境是一致的，包括国家全部的领土、领海、领空。但当某一国家在国境内设立了自由港、自由贸易区等，这些区域就进出口关税而言处在关境之外，这时，该国家的关境小于国境，如我国。根据《中华人民共和国香港特别行政区基本法》和《中华人民共和国澳门特别行政区基本法》，香港和澳门保持自由港地位，为我国单独的关税地区，即单独关境区。单独关境区是不完全适用该国海关法律、法规或实施单独海关管理制度的区域。当几个国家结成关税同盟，组成一个共同的关境，实施统一的关税法令和统一的对外税则，这些国家彼此之间货物进出国境不征收关税，只对来自或运往其他国家的货物进出共同关境时征收关税，这些国家的关境大于国境，如欧洲联盟。

1951 年 5 月，中央人民政府政务院发布了《中华人民共和国暂行海关法》，同时发布实施了《中华人民共和国海关进出口税则》和《中华人民共和国海关进出口税则暂时实施条例》。随着我国经济的发展，为适应我国对外贸易的发展，参与国际经济竞争，国务院于 1985 年 3 月重新发布了《中华人民共和国海关进出口关税条例》和《中华人民共和国海关进出口税则》。1987 年 7 月起实施《中华人民共和国海关法》，1987 年 9 月国务院根据《海关法》修订发布了《中华人民共和国进出口关税条例》。1992 年 3 月国务院对其进行了第二次修订，随着我国市场经济建设不断深化改革，全国人民代表大会又于 2000 年 7 月修正颁布了《中华人民共和国海关法》（以下简称《海关法》），2003 年 11 月国务院发布《中华人民共和国进出口关税条例》，同时，由国务院关税税则委员会审定并报国务院批准，将《中华人民共和国海关进出口税则》和《中华人民共和国海关入境旅客行李物品和个人邮递物品征收进口税办法》作为条例组成部分。这些基本法规构成了我国关税体系的整体内容，从而使我国的关税制度日趋完善。

关税具有以下特点：

（1）关税是在统一的国境或关境内征税。货物在进出国境或关境时才征收关税，而且在统一的国境或关境内，按照统一实施的关税税则征收一次关税以后，货物即可在全国境内或整个关境内流通，不再征收关税。

（2）关税是对进出国境或关境的货物和物品征税。

（3）关税具有涉外性，对同一出口货物采用复式税则制，分别设置优惠和普通两种税率，具有维护国家主权、平等互利发展国际贸易往来或技术经济合作的特点。

（4）关税由国家专设的海关机构负责征收。监督管理、征收关税、查缉走私是我国海关的三项基本任务。

海关是贯彻对外经济贸易政策的重要手段。它在调节经济、促进改革开放方面，在正确保护国内民族工业发展、防止国外的经济侵袭、争取关税互利互惠、促进对外贸易发展、增加国家财政收入方面，都具有重要作用。

第二节　关税的确认

一、关税的纳税义务人

进口货物的收货人、出口货物的发货人、进出境物品的所有人，是关税的纳税义务人。进出口货物的收、发货人是依法取得对外贸易经营权并进口或出口货物的法人或其他社会团体。进出境物品的所有人包括该物品的所有人和推定为所有人的人。一般情况下，对于携带进境的物品，推定其携带人为所有人；对分离运输的行李，推定相应的进出境旅客为所有人；对以邮递方式进境的物品，推定其收件人为所有人；以邮递或其他运输方式出境的物品，推定其寄件人或托运人为所有人。

二、关税的征税对象

关税的征税对象是准许进出境的货物和物品。货物是指贸易性商品；物品是指入境旅客随身携带的行李物品、个人邮递物品、各种运输工具上服务人员携带进口的自用物品、馈赠物品以及其他方式进境的个人物品。

三、关税的税则、税目及税率

（一）关税的税则、税目

进出口税则是一国政府根据国家关税政策和经济政策，通过一定的立法程序制定公布实施的进出口货物和物品应税的关税税率表。进出口税则以税率表为主体，通常还包括实施税则的法令、使用税则的有关说明和附录等。《中华人民共和国海关进出口税则》是我国海关凭以征收关税的法律依据，也是我国关税政策的具体体现。我国现行税则包括《中华人民共和国进出口关税条例》、《税率适用说明》、《中华人民共和国海关进口税则》、《中华人民共和国海关出口税则》及“进口商品从量税、复合税、滑准税税目税率表”、“进口商品关税配额税目税率表”、“进口商品税则暂定税率表”、“出口商品税则暂定税率表”、“非全税目信息技术产品税率表”等附录。

税率表作为税则主体，包括税则商品分类目录和税率栏两大部分。税则商品分类目录是把种类繁多的商品加以综合，按照其不同特点分门别类简化成数量有限的商品类目，分别编号按序排列，称为税则号列，并逐号列出该号中应列入的商品名称。商品分类的原则即归类规则，包括归类总规则和各类、章、目的具体注释。税率栏是按商品分类目录逐项订出的税率栏目。我国现行进口税则为四栏税率，出口税则为一栏税率。按税则商品分类目录体系划分，新中国成立以来，我国分别于1951年、1985年、1992年先后实施了三部进出口税则，进出口商品都采用同一税则目录分类。

（二）关税的税率

关税的税率分为进口关税税率和出口关税税率。

（1）进口关税税率设置在我国加入世界贸易组织（WTO）之前，进口税则设有两栏税率，即普通税率和优惠税率。对原产于与我国未订有关税互惠协议的国家或地区的进口货物，按照普通税率征税；对原产于与我国订有关税互惠协议的国家或地区的进口货物，按照优惠税率征税。在我国加入WTO之后，为履行我国在加入WTO关税减让谈判中承诺的有关义务，享有WTO成员应有的权利，自2002年1月1日起，我国进口税则设有最惠国税率、协定税率、特惠税率、普通税率共四栏税率。最惠国税率适用原产于与我国共同适用最惠国待遇条款的WTO成员方或地区的进口货物，或原产于与我国签订有相互给予最惠国待遇条款的双边贸易协定的国家或地区进口的货物，以及原产于我国境内的进口货物；协定税率适用原产于我国参加的含有关税优惠条款的区域性贸易协定有关缔约方的进口货物，目前对原产于韩国、斯里兰卡和孟加拉3个曼谷协定成员的739个税目进口商品实行协定税率（即曼谷协定税率）；特惠税率适用原产于与我国签订有特殊优惠关税协定的国家或地区的进口货物，目前对原产于孟加拉的18个税目进口商品实行特惠税率（即曼谷协定特惠税率）；普通税率适用于原产于上述国家或地区以外的其他国家或地区的进口货物。按照普通税率征税的进口货物，经国务院关税税则委员会特别批准，可以适用最惠国税率。适用最惠国税率、协定税率、特惠税率的国家或地区名单，由国务院关税税则委员会决定。

另外，根据经济发展需要，国家对部分进口原材料、零部件、农药原药和中间体、乐器及生产设备实行暂定税率。暂定税率优先适用于优惠税率或最惠国税率，按普通税率征税的进口货物不适用暂定税率。同时，对部分进口农产品和化肥产品实行关税配额，即一定数量内的上述进口商品适用税率较低的配额内税率，超出该数量的进口商品适用税率较高的配额外税率。现行税则对200多个税目进口商品实行了暂定税率，对小麦、豆油等10种农产品和尿素等3种化肥产品实行关税配额管理。

（2）在我国出口税则中有一栏税率，即出口税率。国家仅对少数资源性产品及易于竞相杀价、盲目进口、需要规范出口秩序的半制成品征收出口关税。1992年对47种商品计征出口关税，税率为20%～40%，现行税则对36种商品计征关税，主要是鳗鱼苗、部分有色金属矿砂及其精矿、生锑、磷、氟钽酸钾、苯、山羊板皮、部分铁合金、钢铁废碎料、铜和铝原料及其制品、镍锭、锌锭、锑锭。出口商品税则税率一直未予调整。但对上述范围内的23种商品实行0至20%的暂定税率，其中16种商品为零关税，6种商品税率为10%及以下。与进口暂定税率一样，出口暂定税率优先适用于出口税则规定的出口税率。因此，我国真正征收出口关税的商品只是20种，税率也较低。

（3）特别关税包括报复性关税、反倾销税、反补贴税、保障性关税。征收特别关税的货物、适用国别、税率、期限和征收办法，由国务院关税税则委员会决定，海关总署负责实施。

①报复性关税。任何国家或地区对其进口的原产于我国的货物征收歧视性关税或给予其他歧视性待遇的，我国对原产于该国家或地区的进口货物征收报复性关税。

②反倾销税与反补贴税。在激烈的市场竞争中，倾销和补贴行为在国际贸易中时常发生，且有愈演愈烈之势，其危害是使用不公平手段抢占市场份额，抑制我国相关产业的发展。为保护我国产业，根据《中华人民共和国反倾销条例》和《中华人民共和国反补贴条例》规定，进口产品经初裁确定倾销或补贴成立，并由此对国内产业造成损害的，可以采取临时反倾销或反补贴措施，实施期限为自决定公告规定实施之日起，不超过4个月。采取临时反补贴措施在特殊情形下，可以延长至9个月。经终裁确定倾销或补贴成立，并由此对国内产业造成损害的，可以征收反倾销税和反补贴税，征收期限一般不超过5年，但经复审确定终止征收反倾销税或反补贴税，有可能导致倾销或补贴以及损害的继续或再度发生的，征收期限可以适当延长。反倾销税和反补贴税的纳税人为倾销或补贴产品的进口经营者。采取以上措施，由商务部提出建议，国务院关税税则委员会根据外经贸部的建议作出决定，由商务部予以公告。采取临时反补贴措施要求提供现金保证金、保函或其他形式的担保，由商务部作出决定并予以公告。海关自公告规定实施之日起执行。

③保障性关税。当某类商品进口量剧增，对我国相关产业带来巨大威胁或损害时，按照WTO有关规则，可以启动一般保障措施，即在与有实质利益的国家或地区进行磋商后，在一定时期内提高该项商品的进口关税或采取数量限制措施，以保护国内相关产业不受损害。根据《中华人民共和国保障措施条例》规定，有明确证据表明进口产品数量增加，在不采取临时保障措施将对国内产业造成难以补救的损害的紧急情况下，可以作出初裁决定，并采取临时保障措施。临时保障措施采取提高关税的形式。终裁决定确定进口产品数量增加，并由此对国内产业造成损害的，可以采取保障措施。保障措施有提高关税、数量限制等形式，针对正在进口的产品实施，不区分产品来源国家或地区。其中采取提高关税形式的，由商务部提出建议，国务院关税税则委员会根据建议作出决定，由商务部予以公告。

四、关税的计税依据

《海关法》规定，进出口货物的完税价格，由海关以该货物的成交价格为基础审查确定。成交价格不能确定时，完税价格由海关依法估定。自我国加入世界贸易组织后，我国海关已全面实施《世界贸易组织估价协定》，遵循客观、公平、统一的估价原则，并依据2002年1月1日起实施的《中华人民共和国海关审定进出口货物完税价格办法》（以下简称《完税价格办法》)，审定进出口货物的完税价格。

（一）一般进口货物的完税价格

1. 以成交价格为基础的完税价格

根据《海关法》，进口货物的完税价格包括货物的货价、货物运抵我国境内输入地点起卸前的运输及其相关费用、保险费。我国境内输入地为入境海关地，包括内陆河、江口岸，一般为第一口岸。货物的货价以成交价格为基础。进口货物的成交价格是指买方为购买该货物，并按《完税价格办法》有关规定调整后的实付或应付价格。

（1）对进口货物成交价格的要求。

进口货物成交价格应当符合下列要求：

①买方对进口货物的处置或使用不受限制，但国内法律、行政法规规定的限制和对货物转售地域的限制，以及对货物价格无实质影响的限制除外；

②货物的价格不得受到使该货物成交价格无法确定的条件或因素的影响；

③卖方不得直接或间接获得因买方转售、处置或使用进口货物而产生的任何收益，除非能够按照《完税价格办法》有关规定作出调整；

④买卖双方之间没有特殊关系，如果有特殊关系，应当符合《完税价格办法》的有关规定。

（2）对实付或应付价格进行调整的有关规定。

实付或应付价格是指买方为购买进口货物直接或间接支付的总额，即作为卖方销售进口货物的条件，由买方向卖方或为履行卖方义务向第三方已经支付或将要支付的全部款项。

①如下列费用或价值未包括在进口货物的实付或应付价格中，应当计入完税价格：

A. 由买方负担的除购货佣金以外的佣金和经纪费。购货佣金指买方为购买进口货物向自己的采购代理人支付的劳务费用。经纪费指买方为购买进口货物向代表买卖双方利益的经纪人支付的劳务费用。

B. 由买方负担的与该货物视为一体的容器费用。

C. 由买方负担的包装材料和包装劳务费用。

D. 可以按照适当比例分摊的，由卖方直接或间接免费提供，或以低于成本价方式销售给买方，或有关方的下列货物或服务的价值：该货物包含的材料、部件、零件和类似货物；在生产该货物过程中使用的工具、模具和类似货物；在生产该货物过程中消耗的材料；在境外进行的为生产该货物所需的工程设计、技术研发、工艺及制图等。

E. 与该货物有关并作为卖方向我国销售该货物的一项条件，应当由买方直接或间接支付的特许权使用费。“特许权使用费”指买方为获得与进口货物相关的、受著作权保护的作品、专利、商标、专有技术和其他权利的使用许可而支付的费用。但是在估定完税价格时，进口货物在境内的复制权费不得计入该货物的实付或应付价格之中。

F. 卖方直接或间接从买方对该货物进口后转售、处置或使用所得中获得的收益。

上列所述的费用或价值，应当由进口货物的收货人向海关提供客观量化的数据资料。如果没有客观量化的数据资料，完税价格由海关按《完税价格办法》规定的方法进行估定。

②下列费用，如能与该货物实付或应付价格区分，不得计入完税价格：

A. 厂房、机械、设备等货物进口后的基建、安装、装配、维修和技术服务的费用。

B. 货物运抵境内输入地点之后的运输费用。

C. 进口关税及其他国内税。

（3）对买卖双方之间有特殊关系的规定。

买卖双方之间有特殊关系的，经海关审定其特殊关系未对成交价格产生影响，或进口货物的收货人能证明其成交价格与同时或大约同时发生的下列任一价格相近，该成交价格海关应当接受：

① 向境内无特殊关系的买方出售的相同或类似货物的成交价格。

②按照使用倒扣价格有关规定所确定的相同或类似货物的完税价格。

③按照使用计算价格有关规定所确定的相同或类似货物的完税价格。

海关在使用上述价格作比较时，应当考虑商业水平和进口数量的不同，以及实付或应付价格的调整规定所列各项目和交易中买卖双方有无特殊关系造成的费用差异。

有下列情形之一的，应当认定买卖双方有特殊关系：买卖双方为同一家族成员；买卖双方互为商业上的高级职员或董事；一方直接或间接地受另一方控制；买卖双方都直接或间接地受第三方控制；买卖双方共同直接或间接地控制第三方；一方直接或间接地拥有、控制或持有对方5%或以上公开发行的有表决权的股票或股份；一方是另一方的雇员、高级职员或董事；买卖双方是同一合伙的成员。买卖双方在经营上相互有联系，一方是另一方的独家代理；经销或受让人，如果有上述关系的，也应当视为有特殊关系。

2. 进口货物海关估价方法

进口货物的价格不符合成交价格条件或成交价格不能确定的，海关应当依次以相同或类似货物成交价格方法、倒扣价格方法、计算价格方法及其他合理方法确定的价格为基础，估定完税价格。如果进口货物的收货人提出要求，并提供相关资料，经海关同意，可以选择倒扣价格方法和计算价格方法的适用次序。

（1）相同或类似货物成交价格方法。

相同或类似货物成交价格方法，即以与被估的进口货物同时或大约同时（在海关接受申报进口之日的前后各45天以内）进口的相同或类似货物的成交价格为基础，估定完税价格。

以该方法估定完税价格时，应使用与该货物相同商业水平且进口数量基本一致的相同或类似货物的成交价格，但对因运输距离和运输方式不同，在成本和其他费用方面产生的差异应当进行调整。在没有上述的相同或类似货物的成交价格的情况下，可以使用不同商业水平，或不同进口数量的相同或类似货物的成交价格，但对因商业水平、进口数量、运输距离和运输方式不同，在价格、成本和其他费用方面产生的差异应当作出调整。

以该方法估定完税价格时，应当首先使用同一生产商生产的相同或类似货物的成交价格，只有在没有这一成交价格的情况下，才可以使用同一生产国或地区生产的相同或类似货物的成交价格。如果有多个相同或类似货物的成交价格，应当以最低的成交价格为基础，估定进口货物的完税价格。

上述“相同货物”指与进口货物在同一国家或地区生产的，在物理性质、质量和信誉等所有方面都相同的货物，但表面的微小差异允许存在；“类似货物”指与进口货物在同一国家或地区生产的，虽然不是在所有方面都相同，但具有相似的特征、相似的组成材料、同样的功能，并且在商业中可以互换的货物。

（2）倒扣价格方法。

倒扣价格方法即以被估的进口货物、相同或类似进口货物在境内销售的价格为基础估定完税价格。按该价格销售的货物应当同时符合五个条件，即在被估货物进口时或大约同时销售；按照进口时的状态销售；在境内第一环节销售；合计的货物销售总量最大；向境内无特殊关系方的销售。

以该方法估定完税价格时，下列各项应当扣除：

①该货物的同等级或同种类货物，在境内销售时的利润和一般费用及通常支付的佣金。

②货物运抵境内输入地点之后的运费、保险费、装卸费及其他相关费用。

③进口关税、进口环节税和其他与进口或销售上述货物有关的国内税。

（3）计算价格方法。

计算价格方法即按下列各项的总和计算出的价格估定完税价格。有关项为：

①生产该货物所使用的原材料价值和进行装配或其他加工的费用。

②与向境内出口销售同等级或同种类货物的利润、一般费用相符的利润和一般费用。

③货物运抵境内输入地点起卸前的运输及相关费用、保险费。

（4）其他合理方法。

使用其他合理方法时，应当根据《完税价格办法》规定的估价原则，以在境内获得的数据资料为基础估定完税价格。但不得使用以下价格：

①境内生产的货物在境内的销售价格。

②可供选择的价格中较高的价格。

③货物在出口地市场的销售价格。

④以计算价格方法规定的有关各项之外的价值或费用计算的价格。

⑤出口到第三国或地区的货物的销售价格。

⑥最低限价或垄断虚构的价格。

（二）特殊进口货物的完税价格

1. 加工贸易进口料件及其制成品

加工贸易进口料件及其制成品需征税或内销补税的，海关按照一般进口货物的完税价格规定，审定完税价格。其中：

（1）进口时需征税的进料加工进口料件，以该料件申报进口时的价格估定。

（2）内销的进料加工进口料件或其制成品（包括残次品、副产品），以料件原进口时的价格估定。

（3）内销的来料加工进口料件或其制成品（包括残次品、副产品），以料件申报内销时的价格估定。

（4）出口加工区内的加工企业内销的制成品（包括残次品、副产品），以制成品申报内销时的价格估定。

(5) 保税区内的加工企业内销的进口料件或其制成品（包括残次品、副产品），分别以料件或制成品申报内销时的价格估定。如果内销的制成品中含有从境内采购的料件，则以所含从境外购入的料件原进口时的价格估定。

(6) 加工贸易加工过程中产生的边角料，以申报内销时的价格估定。

2. 保税区、出口加工区货物

从保税区或出口加工区销往区外、从保税仓库出库内销的进口货物（加工贸易进口料件及其制成品除外），以海关审定的价格估定完税价格。对经审核销售价格不能确定的，海关应当按照一般进口货物估价办法的规定，估定完税价格。如销售价格中未包括在保税区、出口加工区或保税仓库中发生的仓储、运输及其他相关费用的，应当按照客观量化的数据资料予以计入。

3. 运往境外修理的货物

运往境外修理的机械器具、运输工具或其他货物，出境时已向海关报明，并在海关规定期限内复运进境的，应当以海关审定的境外修理费和料件费，以及该货物复运进境的运输及其相关费用、保险费估定完税价格。

4. 运往境外加工的货物

运往境外加工的货物，出境时已向海关报明，并在海关规定期限内复运进境的，应当以海关审定的境外加工费和料件费，以及该货物复运进境的运输及其相关费用、保险费估定完税价格。

5. 暂时进境货物

对于经海关批准的暂时进境的货物，应当按照一般进口货物估价办法的规定，估定完税价格。

6. 租赁方式进口货物

在以租赁方式进口的货物中，以租金方式对外支付的租赁货物，在租赁期间以海关审定的租金作为完税价格；留购的租赁货物，以海关审定的留购价格作为完税价格；承租人申请一次性缴纳税款的，经海关同意，按照一般进口货物估价办法的规定估定完税价格。

7. 留购的进口货样等

对于境内留购的进口货样、展览品和广告陈列品，以海关审定的留购价格作为完税价格。

8. 予以补税的减免税货物

减税或免税进口的货物需予以补税时，应当以海关审定的该货物原进口时的价格，扣除折旧部分价值作为完税价格，其计算公式如下：

$$\text{完税价格} = \text{海关审定的该货物原进口时的价格} \times [1 - \text{申请补税时实际已使用的时间(月)} \div (\text{监管年限} \times 12)]$$

9. 以其他方式进口的货物

以易货贸易、寄售、捐赠、赠送等其他方式进口的货物，应当按照一般进口货物估价办法的规定，估定完税价格。

（三）出口货物的完税价格

1. 以成交价格为基础的完税价格

出口货物的完税价格，由海关以该货物向境外销售的成交价格为基础审查确定，并应包括货物运至我国境内输出地点装载前的运输及其相关费用、保险费，但其中包含的出口关税税额应当扣除。

出口货物的成交价格，是指该货物出口销售到我国境外时买方向卖方实付或应付的价格。出口货物的成交价格中含有支付给境外的佣金的，如果单独列明，应当扣除。

2. 出口货物海关估价方法

出口货物的成交价格不能确定时，完税价格由海关依次使用下列方法估定：

（1）同时或大约同时向同一国家或地区出口的相同货物的成交价格。

（2）同时或大约同时向同一国家或地区出口的类似货物的成交价格。

（3）根据境内生产相同或类似货物的成本、利润和一般费用、境内发生的运输及其相关费用、保险费计算所得的价格。

（4）按照合理方法估定的价格。

（四）进出口货物完税价格中的运输及相关费用、保险费的计算

1. 以一般陆运、空运、海运方式进口的货物

在进口货物的运输及相关费用、保险费计算中，海运进口货物，计算至该货物运抵境内的卸货口岸；如果该货物的卸货口岸是内河（江）口岸，则应当计算至内河（江）口岸。陆运进口货物，计算至该货物运抵境内的第一口岸；如果运输及其相关费用、保险费支付至目的地口岸，则计算至目的地口岸。空运进口货物，计算至该货物运抵境内的第一口岸；如果该货物的目的地为境内的第一口岸外的其他口岸，则计算至目的地口岸。

陆运、空运和海运进口货物的运费和保险费，应当按照实际支付的费用计算。如果进口货物的运费无法确定或未实际发生，海关应当按照该货物进口同期运输行业公布的运费率（额）计算运费；按照“货价加运费”两者总额的3‰计算保险费。

2. 以其他方式进口的货物

邮运的进口货物，应当以邮费作为运输及其相关费用、保险费；以境外边境口岸价格条件成交的铁路或公路运输进口货物，海关应当按照货价的1%计算运输及其相关费用、保险费；作为进口货物的自驾进口的运输工具，海关在审定完税价格时，可以不另行计入运费。

3. 出口货物

出口货物的销售价格如果包括离境口岸至境外口岸之间的运费、保险费的，该运费、保险费应当扣除。

（五）完税价格的审定

（1）进出口货物的收发货人应当向海关如实申报进出口货物的成交价格，提供包括发票、合同、装箱清单及其他证明申报价格真实、完整的单证、书面资料和电子数据。海关认为必要时，还应当向海关补充申报反映买卖双方关系和成交活动的情况，以及其他与成

交价格有关的资料。

（2）海关为审查申报价格的真实性和准确性，可以查阅、复制与进出口货物有关的合同、发票、账册、结付汇凭证、单据、业务函电和其他反映买卖双方关系及交易活动的书面资料和电子数据；可以向进出口货物的收发货人及与其有资金往来或有其他业务往来的公司、企业调查与进出口货物价格有关的问题；可以对进出口货物进行查验或提取货样进行检验或化验；可以进入进出口货物收发货人的生产经营场所、货物存放场所，检查与进出口活动有关的货物和生产经营情况；可以向有关金融机构或税务部门查询了解与进出口货物有关的收付汇资料或缴纳国内税的情况。

（3）海关对申报价格的真实性或准确性有疑问时，应当书面将怀疑的理由告知进出口货物的收发货人，要求其以书面形式作进一步说明，提供资料或其他证据证明其申报价格是真实、准确的。自海关书面通知发出之日起 15 日内，进出口货物的收发货人未能提供进一步说明，或海关审核所提供的资料或证据后，仍有理由怀疑申报价格的真实性或准确性时，海关可以不接受其申报价格，并按照一般进口货物海关估价方法估定完税价格。

（4）海关有理由认为买卖双方之间的特殊关系影响成交价格时，应当书面将怀疑的理由告知进出口货物的收发货人，要求其以书面形式作进一步说明，提供资料或其他证据证明双方之间的关系未影响成交价格。自海关书面通知发出之日起 15 日内，进口货物的收货人未能提供进一步说明，或海关审核所提供的资料或证据后，仍有理由认为买卖双方的关系影响成交价格时，海关可以不接受其申报价格，并按照一般进口货物海关估价方法估定完税价格。

（5）海关不接受申报价格，按照相同货物或类似货物成交价格的规定估定完税价格时，为获得合适的相同或类似进出口货物的成交价格，可以与进出口货物的纳税义务人进行价格磋商。

（6）进出口货物的收发货人可以提供书面申请，要求海关就如何确定其进出口货物的完税价格作出书面说明。

（7）海关为确定进出口货物的完税价格需要推迟作出估价决定时，进出口货物的收发货人可以在依法向海关提供担保后，先行提取货物。海关对于实行担保放行的货物，应当自具保之日起 90 天内核查完毕，并将核查结果通知进出口货物收发货人。

五、关税的减免规定

关税减免是对某些纳税人和征税对象给予鼓励和照顾的一种特殊调节手段，它是贯彻国家关税政策的一项重要措施。关税减免分为法定减免税、特定减免税和临时减免税。根据《海关法》规定，除法定减免税外的其他减免税均由国务院决定。减征关税在我国加入世界贸易组织之前以税则规定税率为基准，在我国加入世界贸易组织之后以最惠国税率或普通税率为基准。

（一）法定减免税

法定减免税是税法中明确列出的减税或免税。符合税法规定可予减免税的进出口货物，纳税义务人无须提出申请，海关可按规定直接予以减免税。海关对法定减免税货物一般不进行后续管理。

我国《海关法》和《进出口条例》明确规定，下列货物、物品予以减免关税：

（1）关税税额在人民币10元以下的一票货物，可免征关税。

（2）无商业价值的广告品和货样，可免征关税。

（3）外国政府、国际组织无偿赠送的物资，可予免税。

（4）进出境运输工具装载的途中必需的燃料、物料和饮食用品，可予免税。

（5）经海关核准暂时进境或暂时出境，并在6个月内复运出境或复运进境的货样、展览品、施工机械、工程车辆、工程船舶、供安装设备时使用的仪器和工具、电视或电影摄制器械、盛装货物的容器以及剧团服装道具，在货物收发货人向海关缴纳相当于税款的保证金或提供担保后，可予暂时免税。

（6）为境外厂商加工、装配成品和为制造外销产品而进口的原材料、辅料、零件、部件、配套件和包装物料，海关按照实际加工出口的成品数量免征进口关税；或者对进口料件先征进口关税，再按照实际加工出口的成品数量予以退税。

（7）因故退还的中国出口货物，经海关审查属实，可予免征进口关税，但已征收的出口关税不予退还。

（8）因故退还的境外进口货物，经海关审查属实，可予免征出口关税，但已征收的进口关税不予退还。

（9）进口货物如有以下情形，经海关查明属实，可酌情减免进口关税：

①在境外运输途中或起卸时，遭受损坏或损失的；

②起卸后海关放行前，因不可抗力遭受损坏或损失的；

③海关查验时已经破漏、损坏或腐烂，经证明不是保管不慎造成的。

（10）无代价抵偿货物，即进口货物在征税放行后，发现货物残损、短少或品质不良，而由国外承运人、发货人或保险公司免费补偿或更换的同类货物，可以免税。但有残损或质量问题的原进口货物如未退运国外，其进口的无代价抵偿货物应照章征税。

（11）我国缔结或参加的国际条约规定减征、免征关税的货物、物品，按照规定予以减免关税。

（12）法律规定减征、免征的其他货物。

（二）特定减免税

特定减免税也称政策性减免税。在法定减免税之外，国家按照国际通行规则和我国实际情况，制定发布的有关进出口货物减免关税的政策，称为特定减免税或政策性减免税。特定减免税货物一般有地区、企业和用途的限制，海关需要进行后续管理，也需要进行减免税统计。

1. 科教用品

为有利于我国科研、教育事业发展，国务院制定了《科学研究和教学用品免征进口税收暂行规定》，对科学研究机构和学校不以营利为目的、在合理数量范围内进口国内不能生产的科学研究和教学用品、直接用于科学研究或教学的，免征进口关税和进口环节增值税、消费税。《规定》对享受该优惠的科研机构和学校资格、类别以及可以免税的物品都作了明确规定。

2. 残疾人专用品

为支持残疾人的康复工作，国务院制定了《残疾人专用品免征进口税收暂行规定》，对规定的残疾人个人专用品免征进口关税和进口环节增值税、消费税；对康复、福利机构、假肢厂和荣誉军人康复医院进口国内不能生产的、《规定》明确规定的残疾人专用品，免征进口关税和进口环节增值税。《规定》对可以免税的残疾人专用品种类和品名作了明确规定。

3. 扶贫、慈善性捐赠物资

为促进公益事业的健康发展，经国务院批准，财政部、国家税务总局、海关总署发布了《扶贫、慈善性捐赠物资免征进口税收的暂行办法》。对境外自然人、法人或其他组织等境外捐赠人，无偿向经国务院主管部门依法批准成立的，以人道救助和发展扶贫、慈善事业为宗旨的社会团体以及国务院有关部门和各省、自治区、直辖市人民政府捐赠的，直接用于扶贫、慈善事业的物资，免征进口关税和进口环节增值税。所称扶贫、慈善事业是指非营利的扶贫济困、慈善救助等社会慈善和福利事业。《办法》对可以免税的捐赠物资种类和品名作了明确规定。

4. 加工贸易产品

（1）加工装配和补偿贸易。

加工装配即来料加工、来样加工及来件装配，是指由境外客商提供全部或部分原辅料、零配件和包装物料，必要时提供设备，由我方按客商要求进行加工装配，成品交外商销售，我方收取工缴费。客商提供的作价设备价款，我方用工缴费偿还。补偿贸易是指由境外客商提供或国内单位利用国外出口信贷进口生产技术或设备，由我方生产，以返销产品方式分期偿还对方技术、设备价款或贷款本息的交易方式。因有利于较快地提高出口产品生产技术，改善我国产品质量和品种，扩大出口，增加我国外汇收入，国家给予了一定的关税优惠：进境料件不予征税，准许在境内保税加工为成品后返销出口；进口外商的不作价设备和作价设备，分别比照外商投资项目和国内投资项目的免税规定执行；剩余料件或增产的产品，经批准转内销时，价值在进口料件总值2%以内，且总价值在3 000元以下的，可予免税。

（2）进料加工。

经批准有权经营进出口业务的企业使用进料加工专项外汇进口料件，并在一年内加工或装配成品外销出口的业务，称为进料加工业务。对其关税优惠为：对专为加工出口商品而进口的料件，海关按实际加工复出口的数量，免征进口税；加工的成品出口，免征出口税，但内销料件及成品照章征税；对加工过程中产生的副产品、次品、边角料，海关根据其使用价值分析估价征税或酌情减免税；剩余料件或增产的产品，经批准转内销时，价值在进口料件总值2%以内，且总价值在5 000元以下的，可予免税。

5. 边境贸易进口物资

为了鼓励我国边境地区积极发展与我国毗邻国家间的边境贸易与经济合作，国家制定了有关扶持、鼓励边境贸易和边境地区发展对外经济合作的政策措施。

边境贸易有边民互市贸易和边境小额贸易两种形式。边民互市贸易指边境地区边民在边境线20千米以内、经政府批准的开放点或指定的集市上进行的商品交换活动。边民通过互市贸易进口的商品，每人每日价值在3 000元以下的，免征进口关税和进口环节增值税。边境小额贸易指沿陆地边境线经国家批准对外开放的边境县（旗）、边境城市辖区内经批准有边境小额贸易经营权的企业，通过国家指定的陆地边境口岸，与毗邻国家边境地区的企业或其他贸易机构之间进行的贸易活动。边境小额贸易企业通过指定边境口岸进口原产于毗邻国家的商品，除烟、酒、化妆品以及国家规定必须照章征税的其他商品外，进口关税和进口环节增值税减半征收。

6. 保税区进出口货物

为了创造完善的投资、运营环境，开展为出口贸易服务的加工整理、包装、运输、仓储、商品展出和转口贸易，国家在境内设立了保税区，即与外界隔离的全封闭方式，在海关监控管理下进行存放和加工保税货物的特定区域。保税区的主要关税优惠政策有：进口供保税区使用的机器、设备、基建物资、生产用车辆，为加工出口产品进口的原材料、零部件、元器件、包装物料，供储存的转口货物以及在保税区内加工运输出境的产品免征进口关税和进口环节税；保税区内企业进口专为生产加工出口产品所需的原材料、零部件、包装物料以及转口货物，予以保税；从保税区运往境外的货物，一般免征出口关税等。

7. 出口加工区进出口货物

为加强与完善加工贸易管理，严格控制加工贸易产品内销，保护国内相关产业，并为出口加工企业提供更宽松的经营环境，带动国产原材料、零配件的出口，国家设立了出口加工区。出口加工区的主要关税优惠政策有：从境外进入区内生产性的基础设施建设项目所需的机器、设备和建设生产厂房、仓储设施所需的基建物资，区内企业生产所需的机器、设备、模具及其维修用零配件，区内企业和行政管理机构自用合理数量的办公用品，予以免征进口关税和进口环节税；区内企业为加工出口产品所需的原材料、零部件、元器件、包装物料及消耗性材料，予以保税；对加工区运往区外的货物，海关按照对进口货物的有关规定办理报关手续，并按照制成品征税；对从区外进入加工区的货物视同出口，可按规定办理出口退税。

8. 进口设备

为进一步扩大利用外资，引进国外先进技术和设备，促进产业结构的调整和技术进步，保持国民经济持续、快速、健康发展，国务院决定自1998年1月1日起，对国家鼓励发展的国内投资项目和外商投资项目进口设备，在规定范围内免征进口关税和进口环节增值税。具体为：对符合《外商投资产业指导目录》鼓励类和限制乙类，并转让技术的外商投资项目，在投资总额内进口的自用设备，以及外国政府贷款和国际金融组织贷款项目进口的自用设备、加工贸易外商提供的不作价进口设备，除《外商投资项目不予免税的进口商品目录》所列商品外，免征进口关税和进口环节增值税；对符合《当前国家重点鼓励发展的产业、产品和技术目录》的国内投资项目，在投资总额内进口的自用设备，除《国内投资项目不予免税的进口商品目录》所列商品外，免征进口关税和进口环节增值税；对符合上述规定的项目，按照合同随设备进口的技术及配套件、备件，也免征进口关税和进口环节增值税。

9．特定行业或用途的减免税政策

为鼓励、支持部分行业或特定产品的发展，国家制定了部分特定行业或用途的减免税政策，这类政策一般对可减免税的商品列有具体清单。如为支持我国海洋和陆上特定地区石油、天然气开采作业，对相关项目进口国内不能生产或性能不能满足要求的，直接用于开采作业的设备、仪器、零附件、专用工具，免征进口关税和进口环节增值税等。

（三）临时减免税

临时减免税是指法定减免税和特定减免税以外的其他减免税，即由国务院根据《海关法》对某个单位、某类商品、某个项目或某批进出口货物的特殊情况，给予特别照顾，一案一批，专文下达的减免税。一般有单位、品种、期限、金额或数量等限制，不能比照执行。

我国已经加入世界贸易组织，为遵循统一、规范、公平、公开的原则，有利于统一税法、公平税赋、平等竞争，国家严格控制减免税，一般不办理个案临时性减免税，对特定减免税也在逐步规范、清理，对不符合国际惯例的税收优惠政策将逐步予以废止。

六、关税的纳税地点和纳税期限

进口货物自运输工具申报进境之日起 14 日内，出口货物在货物运抵海关监管区后装货的 24 小时以前，应由进出口货物的纳税义务人向货物进（出）境地海关申报，海关根据税则归类和完税价格计算应缴纳的关税和进口环节代征税，并填发税款缴款书。纳税义务人应当自海关填发税款缴款书之日起 15 日内，向指定银行缴纳税款。如关税缴纳期限的最后 1 日是周末或法定节假日，则关税缴纳期限顺延至周末或法定节假日过后的第 1 个工作日。为方便纳税义务人，经申请且海关同意，进（出）口货物的纳税义务人可以在设有海关的指运地（启运地）办理海关申报、纳税手续。

因不可抗力或在国家税收政策调整的情形下，不能按期缴纳税款的，经海关总署批准，可以延期缴纳税款，但最长不得超过 6 个月。

纳税义务人未在关税缴纳期限内缴纳税款，即构成关税滞纳。为保证海关征收关税决定的有效执行和国家财政收入的及时入库，《海关法》赋予海关对滞纳关税的纳税义务人强制执行的权利。强制措施主要有两类：

1．征收关税滞纳金

滞纳金自关税缴纳期限届满之次日起，至纳税义务人缴纳关税之日止，按滞纳税款 5‰比例按日征收，周末或法定节假日不予扣除。

具体计算公式为：

$$关税滞纳金金额 = 滞纳关税税额 \times 滞纳金征收比率 \times 滞纳天数$$

2．强制征收

如纳税义务人自海关填发缴款书之日起 3 个月仍未缴纳税款，经海关关长批准，海关可以采取强制扣缴、变价抵缴等强制措施。强制扣缴即海关从纳税义务人在开户银行或其他金融机构的存款中直接扣缴税款。变价抵缴即海关将应税货物依法变卖，以变卖所得抵缴税款。

第三节　关税的计量

我国对进口商品基本上都实行从价税，即以进口货物的完税价格作为计税依据，以应征税额占货物完税价格的百分比作为税率。从 1997 年 7 月 1 日起，我国对部分产品实行从量税、复合税和滑准税。

从价税应纳税额的计算公式如下：

关税税额 = 应税进（出）口货物数量 × 单位完税价格 × 税率

从量税是以进口商品的重量、长度、面积、容量等计量单位为计税依据。从量税是每一种进口商品的单位应税额固定，不受该商品进口价格的影响，因此，这种计税方法的特点是税额计算简便，通关手续快捷，并能起到抑制质次价廉商品或故意低瞒价格的商品的进口。目前我国对石油、部分鸡产品、啤酒、胶卷进口分别以重量、容量、面积计征从量税。

从量税应纳税额的计算公式如下：

关税税额 = 应税进（出）口货物数量 × 单位货物税额

复合税是对某种进口商品同时使用从价和从量计征的一种计征关税的方法，如现行进口税则中“广播级录像机”的最惠国税率：当每台价格不高于 2 000 美元时，执行 36% 的单一从价税。当每台价格高于 2 000 美元时，每台征收 5 480 元的从量税，再加上 3% 的从价税。复合税既可发挥从量税抑制低价商品进口的特点，又可发挥从价税税负合理、稳定的特点。目前我国对录像机、放映机、摄像机、数字照相机和摄录一体机实行复合税。

复合税应纳税额的计算公式如下：

关税税额 = 应税进（出）口货物数量 × 单位完税价格 × 税率 +
应税进（出）口货物数量 × 单位货物税额

滑准税是一种关税税率随进口商品价格由高到低而由低到高设置计税关税的方法，可以使进口商品价格越高，其进口关税税率越低，进口商品的价格越低，其进口关税税率越高。其主要特点是可保持滑准税商品的国内市场价格的相对稳定，尽可能减少国际市场价格波动的影响。目前我国对新闻纸实行滑准税。

滑准税应纳税额的计算公式如下：

关税税额 = 应税进（出）口货物数量 × 单位完税价格 × 滑准税税率

[例1] 某进口公司从某国进口一批货物，进口申报价格为 CIF 大连 US $60 000。当时外汇折合率为 US $100 = ￥680；该进口货物的适用税率为 12%，计算该公司的应纳税额。

进口关税应纳税额 = 完税价格 × 进口关税税率

= 60 000 × 6.80 × 12%

= 48 960（元）

［例 2］某商场于 201×年 10 月进口货物一批。该批货物在国外的买价为 40 万元，另该批货物运抵我国海关前发生的包装费、运输费、保险费等共计 20 万元。货物报关后，商场按规定缴纳了进口环节的增值税并取得了海关开具的完税凭证。假定该批进口货物在国内全部销售，取得不含税销售额 80 万元。计算该批货物进口环节、国内销售环节分别应缴纳的增值税税额（货物进口关税税率 15%，增值税税率 17%）。

（1）关税的组成计税价格 = 40 + 20 = 60（万元）

（2）应缴纳进口关税 = 60 × 15% = 9（万元）

（3）进口环节应纳增值税的组成计税价格 = 60 + 9 = 69（万元）

（4）进口环节应缴纳增值税税额 = 69 × 17% = 11.73（万元）

（5）国内销售环节的销项税额 = 80 × 17% = 13.6（万元）

（6）国内销售环节应缴纳增值税税额 = 13.6 − 11.73 = 1.87（万元）

而出口货物的完税价格，由海关以该货物向境外销售的成交价格为基础审查确定，并应包括货物运至我国境内输出地点装载前的运输及其相关费用、保险费，但其中包含的出口关税税额应当扣除。

出口货物的成交价格，是指该货物出口销售到我国境外时买方向卖方实付或应付的价格。出口货物的成交价格中含有支付给境外的佣金的，如果单独列明，应当扣除。其计算公式为：

完税价格 = 销售价格 ÷（1 + 出口关税税率）

出口关税税额 = 完税价格 × 出口关税税率

［例 3］某进出口公司向某国出口一批货物 1 000 吨，每吨离岸价格为 US $500，其中佣金 3%，其他费用为 US $3 200，该货物的出口关税税率为 20%。当时的外汇牌价为 US $100 = ¥683。计算应纳出口关税。

（1）应从价格中扣减佣金：

1 000 × 500 ×（1 − 3%）= 485 000（美元）

（2）再从中扣减其他费用：

485 000 − 3 200 = 481 800（美元）

（3）计算该批货物的完税价格：

完税价格 = 销售的离岸价格 ÷（1 + 出口关税税率）

= 481 800 ÷（1 + 20%）= 401 500（美元）

（4）计算应缴纳的出口关税：

折合人民币的完税价格 = 401 500 × 6.83

= 2 742 245（元）

应缴纳的出口关税税额 = 2 742 245 × 20% = 548 449（元）

第四节　关税的会计核算

进出口企业按关税规定缴纳的进出口关税，设置“营业税金及附加”或“商品销售税金及附加”和“应交税费”等账户进行核算。

一、进出口关税的账务处理

1. 工业企业进出口货物关税的核算

工业企业通过进出口企业（公司）代理或直接从国外进口原材料或其他产品，应支付的进口关税不通过“应交税费”账户核算，而是与进口原材料等的价款及其他费用一并计入进口原材料的采购成本，应作会计分录：

借：材料采购或在途物资

　贷：银行存款

企业根据同外商签订的加工装配和补偿贸易合同而引进的国外设备，应支付的进口关税按规定以企业专用拨款等支付，支付有关款项时作会计分录：

借：在建工程——引进设备工程

　贷：长期应付款

　　　银行存款

企业出口产品如果需要缴纳出口关税：

借：营业税金及附加

　贷：应交税费

实际交纳税金时：

借：应交税费——应交出口关税

　贷：银行存款

2. 商品流通企业进出口货物关税的计算

商品流通企业从进口商品应缴纳的关税应通过“应交税费”账户核算。当企业计算应纳进口税额时，作会计分录：

借：商品采购或在途物资

　贷：应交税费——应交进口关税

实际缴纳时：

借：应交税费——应交进口关税

　贷：银行存款

商品流通企业出口时应缴纳的关税，作会计分录：

借：商品销售税金及附加

　贷：应交税费——应交出口关税

3. 代理进出口关税的核算

代理进出口业务，受托方一般不垫付货款，多以收取手续费形式为委托方提供代理服务，因此，代理进出口业务的关税均由委托单位负担，受托单位即使向海关缴纳了关税也只是代垫或代付，日后仍要从委托方收回。

（1）代理进口关税的核算。

①当计算缴纳的税额时：

借：应交税费——应交进口关税

　贷：银行存款

②向委托单位托收税款时：

借：应收账款

　贷：应交税费——应交进口关税

③当收到委托单位款项时：

借：银行存款

　贷：应收账款

（2）代理出口关税的核算。

①计缴出口关税时：

借：应收账款

　贷：应交税费——应交出口关税

②缴纳出口关税时：

借：应交税费——应交出口关税

　贷：银行存款

③收到委托单位款项时：

借：银行存款

　贷：应收账款

二、进出口关税举例

［例1］某外贸企业从国外自营进口商品一批，进口到岸价折合人民币为400 000元，进口关税税率为40%，根据海关开出的税款缴纳证，以银行转账支票付讫税款。作会计分录如下：

应交关税 = 400 000 × 40% = 160 000（元）

商品采购成本 = 400 000 + 160 000 = 560 000（元）

借：商品采购或在途物资	160 000	
贷：应交税费——进口关税		160 000
借：应交税费——进口关税	160 000	
贷：银行存款		160 000

商品验收入库时：

借：库存商品	560 000	
贷：商品采购		560 000

［例2］某进出口公司代理某工厂出口一批商品，我国口岸离岸价折合人民币为360 000元，出口关税税率为20%，手续费10 800元。

（1）计算缴纳出口关税，并作会计分录。

360 000 ÷（1 + 20%）× 20% = 60 000（元）

借：应收账款　　　　60 000

　贷：应交税费——出口关税　　　　60 000

借：应交税费——出口关税　　　　60 000

　贷：银行存款　　　　60 000

（2）应收手续费：

借：应收账款——某工厂　　　　10 800

　贷：代购代销收入——手续费　　　　10 800

（3）收到委托单位付来的税款及手续费：

借：银行存款　　　　70 800

　贷：应收账款　　　　70 800

【本章小结】

关税是海关依法对进出境货物、物品征收的一种税。关税会计的确认取决于关税法规的要素规定，关税的计量基本上都实行从价税，即以进口货物的完税价格作为计税依据，以应征税额占货物完税价格的百分比作为税率。从 1997 年 7 月 1 日起，我国对部分产品实行从量税、复合税和滑准税。其中，完税价格由海关以该货物的成交价格为基础审查确定。根据《海关法》，进口货物的完税价格包括货物的货价、货物运抵我国境内输入地点起卸前的运输及其相关费用、保险费。我国境内输入地为入境海关地，包括内陆河、江口岸，一般为第一口岸。货物的货价以成交价格为基础，并根据关税会计的确认和计量进行相应的会计处理。

【关键术语和概念】

关税　计税价格　关税会计核算特点

参考文献

1. [日] 武田昌辅．税务会计通论．东京：森山书店，1984
2. 林升平．税务会计问题：营利事业所得税结算申报查核准则与损益取决之研究．台北：财政部财税人员训练所，1975
3. [日] 富冈幸雄．税务会计入门．东京：日本经济新闻社，1976
4. 盖地．税务会计．上海：立信会计出版社，2005
5. 林世怡．税务会计．上海：立信会计出版社，2003
6. 陈志恺．税务会计．台北：制胜文化事业有限公司，2007
7. 李海波．新编税务会计．上海：立信会计出版社，2005
8. 马嘉应，杨叶承．税务会计．台北：五南图书出版公司，2009
9. 吴家骥，陈昆山，饶月琴．税务会计：含税务法令及实务．台北：文笙出版社，2009
10. 卓敏枝等．税务会计．台北：三民书局，1987
11. 吴习，吴嘉勋．税务会计．台北：五南图书出版公司，2005
12. 王峰娟．税务会计．上海：复旦大学出版社，2008
13. 肖光红，全自力．税务会计．北京：中国金融出版社，2007
14. 梁俊娇．纳税会计．北京：中国人民大学出版社，2004
15. 盖地．税务会计与税务筹划（第5版）．北京：中国人民大学出版社，2010
16. 安仲文．纳税会计实务操作．大连．东北财经大学出版社，2008
17. 王彦．税务筹划方法与实务．北京：机械工业出版社，2009
18. 盖地．税务筹划学．北京：中国人民大学出版社，2009
19. 全国注册税务师执业资格考试教材编写组．税务代理实务．北京：中国税务出版社，2010
20. 全国注册会计师协会．税法．北京：中国财政经济出版社，2010
21. 全国注册会计师协会．会计．北京：中国财政经济出版社，2010